高中化学《物质结构与性质》
新教材解读和教学参考

卓峻峭 ◎编著

图书在版编目(CIP)数据

高中化学《物质结构与性质》新教材解读和教学参考/卓峻峭编著. —北京：北京大学出版社，2023.12

ISBN 978-7-301-34718-8

Ⅰ.①高… Ⅱ.①卓… Ⅲ.①中学化学课－教学研究－高中 Ⅳ.①G633.82

中国国家版本馆 CIP 数据核字（2023）第 257601 号

书　　　名	高中化学《物质结构与性质》新教材解读和教学参考 GAOZHONG HUAXUE《WUZHI JIEGOU YU XINGZHI》XIN JIAOCAI JIEDU HE JIAOXUE CANKAO
著作责任者	卓峻峭　编著
责 任 编 辑	王斯宇
标 准 书 号	ISBN 978-7-301-34718-8
出 版 发 行	北京大学出版社
地　　　址	北京市海淀区成府路 205 号　100871
网　　　址	http://www.pup.cn　新浪官方微博：@北京大学出版社
电 子 邮 箱	编辑部 lk2@ pup.cn　总编室 zpup@ pup.cn
电　　　话	邮购部 010-62752015　发行部 010-62750672　编辑部 010-62767347
印 刷 者	北京市科星印刷有限责任公司
经 销 者	新华书店
	787 毫米×1092 毫米　16 开本　23.25 印张　590 千字 2023 年 12 月第 1 版　2025 年 12 月第 6 次印刷
定　　　价	79.00 元

未经许可，不得以任何方式复制或抄袭本书之部分或全部内容。
版权所有，侵权必究
举报电话：010-62752024　电子邮箱：fd@pup.cn
图书如有印装质量问题，请与出版部联系，电话：010-62756370

前　　言

本书是根据《普通高中化学课程标准(2017年版)》和《普通高中教科书 化学 选择性必修2 物质结构与性质》(人民教育出版社出版)的内容和要求编写的教学辅助用书,使用对象是高中化学教师和选修化学的学生。

本书基于"结构决定性质"的化学学科基本观念,以解读教材内容、传授正确知识、增进师生对结构化学的理解为目的,全面贯彻课程标准和教材改革理念,培养师生运用结构化学知识分析元素化学和有机化学中物质性质和反应规律的能力,促进结构化学模块教学与其他模块教学的融合,构建完整的学科知识体系。

本书对教材内容的解读按章节进行,设置了整体内容分析、高考试题分析、教材内容解读、专题学习、专项研究、教学设计和必练习题等栏目。教材知识解读栏目全面综合、深入浅出地剖析了教材知识,是本书的核心内容。专题学习和专项研究是针对一些复杂问题的讨论和研究,是对教材内容的全面总结和深度应用。本书还设置了知识拓展和问题讨论两类二级栏目,前者对核心知识进行适度拓展,后者则对常见问题进行了深度探究。

不同于其他教学辅助类图书中的练习题,必练习题是本书的特色栏目。本书必练习题是在充分研究教材内容和深入分析高考趋势的基础上,广泛地挖掘化学知识素材而命制的试题,读者读题和解题的过程就是学习化学知识、培养化学思维的过程。更重要的是,本书中大部分习题都是原创的融合性习题,将结构化学知识完美地融入元素化学和有机化学中,这正是未来高考命题的方向。

实施新课程、使用新教材是普通高中育人方式改革的重点任务。重庆是全国第一批使用新教材的省份,编者所在的重庆市南开中学是普通高中新课程新教材实施国家级示范校,编者执教的高2020级是第一批使用新教材教学的年级。本书是根据使用新教材教学实践的过程中遇到的真实问题编写的,对使用新教材的教学具有较高的参考价值。

他山之石,可以攻玉。本书的编写过程中参考了北京大学出版社出版的《结构化学基础(第5版)》《高等无机结构化学(第3版)》和《基础有机化学(第4版)》,同时借鉴了近年来发表在《化学教育》《化学教学》和《中学化学教学参考》等期刊上的优秀教研成果。

一书之成,实属不易,个中辛苦,如鱼饮水。编者也由衷感谢对书稿给予肯定评价并逐章逐节地提出了许多宝贵修改意见的教育界同仁,他们是:

黄昕晨(深圳中学)

丁　凌(万州第一中学)

邓　燕(成都石室中学)

曾　晖(重庆南开中学)

王昀之(重庆南开中学)

杨　鑫(重庆南开中学)

牟凯玲(万州第三中学)

范如本(成都七中)

"双新"背景下的化学教学,自有一片广大天地需要我们去耕耘和探索。本书基于真实的教学实践进行总结,以冀于大众能够有所补益。在编写本书的过程中编者虽批删增改多次,但毕竟水平有限,书中肯定还有不少疏漏之处,敬请各位读者朋友批评指正。

卓峻峭

2022 年 8 月 29 日

目　　录

引言 ·· (1)
 1 结构化学的重要性 ·· (1)
  1.1 结构化学是认识物质性质的理论基础 ··· (1)
  1.2 结构化学是指导化学发展的理论基础 ··· (2)
 2 结构化学教学分析 ·· (5)
  2.1 结构化学教学历史 ·· (5)
  2.2 结构化学缺位对高中教学的影响 ·· (5)
  2.3 新高考模式下的结构化学教学和评价变革 ···································· (5)

第一章　原子结构与性质 ··· (9)
 第一节　原子结构 ·· (10)
  整体内容分析 ··· (10)
  高考试题分析 ··· (10)
  教材内容解读 ··· (11)
  教学设计片段 ··· (20)
  必练习题 1-1 ··· (23)
 第二节　原子结构与元素的性质 ··· (25)
  整体内容分析 ··· (25)
  高考试题分析 ··· (25)
  教材内容解读 ··· (26)
  教学设计片段 ··· (35)
  必练习题 1-2 ··· (36)

第二章　分子结构与性质 ··· (39)
 第一节　共价键 ··· (39)
  整体内容分析 ··· (39)
  高考试题分析 ··· (40)
  教材内容解读 ··· (40)
  专题学习一：电子式的书写 ·· (51)
  专题学习二：辩证地认识键长和键能 ·· (54)
  教学设计片段 ··· (56)

必练习题 2-1 …………………………………………………………………………（58）

　第二节　分子的空间结构 ………………………………………………………………（60）

　　整体内容分析 ……………………………………………………………………………（60）

　　高考试题分析 ……………………………………………………………………………（60）

　　教材内容解读 ……………………………………………………………………………（61）

　　专题学习三：利用数学模型认识 C_{60} 等富勒烯结构 ………………………………（72）

　　专题学习四：价层电子对互斥理论（VSEPR） …………………………………………（75）

　　专题学习五：杂化轨道理论 ……………………………………………………………（82）

　　专题学习六：大 π 键 ……………………………………………………………………（87）

　　专题学习七：顺反异构现象 ……………………………………………………………（92）

　　专题学习八：分子的构象和分子中原子共平面共直线问题 …………………………（96）

　　专项研究一：杂化轨道理论和 VSEPR 的融合式教学 ………………………………（103）

　　专项研究二：基于 VSEPR 的等电子原理启发式教学设计 …………………………（108）

　　必练习题 2-2 ……………………………………………………………………………（118）

　第三节　分子结构与物质的性质 ………………………………………………………（126）

　　整体内容分析 ……………………………………………………………………………（126）

　　高考试题分析 ……………………………………………………………………………（126）

　　教材内容解读 ……………………………………………………………………………（127）

　　专题学习九：氢键及其对物质性质的影响 ……………………………………………（139）

　　教学设计片段 ……………………………………………………………………………（146）

　　专项研究三：分子的手性教学资源开发和教学设计 …………………………………（147）

　　专项研究四：新课标新教材背景下结构化学和有机化学的融合教学分析 …………（157）

　　必练习题 2-3 ……………………………………………………………………………（175）

第三章　晶体结构与性质 …………………………………………………………………（193）

　第一节　物质的聚集状态与晶体的常识 ………………………………………………（193）

　　整体内容分析 ……………………………………………………………………………（193）

　　高考试题分析 ……………………………………………………………………………（194）

　　教材内容解读 ……………………………………………………………………………（194）

　　专题学习十：认识晶胞 …………………………………………………………………（201）

　　专项研究五：培养素养、发展思维的"晶体的常识"教学实录 ………………………（215）

　　必练习题 3-1 ……………………………………………………………………………（224）

　第二节　分子晶体与共价晶体 …………………………………………………………（228）

　　整体内容分析 ……………………………………………………………………………（228）

　　高考试题分析 ……………………………………………………………………………（228）

　　教材内容解读 ……………………………………………………………………………（229）

　　专项研究六：立方金刚石和六方金刚石结构的认识和应用 …………………………（242）

　　必练习题 3-2 ……………………………………………………………………………（248）

第三节　金属晶体与离子晶体 ……………………………………………… (254)

  整体内容分析 ………………………………………………………………… (254)
  高考试题分析 ………………………………………………………………… (254)
  教材内容解读 ………………………………………………………………… (256)
  专题学习十一：常见离子晶体的结构 ……………………………………… (265)
  专题学习十二：常见晶体结构中的相关计算 ……………………………… (270)
  专题学习十三：几何模块微元法在复杂晶体结构中的应用 ……………… (274)
  专题学习十四：计算最密堆积空间利用率的新方法 ……………………… (280)
  专题学习十五：晶胞透视图 ………………………………………………… (283)
  必练习题 3-3 ………………………………………………………………… (287)

第四节　配合物与超分子 …………………………………………………… (297)

  整体内容分析 ………………………………………………………………… (297)
  高考试题分析 ………………………………………………………………… (297)
  教材内容解读 ………………………………………………………………… (298)
  专题学习十六："配位数"概念辨析 ………………………………………… (305)
  教学设计片段 ………………………………………………………………… (307)
  专项研究七：新教材中超分子、分子识别和自组装的解读和拓展 ……… (309)
  必练习题 3-4 ………………………………………………………………… (321)

必练习题部分参考答案和解析 …………………………………………… (327)

  必练习题 1-1 ………………………………………………………………… (327)
  必练习题 1-2 ………………………………………………………………… (329)
  必练习题 2-1 ………………………………………………………………… (330)
  必练习题 2-2 ………………………………………………………………… (332)
  必练习题 2-3 ………………………………………………………………… (338)
  必练习题 3-1 ………………………………………………………………… (348)
  必练习题 3-2 ………………………………………………………………… (350)
  必练习题 3-3 ………………………………………………………………… (353)
  必练习题 3-4 ………………………………………………………………… (358)

参考文献 …………………………………………………………………………… (362)

引 言

本轮高中教学改革前,结构化学和有机化学是高中化学的选修内容,是高考中二选一的内容。长期以来,受多方面因素的影响,结构化学在高中化学教学中未得到应有的重视,一部分地区的教师对结构化学的教学经验不足;同时由于结构化学知识点繁多且抽象,教师对结构化学知识的认识和理解出现偏差的情况时有发生。

新一轮改革中,结构化学的地位得到空前的提升:《普通高中化学课程标准(2017年版)》中结构化学和有机化学一起成为选择性必修模块;新高考改革中结构化学和有机化学一起成为高考化学的必考内容。在这种背景下,认识结构化学的重要性、分析结构化学的新教法显得非常重要和迫切。

1 结构化学的重要性

结构化学是从微观角度认识化学规律的学科,是阐述物质微观结构与宏观性质之间相互关系的基础学科,既是认识物质性质的理论基础,又是指导化学发展的理论基础。结构化学还与生物科学、地质科学、材料科学和医药学等学科的研究相互关联、相互配合、相互促进。

1.1 结构化学是认识物质性质的理论基础

结构化学从各种已知化学物质的分子构型和运动特征中归纳出物质结构的规律性,从理论上解释了为什么原子按一定量的关系结合成数目众多、形形色色的分子,阐明了分子中原子相互结合的各种作用力方式和分子中原子相对位置的立体化学特征。结构化学还说明某种元素的原子或某种基团在不同微观化学环境中的价态、电子组态、配位方式等结构特征,总结和描述了物质的各种宏观性质(包括物理性质和化学性质)与微观结构之间的关系及其规律性。

结构化学的产生与有机物分子组成和结构的研究密切相关。有机化学发展的初期,为解释有机物组成的多样性,科学家提出了碳链结构及碳链的键饱和性理论。随后对有机物同分异构现象、有机官能团结构和旋光异构现象的研究,也为早期结构化学研究提供了有力的实验证据,促使化学家从立体构型的角度去理解物质的化学组成和化学性质,并从中总结出一些有关物质化学结构的规律,为近代结构化学的诞生打下了基础。比如 2-丁烯有两种结构:顺-2-丁烯和反-2-丁烯(图1),二者互为立体异构体,两种分子极性不同,两种物质沸点不同,这些都是由碳碳双键的特殊结构决定的。

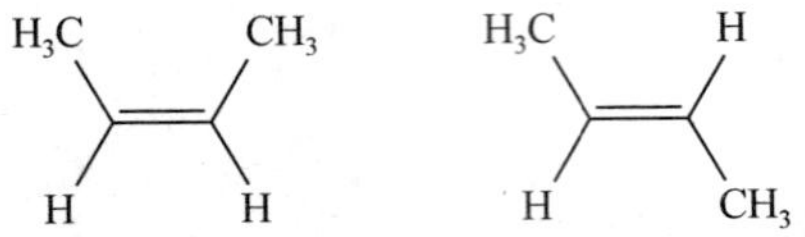

图 1　顺-2-丁烯和反-2-丁烯的结构及沸点比较

1.2　结构化学是指导化学发展的理论基础

人类的生存和发展离不开自然界的各种资源。从远古时代开始人类就在制陶、酿酒、冶铜等实践的过程中积累了加工和转化自然资源的经验,产生了化学的萌芽。随后的几千年中炼丹术和医药的发展是人类对自然资源的深度加工和转化,为化学的进一步发展积累了丰富的素材。可以说人类历史就是人类使用、加工和转化自然资源的历史,也正是化学发展史。

进入现代社会,化学的主要任务之一是发现和制造各种具有特定性质的新物质。现代化学的发展需要一些新的理论来指导,而这个新的理论就是结构化学。以下是结构化学指导合成新物质的一些具体典型案例。

1.2.1　化学修饰改善分子性质

蔗糖和青蒿素是人类从自然界获取资源的典型代表,人们利用化学方法对蔗糖和青蒿素的分子结构进行修饰,使它们的性质更加符合人类的需求。

(1) 三氯蔗糖的合成

甜味剂是指赋予食品或饲料甜味的食品添加剂。以蔗糖、葡萄糖、乳糖和果糖为代表的天然甜味剂具有风味好、安全性高的特点,但其低甜度和高热值带给消费者罹患糖尿病、心血管疾病、肥胖和龋齿等疾病的风险。因此,低热值、非营养性和高甜度的人工甜味剂的开发显得尤为迫切和重要。

三氯蔗糖是 20 世纪 70 年代由英国科学家研制的人工甜味剂,由蔗糖 4-、1'-和 6'-位的羟基被氯取代得到(图2)。它的甜味纯正,甜度非常高,大约是蔗糖的数百倍,与蔗糖的味感十分接近。三氯蔗糖的热值极低,对肥胖症患者、糖尿病患者及老年人特别适用,已成为高甜度甜味剂的代表。

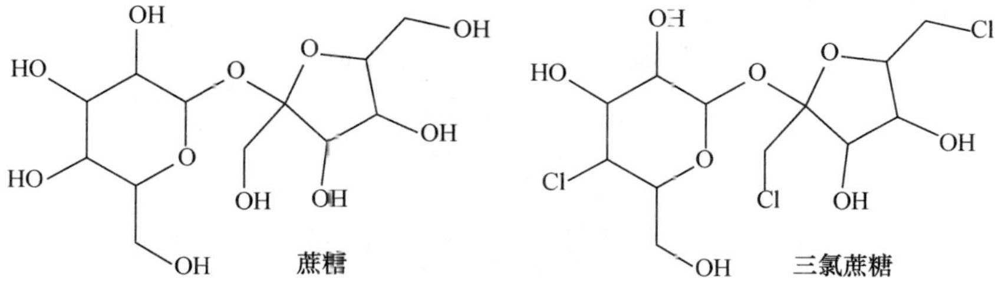

图 2 蔗糖和三氯蔗糖的结构

（2）双氢青蒿素的合成

疟疾是危害严重的世界性流行病,据世界卫生组织2020年全球疟疾报告,2019年全球还有2.3亿疟疾病例。20世纪70年代,我国药学家屠呦呦从植物黄花蒿叶中成功提取出青蒿素,挽救了全球特别是发展中国家数百万人的生命。此后科学家们对青蒿素的结构进行改良,合成出药效更佳的双氢青蒿素等（图3）。

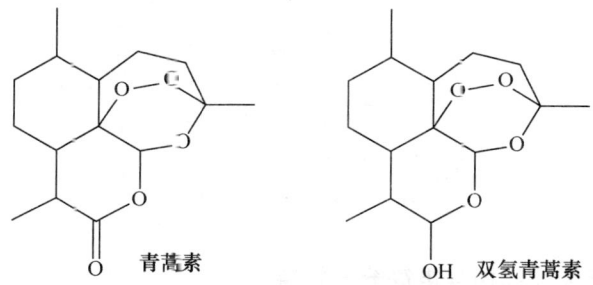

图 3 青蒿素和双氢青蒿素的结构

1.2.2 分子间作用力的应用

不同类型的分子间作用力不同,导致不同物质在不同溶剂中溶解性有差异。大部分极性分子和离子化合物在水等极性溶剂中溶解性较好,非极性或弱极性分子在水中溶解性较差。

（1）表面活性剂

十二烷基磺酸根离子是典型的表面活性剂,这类分子一般呈长直链状,一端为有极性的亲水基团（磺酸根、羧酸根等）,另一端为没有极性的疏水基团（通常为烃基链）（图4）。

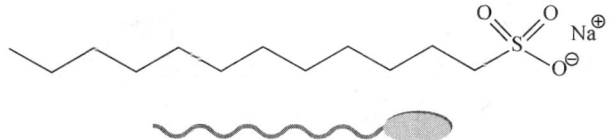

图 4 十二烷基磺酸钠结构（上）和其简化模型（下）

表面活性剂在水中会形成表面亲水内部疏水的胶束结构（图5）,亲水基团靠近水是因为相似相溶,疏水基团远离水是因为不相似不相溶。疏水空腔可以包裹油渍等不溶于水的污

引　言

垢,从而达到去污的目的。

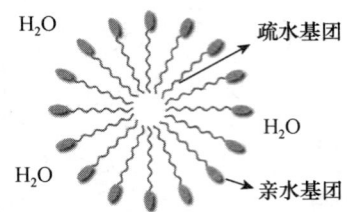

图 5　表面活性剂形成的胶束结构

(2) 不粘锅涂层

在普通锅的内表面涂一层聚四氟乙烯(图 6)即可得到不粘锅。聚四氟乙烯中 C—F 键具有极强的疏水性及较低的分子内聚力,使聚四氟乙烯不仅对水的亲和力小,而且对碳氢化合物(食物中油脂的烃基部分结构)的亲和力也较小,因此形成了既疏水又疏油的特性。不粘锅可轻松煎、炒食物而不粘底,能最大限度地减少烹饪用油量,从而减少油脂摄入量,促进营养均衡。

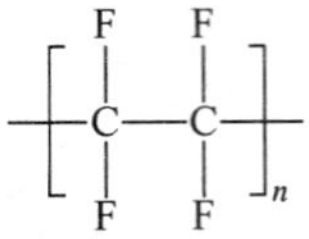

图 6　聚四氟乙烯结构

1.2.3　基于共轭大 π 键的导电高分子材料

常见的高分子材料,如聚乙烯、聚丙烯酸甲酯、聚酰胺纤维等,都是不导电的。20 世纪 70 年代,科学家研究发现掺杂 I_2 的聚乙炔具有与金属材料一样的导电性,开创了高分子材料应用的新领域。对聚乙炔结构(图 7)的研究表明其导电性主要是通过分子结构内部的共轭大 π 键体系实现的。

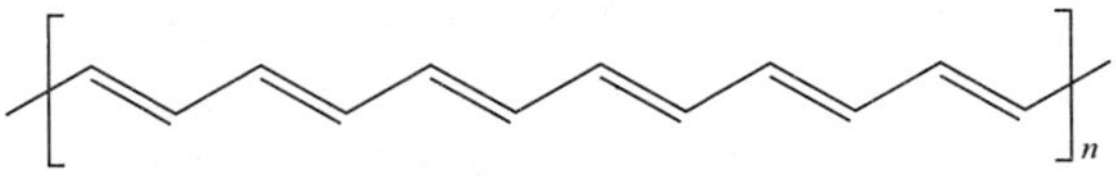

图 7　聚乙炔结构

科学家根据共轭大 π 键体系导电原理设计合成了聚吡咯(图 8)、聚苯胺等导电高分子材料。高分子材料具有质量小、化学结构灵活、耐湿热性能优异等特点,在电子设备、航天航空以及工业材料领域中展现出广阔的应用潜力。

图 8　聚吡咯结构

2 结构化学教学分析

2.1 结构化学教学历史

自恢复高考至 2007 年新高考改革前近 30 年的高中化学教学中,"物质结构与性质"模块长期缺位,高考只要求最基本的结构化学知识。随着 2003 年版课程标准的颁布和 2007 年新高考改革,结构化学和有机化学成为高考中二选一的选考内容。然而部分地区受师资和教学资源的限制,加上强大的教学惯性等因素的影响,大部分学校和教师对结构化学的教学不够重视,部分学校仅开设有机化学模块课程而未开设结构化学模块课程,学生对结构化学的学习仅仅停留在必修课程要求的原子结构、元素周期律和化学键等最基础的知识层面上,没有达到课程标准的要求。

2.2 结构化学缺位对高中教学的影响

"结构决定性质"是化学学科的基本观念,缺少结构化学相关核心知识的高中化学教学如无源之水、无本之木,学生只能机械记忆物质性质和反应规律,知其然而不知其所以然。表 1 列举了一些在元素化学和有机化学的教学中因结构化学缺位而无法解释的问题。

表 1　高中化学中因结构化学缺位而无法解释的问题(部分)

化学模块	因结构化学缺位而无法解释的问题
元素化学	1. 为什么硫不溶于水、微溶于酒精、易溶于二硫化碳? 2. 为什么在 Na_2O_2 和 H_2O_2 等物质中氧元素为 -1 价,化合价的本质是什么? 3. 为什么金刚石的硬度很大? 4. 为什么红磷相对稳定而白磷容易自燃?
有机化学	1. 为什么碳碳双键不能旋转而导致部分烯烃存在顺反异构? 2. 为什么苯中所有碳碳键都等长? 3. 为什么乙烯可以使酸性 $KMnO_4$ 褪色而苯不可以? 4. 为什么苯酚中羟基的酸性强于醇中羟基的酸性?

缺少结构化学的高中化学学习主要靠"背",导致化学学科的学习方式一直被误解。"背"是最浅层次的学习,比如即使学生熟记了"硫不溶于水,微溶于酒精,易溶于二硫化碳",仍然无法判断硫在苯中的溶解度;再如学生背了"烷烃在光照条件下能与氯气发生取代反应",却仍无法分析丙烯能否与氯气在光照条件下反应……此类例子不胜枚举。在此背景下将结构化学纳入高中化学必修课程显得非常必要。

2.3 新高考模式下的结构化学教学和评价变革

新高考中将同时考查结构化学和有机化学。亟须研究在新高考中会以何种形式考查结构化学和有机化学,在今后的教学中该如何展开结构化学教学,这些改变对元素化学和有机化学的教学方式会有何影响等问题。

结合近年来高考考查形式和化学学科知识特点,新高考背景下结构化学的考查形式主要分为独立模式和融合模式。

2.3.1 独立模式

独立模式是按照本次新高考改革前的考查方式,即在高考试题中非选择题部分有独立的结构化学和有机化学考题,只需调整考题中设置问题数目和分值即可。

在2021年高考中,福建省率先将结构化学考题和有机化学考题同时以必做题的形式呈现。其中第14题为一道完整独立的结构化学考题,分值10分,内容如下:

类石墨相氮化碳($g-C_3N_4$)作为一种新型光催化材料。在光解水产氢等领域具有广阔的应用前景,研究表明,非金属掺杂(O、S等)能提高其光催化活性。$g-C_3N_4$具有和石墨相似的层状结构,其中一种二维平面结构如图9所示。

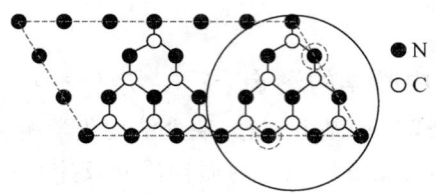

图9　$g-C_3N_4$的二维平面结构

回答下列问题:

(1) 基态C原子的成对电子数与未成对电子数之比为＿＿＿＿＿＿＿＿＿＿。

(2) N、O、S的第一电离能(I_1)大小为$I_1(N) > I_1(O) > I_1(S)$,原因是＿＿＿＿＿＿。

(3) $g-C_3N_4$晶体中存在的微粒间作用力有＿＿＿＿＿＿(填标号)。
　　a. 非极性键　　b. 金属键　　c. π键　　d. 范德华力

(4) $g-C_3N_4$中,C原子的杂化轨道类型为＿＿＿＿＿＿,N原子的配位数为＿＿＿＿。

(5) 每个基本结构单元(图中实线图部分)中两个N原子(图中虚线的N原子被O原子代替,形成O掺杂的$g-C_3N_4$(OPCN)。OPCN的化学式为＿＿＿＿＿＿＿。

可以看出上述考题在试题结构、考查内容、问答方式等方面与新高考改革前的结构化学考题并无本质差别,只是减少了问题数目,将总分值从15分减少至10分。

2.3.2 融合模式

融合模式是指将结构化学知识融入元素化学、化学反应原理和有机化学等模块的教学中,各个模块的知识进行融合式、螺旋式的教学,高考试题中不再设置独立的结构化学考题,而是在元素化学、化学反应原理和有机化学的考题中融入结构化学知识。

最典型的融合模式是2022年山东化学高考题,其中包括15道选择题和5道非选择题,均为必做题。其中有3道以结构化学知识为主体,或是涉及结构化学知识的选择题,有1道以结构化学知识为主体的非选择题。具体题目及分析如下:

(1) 2022山东第5题

AlN、GaN属于第三代半导体,二者结构与金刚石相似,晶体中只存在N—Al键、N—

Ga 键。下列说法错误的是：

A. GaN 熔点高于 AlN

B. 晶体中所有化学键均为极性键

C. 晶体中所有原子均采用 sp^3 杂化

D. 晶体中所有原子的配位数均相同

选择题第 5 题是典型的结构化学题,全面考查了晶体结构、晶体性质、共价键的极性、杂化轨道理论等知识,将物质结构与性质多个板块的知识融合。

(2) 2022 山东第 7 题

γ-崖柏素具有天然活性,有酚的通性,结构如图。

关于 γ-崖柏素的说法错误的是：

A. 可与溴水发生取代反应

B. 可与 $NaHCO_3$ 溶液反应

C. 分子中的碳原子不可能全部共平面

D. 与足量 H_2 加成后,产物分子中含手性碳原子

选择题第 7 题是以有机分子为基础的有机化学和结构化学综合题,考查了有机物官能团的性质和反应,以及分子中原子的空间位置关系和手性碳原子的判断。

(3) 2022 山东第 15 题

$Cu_{2-x}Se$ 是一种钠离子电池正极材料,充放电过程中正极材料立方晶胞(示意图)组成变化如图所示,晶胞内未标出因放电产生的 0 价 Cu 原子。下列说法正确的是：

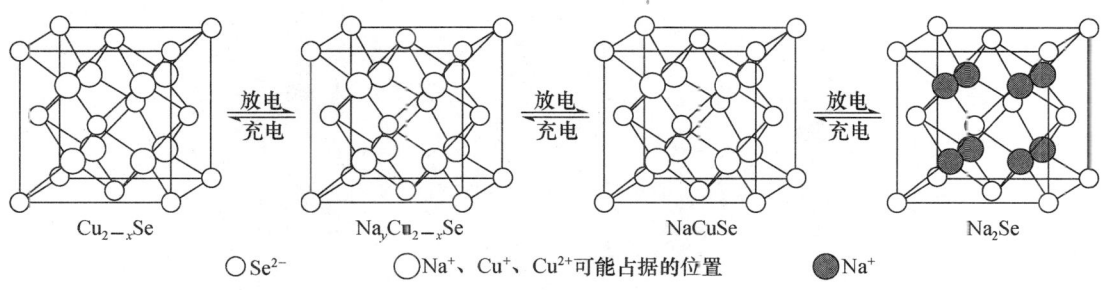

A. 每个 $Cu_{2-x}Se$ 晶胞中 Cu^{2+} 的个数为 x

B. 每个 Na_2Se 晶胞完全转化为 $Cu_{2-x}Se$ 晶胞,转移电子数为 8

C. 每个 NaCuSe 晶胞中 0 价 Cu 原子个数为 $1-x$

D. 当 $Na_yCu_{2-x}Se$ 转化为 NaCuSe 时,每转移 $(1-y)$ mol 电子,产生 $(1-x)$ mol Cu 原子

选择题第 15 题将电化学与结构化学有效地融合在一起,考查了电极材料放电过程中的

化学反应带来的材料结构改变,是一道新颖的融合模式试题。

融合模式的教学方式和考查方式尚处于探索阶段。可以预见,融合模式将成为今后教学和考查的主要方式。本书在分析讨论结构化学问题的过程中不遗余力地将结构化学知识与元素化学和有机化学的知识融合在一起,并在必练习题中命制了大量的融合模式试题,是对今后高考中化学学科整体考查方式的积极探索。

第一章 原子结构与性质

在必修阶段的学习中,学生对原子结构已有一些简单的认识,知道原子是由原子核和核外电子构成的,原子的主要质量集中在原子核上,核外电子是分层排布的,知道 Na 原子和 K 原子最外层只有 1 个电子……

然而一些看似简单的问题学生仍然无法解答:为什么不同的元素焰色反应颜色不同?为什么最外层只有 2 个电子的 Fe 原子会有 +3 价?每一个能层中的多个电子是如何排布的?元素周期表与原子结构之间有什么联系?原子结构如何影响原子性质?……

选择性必修阶段将进一步学习原子结构,结合原子光谱实验事实学习核外电子分能层和能级排布的规律,认识核外电子运动特点和原子轨道形状,进一步学习元素周期表和元素周期律,更深入地理解原子结构对元素性质的影响,深化结构决定性质的观念。

本章包括两节内容:

第一节 原子结构;

第二节 原子结构与元素的性质。

第一节　原子结构

★ 整体内容分析

本节内容概念繁多、复杂抽象,应该根据课程标准要求,结合近年来高考试题,紧抓教学重点和难点开展教学。通过本节内容的学习,学生应达到以下要求:

1. 了解原子模型发展过程。
2. 知道基态和激发态的概念和联系,了解原子结构中电子跃迁和原子光谱之间的关系。
3. 知道电子运动的状态和特点,理解原子轨道和电子云模型之间的联系。
4. 知道核外电子构造原理,理解基态原子核外电子排布遵循能量最低原理、泡利原理和洪特规则。
5. 熟练掌握前36号元素基态原子的电子排布式和轨道表达式。

★ 高考试题分析

考题呈现

考点　原子/离子核外电子排布

1. (2022 全国甲,35 节选)基态 F 原子的价电子排布图(轨道表示式)为_____。
2. (2022 全国乙,35 节选)氟原子激发态的电子排布式有_____,其中能量较高的是_____。(填标号)
   a. $1s^22s^22p^43s^1$　　b. $1s^22s^22p^43d^2$　　c. $1s^22s^12p^5$　　d. $1s^22s^22p^33p^2$
3. (2022 湖南,18 节选)基态 Se 原子的核外电子排布式为[Ar]_____。
4. (2022 广东,20 节选)Se 与 S 同族,基态硒原子价电子排布式为_____。
5. (2021 全国甲,35 节选)Si 的价电子层的电子排布式为_____。
6. (2021 广东,20 节选)基态硫原子价电子排布式为_____。
7. (2021 河北,17 节选)在 KH_2PO_4 的四种组成元素各自所能形成的简单离子中,核外电子排布相同的是_____(填离子符号)。
8. (2021 湖南,18 节选)基态硅原子最外层的电子排布图为_____。
9. (2020 天津,13 节选)基态 Fe 原子的电子排布式为_____。
10. (2020 课标Ⅰ,35 节选)基态 Fe^{2+} 与 Fe^{3+} 离子中未成对的电子数之比为_____。
11. (2020 课标Ⅱ,35 节选)基态 Ti 原子的核外电子排布式为_____。

考题分析

对本节内容的考查集中在前36号元素基态原子的电子排布式、价电子排布式和价电子排布图。

第一节 原子结构

🌟 教材内容解读

1 原子模型发展过程

在学习选择性必修中原子结构一节时,应先复习在必修课程中学习的原子结构模型发展历程,见表1-1-1。

表 1-1-1 原子结构模型发展历程

模型名称	提出时间	模型说明
道尔顿原子论	1803 年	原子是构成物质的基本微粒,它们是坚实的、不可再分的实心球
汤姆逊原子模型	1904 年	原子中正电荷均匀分布,电子镶嵌在其中,形成中性原子
卢瑟福原子模型	1911 年	原子的绝大部分质量集中在中心带正电的核上,电子绕核运动
玻尔原子模型	1913 年	电子在原子核外空间的一定轨道上绕核做高速圆周运动
电子云模型	1926—1935 年	电子在原子核外很小的空间中做高速运动,运动时没有确定的轨迹

2 能层与能级

能层和能级是原子核外电子排布中两个重要的概念,要点如下:

(1) 核外电子按照能量由低到高的顺序可分为 7 个能层:K,L,M,N,O,P,Q(从内向外,能层序数 $n=1,2,\cdots,7$,能层序数也被称为主量子数)。

(2) 能层可被分为能级:K 层($n=1$)中有 1 个能级(1s);L 层($n=2$)中有 2 个能级(2s 和 2p);M 层($n=3$)中有 3 个能级(3s、3p 和 3d)(能级序数也被称为角量子数,s,p,d…能级角量子数分别为 $0,1,2\cdots$)

(3) s,p,d,f…能级最多容纳电子数分别为 $2,6,10,14\cdots$,与所处能层无关,如 3d,4d,5d,…,nd 能级最多容纳电子数均为 10。

(4) 每个能层(n)最多容纳的电子数(N)可视为等差数列 $2,6,10,14,\cdots,(4n-2)$ 的前 n 项的和 $S_n=\{[2+(4n-2)]/2\}\times n=2n^2$(等差数列前 n 项和=[(首项+末项)/2]$\times n$,能层有 n 个能级),即第 n 能层最多容纳电子数为 $2n^2$。

(5) 一个原子中不同能层的能量是量子化的,不连续的。比如 H 原子 K 能层($n=1$)能量为 -13.6 eV(取电子在离核无穷远处的能量为 0,后同);L 能层($n=2$)能量为 -3.4 eV,H 原子中没有能量介于 -13.6 eV 和 -3.4 eV 之间的电子。

📖 知识拓展:量子化

量子化是相对连续而言的,指的是不连续。

现实生活中在买牛肉时通常以质量计,可以买 0.35 kg 牛肉,可以买 1.68 kg 牛肉,也可以买其他任意质量。买鸡蛋时通常以个数计,可以买 1 个鸡蛋,也可以买 6 个鸡蛋,但不能买 3.4 个鸡蛋。牛肉和鸡蛋之间的差别,就是生活中的连续和不连续,在物理学中将这种不连续称为"量子化"。

生活中量子化的现象到处可见,比如进入地铁站的人流是连续的,一列一列的地铁将连续的人流分割为一个一个车次,就是不连续的。再如在小学会要求 2016 年 9 月 1 日至 2017 年 8 月 31 日期间出生的小朋友报名读书,这样就将连续出生的学生分割成一个一个年级。再如分别买 1000 g 的大米、板栗和鸡蛋结果不一样:很容易准确称量 1000 g 大米,称量的板栗很可能是 994 g 或 1007 g,鸡蛋可能是 976 g 或 1033 g,这就是因为个体质量变大,整体质量变的不连续。

宏观世界的一个篮球动能可以是 9.2 J,可以是 32.7 J,也可以是介于 9.2 J 和 32.7 J 之间的任意值,即宏观物体的动能是连续的。微观世界的一个 H 原子内,一个电子的能量可以是 -13.6 eV,可以是 -3.4 eV,但不能是 -13.6 eV 到 -3.4 eV 之间的其他值。

3　基态与激发态

处于能量最低状态的原子叫作基态原子,其他状态的原子叫作激发态原子。一个原子只有一种基态,但可以有很多种激发态,按照能量由低到高的顺序称为第一激发态、第二激发态……

电子在不同能级之间跃迁的过程需要满足能量守恒定律:基态原子的电子吸收能量后会跃迁到较高能级,变成激发态原子;相反,电子从较高能级跃迁到较低能级时,将释放出能量。

📖 **知识拓展:光、光谱和原子光谱**

光,通常指的是可见光,与 X 射线、紫外线、红外线的本质一样,都是电磁辐射,都是能量传播的一种方式,只是波长不同。可见光波长范围在 700～400 nm,颜色分别为红、橙、黄、绿、蓝、靛、紫,波长越长,能量越低。

光谱是复色光(如白光)经过棱镜分光后得到的按波长大小依次排列的图案。彩虹是最常见的光谱之一,不同颜色的光经过空气中的水滴发生折射时偏向角度不同,在天空形成拱形的七彩连续光谱,由外圈至内圈呈红、橙、黄、绿、蓝、靛、紫七种颜色(图 1-1-1)。

图 1-1-1　日晕

原子光谱是由气态原子中的电子跃迁时所发射或吸收的一系列波长的光所组成的光谱,分为发射光谱和吸收光谱(图 1-1-2)。吸收光谱是原子吸收光源中部分波长的光,在沿着光源发射光前进的方向对未被吸收的光经棱镜分光形成的暗淡条纹。发射光谱是光源照射基态原子形成激发态原子,激发态原子回到基态时发射光子形成的明亮条纹。吸收光谱和发射光谱都是不连续的,吸收光谱暗条纹与发射光谱明条纹一一对应,这种关系称为互补(教材图 1-4)。

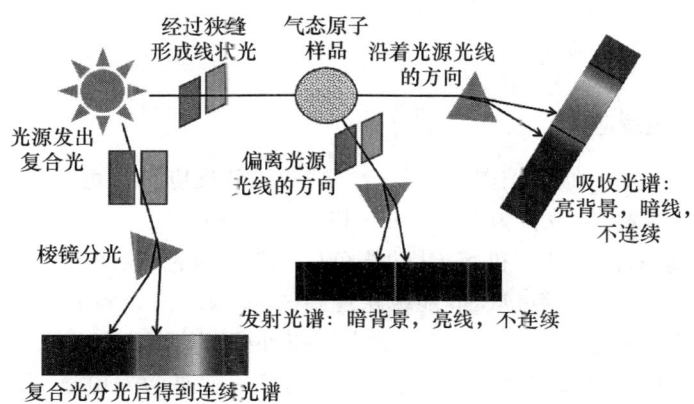

图 1-1-2　原子光谱原理

不同元素的原子由于能级之间能量差不同,形成的光谱也不同,因此可以根据光谱鉴定物质的元素组成。焰色反应就是一种简单实用的光谱分析。

知识拓展:氢原子的玻尔模型与氢原子光谱

氢原子光谱是最简单的原子光谱。氢原子中各能级的能量见图 1-1-3。

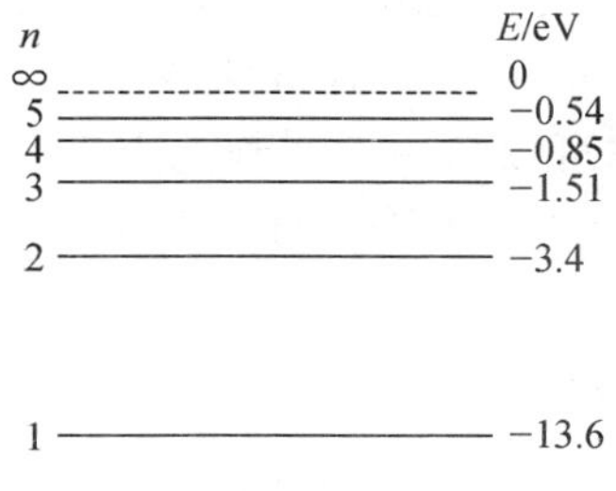

图 1-1-3　氢原子中各能级的能量

相关说明如下:

以离核无穷远处电子的能量为 0;能量的单位是 eV,1 eV=1.6×10^{-19} J。

$n=1$ 为基态,能量为 $E_1=-13.6$ eV;

$n=2,3,\cdots$ 为激发态,能量分别为 $E_2=E_1/2^2=-3.4$ eV,$E_3=E_1/3^2=-1.51$ eV$\cdots$

即 n 能级的能量 $E_n=E_1/n^2$。

光的能量 E 等于不同电子跃迁前后能级的能量差 ΔE,ΔE 和光波长 λ 之间的关系如下:

$$\Delta E = hc/\lambda$$

其中 h 表示普朗克常数，$h = 6.63 \times 10^{-34}$ J·s；c 表示光速，$c = 3.00 \times 10^8$ m/s。

当电子从 $n = 3$ 的能级跃迁到 $n = 2$ 的能级时，发射光子的能量：

$$\Delta E = E_3 - E_2 = \left[\left(-\frac{1}{3^2}\right) - \left(-\frac{1}{2^2}\right)\right] \times 13.6 \text{ eV} = 1.89 \text{ eV}$$

发射光的波长为 $\lambda = \dfrac{hc}{\Delta E} = 656$ nm。相应地，从 $n = 2$ 的能级跃迁到 $n = 3$ 的能级时，吸收波长为 656 nm 的光。

📖 知识拓展：焰色反应

Na 原子有 11 个电子，原子光谱非常复杂。钠的焰色反应呈黄色是因为电子从 3p 能级向 3s 能级跃迁时发射黄光（波长为 589.0 nm 和 589.6 nm）。

焰色反应是元素的性质，Na 和 NaCl 的焰色反应都是黄色，说明可以是内层（如 L 层）的电子先吸收能量跃迁到 3p 能级，从 3p 能级跃迁到 3s 能级时发出黄光，后续还要从 3s 能级跃迁回到 L 层，这个过程能级差较大，发出的光不在可见光范围内。

在进行焰色反应时，将盐溶液在火焰上加热，其目的就是激发电子，使原子从基态进入激发态，从激发态向低能级跃迁时发出特定颜色的光。如钠的焰色反应为黄色，钾为紫色，钙为砖红色，铜为绿色等。

📖 知识拓展：霓虹灯

霓虹灯的发光机制与氢原子发光机制相同。霓虹灯中往往充入了稀有气体，霓虹灯工作时，稀有气体原子中的电子在电场中吸收能量跃迁到较高能级，处于能量较高能级的电子很快回到能量较低能级，同时以光的形式辐射能量。不同稀有气体电子层结构不同，发出的光的波长不同：氦气发出粉色光，氖气发出红色光，氩气发出蓝紫色光。

氙灯是近些年发展起来的新光源之一，氙灯的灯管内充有高纯度的氙气。通电时，氙气受激发，能发射强烈的白光，功率可以从一万瓦到几十万瓦。氙灯被称为"人造小太阳"，在车站、码头或是广场看到的耀眼灯光就是由氙灯发出的。一些汽车也装配了氙灯，比传统的灯泡亮很多。

📖 知识拓展：激光

太阳和白炽灯发出的光都是复色光，经棱镜分光后得到连续光谱（如七色彩虹）。而激光是一种单色光，是由特定的激发态原子回到基态或较低激发态时发射的，具有单一的能量和波长，因此当激光通过棱镜时不会出现分光现象。相比于普通光源，激光具有单色、方向性好、亮度高等特点（图 1-1-4）。

图 1-1-4　激光笔发出的激光在胶体中产生丁达尔效应

激光是单色光,因此激光不能作为吸收光谱的光源。

4　构造原理

构造原理是指从氢元素开始,随着核电荷数的增加,新增电子填入能级的顺序(图 1-1-5)。构造原理是通过实验事实(即原子光谱)建立的思维模型。

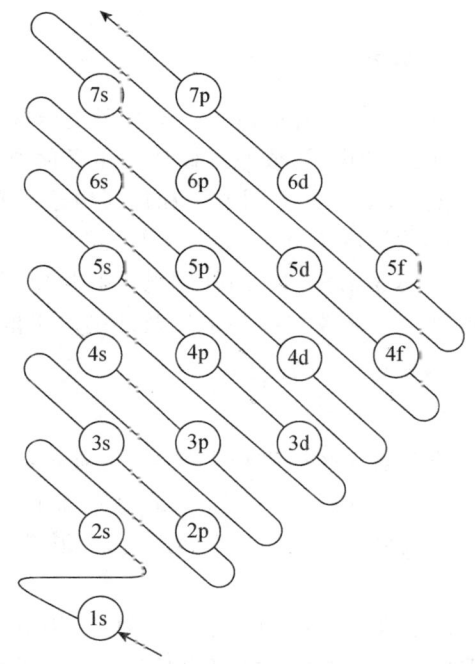

图 1-1-5　构造原理示意

初中化学中归纳的"原子最外层电子数不超过 8 个,次外层电子数不超过 18 个,倒数第三层电子不超过 32 个",这些规律都是构造原理的体现,可利用构造原理进行解释:n 层($n \geqslant 2$)电子数等于 8 时填充了 ns 和 np 两个能级,n 层若要超过 8 个电子,则需要填充 nd 能级,但是填充 nd 能级前需要填充 $(n+1)$s 能级,会导致 n 层从最外层变为次外层。这就是原子最外层电子数不超过 8 个的原因。

知识拓展：原子实和简化电子排布式

在书写原子序数较大原子的电子排布式时，如果将所有电子全都写出，会显得烦琐低效。以 Na 为例，电子排布式为 $1s^22s^22p^63s^1$。分析后可知 Na 比上一周期稀有气体 Ne（$1s^22s^22p^6$）多了一个 3s 的电子，因此可将 Na 的电子排布式简写为[Ne]$3s^1$，在这里将 Ne 的核外电子排布构型称为 Na 的原子实。在书写原子的电子排布式时，将上一周期稀有气体原子的电子排布作为原子实，只书写相比于上一周期稀有气体多出的电子排布，可以大大简化电子排布式的书写。部分元素原子的简化电子排布式见表 1-1-2。

表 1-1-2　部分元素原子的电子排布式和简化电子排布式

元素	电子排布式	简化电子排布式	元素	电子排布式	简化电子排布式
O	$1s^22s^22p^4$	[He]$2s^22p^4$	Mg	$1s^22s^22p^63s^2$	[Ne]$3s^2$
Fe	$1s^22s^22p^63s^23p^63d^64s^2$	[Ar]$3d^64s^2$	Cu	$1s^22s^22p^63s^23p^63d^{10}4s^1$	[Ar]$3d^{10}4s^1$
Ga	$1s^22s^22p^63s^23p^63d^{10}4s^24p^1$	[Ar]$3d^{10}4s^24p^1$	Br	$1s^22s^22p^63s^23p^63d^{10}4s^24p^5$	[Ar]$3d^{10}4s^24p^5$

知识拓展：外围电子与价电子

外围电子是指原子中除原子实部分外的电子。价电子是指核外电子中能参与成键的电子（亦可描述为决定元素化学性质的电子，或原子核外与元素化合价有关的电子）。Na 的外围电子和价层电子排布式都是 $3s^1$，Fe 的外围电子和价层电子排布式都是 $3d^64s^2$，而 Ga 的外围电子排布式是 $3d^{10}4s^24p^1$，价层电子排布式是 $4s^24p^1$。

前 36 号主族元素中，Ga、Ge、As、Se、Br 的外围电子和价电子排布式不同，其余元素的外围电子和价电子相同。需要注意新教材中并未提及外围电子的概念，在教学中应逐渐淡化此概念。

5　电子云与原子轨道

电子云是用小点描述电子在某一区域出现的概率，小点越密集的位置电子出现的概率越大，需要注意小点并不代表电子。由于电子云在无限远处都有分布（极稀疏），因此人为规定将电子在原子核外空间出现概率 $P=90\%$ 的空间圈出来，形成电子云轮廓图，以方便描述电子在核外运动的特点。

将电子在核外的一个空间运动状态称为一个原子轨道，用电子云轮廓图的形状和取向来表示原子轨道的形状和取向。每个能层 s 能级都只有 1 个原子轨道，1s，2s，3s…轨道都呈球形，只是半径越来越大，即 1s 电子更集中，2s，3s…电子云逐渐向更大的空间扩展。每个 p 能级都有 3 个相互垂直的原子轨道，记为 p_x、p_y 和 p_z，每一个 p 轨道都有两个波瓣，组合在一起呈哑铃形（图 1-1-6）。部分教材中，同一个 p 轨道的两个波瓣用不同颜色表示，也有一些教材用相同颜色表示，电子可以填充在一个 p 轨道的某一个波瓣中，彼此等价，高中阶段不作区分（图 1-1-7）。

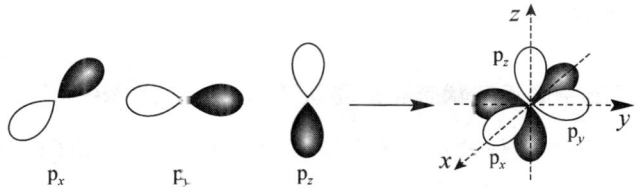

图 1-1-6　p_x、p_y、p_z 轨道的形状和空间关系

图 1-1-7　p 轨道的两种表示方式和填充电子方式

6　泡利原理

对复杂原子光谱等实验现象的研究表明电子还有一种状态——自旋。电子的自旋方向分为 2 种，分别用上箭头（↑）和下箭头（↓）表示。泡利原理指出，每个原子轨道中最多能容纳 2 个自旋方向相反的电子。

为了简洁地说明电子在原子轨道中的具体排布方式，常用"□"表示原子轨道（亦可使用"○"表示），用↑和↓表示不同自旋的电子，将电子排布式表示成更易识别的图形，称为轨道表达式（又称电子排布图）。图 1-1-8 是 C 原子轨道表达式的 4 种形式，这 4 种形式都是正确的，彼此等价。

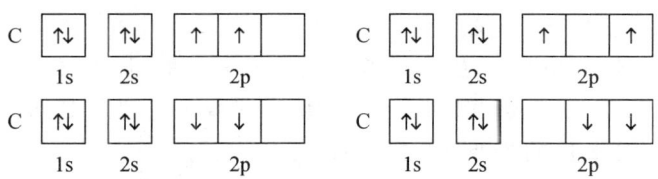

图 1-1-8　基态 C 原子的 4 种轨道表达式

注意轨道表达式中需要在方框上方或下方注明轨道名称，如"1s"，但不能写电子数，即不能写成"$1s^2$"。

7　洪特规则

当 2 个电子依次填入 1s 轨道时，第 1 个电子可以是↑，也可以是↓；第 2 个电子与第 1 个自旋方向相反即可。然而当 2 个电子依次填入 2p 能级时，存在图 1-1-9 中的 3 种方式，这 3 种方式都满足泡利原理，真实的电子排布是哪一种方式呢？

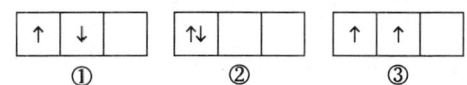

图 1-1-9　2p 能级填入 2 个电子时可能的 3 种方式

洪特规则指出：基态原子中，电子填入能量相同的轨道（又称简并轨道），如 2p 能级 3 个轨道时，电子总是先单独分占不同的轨道，且自旋方向相同。因此在 2p 能级填入 2 个电子

时应是图 1-1-9 中③所示情况。

> 📖 **知识拓展：电子的空间运动状态和运动状态**

教材明确指出：电子在核外的一个空间运动状态称为一个原子轨道；同一个原子中不存在两个运动状态完全相同的电子。

因此，一个原子中电子占据了多少个原子轨道，电子就有多少种空间运动状态；一共有多少个电子，电子就有多少种运动状态。部分元素基态原子中电子状态数目见表 1-1-3。

表 1-1-3　部分元素基态原子中电子状态

元素	基态电子排布式	电子的空间运动状态数目	电子的运动状态数目
$_6$C	$1s^22s^22p^2$	4	6
$_8$O	$1s^22s^22p^4$	5	8
$_{19}$K	$1s^22s^22p^63s^23p^64s^1$	10	19
$_{26}$Fe	$1s^22s^22p^63s^23p^63d^64s^2$	15	26

8　能量最低原理

基态原子中电子尽可能占据能量最低的轨道，使整个原子的能量最低。整个原子的能量受多个因素影响。部分情况下当相邻能级能量相差不大时，有 1～2 个电子占据能量稍高的能级反而使整个原子的能量更低。

以 K 为例，轨道能量 3d＜4s，如果只考虑电子能量最低，K 的核外电子排布式为[Ar]$3d^1$；然而如果把电子填入 4s，虽然电子能量升高，但是降低了电子之间的排斥能，反而使整个原子的能量更低，因此 K 的核外电子排布式为[Ar]$4s^1$。

核外电子是按照能量大小分为不同能层的，内层电子能量总是低于外层电子能量。

> ❓ **问题讨论：构造原理与能量最低原理的联系**

对于多电子微粒，体系总能量不仅包括电子所在能层和能级的能量，而且包括电子相互作用的能量。核外电子排布时，要求体系总能量最低，并不是完全按照 K→L→M⋯ 及 ns→np→nd⋯ 的顺序填充电子，而是按照构造原理填充电子。因此不能认为构造原理是轨道（或能级）的能量由低到高的顺序，而是填入电子后整个体系总能量由低到高的顺序。

> ❓ **问题讨论：原子失去电子顺序和填充电子顺序**

一般来说，原子是按照从外层到内层的顺序失去电子，按照构造原理的顺序填充电子，大部分情况下这两种顺序是相反的。有两类元素情况特殊：

一是过渡金属，以第 4 周期过渡金属为例，填充电子时先填充 4s 后填充 3d，失去电子时先失去 4s 后失去 3d。比如 Fe($3d^64s^2$)失去 2 个 4s 电子形成 Fe^{2+}($3d^6$)，接着失去 1 个 3d 电子形成 Fe^{3+}($3d^5$)。

二是 Ga、Ge、As 等 p 区元素,填充电子顺序是 4s→3d→4p,失去电子时先失去 4p 电子,再失去 4s 的电子,不会失去内层的 3d 电子。

问题讨论:能层顺序与构造原理的矛盾

教材指出:"能层越高,电子的能量越高,各能层中能量由低到高的顺序为 $E(K)<E(L)<E(M)<E(N)<E(O)<E(P)<E(Q)$"。而在构造原理中,首先填充 4s 能级,然后填充 3d 能级。二者是不是矛盾的?

分析:能层越高,电子能量越高,因此一般顺序是先填内层再填外层,这里只强调能层中电子能量。填充电子过程要满足能量最低原理,这里强调的是整个原子的能量最低。当相邻能级能量相差不大时,有 1~2 个电子占据能量稍高的能级反而可能降低电子排斥能而使整个原子能量最低。因此先填充 4s 能级后填充 3d 能级与 3d 能级能量低于 4s 能级能量不矛盾。

类似的问题:某一能级处于全充满、全空和半充满的状态都是稳定结构,为什么 Ni 基态电子排布式为 $3d^84s^2$,而不是 $3d^{10}4s^0$?后者 3d 能级全充满,4s 能级全空,会不会更稳定?

分析:按照构造原理,$3d^84s^2$ 的排布相比于 $3d^{10}4s^0$ 的排布能量更低。尽管全充满和全空在一定程度上更稳定,但是从 $3d^84s^2$ 到 $3d^{10}4s^0$,在 4s 能级全空的条件下填满 3d 能级,3d 能级中电子的排斥反而使原子整体能量升高,综合多种因素的最终结果是按照 $3d^84s^2$ 的方式排布。

知识拓展:各族元素基态原子未成对电子数目规律

原子的未成对电子数与元素的化学性质息息相关,是对构造原理、能量最低原理、泡利原理和洪特规则的综合应用。部分元素基态原子未成对电子数见表 1-1-4 和表 1-1-5。

表 1-1-4　前 18 号元素基态原子的未成对电子数

族序数	ⅠA	ⅡA	ⅢA	ⅣA	ⅤA	ⅥA	ⅦA	0
元素	H、Li、Na	Be、Mg	B、Al	C、Si	N、P	O、S	F、Cl	He、Ne、Ar
未成对电子数	1	0	1	2	3	2	1	0

主族元素基态原子中未成对电子数的规律是 1、0、1、2、3、2、1、0。

表 1-1-5　21~30 号元素基态原子的未成对电子数

族序数	ⅢB	ⅣB	ⅤB	ⅥB	ⅦB	Ⅷ			ⅠB	ⅡB
元素	Sc	Ti	V	Cr	Mn	Fe	Co	Ni	Cu	Zn
未成对电子数	1	2	3	6	5	4	3	2	1	0

若不考虑 Cr 的特殊性,从 Sc 到 Zn 的 10 种副族元素基态原子中未成对电子数的规律是 1、2、3、4(实际上为 6)、5、4、3、2、1、0。

知识拓展：前36号元素原子核外电子排布结构特点

前36号元素的原子结构是本章学习重点，需要从多个角度认识原子结构。

1. 最外层电子数

前36号元素原子最外层电子数范围为1~8，具体情况见表1-1-6。

表1-1-6　前36号元素原子的最外层电子数

元素	最外层电子数	元素种类总数
ⅠA族：H、Li、Na、K；ⅠB族：Cu、Cr	1	6
ⅡA族：Be、Mg、Ca；副族：Sc、Ti、V、Mn、Fe、Co、Ni、Zn；0族：He	2	12
ⅢA族：B、Al、Ga	3	3
ⅣA族：C、Si、Ge	4	3
ⅤA族：N、P、As	5	3
ⅥA族：O、S、Se	6	3
ⅦA族：F、Cl、Br	7	3
0族：Ne、Ar、Kr	8	3

2. 其他关系

(1) 最外层电子数与最内层电子数相等：即最外层有2个电子的原子，见表1-1-6。
(2) 最外层电子数是次外层电子数的1/2：Li和Si。
(3) 未成对电子数占电子总数的1/3：Li和C。
(4) 不含未成对电子的：ⅡA族Be、Mg、Ca；ⅡB族Zn；0族He、Ne、Ar、Kr。

教学设计片段

1　复习原子结构的玻尔模型

【课堂活动一】画出H、Li、O、Na、S、K的原子结构示意图。

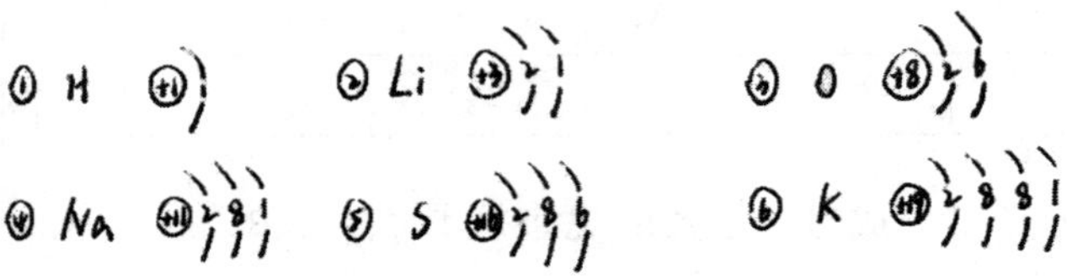

图1-1-10　学生绘制的原子结构示意图

【提问】原子核外电子的排布方式有何特点？

【学生A】核外电子是分层排布的。

【学生B】第1层最多容纳2个电子，第2层最多容纳8个电子，第3层最多容纳18个电子，第n层最多容纳$2n^2$个电子……

【提问】K原子第3层只有8个电子，为何不将第3层填满后再去填第4层？

【学生C】第3层最多可容纳18个电子,若填满第3层再去填第4层,此时最外层电子数超过8,与最外层电子数不超过8矛盾。

【提问】Fe是第26号元素,Fe原子核外电子如何排布呢?

【提示】Fe原子核外有4个电子层,最外层有2个电子。

【学生】Fe原子核外4个能层电子数分别是2、8、14、2。

【追问】K和Fe都有4个电子层,第三层电子数分别是8和14,说明什么?

【学生】同一电子层的电子之间有差别。

【教师】Fe原子第3层的14个电子并不是完全等价的,先填入的8个电子与后填入的6个电子不同。

2 基态与激发态原子光谱

【素材阅读一】

光,通常指的是可见光,本质是电磁辐射。电磁辐射是能量的一种传播方式,根据电磁辐射的波长将电磁辐射分为无线电波、红外光、可见光、紫外光和X射线等,其中可见光又可分为红、橙、黄、绿、蓝、靛、紫七种颜色。

光谱是指复色光(如白光)经过色散系统(如棱镜、光栅)分光后,被色散开的单色光按波长(或频率)大小依次排列的图案,全称为光学频谱。彩虹是最常见的光谱之一,不同颜色的光经过空气中的水滴发生折射时偏向角度不同,在天空上形成拱形的七彩光谱,由外圈至内圈呈红、橙、黄、绿、蓝、靛、紫七种颜色。

【课堂活动二】阅读教材"二、基态与激发态原子光谱"。

【素材阅读二】

1868年8月18日,在印度、马来群岛一带发生日全食。法国天文学家 Pierre Jules César Janssen 在印度观测时,在日全食时拍摄到日珥的光谱,看到氢元素发射谱线,还发现一条黄色(波长 578.6 nm)的发射谱线。1868年10月20日,英国天文学家 Joseph Norman Lockyer 也发现了同样的谱线,因为这是在太阳中发现的新元素,他和英国化学家 Edward Frankland 一起将这个元素以希腊神话中的太阳神 Helios 命名为 Helium,意为"太阳的元素"。直到1895年,英国化学家拉姆齐才在地球矿石中分析出氦。

【展示】展示原子光谱的形成原理(见本节"知识拓展:光、光谱和原子光谱"图1-1-2)。

【提问】发射光谱和吸收光谱有哪些区别?

【学生A】发射光谱是暗背景,亮线,不连续;吸收光谱是亮背景,暗线,不连续。

【学生B】吸收光谱是在沿着光源光线的方向形成的,而发射光谱是在偏离光源光线的方向形成的。

【讨论】为什么原子光谱是线状光谱?

【教师】原子轨道的能量是量子化的,不连续的。吸收波长为 503 nm 的光可以使电子从A能级跃迁到B能级,吸收能量更高的 501 nm 的光却不能完成此跃迁。这与宏观世界不一样,在宏观世界中一定的能量可以将篮球扔到3楼,更大的能量也可以完成。

【提问】Li、He、Hg原子的发射光谱和吸收光谱有何联系?

【学生A】发射光谱中亮线的位置与吸收光谱中暗线的位置一一对应。

【素材阅读三】

某市中考后最高分为 700 分,最低分为 300 分,从 300～700 的每个分数都有对应的考生。不同于普通中学录取某一分数以上的学生,原子中学只录取特定分数的考生。Na 原子中学只录取 589 和 330 分考生,Ca 原子中学只录取 423 和 598 分考生,Li 原子中学只录取 671 分和 323 分考生。

【提问】Na 原子中学录取后剩余的考生成绩分布有何特点?
【学生】缺少 598 分和 330 分考生,其他分数的考生都有。
【教师】这就是留下了 598 和 330 两道暗线,与原子吸收光谱高度相似。
【提问】Ca 中学放学后,从学校走出的学生中考成绩有何特点?
【学生】Ca 中学的学生中考成绩是 423 分或 598 分。
【教师】这就是发射出 423 和 598 两道明线,与原子发射光谱高度相似。
【提问】在书店遇到 1 个同学的中考成绩是 671 分,请问他是哪个原子中学的?
【学生】推测是 Li 原子中学的。
【教师】这就是利用原子发射光谱鉴定元素的原理。

3 构造原理与电子排布式

【课堂活动三】阅读教材"三、构造原理与电子排布式"。
【提问】根据构造原理,新增电子填充的前 8 个能级顺序是什么?
【学生】1s→2s→2p→3s→3p→4s→3d→4p。
【提问】如何利用构造原理解释最外层电子数不超过 8?
【学生】第 n 层电子数要超过 8,就需要在填满 ns 能级和 np 能级的基础上再填充 nd 能级。根据构造原理,在填充 nd 能级时需要先填充 $(n+1)s$ 能级,此时 n 能层已不是最外层,因此最外层电子数不能超过 8。

【课堂活动四】写出 Ne、Na、Cl、Ar、K、Cu 的电子排布式。

$$Ne\ 1s^2 2s^2 2p^6$$
$$Na\ 1s^2 2s^2 2p^6 3s^1$$
$$Cl\ 1s^2 2s^2 2p^6 3s^2 3p^5$$
$$Ar\ 1s^2 2s^2 2p^6 3s^2 3p^6$$
$$K\ 1s^2 2s^2 2p^6 3s^2 3p^6 4s^1$$
$$Cu\ 1s^2 2s^2 2p^6 3s^2 3p^6 3d^{10} 4s^1$$

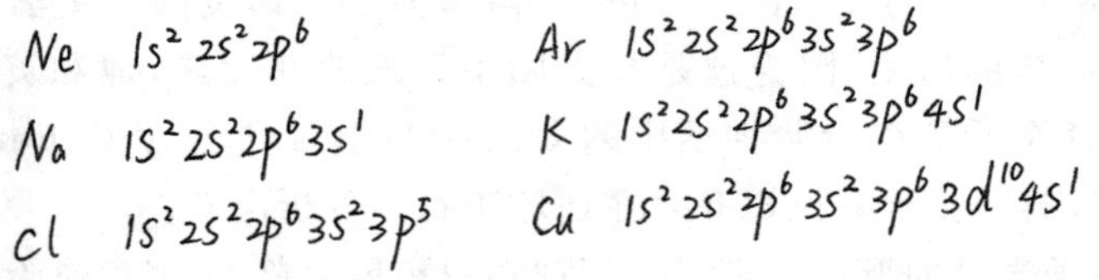

图 1-1-11 学生书写的 Ne、Na、Cl、Ar、K、Cu 的电子排布式

【教师】可以看出书写电子较多的原子的电子排布式很不方便。
【提问】Ne、Na、Cl 的电子排布有何联系?
【学生】Na、Cl 的内层电子排布式与 Ne 的电子排布式相同。
【提问】Ar、K、Cu 的电子排布有何联系?
【学生】K、Cu 的内层电子排布式与 Ar 的电子排布式相同。
【教师】可以将 Ne 的电子排布结构称为 Na、Cl 的原子实;将 Ar 的电子排布结构称为 K、Cu 的原子实。
【教师】用原子实的方法可以写出简化电子排布式。

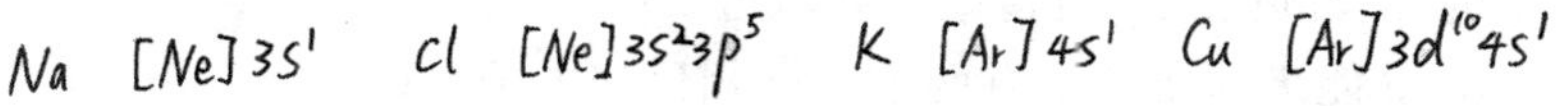

图 1-1-12　学生书写的 Na、Cl、K、Cu 的简化电子排布式

【引导】研究原子的核外电子排布结构是为了研究原子在化学反应中得失电子的倾向。

【教师】将在化学反应中可能发生电子变动的能级称为价电子层。大部分情况下研究原子核外电子结构时写出价层电子排布即可。

【提问】价电子层就是最外层吗？

【学生】有些情况可以失去内层电子，比如 Fe 原子最外层只有 2 个电子，形成 Fe^{3+} 时失去了一个内层电子。

【教师】从 Fe^{2+} 到 Fe^{3+} 的过程中失去的是第三能层中哪个能级的电子？

【学生】能量最高的 3d 能级。

【教师】因此 Fe 的价层就是 3d 和 4s，Fe 的价层电子排布式是 $3d^6 4s^2$。

【总结】对于主族元素，价层就是最外层；对于副族元素，价层不仅包括最外层，还可能包括次外层和倒数第三层的部分能级。

必练习题 1-1

一、判断题

1. 能层越高，电子的能量越高，能量高低顺序为 $E(M) > E(L) > E(K)$。（　　）
2. 在同一能层不同能级中的电子，其能量一定不相等。（　　）
3. 原子核外第 n 个能层含有能级数为 $n-1$，最多容纳电子数为 $2n^2$ 个。（　　）
4. H 原子和 He 原子都只有 K 能层，而无 L、M、N 等能层。（　　）
5. 激发态 C 原子的能量一定高于基态 C 原子的能量。（　　）
6. 霓虹灯能发出五颜六色的光，发光机理与氢原子光谱形成机理基本相似。（　　）
7. 水晶是无色透明的，说明石英中各种原子中的电子不能发生跃迁。（　　）
8. 同一原子中，1s、2s、3s 电子的能量逐渐减小。（　　）
9. 构造原理是通过量子化学计算得到的新增电子填入能级的顺序。（　　）
10. 前 36 号元素中有 2 种元素的基态原子电子排布不符合构造原理。（　　）
11. C 原子的电子排布式不可能是 $1s^2 2s^1 2p^3$。（　　）
12. H 原子基态电子的概率密度分布图中，小点的疏密程度表示电子的多少。（　　）
13. Li 原子的最外层电子只能在 2s 轨道轮廓内部运动。（　　）
14. 1s、2s、3s 轨道都是球形，半径逐渐增大。（　　）
15. p 能级的原子轨道呈哑铃形，随着能层序数的增加，p 能级原子轨道数也在增多。（　　）
16. 基态 P 原子中的未成对电子的电子云伸展方向不同。（　　）
17. 所有 p 能级都有 3 个相互垂直的 p 轨道，所有 p 轨道都是哑铃形。（　　）

18. O 原子的 2s 轨道和 2p 轨道是简并轨道。（　　）
19. $3p^2$ 表示 3p 能级的轨道中有两个自旋相反的电子。（　　）
20. 在一个基态多电子的原子中，不可能有两个能量相等的电子。（　　）
21. 基态原子的核外电子填充在 5 个能级中的元素有 6 种。（　　）
22. 基态原子中 4s 能级只填充 1 个电子的元素有 3 种。（　　）
23. 原子序数大于 18 的元素基态原子中 K、L、M 三个能层均已填满。（　　）

二、选择题（本书所有习题部分的选择题皆为不定项选择）

1. 下列粒子中，各能层电子数均达到 $2n^2$ 的是（　　）
   A. Ne、Ar
   B. F^-、Mg^{2+}
   C. Al、O^{2-}
   D. Cl^-、Ar

2. 在基态多电子原子中，关于核外电子能量的叙述错误的是（　　）
   A. 处于 1s 轨道中的 2 个电子能量相等
   B. 与原子核的距离：1s 电子永远小于 2s 电子
   C. p 能级电子能量一定高于 s 能级电子能量
   D. 电子的能量大小与所处的能层和能级都有关系

3. 下列原子的核外电子排布式中，可能是激发态原子的是（　　）
   A. $1s^2 2s^2 2p^5$
   B. $1s^2 2s^2 2p^6 3s^2 3p^6 3d^3 4s^2$
   C. $1s^2 2s^2 2p^6 3s^2 3p^1$
   D. $1s^2 2s^2 2p^6 3s^2 3p^6 3d^{10} 4s^2$

4. 某基态原子的电子排布式为 $1s^2 2s^2 2p^6 3s^2 3p^6 3d^5 4s^2$，下列说法中不正确的是（　　）
   A. 该原子共有 25 个电子
   B. 该原子核外电子填充了 4 个能级
   C. 该原子中有 7 个未成对电子
   D. 该原子 M 能层共有 13 个电子

5. 下列四种元素的基态原子中，未成对电子数最多的是（　　）
   A. 空气中含量最多的元素
   B. 形成化合物种类最多的元素
   C. 最外层电子数和次外层电子数相等的元素
   D. 地壳中含量最多的金属元素

6. 以下关于原子模型的说法中正确的是（　　）
   A. 道尔顿原子论模型中不存在正负电荷
   B. 汤姆逊模型中原子的绝大部分质量集中在原子中心带正电的核上
   C. 玻尔模型中电子在核外一定轨道上做圆周运动
   D. 电子云模型中电子很轻，像云一样悬浮在原子核周围的空间中

7. 以下关于电子、电子云和电子云轮廓图的说法中正确的是（　　）
   A. 电子只能出现在电子云轮廓图范围内
   B. 1s 电子和 2s 电子在核外出现的空间范围相同，只是 1s 电子更集中
   C. 2s 电子不会出现在 1s 的电子云轮廓图中
   D. 3s 电子云轮廓图与 $2p_x$ 电子云轮廓图无重合

第二节 原子结构与元素的性质

整体内容分析

本节内容建立了原子结构与元素性质之间的基本关系,是结构化学教学中培养结构决定性质核心观念的首次具体实践,是本章学习的重点。通过本节内容的学习应达到以下要求:

1. 熟悉和理解元素周期表的结构,知道元素周期表的分区。
2. 熟悉元素的原子半径、第一电离能和电负性等性质的周期性变化规律,能给出合理的解释。
3. 深化对元素性质和原子结构之间联系的认识和理解。
4. 了解元素周期律(表)的应用价值,掌握元素周期律(表)的应用方法。

高考试题分析

考题呈现

考点1 电离能及其应用

1.(2022 全国甲,35 节选)图 a、b、c 分别表示 C、N、O 和 F 的逐级电离能 I 变化趋势(纵坐标的标度不同)。第一电离能的变化图是_____(填标号),判断的根据是_____;第三电离能的变化图是_____(填标号)。

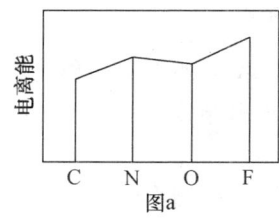
图a

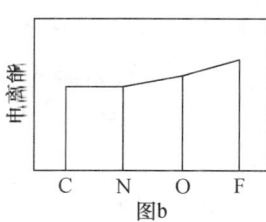
图b

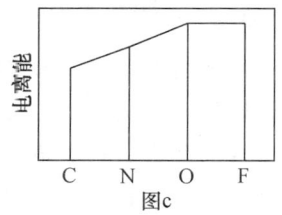
图c

2.(课标Ⅰ理综2020,35题节选)Li 及其周期表中相邻元素的第一电离能(I_1)如表所示。$I_1(Li) > I_1(Na)$,原因是_____。$I_1(Be) > I_1(B) > I_1(Li)$,原因是_____。

元素	Li	Be	B	Na	Mg	Al
第一电离能 I_1/(kJ/mol)	520	900	801	496	738	578

考点2 电负性及其应用

3.(2022 湖南,18 节选)富马酸亚铁($FeC_4H_2O_4$)是一种补铁剂。富马酸亚铁中各元素的电负性由大到小的顺序为_____。

4.(2021 湖南,18 节选)H、C、N 的电负性由大到小的顺序为_____。

5.(2020 课标Ⅲ,35 节选)NH_3BH_3 分子中,与 N 原子相连的 H 呈正电性($H^{\delta+}$),与 B

原子相连的 H 呈负电性($H^{\delta-}$)，电负性大小顺序是_____。

考题分析

主要考查对第一电离能和电负性的理解和它们的变化规律等知识点，需要在理解和记忆的基础上熟练运用。

教材内容解读

1 原子结构与元素周期表

元素周期律是指元素的性质(原子半径、化合价、金属性、非金属性等)随着原子序数的递增而呈周期性的变化，这是元素原子的核外电子排布周期性变化的必然结果。

将元素按照核电荷数递增的顺序排列在一定形式的表格中，得到元素周期表。元素周期表有多种多样的形式，教材附页的元素周期表是最常见的一种形式，元素周期表为通过元素周期律认识元素的性质提供了便利。熟悉前 36 号元素和前六周期主族元素在元素周期表中的位置是使用元素周期律分析元素性质的基础。

(1) 主族元素的核外电子层数等于周期数，最外层电子数等于主族序数。比如 Ca 原子核外有 4 个电子层，最外层有 2 个电子，因此 Ca 在元素周期表第四周期 ⅡA 族。再如，As 在元素周期表中位于 P 的下方，可知 As 比 P 多一个电子层，最外层电子数相等。

(2) 副族元素的原子结构与其在元素周期表中的位置有一定联系，也有一些特例，比如 46 号元素钯(Pd)，在第五周期第Ⅷ族，价层电子排布为 $4d^{10}$，只有 4 个电子层，最外层(第 4 层)有 18 个电子，不符合"电子层数等于周期数"和"最外层电子数不超过 8 个"的规律。

问题讨论：为什么非金属元素集中在元素周期表右上角？

元素周期表右上角的元素半径较小，最外层电子数较多，吸引外来电子能力强，在化学反应中容易通过得到电子的方式达到 8 电子稳定结构，表现出非金属性，因此非金属元素主要集中在元素周期表的右上角三角区。

元素周期表中共有 118 种元素，其中有 17 种非金属元素、7 种稀有气体元素(一般认为稀有气体元素不属于非金属元素)和 94 种金属元素。

知识拓展：硼-砹分界线

硼-砹分界线是金属元素和非金属元素的分界线。这条分界线看似清晰，实则模糊，因为分界线附近的元素往往既具有金属性，又具有非金属性，常被称为半金属或类金属。

Be	B	C	N	O	F
Mg	Al	Si	P	S	Cl
Ca	Ga	Ge	As	Se	Br
Sr	In	Sn	Sb	Te	I
Ba	Tl	Pb	Bi	Po	At

图 1-2-1　元素周期表中的硼-砹分界线

以硼-砹分界线右侧的非金属元素 Si 为例,晶体硅为灰黑色,有金属光泽,是重要的半导体材料,在一定程度上体现出金属的性质。再以硼-砹分界线左侧的金属元素 Al 为例,Al_2O_3、$Al(OH)_3$ 均可与 NaOH 溶液反应,一定程度上体现出非金属的性质。

知识拓展:Ⅷ族被划入副族

元素周期表第 8~10 列共 3 列被称为第Ⅷ族,因此元素周期表虽然有 18 列,但是只有 16 个族。长期以来,第Ⅷ族既不是主族,也不是副族,因此记忆元素周期表结构的一种口诀是"七主七副零和八",即 0 族和第Ⅷ族都独立于主族和副族之外。最新版的《化学名词》中,将第Ⅷ族归入副族,新教材也是这样规定的。需要注意:通常不在"Ⅷ"后加"B",因为主族没有第Ⅷ族,无需区分。

知识拓展:列的序数和族序数的关系

元素周期表中列的序数和族序数的对应关系见表 1-2-1。

表 1-2-1　元素周期表中列的序数和族序数的对应关系

列数	1	2	3	4	5	6	7	8	9
族序数	ⅠA	ⅡA	ⅢB	ⅣB	ⅤB	ⅥB	ⅦB	Ⅷ	Ⅷ
列数	10	11	12	13	14	15	16	17	18
族序数	Ⅷ	ⅠB	ⅡB	ⅢA	ⅣA	ⅤA	ⅥA	ⅦA	0

列的序数和族序数的关系可描述为:尾数等于族数,八、九、十都是 8,遇到 3 主副交替。如第 2 列(尾数为 2)为ⅡA 族,第 3 列(尾数为 3)为ⅢB 族,第 7 列(尾数为 7)为ⅦB 族,第 8~10 列均为Ⅷ族,第 12 列(尾数为 2)为ⅡB 族,第 13 列(尾数为 3)为ⅢA 族。

知识拓展:几组容易混淆的元素

(1) 锡和硒

锡($_{50}Sn$)是第五周期ⅣA 族元素,是一种比较活泼的金属,常见化合价为+2 价和+4 价,Sn^{2+} 还原性比 Fe^{2+} 强:$2Fe^{3+}+Sn^{2+}\!=\!\!=\!\!2Fe^{2+}+Sn^{4+}$。

硒($_{34}Se$)是第四周期ⅥA 族元素,单质性质和硫相似,常见化合价为-2 价、+4 价和+6 价,是一种多功能的生命营养素。

(2) 铅和钯

铅($_{82}Pb$)是第六周期ⅣA 族元素,常见化合价为+2 价和+4 价,Pb 和 PbO_2 分别是铅酸蓄电池的负极和正极材料,PbO_2 的氧化性强于酸性 $KMnO_4$。

钯($_{46}Pd$)是第五周期Ⅷ族元素,主要用于制作催化剂。

(3) 铬和镉

铬($_{24}Cr$)是第四周期ⅥB 族元素,常见化合价为+3 价和+6 价,$Cr(OH)_3$ 是两性氢氧化物,$K_2Cr_2O_7$ 是一种常用的强氧化剂。

镉($_{48}$Cd)是第五周期ⅡB族元素,可用于制造锌镉电池和镍镉电池,镉及其化合物是有毒有害的水污染物。

(4) 锑和碲

锑($_{51}$Sb)是第五周期ⅤA族元素,读 tī。

碲($_{52}$Te)是第五周期ⅥA族元素,读 dì。

> 📖 **知识拓展:第八周期元素的结构和位置关系**

根据构造原理,第八周期元素的填入电子顺序为:8s→5g→6f→7d→8p,总共有 2+18+14+10+6=50 种元素。

第八周期第一种元素的原子序数为 118+1=119,基态原子最外层电子排布为 $8s^1$;最后一种元素的原子序数为 118+50=168。结合元素周期表结构可知,第八周期第ⅢA~ⅦA族元素原子序数分别为 163~167,特点是原子序数尾数=主族序数=最外层电子数。比如 166 号元素的序号尾数为"6",可知其处于ⅥA族,最外层有 6 个电子。

2 元素周期表的分区

根据元素的原子核外电子排布,可将元素周期表分为 5 个区:s 区、p 区、d 区、ds 区、f 区。前 36 号元素所在分区见表 1-2-2。

表 1-2-2 前 36 号元素所在分区

分区	s 区	d 区	ds 区	p 区
族	ⅠA 和ⅡA	ⅢB~Ⅷ	ⅠB 和ⅡB	ⅢA~ⅦA,0
元素	H、Li、Na、K Be、Mg、Ca	Sc、Ti、V、Cr、Mn、 Fe、Co、Ni	Cu、Zn	其余元素,包括稀有气体均在 p 区

> 📖 **知识拓展:同周期ⅡA族元素和ⅢA族元素原子序数之间的关系**

第ⅡA族元素有 Be、Mg、Ca、Sr、Ba、Ra,第ⅢA族元素有 B、Al、Ga、In、Tl、Nh(不要求)。同一周期中ⅡA族元素和ⅢA族元素原子序数关系和说明如下:

(1) 第二、三周期中,Be 和 B、Mg 和 Al 的原子序数都相差 1。

(2) 第四、五周期中,Ca 和 Ga、Sr 和 In 的原子序数都相差 11,是因为 s 区和 p 区之间有 d 区和 ds 区 10 种元素(对应 d 能级填充 10 个电子)。

(3) 第六、七周期中,Ba 和 Tl、Ra 和 Nh 的原子序数都相差 25,是因为 s 区和 p 区之间有 d 区、ds 区和 f 区的 24 种元素(对应 d 能级填充 10 个电子,f 能级填充 14 个电子)。

> 📖 **知识拓展:同主族相邻周期元素原子序数之间的关系**

s 区和 p 区元素的情况不同:

(1) s 区原子序数为 N 的元素,其上方元素原子序数=N-上周期元素种类数,其下方元素原子序数=N+本周期元素种类数。如 $_{20}$Ca 在第四周期,其上方元素 Mg 的原子序数为 20-8(第三周期元素种类数)=12,其下方元素 Sr 的原子序数为 20+18(第四周期元素种类数)=38。

(2) p区原子序数为 N 的元素,其上方元素原子序数=N-本周期元素种类数,其下方元素原子序数=N+下周期元素种类数。如 $_{35}Br$ 在第四周期,其上方元素 Cl 的原子序数为 35-18(第四周期元素种类数)=17,其下方元素 I 的原子序数为 35+18(第五周期元素种类数)=53。

3　原子半径

如果将原子看成小球,则球壳到球心的距离为原子半径。然而根据电子云的概念,原子并没有一个明确的"边界",即"球壳"的位置无法确定。因此针对不同类型的原子聚集状态,提出了共价半径、范德华半径和金属半径。

📖 **知识拓展:共价半径、范德华半径和金属半径**

1. 共价半径

共价半径是指单质中的2个原子以共价单键结合时核间距的一半(图1-2-2)。金刚石中 C 原子核间距为 154 pm,石墨中 C 原子核间距为 142 pm;石墨中 C 原子之间的共价键不是典型的共价单键,而金刚石中是典型的共价单键,因此 $r(C)=77$ pm。

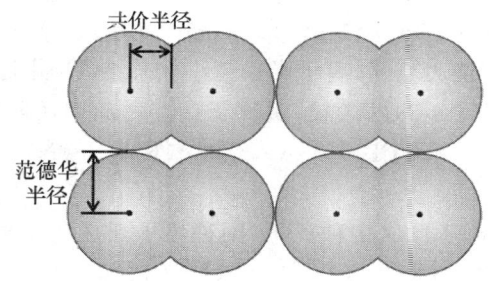

图 1-2-2　共价半径和范德华半径示意

2. 范德华半径

以 He 为代表的一些分子晶体中,可以将原子看作刚性小球,两个紧邻原子核间距的一半称为范德华半径(图 1-2-2)。

3. 金属半径

金属原子之间无法形成共价键,需要引入金属半径的概念。金属半径指金属单质形成的晶体中距离最近的两个金属原子核间距的一半。可以根据金属的密度和晶胞类型计算金属原子半径,这部分内容将在第三章第三节学习。

📖 **知识拓展:原子半径变化规律**

主族元素原子半径的变化受核外电子层数和核电荷数两个因素综合影响,一些非金属元素原子的共价半径见表 1-2-3,规律如下:

(1) 同一周期从左往右电子层数不变,核电荷数和电子数都在增加,但是原子核对电子的吸引力显著增大,综合的结果是原子半径依次减小。

（2）同一主族从上往下核电荷数增加，但是电子层数增加的影响更大，综合的结果是原子半径依次增大。

表 1-2-3　一些非金属元素原子的共价半径

族	ⅣA	ⅤA	ⅥA	ⅦA
元素	C	N	O	F
半径/pm	77	70	66	64
元素	Si	P	S	Cl
半径/pm	117	110	104	99

知识拓展：单核微粒半径比较

单核微粒主要包括单核原子和单核离子。

前 20 号元素原子可以通过得失电子的方式形成具有稀有气体电子层结构的单核离子（C 原子和 Si 原子很难形成单核阴阳离子）。

比较这些微粒的半径时，如果所带电荷数相等，首先比较电子层数，电子层数越多，微粒半径越大，比如 $r(S^{2-})>r(O^{2-})$、$r(Mg^{2+})>r(Be^{2+})$ 等；如果核外电子层数相同，核电荷数越大，原子核对电子吸引能力越强，离子半径越小。总结为"阴上阳下，序小径大"，即具有相同电子层结构（如 2-8，或 2-8-8）的微粒，阴离子在上一周期而阳离子在下一周期，原子序数小的半径大，比如 $r(S^{2-})>r(Cl^{-})>r(Ar)>r(K^{+})$、$r(N^{3-})>r(O^{2-})>r(Ne)>r(Mg^{2+})>r(Al^{3+})$ 等。

过渡金属原子能失去电子形成多种离子，同种原子形成的阳离子，失去电子数越多，形成的阳离子半径越小，比如 $r(Fe)>r(Fe^{2+})>r(Fe^{3+})$、$r(Cu)>r(Cu^{+})>r(Cu^{2+})$ 等。

4　第一电离能

第一电离能是指气态电中性基态原子失去一个电子转化为气态基态正离子所需要的最低能量，表示为 I_1。其中"气态"是指气态原子，如果是固态或者液态，原子能量受到邻近原子的影响，会使第一电离能发生变化，因此"气态电中性基态原子"是为了保证"失去一个电子"的"最低能量"。

第一电离能大小反映元素原子失去电子的难易程度。典型金属元素的第一电离能一般小于 800 kJ/mol，典型非金属元素的第一电离能一般大于 1000 kJ/mol。

前 36 号主族元素的第一电离能变化规律如下：

（1）同周期元素从左往右，原子半径减小，核电荷数增大，原子核对最外层电子吸引能力增强，第一电离能增大。即同一周期中，碱金属的第一电离能最小，稀有气体的第一电离能最大。

在上述规律中存在两种特殊情况：

一是 B、Al 的第一电离能分别小于左边的 Be、Mg。以 Be 和 B 为例进行分析比较：一方面，Be 原子价层为 $2s^2$ 的全充满稳定结构，较难失去电子，导致第一电离能偏高；另一方面，2p 能级电子能量高于 2s 能级电子，2p 能级电子比 2s 能级电子更容易电离，这也导致 B 的第一电离能小于 Be。

二是 O、S 的第一电离能分别小于左边的 N、P。以 N 和 O 为例进行分析比较：一方面，N 原子价层为 $2s^2 2p^3$ 的半充满稳定结构，较难失去电子，导致第一电离能偏高；另一方面，O 原子价层为 $2s^2 2p^4$ 的结构，其中一个 p 轨道有两个电子，这两个电子之间的排斥使其中一个电子容易电离，并可形成 $2s^2 2p^3$ 的半充满稳定结构。

第二周期元素第一电离能由大到小的顺序是：Ne＞F＞N＞O＞C＞Be＞B＞Li，第三周期类似。

（2）同主族元素从上往下，原子半径增大，尽管核电荷数在增大，但是原子半径的增大是主导性因素，原子核对最外层电子吸引能力减弱，第一电离能减小。

问题讨论：能否根据第一电离能大小判断元素金属性强弱？

首先应该理解第一电离能和金属性的定义和内涵，然后进行分析。

第一电离能的大小标志着金属原子失去第一个电子的难易程度。

元素金属性强弱可以从其单质与水（或酸）反应置换出氢的难易程度，以及它们的最高价氧化物的水化物——氢氧化物的碱性强弱来判断。

通常来说，第一电离能越小，金属性越强。对于同一主族元素，比如第一电离能 K＜Na＜Li，金属性 K＞Na＞Li，这种规律成立。不同族的元素情况复杂，没有统一规律。比如 I_1(Mg)＞I_1(Al)，金属性 Mg＞Al；再如 I_1(Zn)＞I_1(Cu)，金属性 Zn＞Cu，都与上述规律矛盾。

实际上，金属单质与酸反应置换出氢的过程包括金属失去电子和金属离子水合等多个复杂过程，第一电离能大小只能说明金属原子失去第一个电子的难易程度，随后不同金属离子在形成水合离子等其他过程中难易程度也有差异。因此"第一电离能越小，金属性越强"的规律不是普遍成立的。

知识拓展：多级电离能之间的规律和应用

类比第一电离能，将原子逐级失去电子的电离能记为 $I_1, I_2, I_3, \cdots, I_n$。C 原子和 N 原子的前三级电离能见表 1-2-4。

表 1-2-4　C 原子和 N 原子的前三级电离能

元素	逐级电离能/(kJ/mol)		
	I_1	I_2	I_3
C	1086	2353	4620
N	1402	2856	4578

C 原子前两级电离过程为 C ⟶ C^+ + e^-；C^+ ⟶ C^{2+} + e^-。这两级电离的是处于两个简并的 2p 轨道上的电子（能量相等），第一级电离过程克服 C^+ 和 e^- 之间的引力 F_1 做功，第二级电离过程克服 C^{2+} 和 e^- 之间的引力 F_2 做功，根据库仑定律 $F_2=2F_1$，得到 $I_2=2I_1$，实验数据 $I_1=1086$ kJ/mol，$I_2=2353$ kJ/mol，与理论预测相近（电离能还受其他因素影响）。

N 原子最先电离的电子处于 3 个简并的 2p 轨道，能量相等，因此 N 原子前三级电离能数据基本满足 $I_n \approx nI_1 (n=2,3)$ 的规律。

考虑到不同能级电子的能量不同，一个全充满的能级或能层发生电离时电离能会显著增加。以 Al 为例，$I_1=578$ kJ/mol，$I_2=1817$ kJ/mol，$I_3=2754$ kJ/mol，$I_4=11575$ kJ/mol，I_2 陡增是开始电离全充满的 3s 能级，I_4 陡增是开始电离全充满的 L 能层。因此可以根据元素原子的逐级电离能变化规律分析预测原子的电子层结构和元素的常见化合价。

> **问题讨论：p 区元素的正价态**
>
> p 区元素在失去 np 能级电子后会形成 ns^2np^0 的稳定结构，进一步失去电子的难度增大。对ⅢA族元素，$I_2 \gg I_1$；对ⅣA族元素，$I_3 \gg I_2$（表 1-2-5）。因此ⅢA族和ⅣA族元素常常表现出"族序数-2"的价态，如 Tl 有+1 价和+3 价，Pb 有+2 价和+4 价。

表 1-2-5　ⅢA族和ⅣA族元素的电离能

ⅢA族元素	逐级电离能/(kJ/mol)			常见价态	ⅣA族元素	逐级电离能/(kJ/mol)				常见价态
	I_1	I_2	I_3			I_1	I_2	I_3	I_4	
B	801	2427	3660	+3	C	1086	2353	4620	6223	+2,+4
Al	578	1817	2745	+3	Si	786	1577	3231	4355	+4
Ga	579	1979	2963	+1,+3	Ge	762	1537	3302	4410	+2,+4
In	558	1821	2704	+1,+3	Sn	709	1412	2943	3930	+2,+4
Tl	589	1917	2878	+1,+3	Pb	716	1450	3081	4083	+2,+4

5　电负性

电负性描述不同元素的原子对键合电子（用于形成共价键的电子）吸引力的大小。电负性有多种标度方式，最常用的一种是 Linus Pauling 结合第一电离能和第一电子亲和能等实验数据，首先规定氟的电负性为 4.0，锂的电负性为 1.0，然后推算得到其他元素的电负性。

一般来说，金属性越强，电负性越小；非金属性越强，电负性越大。比如 $CaTiO_3$ 中的三种元素，电负性由大到小的顺序是 O>Ti>Ca。

在元素周期表中，电负性变化规律如下：

（1）一般来说，同周期元素从左到右，电负性逐渐增大；同主族元素从上到下，电负性逐渐减小。

（2）金属元素的电负性一般小于 1.8，非金属元素的电负性一般大于 1.8，"类金属"元素电负性在 1.8 左右。

（3）常见非金属元素电负性大小顺序是 F>O>Cl≈N>S≈C>H。该顺序对后续学习中分析有机化合物中键的极性和电子效应非常重要（更多相关内容见"专项研究四：新课标新教材背景下结构化学和有机化学的融合教学分析"）。

（4）第二周期和第三周期处于对角线位置的元素，如 B 和 Si，C 和 P，N 和 S，O 和 Cl，第二周期元素的电负性都大于第三周期元素的电负性。

知识拓展：元素电负性变化的规律性和特殊性

电负性变化的规律性很明显，但其中又有特殊性。比如ⅢA族元素 B、Al、Ga、In、Tl 电负性分别为 2.0、1.5、1.6、1.7、1.8，呈现出从上往下先减小后增大的现象，与ⅠA族和ⅡA元素电负性的变化规律不同。其中一个重要因素是 d 电子和 f 电子的填入影响了电子层结构，进而影响原子的第一电离能等性质。

规律性可以帮助我们更快地认识物质性质，但规律性中的特殊性是客观存在的，这些特殊性往往是更深层次的规律，学习就是一个不断揭示更深层次规律性的过程。

知识拓展：非金属元素简单氢化物水溶液的酸碱性

非金属元素简单氢化物水溶液的酸碱性变化具有一定的规律，见表 1-2-6。

表 1-2-6　部分非金属元素简单氢化物水溶液的酸碱性

	ⅤA	ⅥA	ⅦA
第二周期	NH_3 弱碱性	H_2O 中性	HF 酸性强于醋酸
第三周期	—	H_2S 酸性弱于醋酸	HCl 强酸
第四周期	—	H_2Se 酸性强于醋酸	HBr 酸性强于 HCl
第五周期			HI 酸性强于 HBr

同一周期元素的简单氢化物，其水溶液从左往右由碱性变中性、酸性，从弱酸变强酸；同一主族元素的简单氢化物，从上往下由中性变弱酸性、强酸性。

知识拓展：元素性质与单质性质之间的关系

元素性质和单质性质之间有一定联系。以卤素为例，卤素单质都是双原子分子，物理性质和化学性质的变化规律性都很强。F、Cl、Br、I 的非金属性逐渐减弱，F_2、Cl_2、Br_2、I_2 的氧化性逐渐减弱。

但是针对不同族的元素、不同类型的单质，情况比较复杂，需要注意以下两点。

1. 元素单质的多样性

一方面，一种元素可以形成多种单质，不同单质的性质差别很大。以氧元素为例，主要有 O_2 和 O_3 两种单质，O_3 的氧化性强于 O_2，选择 O_2 或选择 O_3 与其他元素单质进行比较，得到的结果很可能是相反的。

另一方面，非金属元素的单质结构差别很大。以同一主族相邻的氮元素和磷元素为例：N_2 分子中形成了三键，非常稳定；P_4 是正四面体结构，非常活泼。

第一章 原子结构与性质

2. 比较方式的多样性

比较单质性质有多种方式。以比较 O_2 和 Cl_2 的氧化性为例进行分析。

一是与变价金属 Fe 的反应。一般来说,与变价金属反应后产物中金属价态越高,证明单质氧化性越强。Fe 在 O_2 中燃烧得到 Fe_3O_4,在 Cl_2 中燃烧得到 $FeCl_3$,后者价态更高,氧化性 $Cl_2 > O_2$。但需要注意的是,一个反应具体生成何种价态的产物,还与产物的稳定性相关,不能仅归因于反应物的性质。

二是单质之间的置换反应。根据氧化还原反应规律,氧化性强的单质可以置换出氧化性弱的单质。Deacon 法制氯气:$4HCl + O_2 \xrightarrow{\quad} 2H_2O + 2Cl_2$,因此氧化性 $O_2 > Cl_2$。

以上两种比较方式得出相反的结论,因此不同族、不同类型单质性质的比较往往不严谨。

问题讨论:原子最外层电子数与元素化学性质的关系

在必修阶段的学习中我们知道,同一主族元素的化学性质相似,这是因为同主族元素原子最外层电子数相同。但最外层电子数相同的元素化学性质并不一定相似,以下分两种情况讨论。

一是同一主族的元素最外层电子数相同,它们的化学性质有递变性。以ⅠA族为例,可以说 Na 和 K 的化学性质相似,但是 Li 和 K、H 和 K 的相似性并不显著。再以ⅣA族为例,第二周期的 C 是非金属元素,第六周期的 Pb 是金属元素,二者性质差别很大,但是同一主族中相邻的两种元素,比如 C 和 Si,化学性质具有相似性。

二是第四周期元素中,K、Cr 和 Cu 最外层都只有 1 个电子,Ca、Sc、Ti、V、Mn、Fe、Co、Ni 和 Zn 最外层都只有 2 个电子,这些最外层电子数相等的原子对应元素的化学性质并不相似。

知识拓展:对角线规则

对角线规则是指元素周期表中某些主族元素与右下方主族元素的部分性质是相似的,是元素周期律的重要应用之一。对角线规则在 Li-Mg、Be-Al、B-Si 三组元素的性质中体现最为充分,见表 1-2-7、表 1-2-8 和表 1-2-9。

表 1-2-7 Li 和 Mg 的单质和化合物性质比较

对比性质	Li	Mg	说明
在过量 O_2 中燃烧的产物	Li_2O	MgO	均生成普通氧化物
与 N_2 反应	Li_3N	Mg_3N_2	均可与 N_2 反应,其他大部分金属不与 N_2 反应
氢氧化物碱性	$LiOH$	$Mg(OH)_2$	均是中强碱
碳酸盐热稳定性	Li_2CO_3	$MgCO_3$	均受热易分解为氧化物和 CO_2
盐的溶解性	LiF、Li_2CO_3	MgF_2、$MgCO_3$	氟化物和碳酸盐均难溶于水

表 1-2-8 Be 和 Al 的单质和化合物性质比较

对比性质	Be	Al	说明
氧化物	BeO	Al_2O_3	均为致密氧化膜,保护单质内部不易被氧化。均是两性氧化物
最高价氧化物对应水化物	$Be(OH)_2$	$Al(OH)_3$	均是两性氢氧化物
氯化物	$BeCl_2$	$AlCl_3$	均是共价化合物,易汽化,能升华,能溶于有机溶剂
盐的水解性	Be^{2+} 易水解	Al^{3+} 易水解	均易水解

表 1-2-9 B 和 Si 的单质和化合物性质比较

对比性质	B	Si	说明
氧化物	B_2O_3	SiO_2	均为致密氧化膜,保护单质内部不易被氧化
简单气态氢化物	BH_3(B_2H_6)	SiH_4	均不稳定,在 O_2 中自燃
最高价氧化物对应水化物	H_3BO_3	H_2SiO_3	均是不溶于水的弱酸,受热易分解为氧化物和水

教学设计片段

1 复习原子结构和元素周期表

【课堂活动一】画出元素周期表的前三周期,注明周期和族;画出 H、Li、O、Na、S 五种元素的原子结构示意图,指出这些元素在元素周期表中的位置。

【提问】主族元素的原子结构与其在周期表中的位置有何联系?

【学生】主族元素原子的电子层数等于其在周期表中的周期序数,原子的最外层电子数等于其在周期表中的主族序数。

【引导】为了方便研究元素的性质,按照元素原子核电荷数递增的序列将元素填入一定形式的表格中,形成元素周期表。

【课堂活动二】阅读"1. 原子结构与元素周期律",总结元素周期表的结构特征。

【学生】有多种形式的元素周期表,周期表中元素的位置以不同的方式体现了原子核外电子排布结构。

【提问】课本附页的周期表中,为什么要把镧系元素和锕系元素放在整个周期表的下方?

【学生】镧系元素和锕系元素本应分别嵌入在 Ba 和 Ra 之后,但这样会导致周期表过长,不利于阅读和印刷。

2 构造原理与元素周期表

【课堂活动二】阅读"2. 构造原理与元素周期表"。

【提问】构造原理与元素周期表之间有联系吗?

【学生 A】从第二周期开始,每一周期元素新增电子填充能级都是从 ns 能级开始,以 np 能级结束。

【学生 B】元素周期表就是按照构造原理构建的。根据构造原理,当 $n \geqslant 2$ 时,总是在填

满 np 能级后填充 $(n+1)$s 能级,意味着新一周期的开始。第 n 周期的元素种类数就是填满 ns 到 np 能级所需电子数。当 $n=2$ 或 3 时,只需要 8 个电子就能填满,因此第二、三周期都有 8 种元素;当 $n=4$ 或 5 时,填充顺序为 ns→$(n-1)$d→np,总共需要 $2+10+6=18$ 个电子,因此第四、五周期有 18 种元素;当 $n=6$ 或 7 时,填充顺序为 ns→$(n-2)$f→$(n-1)$d→np,总共需要 $2+14+10+6=32$ 个电子,因此第六、七周期有 32 种元素。

【课堂活动三】阅读"探究:再探元素周期表",进行讨论。

【提问】元素周期表分为几个区?分区依据是什么?

【学生】可根据构造原理最后填入电子的能级,将元素周期表分为 s 区、p 区、d 区、ds 区和 f 区共 5 个区。

【提问】s 区元素的原子结构有何特点?对它们的化学性质有何影响?

【学生】最外层都只有 1~2 个电子,在化学反应中容易失去电子,表现出较强的还原性。

【追问】d 区、ds 区元素的最外层也只有 1~2 个电子,为何 Fe、Cu、Zn 的还原性不及同周期 s 区 K、Ca 强?

【教师】原子失去电子的难易程度不仅与最外层电子数相关,还与内层电子结构相关,K 的 M 层为 $3s^23p^6$,而 Cu 的 M 层为 $3s^23p^63d^{10}$。内层电子影响了原子核对最外层电子的吸引,导致 K 很容易失去 4s 能级电子而 Cu 不易失去 4s 能级电子。

3　元素周期律

【课堂活动四】阅读"二、元素周期律",讨论以下问题:

(1)什么是原子半径?影响原子半径大小的因素有哪些?元素周期表中元素的原子半径变化有何规律?

(2)什么是第一电离能?第一电离能大小受哪些因素影响?元素周期表中元素的第一电离能变化有何规律?原子的逐级电离能与电子层结构有何关系?

(3)什么是电负性?电负性与金属性和非金属性之间有何联系?元素周期表中元素的电负性变化有何规律?

说明:根据本节"教材内容解读"版块展开讨论。

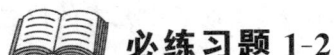

必练习题 1-2

一、判断题

1. 元素 X 和 Y,若原子序数 X>Y,则相对原子质量 X>Y。(　　)
2. 俄国化学家门捷列夫证明了原子序数就是原子核电荷数。(　　)
3. 元素周期表的结构与构造原理得出的核外电子排布密切相关。(　　)
4. 前 36 号元素处于元素周期表的 4 个分区中。(　　)
5. 所有非金属元素都在 p 区,p 区以外都是金属元素。(　　)
6. p 区元素基态原子中未成对电子数的范围是 1~3。(　　)
7. s 区元素基态原子中最多有 1 个未成对电子。(　　)

8. 前36号元素中,基态原子最外层有3个未成对电子的元素一定是主族元素。(   )
9. 基态原子价层电子排布式为 $3d^{10}4s^1$ 的元素位于第四周期第ⅠA族,是 s 区元素。
(   )
10. 元素周期表中,ⅠA族元素都处于 s 区,f 区元素都属于ⅢB族。(   )
11. 甲元素基态原子 3p 能级上有 1 个空轨道,乙元素基态原子 4p 能级上有 1 个空轨道,甲和乙一定在同一主族。(   )
12. 碳和铝在元素周期表中处于对角线位置,它们的部分化学性质是相似的。(   )
13. H 原子半径就是其 1s 轨道电子云轮廓的半径。(   )
14. 第三周期元素的原子半径一定大于第二周期元素的原子半径。(   )
15. N 原子比 C 原子多 1 个电子,因此 N 原子半径更大。(   )
16. 原子序数小于 18 的主族元素原子中,Na 原子半径最大,F 原子半径最小。(   )
17. 所有原子和离子都有基态和激发态。(   )
18. 同周期元素的原子半径从左到右逐渐减小,故第一电离能逐渐增大。(   )
19. 第一电离能大小顺序:稀有气体>非金属>金属。(   )
20. 越难失去电子的原子越容易得到电子。(   )
21. 金属性越强,第一电离能越小,因此金属性 Mg>Al,第一电离能 Mg<Al。(   )
22. 同周期元素中第ⅦA族元素的第一电离能最大。(   )
23. 元素的电负性越大,元素原子得电子的能力越强,单质的氧化性越强。(   )
24. 第三周期从左向右,主族元素的电负性逐渐增大。(   )
25. 元素的电负性越大,元素原子的第一电离能越大。(   )

二、选择题

1. X、Y 是处于同一周期的两种非金属元素,以下能说明 X 元素电负性大于 Y 元素电负性的有(   )
   ① 最外层电子数:X>Y
   ② 第一电离能:X>Y
   ③ 原子半径:X>Y
   ④ 简单氢化物的沸点:X>Y
   A. 1 项　　　　B. 2 项　　　　C. 3 项　　　　D. 4 项

2. A、B、C 为三种短周期元素,A、B 在同周期,A、C 的最低价离子分别为 A^{2-} 和 C^-,B^+ 和 C^- 具有相同的电子层结构。下列说法中正确的是(   )
   A. 原子序数:B>A>C
   B. 原子半径:A>B>C
   C. 离子半径:$A^{2-}>C^->B^+$
   D. 原子的最外层电子数:A>C>B

3. 下列四种元素中,其单质氧化性最强的是(   )
   A. 基态原子最外层电子排布式为 $3s^23p^3$ 的元素
   B. 位于周期表中第三周期第ⅢA族的元素
   C. 海水中质量分数最高的元素
   D. 基态原子含有未成对电子最多的第二周期元素

第一章 原子结构与性质

4. 基态原子的核外电子排布满足下列要求的元素中,电负性最大的是( )
   A. 核外电子占据了 4 种能级
   B. 未成对电子数是电子总数的 1/3
   C. 最外层电子排布式为 $2s^22p^4$
   D. 最外层电子数等于最内层电子数

5. 下列关于短周期主族元素的说法正确的是( )
   A. 原子半径最大的是 Na
   B. 电负性最大的是 F
   C. 第一电离能最大的是 Cl
   D. 基态原子中未成对电子数最少的 Li

6. 下列关于第 113 号元素的说法中不正确的是( )
   A. 处于 ds 区
   B. 基态原子最外层有 3 个电子
   C. 元素周期表中其上方元素原子序数为 81
   D. 最高正价为 +3 价

7. 满足下列条件的元素中一定不处于 s 区的是( )
   A. 电负性大于 1.8
   B. 在化合物中显 +2 价
   C. 基态原子中有 2 个未成对电子
   D. 最外层电子数是次外层电子数的 1/2

8. 根据基态原子的以下特征能确定原子序数的是( )
   A. 各能级电子数均相等
   B. 各能层电子数均相等
   C. 最外层电子数等于最内层电子数
   D. 成对电子对数等于未成对电子数

9. 关于元素周期表中各分区元素性质的说法正确的是( )
   A. 第二周期第一电离能最小的元素处于 s 区
   B. 第三周期电负性最小的元素处于 p 区
   C. 第四周期原子半径最大的元素处于 p 区
   D. d 区、ds 区和 f 区都是金属元素

10. 下列关于元素周期表中 ds 区元素的说法中不正确的是( )
    A. ds 区均为金属元素
    B. ds 区元素的基态原子中可能有未成对电子
    C. ds 区元素的最外层电子数不超过 2
    D. ds 区元素单质的化学性质比同周期 s 区元素单质的化学性质更活泼

第二章 分子结构与性质

分子是保持物质化学性质的最小微粒,分子结构与性质是结构化学的核心学习内容。

本章的学习将在第一章原子结构知识的基础上,认识共价键的形成过程和共价键的类型,建立键参数的概念,理解键能、键长和键角对分子结构和性质的影响;了解各种分子形形色色的空间结构,使用 VSEPR 和杂化轨道理论判断和解释简单微粒的空间结构和成键原理;知道分子结构对分子性质(包括溶解性、熔沸点和酸性等)的影响。

本章包括三节内容:

第一节 共价键;

第二节 分子的空间结构;

第三节 分子结构与物质的性质。

第一节 共价键

★ 整体内容分析

共价键是最常见最重要的化学键之一,研究共价键的性质是理解分子性质和物质性质的基础。本节内容由"共价键"和"键参数——键能、键长与键角"两个版块组成。通过本节内容的学习,学生应达到以下要求:

1. 从原子轨道重叠视角认识共价键的形成过程,理解共价键的方向性和饱和性。
2. 掌握 σ 键和 π 键的概念和差别,掌握常见分子中原子的成键特征。

3. 理解键能、键长和键角等键参数的含义,利用键参数认识分子结构和性质。

高考试题分析

考题呈现

考点1 化学键类型分析

1. (2022 湖南·18 节选)富马酸亚铁($FeC_4H_2O_4$)是一种补铁剂。富马酸分子的结构模型如图所示:

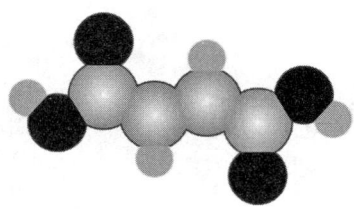

富马酸分子中 σ 键与 π 键的数目比为_____。

2. (2021 全国甲·35 节选)CO_2 分子中存在_____个 σ 键和_____个 π 键。

3. (2020 江苏·21 节选)柠檬酸的结构如图所示。1 mol 柠檬酸分子中碳原子与氧原子形成 σ 键的数目为_____mol。

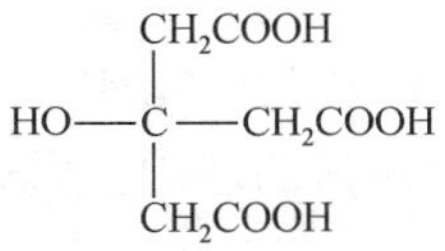

$$\begin{array}{c} CH_2COOH \\ | \\ HO-C-CH_2COOH \\ | \\ CH_2COOH \end{array}$$

考点2 键参数

4. (2020 山东,17 节选)NH_3、PH_3、AsH_3 的键角由大到小的顺序为_____。

考题分析

本节内容是学习第二节"分子的空间结构"的基础,单独考查本节知识点的考题较少,主要是对分子中 σ 键和 π 键的认识和分析,对键角大小的比较等。

教材内容解读

1 共价键

共价键是原子间通过共用电子对所形成的相互作用,是一种常见的化学键。共价键广泛存在于共价化合物和单质(稀有气体除外)中,很多离子化合物(NaOH、Na_2O_2、$KHSO_4$ 等)中也存在共价键。

> **知识拓展:从共价键的分类认识共价键**
>
> 从多个视角对共价键进行分类,有利于加深对共价键的认识和理解。
>
> (1)从原子轨道的重叠方式分类:"头碰头"式重叠形成 σ 键,"肩并肩"式重叠形成 π 键。

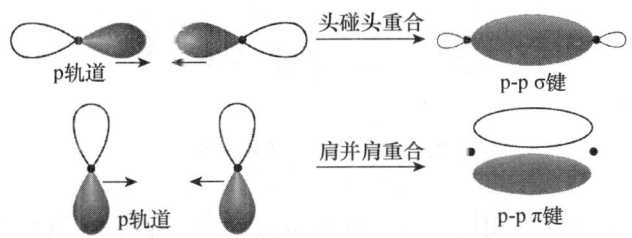

图 2-1-1　p 轨道形成 σ 键和 π 键的过程

形成 σ 键的 2 个 p 轨道需要沿着旋转轴所在的直线相互靠近,这两个轨道绕该直线旋转不会影响轨道重叠程度,也就不会影响成键效果;形成 π 键的 2 个 p 轨道需要平行且共同垂直于原子核连线,否则难以形成 π 键(图 2-1-2)。

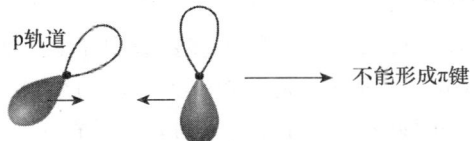

图 2-1-2　2 个不平行的 p 轨道不能形成 π 键

(2) 从形成共价键时重叠的原子轨道分类:有 s-s σ 键,如 H_2 中的 H—H 键;有 s-p σ 键,如 HCl 中的 H—Cl 键;有 p-p σ 键,如 Cl_2 中的 Cl—Cl 键。这几种 σ 键电子云形状见图 2-1-3。

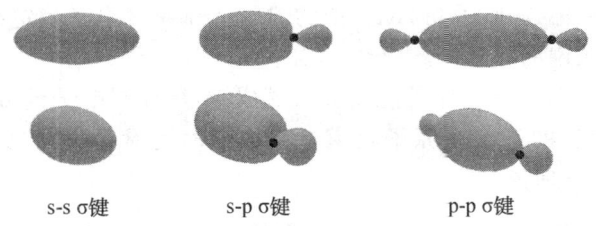

图 2-1-3　常见的 3 种 σ 键电子云形状(上下分别展示不同视角)

高中阶段只要求由 p 轨道形成的 π 键(图 2-1-1)。

(3) 从共价键中共用电子对的数目分类:有单键、双键和三键等。单键都是 σ 键,双键是 σ 键+π 键,三键是 1 个 σ 键+2 个 π 键。N_2 分子中 σ 和 π 键电子云形状如图 2-1-4 所示。2 个 π 键的电子云所在平面相互垂直,N_2 中三键亦可用图 2-1-5 表示。

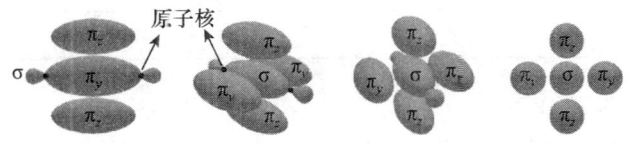

图 2-1-4　N_2 分子中 σ 键和 π 键电子云形状(4 张图展示的是不同视角)

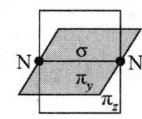

图 2-1-5　N_2 分子中三键

（4）从两个成键原子对共用电子对的吸引能力分类：有极性共价键（吸引能力不同）和非极性共价键（吸引能力相同），这部分内容将在本章第三节学习。

（5）从形成共价键时电子对的来源分类：如果是由一个原子提供一对电子，而另一个原子只提供空轨道形成的共价键，称为配位键，这部分内容将在第三章第四节学习。

知识拓展：分子中未达到 8 电子稳定结构的原子

8 电子稳定结构是一种简单的结构模型，大多数情况下，因为填满 n 能层的 s 能级和 p 能级时（ns^2np^6）刚好是 8 个电子，所以这是一种较为稳定的结构。随着学习的深入，出现了更多形式的稳定结构。以下几种情况会出现未达到 8 电子稳定结构的原子。

（1）前 5 号元素的原子

H 原子在分子中通过共价单键形成 2 电子稳定结构；Li 原子和 Be 原子容易失去最外层电子形成 2 电子稳定结构；B 原子最外层只有 3 个电子，属于典型的缺电子原子，很难得到 5 个电子形成 8 电子稳定结构。

虽然 Be 原子和 B 原子属于缺电子原子，但是二者都可以通过配位键的方式形成 8 电子稳定结构，如 BeF_4^{2-} 中的 Be 原子和 BH_4^- 中的 B 原子都是 8 电子稳定结构。

（2）利用 d 轨道成键的原子

第三周期及之后元素的一些原子能用 d 轨道成键，最外层电子数可以超过 8 个，常见微粒见表 2-1-1。需要注意的是多个原子轨道参与成键时通常会发生杂化，更多相关内容见"专题学习五：杂化轨道理论"。

表 2-1-1　一些中心原子最外层电子数超过 8 的微粒

微粒	中心原子	价层电子数	成键轨道
AlF_6^{3-}	Al	12	$3s+3p\times 3+3d\times 2$
PCl_5	P	10	$3s+3p\times 3+3d\times 1$
SF_6	S	12	$3s+3p\times 3+3d\times 2$
IF_7	I	14	$3s+3p\times 3+3d\times 3$
XeF_8	Xe	16	$3s+3p\times 3+3d\times 4$

（3）形成复杂 π 键的分子

8 电子稳定结构是一种简单的模型，在一些存在复杂 π 键或大 π 键的分子中存在未达到 8 电子稳定结构的原子，比如 NO 和 NO_2 中的 N 原子，SO_2 和 SO_3 中的 S 原子等。

第一节 共价键

> 知识拓展：空间对称性

从对称性的角度认识空间结构能达到事半功倍的效果。化学中原子轨道、分子等都具有立体结构，对称性的描述方式与平面图形有差别。

1. 平面图形的对称性

平面图形的对称元素主要包括对称轴、对称中心和旋转轴（图 2-1-6、图 2-1-7）。一个图像可以有多条对称轴，但是最多只能有 1 个对称中心。有多种类型的旋转轴，如果沿着旋转轴旋转 60°就能与原图形重合，记为 C_6；如果旋转 θ 角度就能与原图形重合，记为 C_n，其中 $n=360°/\theta$。

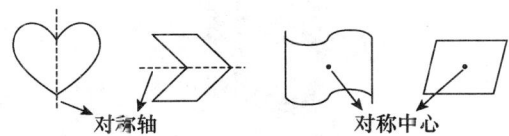

图 2-1-6　一些平面图形的对称轴和对称中心

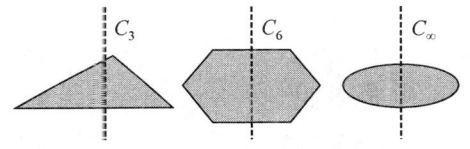

图 2-1-7　一些平面图形的旋转轴

2. 立体结构的对称性

立体结构的对称元素主要包括镜面、对称中心和旋转轴。σ 键和 π 键电子云都是立体结构，都有对称性，但是对称元素不同。

（1）σ 键的对称性

σ 键中 2 个原子核连线是 C_∞（图 2-1-8，H_2 中 s-s σ 键电子云），σ 键电子云绕该轴旋转任意角度都能与最初的形状重合。教材中提到"HCl 和 Cl_2 中共价键的电子云图形跟 H_2 中共价键的电子云都是轴对称的，因而都是 σ 键"，此处"轴对称"指的是 C_∞，而非平面图形中的对称轴。

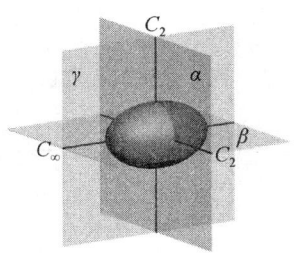

图 2-1-8　σ 键电子云的对称性

C_∞ 所在任意平面都是 σ 键电子云的镜面（图中平面 β、平面 γ 等，这样的镜面有无数个)。2 个原子核连线的垂直平分面(平面 α)是 σ 键电子云的另一种镜面,只有 s-s、p-p 等相同轨道形成的 σ 键有此类镜面,而 s-p 等不同轨道形成的 σ 键无此类镜面。

(2) π 键的对称性

π 键电子云没有 C_∞,但有 3 条相互垂直的 C_2,如同空间直角坐标系中的 x、y、z 轴,见图 2-1-9。π 键电子云有 3 个相互垂直的镜面(如同空间直角坐标系中的 xOy、yOz、xOz 平面),镜面的交线即为 C_2。通常说 π 键是镜面对称的,指的是 2 朵电子云之间的镜面,即图 2-1-9 中的平面 α。

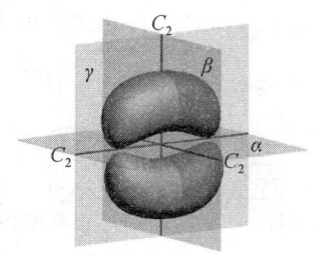

图 2-1-9 π 键电子云的对称性

📖 知识拓展:σ 键和 π 键的比较

全面认识、深刻理解 σ 键和 π 键的特征是学习分子结构和性质的基础,σ 键和 π 键的对比及说明见表 2-1-2。

表 2-1-2 σ 键和 π 键的对比及说明

对比项目	σ 键	π 键	说明
重叠形式	头碰头,重叠程度大	肩并肩,重叠程度小	重叠形式决定了键合两原子之间最多只能形成一个 σ 键,可以形成多个 π 键(p 轨道最多能形成两个 π 键)
电子云形状	s-s σ 键:一个大波瓣;s-p σ 键:一个大波瓣和一个小波瓣;p-p σ 键:一个大波瓣和两个等大的小波瓣	两个等大的波瓣,对称地分布在原子核连线两侧	σ 键中绝大部分电子云集中在原子核之间,π 键中电子云集中在原子核连线两侧
对称性	两头细中间粗的橄榄球形状,可以沿着原子核连线旋转	两个波瓣互为镜像	对称性决定了单键(σ)可以绕原子核连线旋转;而形成双键的原子一旦绕原子核连线旋转,就会导致 p 轨道不平行,无法有效重叠形成 π 键
稳定性	较稳定	不如 σ 键稳定	σ 键重叠程度大于 π 键,成键效果更好,键能更大,更稳定。更多详细说明见本节"问题讨论:σ 键和 π 键的键能比较"
存在	可单独存在	不能单独存在	两原子成键时优先形成 σ 键,再形成 π 键

第一节 共价键

> 问题讨论：Cl_2 中平行的 p 轨道能否形成 π 键

2 个平行的 p 轨道是形成 π 键的必要条件而非充分条件。形成 π 键对 p 轨道中电子数也有要求：

(1) 若 2 个 p 轨道中各有 1 个电子，可形成 π 键。

(2) 若其中 1 个 p 轨道中有 2 个电子，另一个 p 轨道中没有电子，也可形成 π 键，这种键被称为配位键（见第三章第四节）。

(3) 若 2 个 p 轨道中电子总数是 3，会形成一种不稳定的 π 键，高中阶段不要求。

(4) 若 2 个 p 轨道中电子总数是 4，则无法形成 π 键。

Cl 原子价层电子排布为 $3s^2 3p^5$，Cl_2 中形成 σ 键后剩余的平行 3p 轨道中都有 2 个电子，无法形成 π 键。

图 2-1-10　Cl_2 中 3p 轨道电子分布情况

O_2 中既有 σ 键又有 π 键，这种 π 键比较特殊，高中阶段不要求，因此不能用电子式描述 O_2 的成键形式。

> 问题讨论：用球棍模型表示双键

球棍模型是认识分子结构的重要模型。在用球棍模型表示双键时，容易引起一些误解。如果球棍模型中"棍"表示共价键，那么"棍"是直线（图 2-1-11 结构 1 中直线 p 和 q）还是曲线呢（图 2-1-11 结构 2 中曲线 m 和 n）？一些化学结构绘制软件（如 Kingdraw）采用模型 1，而一些传统的教具采用模型 2。

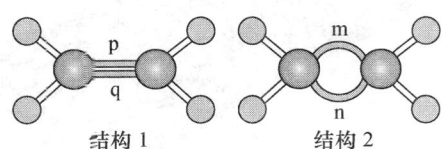

图 2-1-11　乙烯的 2 种球棍模型

如果用棍表示共价键电子云方向，那么当表示 σ 键时棍应该是直线，因此球棍模型中单键都是直线。用棍表示 π 键时，π 键中两朵电子云是弯曲的（图 2-1-12），如图 2-1-11 模型 2 中曲线 m 和 n，即曲线 m 和 n 合在一起才能表示 1 个 π 键，根据这样的理解模型 2 中只有 π 键没有 σ 键。如果模型 2 中曲线 m 和 n 分别表示 σ 键和 π 键，那为何又要弯曲呢？

由于模型 2 容易产生误解，因此建议使用模型 1。

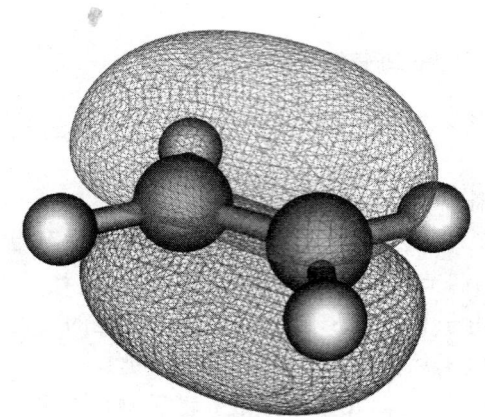

图 2-1-12 乙烯中 π 键电子云形状

知识拓展：非金属元素的单质种类数目

为什么有些元素有很多种单质，有些元素只有一种单质呢？

影响元素单质种类数目的主要因素是由原子最外层电子数决定的成键复杂程度。

卤素原子最外层有 7 个电子，倾向于得到 1 个电子形成 8 电子稳定结构，同种卤素原子之间只能形成单键，如 F—F 键，最终都只能形成 X_2 形式的单质。

相比之下，C 原子最外层有 4 个电子，可以形成 4 个单键（如金刚石），也可以形成 2 个单键和 1 个双键（如部分富勒烯和碳纳米管），还可以在单键的基础上形成大 π 键（如石墨），通过多样的成键形式可以形成多种单质（图 2-1-13）。

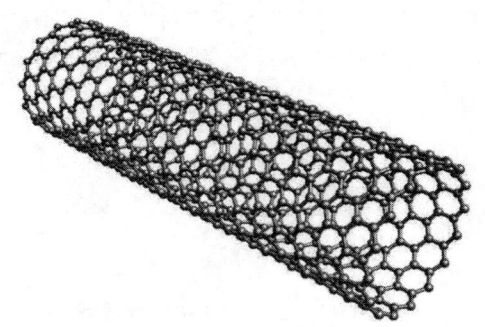

图 2-1-13 碳纳米管结构示意

知识拓展：原子半径对原子成键能力的影响

从第二周期到第三周期，随着原子半径增大，键长增长。键长的增大对头碰头形成的 σ 键电子云重叠程度影响较小，然而键长的增大使 2 个平行的 p 轨道之间距离更远，p 轨道肩并肩形成的 π 键电子云重叠程度显著减小，不利于形成稳定 π 键。因此第三周期元素原子形成 π 键的能力远不及第二周期元素原子，无法形成有效的双键和三键（只分析同种原子成键,不包括复杂的 d-p π 键)。

碳族元素中,乙烯、乙炔中 C 原子之间形成了稳定的双键、三键,而 Si 原子之间只能形成单键;氮族元素中,N_2 中 N 原子形成了稳定的三键,而白磷和红磷中 P 原子都只形成单键;硫族元素中,O_2 和 O_3 中 O 原子之间都形成了双键(或大 π 键),而硫单质中 S 原子通过单键形成—S—S—S—结构。

第二周期 C、N、O 三种半径较小且相近的原子之间非常容易形成双键和三键(以及大 π 键),基于这些成键特征构建的包括各种碱基(图 2-1-14)在内的结构多样、性质稳定的有机化合物体系,是构成生命体的物质基础。

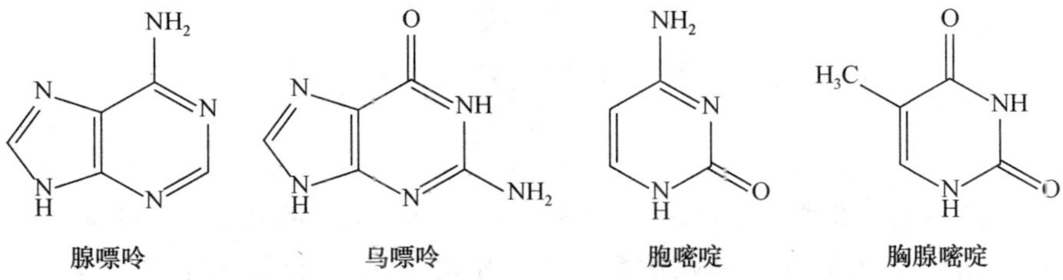

图 2-1-14 DNA 所含 4 种碱基中 C、N、O 三种原子形成的双键

CO_2 和 SiO_2 的化学式看起来相似,结构却是完全不同的:CO_2 是独立的分子,其中存在 σ 键和 π 键;SiO_2 则是以 Si—O σ 键为骨架形成的空间立体网状结构。这二者结构的差别主要在于 C 的 2p 轨道和 O 的 2p 轨道尺寸相近,容易肩并肩形成有效的 π 键;而 Si 的 3p 轨道和 O 的 2p 轨道尺寸相差较大,不易形成 π 键。

2 键长

键长是形成共价键的两个原子的核间距,部分共价键的键长见表 2-1-3。

表 2-1-3 部分共价键的键长

键	键长/pm	键	键长/pm
H—H	74	C—H	109
N—H	101	O—H	96
C—C	154	F—F	141
C=C	133	Cl—Cl	198
C≡C	120	Br—Br	228
N≡N	110	I—I	267

虽然原子半径(共价半径)的数据通常是由键长计算得到的,但是原子半径的变化规律是元素周期律的核心内容,可以根据原子半径的变化规律初步比较键长大小。一般来说,原子半径越小,键长越短。比如原子半径 C>N>O,键长 C—H>N—H>O—H。再如原子半径 I>Br>Cl>F,键长 I—I>Br—Br>Cl—Cl>F—F。

3 键能

键能是指气态分子(避免液态或固态中其他分子的干扰)中 1 mol 化学键解离成气态原

子所吸收的能量,通常是 298.15 K、101 kPa 条件下的标准值。键能越大,表明键越稳定,在反应中越难断裂,化学性质越稳定。

一些简单分子中的键能是实验测定得到的,如 Cl_2 中 Cl—Cl 键。更多的键能是通过其他数据(热化学数据等)推算获得的。

知识拓展:化学能量的本质——电磁相互作用

物体的能量可以分为动能和势能。化学学科的研究对象是原子、分子、离子、电子,这些微粒之间的相互作用主要是静电相互作用,在此基础上产生了电势能。包括化学键键能、氢键键能、晶格能、范德华力产生的能量,本质上都是电势能。

静电相互作用是带电微粒之间的相互作用,其大小满足

$$F=\frac{kq_1q_2}{r^2}$$

其中 k 为库伦引力常数,q_1 和 q_2 为两个相互作用微粒所带电量,r 为微粒之间距离。

可以看出,静电相互作用与微粒所带电量成正比,与微粒间距的平方成反比,即会随着微粒间距的增加而迅速减小,因此原子、分子、离子、电子之间的相互作用和能量都是近程显著,远程可忽略。

问题讨论:碳碳双键的键能比碳碳单键的键能大,为什么乙烯却比乙烷活泼?

通常来说,键能越大,越难断裂,化学性质越稳定。比如 N_2 中 N≡N 键能很大,因此 N_2 化学性质非常稳定。

针对具体的物质和反应需要分析具体的断键情况。比如乙烯与 Br_2 反应时断开的是双键中的"薄弱环节"π 键,C=C 键并未完全断裂。由于乙烯中 π 键键能小于乙烷中碳碳 σ 键,因此乙烯比乙烷更活泼。

更深层次的问题是乙烯能被酸性 $KMnO_4$ 氧化为 CO_2,C=C 键完全断裂,而乙烷不能被氧化。乙烯被酸性 $KMnO_4$ 氧化过程中 π 键首先断裂,C=C 键变成 O—C—C—O 的结构(O 原子来自 MnO_4^-),相连的 O 原子电负性较大,吸电子诱导效应(见"专项研究四:新课标新教材背景下结构化学和有机化学的融合教学分析")致使 O—C—C—O 结构中 C—C 键键能小于乙烷中 C—C 键,容易被进一步氧化断键。

问题讨论:键能与分子的稳定性

通常来说,键能越大,分子越稳定。

对比 CH_4 和 NH_3,键能大小关系是 C—H 键(413.4 kJ/mol)>N—H 键(390.8 kJ/mol),能否说明 CH_4 比 NH_3 的稳定性更高?

CH_4 和 NH_3 分别是碳元素和氮元素对应的最简单氢化物,可以从以下几个方面比较稳定性。

(1)非金属性

在学习元素的非金属性时已知非金属性越强,对应的简单气态氢化物越稳定。非金属

性氮元素＞碳元素,因此稳定性 NH_3＞CH_4。

(2) 键能

由于 C—H 键的键能大于 N—H 键,因此 C—H 键更牢固,CH_4 比 NH_3 稳定。

(3) 实验事实

在 500 ℃和 30 MPa 时,合成氨平衡混合物中 NH_3 的体积分数仅有 26.4%,意味着在该条件下 NH_3 的分解程度很高,而 CH_4 在 1000 ℃左右才能分解为 C 和 H_2,热稳定性 CH_4＞NH_3。

从不同角度出发,CH_4 和 NH_3 的稳定性大小关系不同。一方面是因为"稳定性"的概念太过笼统,没有统一的衡量标准;另一方面是一些比较稳定性的规律偏于理想化,比如利用元素的非金属性比较相关化合物的性质时,规律性不突出。因此笼统比较两种物质的稳定性没有意义。

问题讨论:乙烯和乙炔的活泼性对比

分别将乙烯和乙炔以相同速率通入等体积等浓度的溴水中,可以发现通入乙烯的溴水褪色更快。

乙烯和乙炔与溴水的反应都是 Br_2 对 π 键的加成反应,反应机理相同。反应速率不同是因为乙烯和乙炔中的 π 键性质不同。相比于乙烯,乙炔中碳碳键的键长更短(图 2-1-15),2 个 p 轨道距离更近,重叠程度更大,因此乙炔中 π 键的键能更大,更加稳定,与 Br_2 反应较慢。

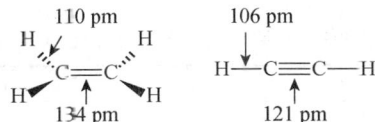

图 2-1-15 乙烯和乙炔的结构及键长

问题讨论:理想化规律的实际应用

在上述 CH_4 和 NH_3 的稳定性之较中,不同的方法得出相反的结论。理想化规律的应用对于学习化学知识(特别是元素化合物的性质)有事半功倍的效果,对认识物质性质有重要的指导意义。

然而规律性中往往存在特殊性,针对具体案例要具体分析,辩证地认识规律性和特殊性。比如新教材必修一指出"一般情况下,元素的非金属性强弱可以从其最高价氧化物的水化物的酸性强弱,或与氢气生成气态氢化物的难易程度及氢化物的稳定性来判断。"碳元素和硫元素非金属性相近,电负性均为 2.5,最高价氧化物对应水化物的酸性为 H_2SO_4＞H_2CO_3,但简单气态氢化物的稳定性为 CH_4＞H_2S。在学习中不能因为个别案例的特殊性而摒弃规律性,而应该做到规律性和特殊性的统一。

问题讨论:σ 键和 π 键的键能比较

一些高中结构化学练习册中有这样的判断题:σ 键键能一定大于 π 键键能。

在价键理论中,σ 键是原子轨道通过头碰头重叠形成的,π 键是原子轨道通过肩并肩重叠形成的,前者重叠程度大,后者重叠程度小,因此 σ 键键能通常大于 π 键键能。

然而该判断题的参考答案认为这种说法是错误的,理由是 N_2 中 π 键键能大于 σ 键键能。表 2-1-4 是氮氮键键能。以有 2 个 π 键的 N_2 为例,第一个 π 键的键能 $E_{\pi1}=E(N=N)-E(N-N)=225$ kJ/mol,第二个 π 键的键能 $E_{\pi2}=E(N\equiv N)-E(N=N)=528$ kJ/mol,将这种计算 π 键键能的方法称为差值法。相比之下 $E_\sigma=193$ kJ/mol,由此得到 N_2 中 π 键键能大于 σ 键键能的结论。

表 2-1-4 氮氮键键能

键	键能/(kJ/mol)
N—N	193
N=N	418
N≡N	946

根据以上分析,要讨论为什么 N_2 中 π 键键能大于 σ 键键能,首先要讨论利用差值法计算 π 键键能的科学性。

键能和键长是相互影响的两个键参数,从 N—N 到 N=N 到 N≡N(表 2-1-4 和表 2-1-5),键能增大,键长变短。键能大小受原子轨道重叠程度大小影响,在键长变短的过程中,σ 键键能增大,因此 σ 键键能大小顺序是 σ 键(N≡N)>σ 键(N=N)>σ 键(N—N),所以不能利用差值法计算双键或三键中 π 键键能。

表 2-1-5 N 原子之间形成共价键的键长

键	键长/pm
N—N	140
N=N	120
N≡N	110

由于差值法是不严谨的,因此由差值法得到的结论"N_2 中 π 键键能大于 σ 键键能"是错误的。根据价键理论,N_2 分子中 p 轨道头碰头形成的 σ 键重叠程度大于肩并肩形成的 π 键重叠程度,σ 键键能大于 π 键键能。

如果笼统比较一些弱的 σ 键[$E(O_2N-NO_2)=57$ kJ/mol]和强的 π 键(N≡N 中的 π 键)的键能大小,这种比较没有任何意义。因此在教学中应避免出现比较 σ 键键能和 π 键键能大小的问题。

4 键角

在多原子分子中,同一原子形成的两个共价键之间的夹角称为键角。按照定义,键角的范围是(0°,180°]。

> 📖 **知识拓展:键角与原子轨道的关系**

由于共价键都是由原子轨道重叠形成的,中心原子参与形成 σ 键的原子轨道之间的夹角决定键角。仅考虑中心原子用 s 轨道(1 个)和 p 轨道(3 个)成键的情况:

(1) 如果仅用 1 个 s 轨道或 1 个 p 轨道成键,此时只能形成 1 个单键,无键角的概念。

（2）如果是 s 轨道和 p 轨道一起成键，会形成 sp^3、sp^2 和 sp 三种杂化轨道（见"专题学习五：杂化轨道理论"），对应理想键角为 109°28′（CH_4 中的 ∠HCH）、120°（BF_3 中的 ∠FBF）和 180°（HCN 中的 ∠HCN）。

（3）如果是 2 个或 3 个 p 轨道成键，键角为 90°。

受分子空间结构影响，一些键角与成键原子轨道（或杂化轨道）之间的夹角有偏差。

以 P_4 为例，P 原子为 sp^3 杂化，理论键角应为 109°28′。实际上由于 P_4 是正四面体分子，每 3 个 P 原子都围成正三角形结构，导致 ∠PPP=60°。实际键角与理论键角的巨大偏差导致杂化轨道无法严格地头碰头重合，重叠程度较小，形成了弯曲的香蕉键（图 2-1-16），成键不稳定，因此 P_4 化学性质非常活泼。

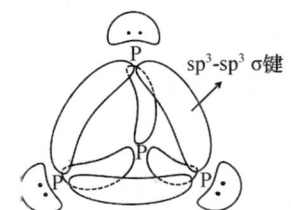

图 2-1-16　P_4 中的香蕉键结构

再如立方烷（C_8H_8）中实际键角 ∠CCC=90°，偏离 sp^3 杂化 C 原子的理想键角 109°28′而不稳定，科学家利用该结构的不稳定性设计生产了高能烈性炸药八硝基立方烷。

综上，常见的键角范围为 90°～180°。更多关于键角的分析见本章第二节"分子的空间结构"。

★ 专题学习一：电子式的书写

原子的化学性质受其最外层电子结构的影响，因此描述分子、离子中原子的最外层电子结构对认识微粒结构有重要意义。通常将黑点"·"或叉"×"画在元素符号的周围来表示元素原子的最外层电子，这样的表达式叫作电子式。电子式是认识简单微粒电子结构和成键结构的一种方法，电子式仅用于表示一部分由主族元素形成的物质，不能用电子式表示 O_2、NO_2、PCl_5 等分子的成键特征。

电子式的书写是教学的重点，书写一些复杂微粒电子式的方法如下。

1　结构式补电子法

结构式补电子法可用于书写复杂分子电子式。以书写 CO_2、NF_3、HClO、HCN、NOCl 的电子式为例进行说明。

（1）画出结构式

不同原子成键数目不同：H、F、Cl 只形成 1 个键，C、Si 形成 4 个键，N、P 形成 3 个键，O、S 形成 2 个键。一个分子中成键数目较多的原子处于中心，CO_2、NF_3、HClO、HCN、NOCl 的中心原子分别为 C、N、O、C、N（特别需要注意 HClO 的中心原子是 O）。其他复杂有机分子的结构式在有机化学模块中学习。

$$O=C=O \quad \underset{F}{F-N-F} \quad H-O-Cl \quad H-C\equiv N \quad O=N-Cl$$

(2) 共价键改为电子对

将共价键改为电子对：单键为 1 对电子，双键为 2 对电子，三键为 3 对电子。

$$O::C::O \quad F:N:F \quad H:O:Cl \quad H:C:::N \quad O::N:Cl$$
$$F$$

(3) 补充孤电子对

H、C、Si 不用补充孤电子对，N、P 补充 1 对孤电子对，O、S 补充 2 对孤电子对，F、Cl 补充 3 对孤电子对。

$$:\ddot{O}::C::\ddot{O}: \quad :\ddot{F}:\ddot{N}:\ddot{F}: \quad H:\ddot{O}:\ddot{Cl}: \quad H:C:::N: \quad :\ddot{O}::N:\ddot{Cl}:$$
$$\phantom{:\ddot{F}:\ddot{N}:}:\ddot{F}:$$

2 补氢去氢法

对于简单离子化合物，直接将阴阳离子的电子式按照一定方式写在一起即可，比如 NaF、$MgCl_2$、Na_2O、Li_3N 等。对于一些含复杂阴离子的化合物，可以采用补氢去氢法。

以较为复杂的 KCN、Na_2O_2、CaC_2 为例，分为以下三步。

(1) 阴离子补氢得分子

KCN、Na_2O_2、CaC_2 的阴离子分别为 CN^-、O_2^{2-}、C_2^{2-}，根据阴离子的负电荷数目补上相等数目的 H^+ 得到中性分子，分别是 HCN、H_2O_2、C_2H_2。

(2) 写出分子电子式

HCN、H_2O_2、C_2H_2 的电子式为

$$H:C:::N: \quad H:\ddot{O}:\ddot{O}:H \quad H:C:::C:H$$

(3) 分子电子式去氢得阴离子电子式

CN^-、O_2^{2-}、C_2^{2-} 的电子式为

$$[:C:::N:]^- \quad [:\ddot{O}:\ddot{O}:]^{2-} \quad [:C:::C:]^{2-}$$

(4) 阴阳离子组合得到离子化合物电子式

$$Na^+[:C:::N:]^- \quad Na^+[:\ddot{O}:\ddot{O}:]^{2-}Na^+ \quad Ca^{2+}[:C:::C:]^{2-}$$

需要注意两点：

一是对于多个阴离子或多个阳离子，要写成"夹心结构"，将电荷数较高的离子写在中间，比如 $CaCl_2$ 的电子式中 Ca^{2+} 处于中间而 2 个 Cl^- 处于两侧；Na_2O 的电子式中 O^{2-} 处于中间而 2 个 Na^+ 处于两侧。

二是对于不对称阴离子，如 CN^-、OH^-、ClO^-、HS^- 等，应将阳离子写在阴离子最初连氢原子的一侧，见表 2-1-6。

第一节 共价键

表 2-1-6 含有不对称离子化合物电子式书写方法

化学式		NaCN	Mg(OH)$_2$	NaClO	KHS
电子式	错误写法	Na$^+$[:N::C:]$^-$	[:Ö:H]$^-$Mg^{2+}[:Ö:H]$^-$	[:Ö:Cl:]$^-$Na$^+$	[:S̈:H]$^-$K$^+$
	正确写法	Na$^+$[:C::N:]$^-$	[H:Ö:]$^-$Mg^{2+}[:Ö:H]$^-$	Na$^+$[:Ö:Cl:]$^-$	K$^+$[:S̈:H]$^-$

3 去氢补氢法

去氢补氢法适用于一些复杂阳离子和含复杂阳离子化合物电子式的书写。高中阶段主要针对一些含氮原子的分子与 H$^+$ 形成的复杂阳离子。

以 NH$_4^+$、N$_2$H$_5^+$、N$_2$H$_6^{2+}$ 和 NH$_3$OH$^+$ 为例,去氢补氢法具体流程见表 2-1-7。

表 2-1-7 去氢补氢法书写电子式流程

化学式	书写电子式流程		
	1. 去氢得到分子	2. 写出分子电子式	3. 孤电子对补氢
NH$_4^+$	NH$_3$	H:N̈:H H	[H:N̈:H]$^+$ H H
N$_2$H$_5^+$	N$_2$H$_4$	H:N̈:N̈:H H H	[H:N̈:N̈:H]$^+$ H H
N$_2$H$_6^{2+}$	N$_2$H$_4$	H:N̈:N̈:H H H	[H:N:N:H]$^{2+}$ H H H H
NH$_3$OH$^+$	NH$_2$OH	H:N̈:Ö:H H	[H:N̈:Ö:H]$^+$ H

4 复杂离子结构判断

在 NaCN、Na$_2$O$_2$、CaC$_2$ 中多个非金属原子通过共价键形成复杂阴离子,而在 CaCl$_2$、Mg$_3$N$_2$ 中,多个非金属原子之间并不成键。如何判断多个非金属原子是形成单核阴离子,还是形成多原子阴离子呢?

形成共价键是为了通过共用电子对的方式解决缺电子问题,因此要判断非金属原子之间是否形成共价键,可以分析各原子形成 8 电子(或 2 电子)稳定结构时是否缺电子。计算阴离子中共价键数目的具体流程见表 2-1-8。

表 2-1-8 计算阴离子中共价键数目流程

化学式	计算共价键数目流程			
	1. 金属原子失去电子总数	2. 非金属原子实现 8 电子稳定结构所需电子数目	3. 缺电子数目	4. 共用电子对(共价键)数目
NaCN	1	4(C)+3(N)=7	6	3
Na$_2$O$_2$	2	2(O)×2=4	2	1
CaC$_2$	2	4(C)×2=8	6	3
CaCl$_2$	2	1(Cl)×2=2	0	0
Mg$_3$N$_2$	6	3(N)×2=6	0	0

根据表 2-1-8 中的计算结果，NaCN 中 C 原子和 N 原子之间形成三键，Na_2O_2 中 2 个 O 原子之间形成单键，CaC_2 中 2 个 C 原子之间形成三键，$CaCl_2$ 中是 2 个独立的 Cl^-，Mg_3N_2 中是 2 个独立的 N^{3-}。

专题学习二：辩证地认识键长和键能

1 同种共价键键能和键长的多样性

共价键的键能和键长与键合原子的化学环境密切相关，同一种共价键的键能和键长具有多样性。仅以高中化学中最常见的 3 种共价键为例进行说明。

1.1 C—H 键

C—H 键的键长和键能受 C 原子所处化学环境的影响。例如 CH_4 中 4 个 C—H 键依次断裂所需要的能量不相同，因为失去 1 个 H 原子形成的·CH_3（甲基自由基）和最初的 CH_4 结构不同，C—H 键的键角等因素发生了变化。又如甲烷、乙烯和乙炔中 C 原子的杂化类型不同，以及 C 原子的化学环境不同，导致 C—H 键的键长和键能均发生变化（图 2-1-17）。

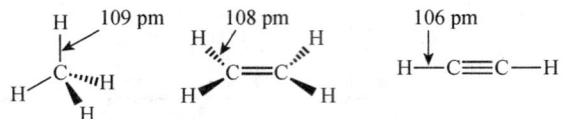

图 2-1-17 甲烷、乙烯和乙炔中 C—H 键的键长比较

1.2 C—C 键

C 原子的杂化形式对 C—C 键键长有影响，比如丙烷、丙烯和丙炔中 C—C 键键长依次减小（图 2-1-18）。一般来说，参与杂化的轨道中 s 轨道的成分越多，C 原子电负性越大，形成的 C—C 键键长越短，键能越大。如图 2-1-18 中，—CH_3 分别与 sp^3、sp^2 和 sp 杂化的 C 原子成键，这 3 种 C 原子的电负性依次增大，分别为 2.48、2.75 和 3.29，而这 3 个 C—C 键键长依次减小，分别为 156 pm、150 pm 和 146 pm。

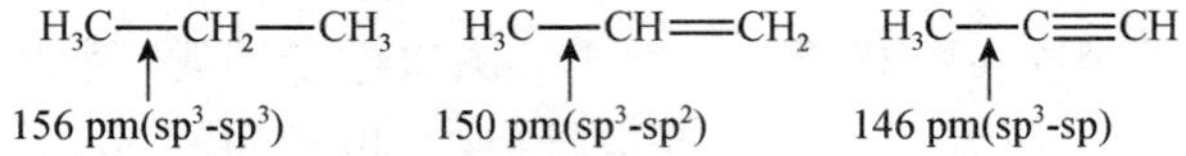

$H_3C—CH_2—CH_3$　　$H_3C—CH=CH_2$　　$H_3C—C\equiv CH$
　156 pm(sp^3-sp^3)　　　150 pm(sp^3-sp^2)　　　146 pm(sp^3-sp)

图 2-1-18 丙烷、丙烯和丙炔中 C—C 键键长比较

1.3 C=O 键

CO_2 中 C=O 键键长 116 pm，CH_2O 中 C=O 键键长 120 pm，是因为 CO_2 中存在大 π 键（见"专题学习六：大 π 键"），使 C=O 键键长小于典型的双键。

由以上分析可知，键能和键长受成键原子的具体化学环境影响，并不是一成不变的。相关书籍中的数据都是统计很多分子数据后得到的平均值，不同的教材中给出的键能和键长的数据可能会略有差异。

2 键能、键长数据解读

键能和键长息息相关，一般来说键长越短，原子轨道重叠程度越大，键能越大。

影响键能和键长的因素是复杂多样的,本专题仅选择部分因素进行分析。

2.1 多重键

对于多重键,键长:单键＞双键＞三键;键能:三键＞双键＞单键。

需要注意一些多重键是显性的,还有一些多重键是隐性的。比如1,3-丁二烯(图2-1-19)中,C1—C2键和C3—C4键是显性的双键;C2—C3键有部分双键的性质(见"专题学习六:大π键"),键长和键能都介于经典的碳碳单键(键长154 pm)和碳碳双键(键长134 pm)之间。

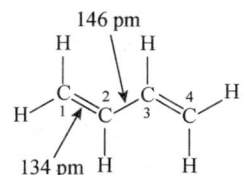

图2-1-19 1,3-丁二烯中碳碳键键长

2.2 原子半径与键长和键能的关系

ⅥA族和ⅦA族第三、四、五周期原子半径和键能比较见表2-1-9,可以看出原子半径越大,键长越长,键能越小。

表2-1-9 部分共价键中原子半径和键能

键	原子半径/pm	键能/(kJ/mol)	键	原子半径/pm	键能/(kJ/mol)
S—S	104	226	Cl—Cl	99	243
Se—Se	117	172	Br—Br	114	194
Te—Te	137	126	I—I	133	153

2.3 为什么F—F键键能反常的小?

表2-1-10对比了第二、三周期的ⅣA族和ⅦA族元素的原子半径和共价键键长。从C到Si,原子半径增大,键长增长,键能减小;而从F到Cl,原子半径增大,键长增长,键能反而增大,这是因为F—F键键能反常的小。

表2-1-10 第二、三周期的ⅣA族和ⅦA族元素的原子半径和共价键键长

键	键长/pm	原子半径/pm	键能/(kJ/mol)	键	键长/pm	原子半径/pm	键能/(kJ/mol)
C—C	154	77	348	F—F	142	64	157
Si—Si	235	117	176	Cl—Cl	198	99	243

为什么F—F键键能反常的小呢?这是因为F原子半径比C原子小,F原子有9个电子而C原子只有6个电子,F原子中负电荷密度很高,成键的2个F原子中负电荷相互排斥,阻碍了F原子彼此靠近,核间距较大,原子轨道重叠程度小,因此F—F键的键能较小。元素周期表中F元素左侧的O元素和N元素也存在相似的情况,O—O键的键能只有142 kJ/mol,N—N键的键能只有193 kJ/mol(相比之下S—S键的键能为226 kJ/mol,P—P键的键能为201 kJ/mol)。以N_2H_4为例(图2-1-20),N原子上孤电子对与相邻N原子上成键电子对之间的斥力使N—N键不稳定。

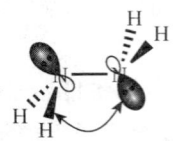

图 2-1-20　N_2H_4 中孤电子对与成键电子对排斥示意

2.4　电负性与键能的关系

形成共价键时需要两个原子各提供 1 个电子形成共用电子对。成键原子的电负性过大或过小都不利于形成稳定的共价键。

如果成键两原子的电负性都比较大,或是两个吸电子基团(电负性较大的原子组成的原子团)相连,这种情况下电子云重叠程度小,形成的共价键稳定性较差。比如 F_2 中 F—F 键,H_2O_2 中 O—O 键,N_2H_4 中的 N—N 键等都容易断裂。再如草酸($H_2C_2O_4$)是两个羧基相连的结构 HOOC—COOH,由于羧基是吸电子基团,因此草酸受热时 C—C 键容易断裂,分解为 CO、CO_2 和 H_2O。关于吸电子基团的更多内容,见"专项研究四:新课标新教材背景下结构化学和有机化学的融合教学分析"。

如果成键两原子的电负性都比较小,两个原子都倾向于失去电子而得电子能力较弱,此时成键效果较差。如 As—As 键(键能 146 kJ/mol)、Se—Se 键(键能 172 kJ/mol)都很不稳定(当然与原子半径较大、电子云重叠程度较小有关)。如果电负性进一步减小,不再形成共价键,而更容易形成金属键(见第三章第三节)。

碳元素的电负性为 2.4,C 原子之间形成的共价键非常稳定。同时,由于 C 原子最外层有 4 个电子,不管是发生哪一种类型的杂化,如 sp、sp^2 或 sp^3,杂化后每个轨道(杂化轨道和未杂化 p 轨道)中都恰好有 1 个电子,可以形成多个共价键,进而形成长链和环状等复杂结构。C 原子形式多样、相对稳定的成键方式是构建有机化合物结构的基础。

教学设计片段

1　复习电子式和原子轨道

【课堂活动一】写出 H_2、HCl、Cl_2、N_2 的电子式,分析原子是如何成键的。

【学生】这 4 个分子中,两原子之间都利用共用电子对形成了共价键。

【追问】共用电子对是怎样形成的?

【学生】成键的 2 个原子各提供 1 个电子,形成共用电子对。

【追问】H 原子、Cl 原子、N 原子分别用什么轨道里的电子形成共价键呢?

【学生】H 原子有 1 个未成对电子在 1s 轨道;Cl 原子有 1 个未成对电子在 3p 轨道;N 原子有 3 个未成对电子分别在 3 个 2p 轨道中。

【教师】在形成共价键的过程中,含有未成对电子的原子轨道相互重叠,形成共价键。

【课堂活动二】画出 H 原子 1s 轨道、Cl 原子 3p 轨道和 N 原子 3 个 2p 轨道,观察原子轨道的形状。

【展示】图 2-1-21。

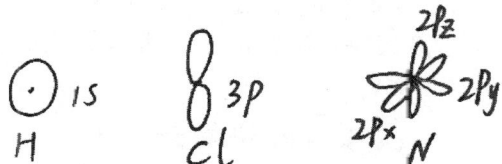

图 2-1-21　学生绘制的原子轨道

【学生】s 轨道电子云只有 1 个波瓣，p 轨道电子云有 2 个波瓣。

2　认识 σ 键和 π 键

【课堂活动三】阅读教材"一、共价键"。

【补充资料】展示 N_2 中三键的电子云模型（图 2-1-4），认识 σ 键和 π 键电子云的形状、对称性和相对位置关系。

【提问】s 轨道电子云只有 1 个波瓣，p 轨道电子云有 2 个波瓣，σ 键和 π 键电子云有几个波瓣？

【学生 A】不同原子轨道形成的 σ 键电子云不一样，H_2 中 s-s σ 键只有 1 个波瓣，或称为 1 朵电子云；HCl 中 s-p σ 键有一大一小共 2 个波瓣；Cl_2 中 p-p σ 键有一大两小共 3 个波瓣。

【学生 B】s 轨道不能形成 π 键。p 轨道通过肩并肩形成 π 键，p 轨道有 2 个波瓣，π 键电子云也有 2 个等大对称的波瓣。

【追问】有多个波瓣的 σ 键各波瓣不等大，有对称性吗？

【学生 A】所有 σ 键电子云都有一个旋转轴，即成键两原子的原子核连线，绕着这根轴旋转任意角度后的电子云都与最初的电子云重合。

【课堂活动四】阅读教材"探究：共价键"。

【总结】共价单键是 σ 键，共价双键中有 1 个 σ 键和 1 个 π 键，共价三键中有 1 个 σ 键和 2 个 π 键。

【提问】为什么总是优先形成 σ 键？

【学生】形成 σ 键时原子轨道头碰头重叠程度大，比形成 π 键肩并肩重叠程度大，更稳定，因此优先形成 σ 键。

【追问】为什么成键两原子之间最多只能形成 1 个 σ 键，却可以形成 2 个 π 键呢？

【学生 A】要沿着原子轨道的旋转轴头碰头重合才能形成有效的 σ 键。虽然 s 轨道有无数根旋转轴，但是每个 p 轨道都只有 1 根旋转轴，因此只能形成 1 根 σ 键。

【学生 B】π 键是由 p 轨道在两原子核连线的侧面重叠形成的，因此可以形成 1~2 个 π 键。

3　利用键参数认识键的性质

【引导】在讨论 σ 键和 π 键的形成过程时，我们提到 σ 键比 π 键更稳定，那如何比较键的稳定性呢？如何描述共价键的性质呢？

【教师】我们把描述共价键性质的一些数据称为键参数，主要包括键能、键长和键角。

【课堂活动五】阅读教材"二、键参数——键能、键长与键角"。

【讨论】键能和键长对分子的性质有什么影响？

【总结】键能和键长决定了分子的稳定性,键长和键角决定了分子的空间结构。

说明:结合本节"教材内容解读"和"专题学习二:辩证地认识键长和键能"开展教学。

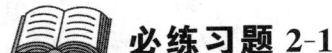

必练习题 2-1

一、判断题

1. H_2O 很稳定,而 H_2O_2 易分解,是因为 H_2O_2 的结构不满足共价键的饱和性。( )

2. 原子轨道伸展方向决定共价键的方向性,由于 s 轨道球形对称,H—H 键无方向性。( )

3. 只有非金属原子之间才能形成共价键。( )

4. s 轨道只能形成 σ 键而不能形成 π 键。( )

5. HCl 和 Cl_2 中 σ 键电子云形状不一样,对称性也不一样。( )

6. 成键两原子之间只能形成 1 个 σ 键,是因为 σ 键电子云分布在原子核连线周围。( )

7. H 原子不能形成 π 键,C 原子可以形成 σ 键和 π 键。( )

8. σ 键电子云只有 1 个波瓣,π 键电子云有 2 个波瓣。( )

9. 1 个 CO 分子中存在 1 个 σ 键和 2 个 π 键。( )

10. C_4H_8 每一种可能的结构中必有 π 键。( )

11. N_2F_2 中 2 个 N 原子之间形成了 σ 键和 π 键。( )

12. 1 个 $(CN)_2$ 分子中有 4 个 π 键。( )

13. 乙烯中 C—C σ 键键能比乙烷中 C—C σ 键键能大。( )

14. 乙烯可使酸性 $KMnO_4$ 褪色而乙烷不能,说明乙烯中 C=C 键键能比乙烷中 C—C 键键能小。( )

15. 乙烯中碳碳双键的键能是乙烷中碳碳单键的键能的 2 倍。( )

16. N_2 中 π 键键能比 σ 键键能大。( )

17. H—F 键、H—Cl 键、H—Br 键、H—I 键键长依次增大,键能依次减小。( )

18. 键长等于成键两原子的共价半径之和。( )

19. S_8 中每个 S 原子都形成 2 个 S—S 键,其中所有 S—S 键键长相等。( )

20. Si 原子之间难形成双键而 C 原子之间容易形成双键,是因为 Si 的原子半径大于 C,难形成 p-p π 键。( )

二、选择题

1. 以下分子中,π 键数目大于 σ 键数目的是( )

   A. C_2H_4 B. N_2 C. Cl_2 D. HCN

2. 乙烯(CH_2=CH_2)与氢气反应生成乙烷(CH_3—CH_3),关于该反应说法中正确的是( )

A. 有 π 键断裂而无 σ 键断裂 B. 有 σ 键断裂而无 π 键断裂
C. 有 σ 键形成而无 π 键形成 D. 有 π 键形成而无 σ 键形成

3. HCl 溶于水发生电离：$HCl+H_2O \Longrightarrow H_3O^+ +Cl^-$，关于该过程的说法中不正确的是（　　）

   A. 电离前后 σ 键总数不变
   B. 涉及的微粒中均无 π 键
   C. H_3O^+ 的生成说明共价键没有饱和性
   D. 不同分子中 σ 键的稳定性不同

4. $NaHSO_4$ 晶体中有 Na^+ 而无 H^+，$NaHSO_4$ 溶于水可电离产生 H^+。下列说法中不正确的是（　　）

   A. H^+ 是 H_3O^+ 的简写形式，$NaHSO_4$ 只有溶于 H_2O 时才能电离产生 H^+
   B. $NaHSO_4$ 晶体中既有离子键，又有共价键
   C. $NaHSO_4$ 溶于水发生电离，其中所有共价键都断裂
   D. $NaHSO_4$ 晶体受热转化为 $Na_2S_2O_7$ 和 H_2O，该过程涉及 σ 键的断裂和形成

5. N_2 和 N_2H_4 中都有氮氮 σ 键，下列说法中正确的是（　　）

   A. N_2 中的氮氮 σ 键是轴对称的，N_2H_4 中的氮氮 σ 键不是轴对称的
   B. 氮氮 σ 键键长：$N_2 > N_2H_4$
   C. 氮氮 σ 键键能：$N_2 > N_2H_4$
   D. 受 π 键影响，N_2 中氮氮 σ 键不能自由旋转

6. 乙烯（$CH_2\!=\!\!CH_2$）在 O_2 中完全燃烧生成 CO_2 和 H_2O，关于该反应的说法中不正确的是（　　）

   A. 乙烯中 σ 键和 π 键数目相等
   B. 只有 C—C 键断裂而无 C—C 键形成
   C. 既有 π 键断裂，又有 π 键形成
   D. 反应前后 σ 键的总数不变

7. 可以根据反应过程中断键和成键的特征将有机反应分为取代反应、加成反应和消去反应：

   取代反应　$H_3C—CH_3 + Cl_2 \xrightarrow{h\nu} H_3C—CH_2Cl + HCl$
   加成反应　$H_2C\!=\!\!CH_2 + Br_2 \longrightarrow BrH_2C—CH_2Br$
   消去反应　$H_3C—CH_2Cl + NaOH \xrightarrow[\triangle]{H_2O} H_2C\!=\!\!CH_2 + NaCl + H_2O$

   下列说法中正确的是（　　）

   A. 取代反应中既有 σ 键的断裂，又有 σ 键的形成
   B. 加成反应中只有 π 键的断裂，没有 π 键的形成
   C. 消去反应中没有 σ 键的断裂和形成
   D. 不管是取代反应，还是加成反应、消去反应，反应前后共用电子对总数都不变

8. 乙烯醇很容易转化为乙醛：

下列说法中不正确的是(　　)

A. 上述反应的平衡常数 $K>1$

B. 乙烯醇和乙醛中共用电子对数相等

C. 乙烯醇和乙醛中 σ 键数目和 π 键数目分别相等

D. 上述反应 $\Delta H>0$

9. 为研究 N_2H_4 在 O_2 中燃烧生成 N_2 和 H_2O 时 N_2H_4 中的氮氮 σ 键是否断裂,以下设计方案和预测结果可以证明反应时 N_2H_4 中的氮氮 σ 键发生断裂的是(　　)

A. 用 $H_2{}^{14}N^{15}NH_2$ 与 O_2 反应,产物中检测到 $^{14}N^{15}N$

B. 用 $H_2{}^{14}N^{15}NH_2$ 与 O_2 反应,产物中检测到 $^{14}N_2$

C. 用 $^{14}N_2H_4$ 和 $^{15}N_2H_4$ 的混合物与 O_2 反应,产物中检测到 $^{14}N^{15}N$

D. 用 $^{14}N_2H_4$ 和 $^{15}N_2H_4$ 的混合物与 O_2 反应,产物中检测到 $^{15}N_2$

第二节　分子的空间结构

★ 整体内容分析

学习分子的空间结构是认识和理解分子性质及物质性质的基础,需要以第一节共价键的知识为基础开展教学,学生应达到以下要求:

1. 了解测定分子结构的原理。
2. 认识常见分子的空间结构,掌握借助数学方法分析分子空间结构的基本方法。
3. 运用 VSEPR 模型预测简单分子的空间结构。
4. 理解杂化轨道理论的要点,运用杂化轨道解释一些分子中原子的成键情况。

★ 高考试题分析

考题呈现

考点　分子的空间结构、VSEPR 和杂化轨道类型

1. (全国甲 2022·35 节选)$CF_2=CF_2$ 和 ETFE(乙烯与四氟乙烯的共聚物)分子中 C 的杂化轨道类型分别为_____和_____;聚四氟乙烯的化学稳定性高于聚乙烯,从化学键的角度解释原因_____。

2. (全国乙 2022·35 节选)① 一氯乙烯(C_2H_3Cl)分子中,C 的一个_____杂化轨道与 Cl 的 $3p_x$ 轨道形成 C—Cl_____键,并且 Cl 的 $3p_z$ 轨道与 C 的 $2p_z$ 轨道形成 3 中心 4 电子的大 π 键(Π_3^4)。

② 一氯乙烷(C_2H_5Cl)、一氯乙烯(C_2H_3Cl)、一氯乙炔(C_2HCl)分子中,C—Cl 键长的顺

序是_____,理由:(i) C 的杂化轨道中 s 成分越多,形成的 C—Cl 键越强;
(ii)_____。

3. (2022 湖南·18 节选)比较键角大小:气态 SeO_3 分子_____SeO_3^{2-} 离子(填">""<"或"=")原因是_____。

4. (2021 全国甲·35 节选)$SiCl_4$ 是生产高纯硅的前驱体,其中 Si 采取的杂化类型为_____。$SiCl_4$ 可发生水解反应,机理如下:

含 s、p、d 轨道的杂化类型有:① dsp^2、② sp^3d、③ sp^3d^2,中间体 $SiCl_4(H_2O)$ 中 Si 采取的杂化类型为_____(填标号)。

5. (2020 课标Ⅰ,35 节选)磷酸根离子的空间构型为_____,其中 P 的价层电子对数为_____、杂化轨道类型为_____。

6. (2020 课标Ⅲ,35 节选)氨硼烷在催化剂作用下水解释放氢气:$3NH_3BH_3+6H_2O$ $\Longrightarrow$ $3NH_4^+ + B_3O_6^{3-} + 9H_2$。$B_3O_6^{3-}$ 的结构为

在该反应中,B 原子的杂化轨道类型由_____变为_____。

7. (2020 江苏,21 节选)NH_3 分子中氮原子的轨道杂化类型是_____。

8. (2020 山东,17 节选)Sn 为ⅣA 族元素,单质 Sn 与干燥 Cl_2 反应生成 $SnCl_4$。常温常压下 $SnCl_4$ 为无色液体,$SnCl_4$ 空间构型为_____。

考题分析
主要考查运用 VSEPR 判断简单微粒的空间结构,分析一些分子中原子的杂化类型。

教材内容解读

1 分子空间结构的测定

严格来说,人眼是无法看到单个原子和分子的。设想,若能看到单个 H 原子,看到的是一个球形的原子还是一个极小原子核和一个更小的且高速运动的电子?这些都是不可能的。所谓"看见"物体,或是物体自身发光,如太阳、荧光棒、灯泡等,或是物体反光,如月亮、树叶、课本上的字等。

以 KCl 和 NaCl 为例,由于二者都是白色晶体,只能通过焰色反应区分。K^+ 和 Na^+ 焰色反应发出的光颜色不一样(K^+ 为紫色,Na^+ 为黄色),是因为光的颜色(波长、能量)在一定程度上反映了离子内部的电子层结构。不同原子电子层结构不同,电子跃迁时吸收或发射

光波的波长传递了原子的电子层结构信息,从而区分了各种原子和离子。高中化学常说的 Cu^{2+}(aq)是蓝色的,MnO_4^-(aq)是紫色的,其中的道理亦是如此。部分离子是无色的,主要是因为其电子跃迁时能级差过大或过小,吸收或发射的是可见光之外的光,如紫外线、红外线等。

📖 知识拓展:红外光谱原理

要鉴别 C_2H_6O 是 CH_3OCH_3 还是 CH_3CH_2OH 的结构,需要分析2种结构的差别。由于2种结构的原子种类和数目完全相同,只能利用共价键的差异进行鉴别,即 CH_3OCH_3 中无 O—H 键而 CH_3CH_2OH 中有 O—H 键。

分子中各原子是不断运动的,运动形式包括振动(图 2-2-1)、转动和平动,不同运动状态的能量都是量子化的,有不同的能级。振动能级之间的能量差受成键原子的相对原子质量和共价键的键能等因素影响,形成不同共价键的原子振动时吸收光的波长不同。相比于电子能级,原子振动能级之间的能量差较小,吸收红外线,因此可以用红外光谱研究分子中原子的振动,进而分析分子的成键情况。红外光谱和原子光谱的原理是相似的。

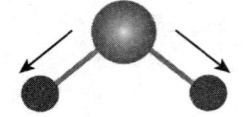
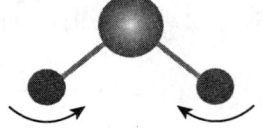

图 2-2-1　H_2O 分子的几种振动方式

红外光谱中,各种官能团和化学键的吸收峰不同(图 2-2-2),比如醇中 O—H 键吸收范围为 3650～3000 cm^{-1}(受具体化学环境影响而不同),C—H 键吸收范围为 2960～2850 cm^{-1}。

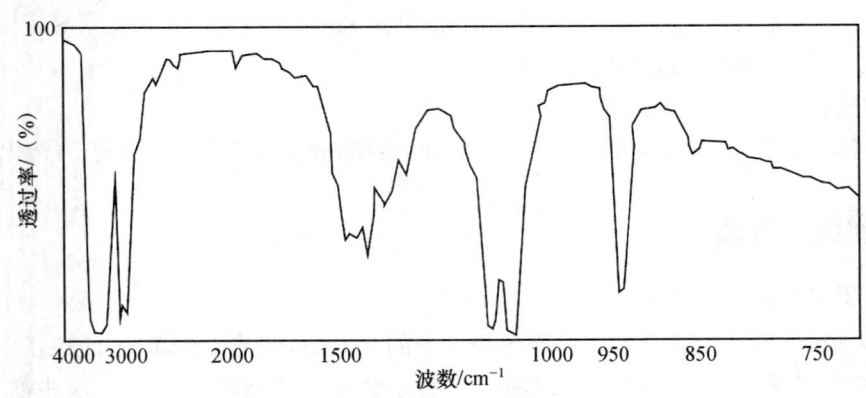

图 2-2-2　乙醇的红外光谱图

📖 知识拓展:红外吸收与温室效应

近地面大气中含有大量的水汽和二氧化碳,水汽和二氧化碳对辐射的吸收具有选择性:对长波辐射(红外线、可见光)吸收强,对短波辐射(可见光、紫外线)吸收弱。

第二节 分子的空间结构

地球大气无法有效吸收太阳的短波辐射,大部分短波辐射到达地面(臭氧层会吸收大部分紫外线),地表受热后产生的长波辐射被大气吸收,这样就使近地面大气温度升高,类似于栽培农作物的温室,故名温室效应。

📖 **知识拓展：质谱原理**

质谱有多种工作形式,其中电子轰击源质谱是质谱测定中使用最广泛、提供质谱结构信息最丰富的质谱技术之一。电子轰击源质谱的工作原理是：首先将样品分子气化,然后用电子束轰击气态分子,分子失去电子得到分子离子和碎片离子等带正电的微粒,利用电场和磁场作用将各种正离子分开,在记录仪上得到按照质荷比(m/z)大小排列的不同强度的峰。

质谱分析结果与具体的仪器类型相关,在电子轰击源匹配磁分析器的质谱中,需注意两点：一是质谱过程中产生的阴离子被电场和磁场分开(只测定阳离子的质谱),因此记录仪上只记录阳离子信息；二是中性分子失去 1 个电子相对容易,但一价正离子很难再失去电子,因此质谱中记录的通常都是一价正离子($z=1$),质荷比(m/z)即为相对分子质量。

质谱中质荷比最大的峰是分子离子峰,由此可知分子的相对分子质量。碎片离子峰可以提供一些复杂分子的内部结构信息,比如乙苯和二甲苯是同分异构体,分子离子峰的质荷比相同,只能利用碎片离子峰进行鉴别。高中阶段不要求碎片离子峰。

📖 **知识拓展：质谱中的同位素峰**

1. 问题的提出

教材【科学·技术·社会】栏目介绍用质谱法测定分子的相对分子质量,分析了质谱的工作原理,并以甲苯的质谱图(图 2-2-3)为例进行分析,指出 $m/z=92$ 的峰是甲苯分子的正离子($C_6H_5CH_3^+$),$m/z=91$ 的峰是丢失一个 H 原子的甲苯正离子($C_6H_5CH_2^+$)……

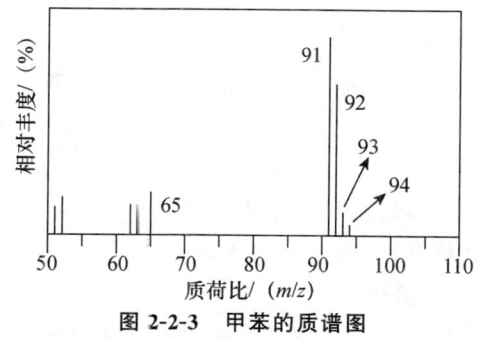

图 2-2-3 甲苯的质谱图

在课堂上很多学生提出问题：为什么质谱图中会有质荷比大于 92 的峰？

2. 同位素峰

一种元素可以有多种核素。比如自然界中碳元素有 ^{12}C、^{13}C 和 ^{14}C 3 种核素,氯元素有 ^{35}Cl 和 ^{37}Cl 2 种核素……同一元素的不同核素之间互称同位素。因此由碳和氯等元素组成化合物的分子在质谱中失去 1 个电子形成的离子会有多种质荷比,将其中质荷比大于分子离子峰的离子称为同位素离子。

因为各种核素的相对原子质量都接近整数,所以质谱中的分子离子峰质荷比都是正整数,质谱图中各个同位素峰的强度与各种核素的丰度相关。以 $CH_3Cl(M=50.48)$ 为例,不考虑碳元素和氢元素的同位素(^{13}C、^{2}H 等核素在自然界中丰度很低),CH_3Cl 在质谱图中会有 50 和 52 两个峰(无 50.48 的峰),二者强度比接近 3∶1(自然界中 ^{35}Cl 和 ^{37}Cl 的丰度分别为 75.8% 和 24.2%)。

同时考虑碳元素和氯元素的同位素,CH_2Cl_2 的分子离子和同位素离子的质荷比见表 2-2-1,质谱图见图 2-2-4。可以看出,除 84 的分子离子峰外,$[^{12}CH_2{}^{35}Cl^{37}Cl]^+$(86,质荷比,后同)的峰强度较大,而 $[^{12}CH_2{}^{37}Cl_2]^+$(88)的峰强度较小,这是因为同时出现 2 个 ^{37}Cl 的概率较小。同样的道理,由于 ^{13}C 丰度为 1.1%,在图 2-2-4 中几乎看不到 $[^{13}CH_2{}^{35}Cl_2]^+$(85)的峰。

表 2-2-1 CH_2Cl_2 的分子离子和同位素离子的组成和质荷比

分子离子	同位素离子				
组成	$[^{12}CH_2{}^{35}Cl_2]^+$	$[^{13}CH_2{}^{35}Cl_2]^+$	$[^{12}CH_2{}^{35}Cl^{37}Cl]^+$	$[^{13}CH_2{}^{35}Cl^{37}Cl]^+$	$[^{12}CH_2{}^{37}Cl_2]^+$	$[^{13}CH_2{}^{37}Cl_2]^+$
m/z	84	85	86	87	88	89

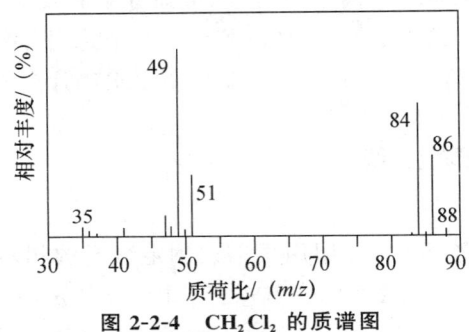

图 2-2-4 CH_2Cl_2 的质谱图

3. 甲苯质谱中的同位素峰

甲苯的质谱中质荷比为 93 的峰对应的同位素离子有两种:$[^{12}C_6{}^{13}C^1H_8]^+$ 和 $[^{12}C_7{}^1H_7{}^2H]^+$。由于 ^{13}C 丰度为 1.1%,而 ^2H 丰度仅为 0.015%,因此只考虑 $[^{12}C_6{}^{13}C^1H_8]^+$。$^{13}C$ 的丰度约为 ^{12}C 的 1.1%,甲苯有 7 个碳,即 93 峰强度约为 92 峰强度的 1.1%×7=7.7%,和质谱图中呈现的结果基本一致。

综上,甲苯质谱图中 93 峰和 94 峰是同位素峰。

4. 质谱中同位素峰的教学建议

质谱和同位素都是新课标提及的内容。质谱是现代化学研究物质结构和组成的核心表征手段之一,高中化学《物质结构与性质》和《有机化学基础》2 个模块都涉及质谱相关知识。同位素是初中化学和高中化学都要求的基本化学概念。因此在质谱教学中,当质谱图中呈现出质荷比大于分子离子峰的同位素峰时,教师应本着严谨求实的态度,基于学生已有知识简要介绍同位素峰的原理。

2 多样的分子空间结构

多原子分子是多个原子按照一定规律结合的整体结构,在空间呈现出一定的几何形状,称为分子的空间结构。可以利用红外光谱、晶体 X 射线衍射等方法测定分子的空间结构。

知识拓展：单中心分子的空间结构类型

多原子分子可分为单中心分子和其他分子。单中心分子是指分子有一个中心原子，中心原子与分子中其他所有原子都单独成键。比如 CH_4、CH_2O、$HOCl$、PCl_3 等都是单中心分子，而 $(CN)_2$、C_{60}、C_2H_6、H_2O_2、P_4 等都不是单中心分子。

高中阶段主要研究单中心分子的空间结构，常见单中心分子的空间结构见表 2-2-2。

表 2-2-2　常见单中心分子的空间结构

分子	原子总数	分子空间构型
H_2O、$HOCl$	3	V 形
CO_2、HCN	3	直线形
NH_3、PCl_3	4	三角锥形
CH_2O、$COCl_2$	4	平面三角形
CH_4、CCl_2F_2	5	四面体形

知识拓展：化学中的三角锥和四面体

在立体几何中，三角锥和四面体两个概念是等价的，是对同一立体结构在不同视角下的描述。

在结构化学中，三角锥形和四面体形是不同的。最典型的例子是：NH_3 是三角锥形分子，CH_4 是四面体形分子（图 2-2-5）。

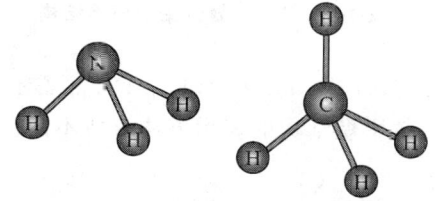

图 2-2-5　三角锥形的 NH_3 和四面体形的 CH_4

知识拓展：楔形式和分子空间结构的表示

从电子云轮廓图、原子轨道到原子、分子，这些化学结构都是立体的。那么如何在纸面表示这些立体结构呢？

可用楔形式[图 2-2-6 中(1)式]在纸面上表示 CH_4 的立体结构：纸面就是一个平面，黑色线段"——"表示的 C—H 键在纸面内，虚线"┈┈┈"表示的 C—H 键指向纸面后方；黑三角形"——▶"表示的 C—H 键指向纸面前方。即 H1 和 H2 都在纸面上，H3 在纸面前方，H4 在纸面后方。注意楔形式中"┈┈┈"和"——▶"通常都表示单键，有双键时优先将双键写在纸面上。虽然高中化学不要求使用楔形式，但是很有必要认识和理解楔形式。

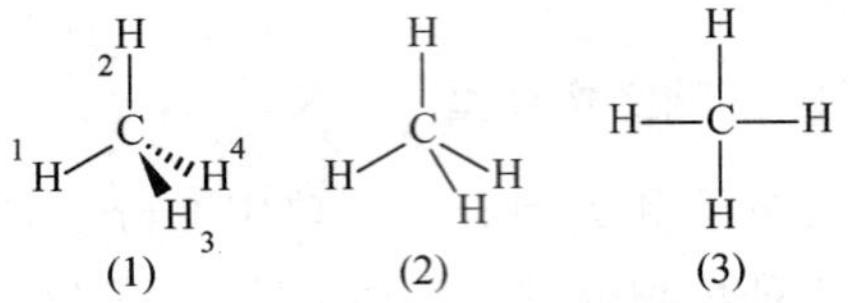

第二章 分子结构与性质

（图：纸面上 CH₄ 的几种表示方式，(1)(2)(3)）

图 2-2-6　纸面上 CH₄ 的几种表示方式

楔形式的书写比较麻烦，为了简便常用图 2-2-6 中(2)式表示。在熟悉 CH₄ 的立体结构后无需表示出其空间结构，常将与 C 原子相连的 4 个原子写在 C 原子的上下左右 4 个方位，如图 2-2-6 中(3)式。图 2-2-7 中二氯甲烷的几种表示方式是等价的，与 C 原子相连的 4 个原子均处于邻位结构，不存在对位结构。

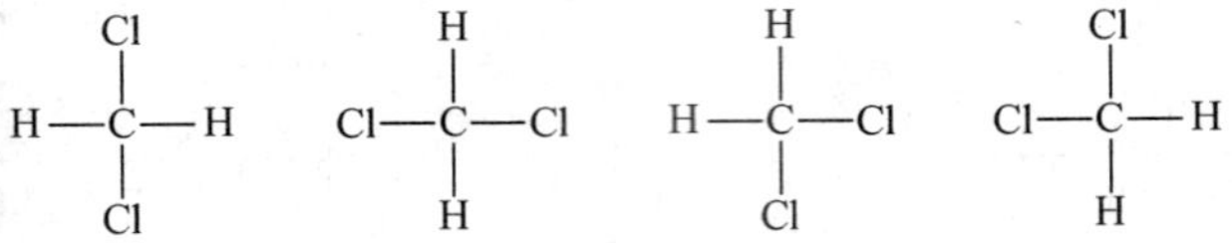

（图：二氯甲烷的几种表示方法）

图 2-2-7　二氯甲烷的几种表示方法

二氯二氨合铂 $Pt(NH_3)_2Cl_2$ 中 Pt 原子、2 个 N 原子和 2 个 Cl 原子处于同一平面，因此有顺式（两个 Cl 原子处于邻位）和反式（两个 Cl 原子处于对位）两种结构（图 2-2-8）。

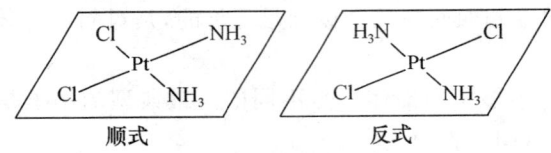

图 2-2-8　二氯二氨合铂的两种结构

在纸面上表示二氯二氨合铂时，图 2-2-9 中(1)和(2)都表示顺式结构，(3)和(4)都表示反式结构。这与图 2-2-7 中二氯甲烷结构的表示方法有所不同。

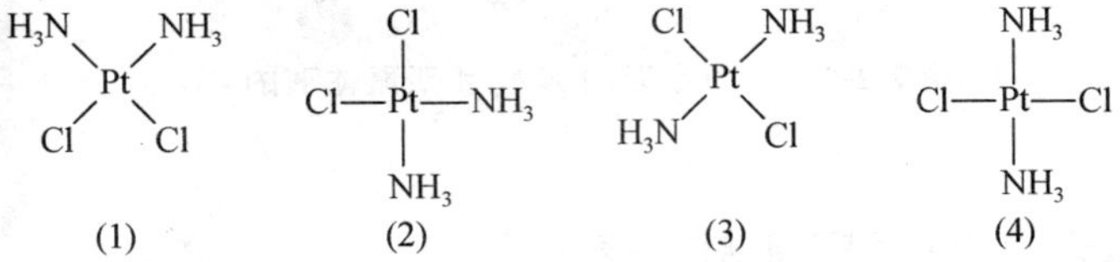

（图：二氯二氨合铂的几种表示方式，(1)(2)(3)(4)）

图 2-2-9　二氯二氨合铂的几种表示方式

用正确的方式表示分子的立体结构是认识分子立体结构的重要内容，在教学中应引导学生避免图 2-2-10 中所示的一些不规范的分子结构表示方式。

（图：一些不规范的分子结构表示方式）

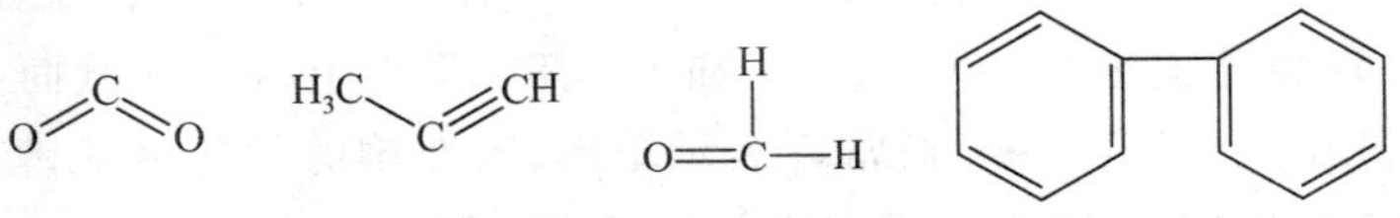

图 2-2-10　一些不规范的分子结构表示方式

第二节　分子的空间结构

> 📖 **知识拓展：用立方体认识 P_4、CH_4 和 SF_6 的结构**

立方体是最常见的简单多面体，立方体有 8 个顶点，6 个正方形面，12 条等长的棱，4 条体对角线相交于体心。借助立方体认识分子结构，往往能达到事半功倍的效果。

1. 立方体中的 P_4 和 CH_4

P_4 和 CH_4 都是正四面体分子。取立方体中错位（不共棱）的 4 个顶点相连，得到正四面体。如果 4 个顶点都是 P 原子，彼此之间形成共价键就得到 P_4 分子。P_4 分子中任意 3 个 P 原子都围成正三角形，键角 $\angle PPP = 60°$；每个 P—P 键都是立方体的面对角线，一个立方体有 6 个面，而 1 个 P_4 分子有 6 个 P—P 键。

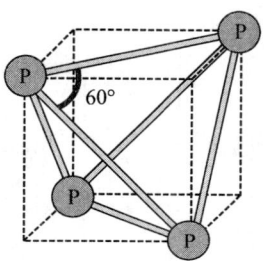

图 2-2-11　立方体中 P_4 分子结构

如果 4 个顶点都是 H 原子，并与处于立方体体心的 C 原子形成 C—H 键，就得到 CH_4 分子。

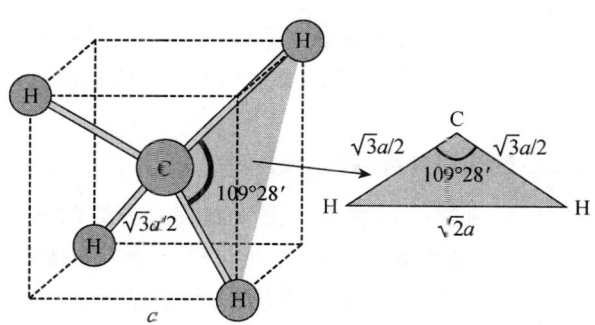

图 2-2-12　立方体中 CH_4 分子结构

CH_4 中 4 个 C—H 键与立方体的 4 条体对角线重合。$\angle HCH$ 是等腰 $\triangle HCH$ 的顶角，三角形腰长为立方体体对角线的一半，即线段 $CH = \sqrt{3}a/2$（a 为立方体棱长）；底边为立方体面对角线，即线段 $HH = \sqrt{2}a$。根据余弦定理

$$\cos\angle HCH = \frac{CH^2 + CH^2 - HH^2}{2CH \times CH} = -\frac{1}{3}$$

利用反三角函数解出键角

$$\angle HCH = \arccos\left(-\frac{1}{3}\right) = 109°28'$$

需要注意：立方体四条体对角线之间的夹角大小均为$(180° - 109°28') = 70°32'$，$CH_4$ 中键角$\angle HCH$ 为该夹角的补角，即 $109°28'$。

以上分析阐明了 P_4 和 CH_4 都是正四面体分子，P_4 中键角为 $60°$，CH_4 中键角为 $109°28'$。

2. 立方体中的 SF_6

取立方体 6 个面的面心，将每个面心与邻近的 4 个面心相连，得到正八面体（图 2-2-13）。正八面体有 6 个顶点，8 个正三角形面，12 条等长的棱，3 条相互垂直的体对角线（对应数学中空间直角坐标系中 x、y、z 轴）。

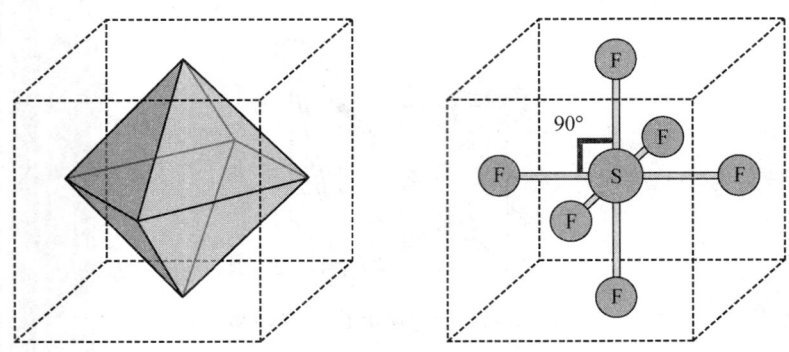

图 2-2-13　立方体中的正八面体（左）和 SF_6 分子结构（右）

SF_6 是一个典型的正八面体分子，S 原子在正八面体的体心，6 个 F 原子在正八面体的 6 个顶点，所有的键角 $\angle FSF = 90°$。需要注意，SF_6 的键角是指两个邻近的 S—F 键之间的夹角，而不是两个处于相反方向 S—F 键之间的夹角，即一般不能说 SF_6 中 $\angle FSF = 180°$。

知识拓展：取代立方烷的同分异构体分析

立方烷（C_8H_8）是一种经典的桥环烷烃。研究取代立方烷的同分异构体有利于培养学生的空间思维能力。由于立方烷中 8 个 C 原子的化学环境完全等价，因此一取代立方烷只有一种结构，以下仅分析二取代立方烷和三取代立方烷的结构。

1. 二取代立方烷

二取代立方烷是在立方烷的 8 个顶点中选择 2 个顶点进行取代，可以选出 1-2、1-3、…、2-3、2-5 等很多种组合（图 2-2-14）。

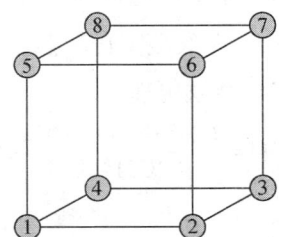

图 2-2-14　立方烷的数学模型

本质上 2 个顶点的连线有 3 种情况：分别是立方体的棱、面对角线和体对角线，因此二取代立方烷总共有 3 种结构（图 2-2-15）。

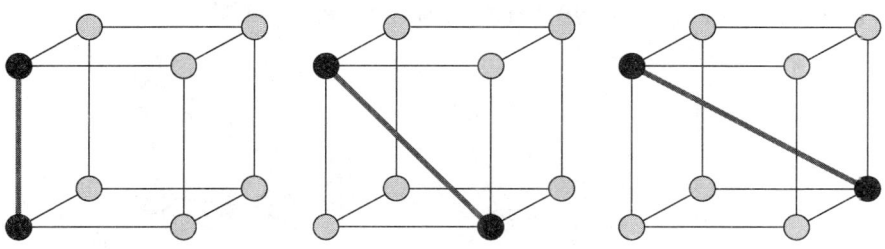

图 2-2-15　二取代立方烷的 3 种结构

2. 三取代立方烷

三取代立方烷是在立方烷的 8 个顶点中选择 3 个顶点进行取代。可以选出 1-2-3、1-3-5……很多种组合，本质上 3 个顶点的连线都将围成三角形。设立方体的棱长为 1，那么三角形的三边长可以是 1、$\sqrt{2}$ 和 $\sqrt{3}$。组成三角形的三边长有 3 种情况：第一种是 1-1-$\sqrt{2}$，第二种是 1-$\sqrt{2}$-$\sqrt{3}$，第三种是 $\sqrt{2}$-$\sqrt{2}$-$\sqrt{2}$。

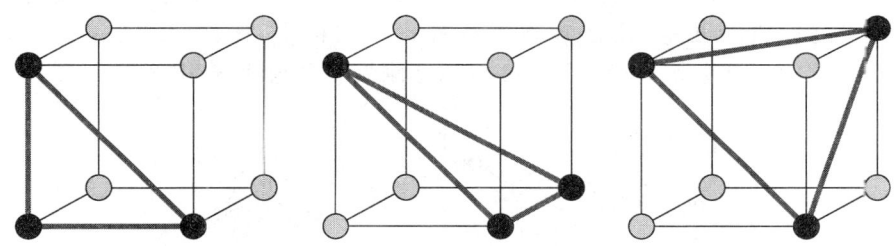

图 2-2-16　三取代立方烷的 3 种结构

需要注意：上述三取代立方烷有 3 种结构，是在用 3 个相同基团取代的条件下。若用不同的基团取代，则可产生更多结构，见表 2-2-3。

表 2-2-3　三取代立方烷可能的结构种类分析

取代基情况	取代后形成的三角形边长			种类数合计
	1-1-$\sqrt{2}$	1-$\sqrt{2}$-$\sqrt{3}$	$\sqrt{2}$-$\sqrt{2}$-$\sqrt{2}$	
AAA	1 种	1 种	1 种	3 种
AAB	2 种	3 种	1 种	6 种
ABC	3 种	6 种	1 种	10 种

知识拓展：环己烷和椅式/船式六元环

苯分子中 6 个 C 原子化学环境相同，由于 C 原子采用 sp^2 杂化（本节讲述），∠CCC＝120°，围成平面正六边形（内角为 120°）的结构。环己烷中 6 个 C 原子的化学环境相同，由于 C 原子采用 sp^3 杂化（本节讲述），∠CCC＝109°28′，无法形成平面正六边形。为了同时满足键角和六元环的要求,环己烷中围成的非平面六元环有两种:椅式六元环和船式六元环。

(1) 椅式六元环

椅式环己烷中椅式六元环结构(已省略 H 原子)见图 2-2-17。

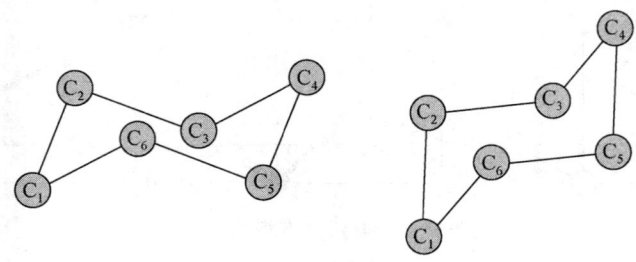

图 2-2-17 不同视角下的椅式六元环结构

图 2-2-17 中六元环是等边的,由 3 组平行线段组成:$C_1C_2 /\!/ C_4C_5$,$C_2C_3 /\!/ C_5C_6$,$C_3C_4 /\!/ C_1C_6$。6 个 C 原子中最多有 4 个共平面,这样的平面有 3 个:$C_1C_2C_4C_5$,$C_2C_3C_5C_6$,$C_3C_4C_6C_1$。这种六元环与沙滩躺椅的结构相似,被称为椅式六元环。

椅式六元环结构中各键角均为(或接近)$109°28'$,与 sp^3 杂化轨道(见"专题学习五:杂化轨道理论")之间夹角相等,广泛存在于各种化学结构中,比如 $[B_2(O_2)_2(OH)_4]^{2-}$ 和 $(SO_3)_3$(图 2-2-18)、P_4O_6 和 P_4O_{10}(图 2-2-20)、金刚烷和金刚烷胺(图 2-2-21)等。

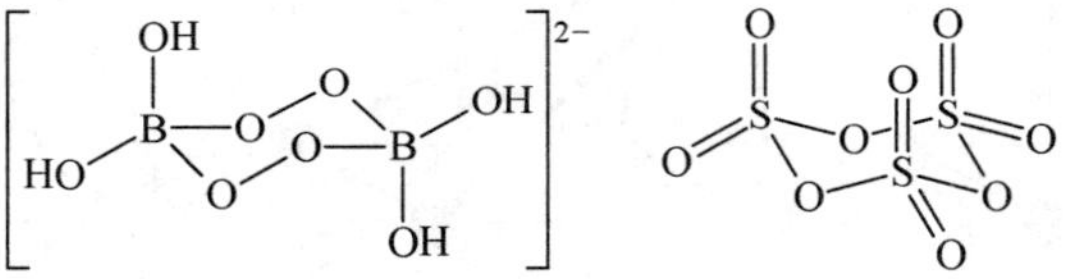

图 2-2-18 $[B_2(O_2)_2(OH)_4]^{2-}$ 和 $(SO_3)_3$ 中的椅式六元环结构

(2) 船式六元环

船式环己烷中船式六元环结构(已省略 H 原子)见图 2-2-19。

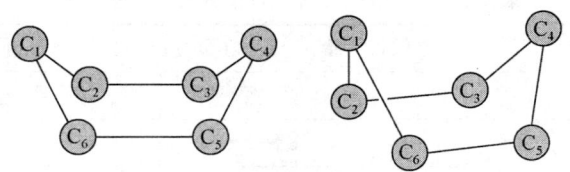

图 2-2-19 不同视角下的船式六元环结构

图 2-2-19 中六元环只有一组平行线段:$C_2C_3 /\!/ C_5C_6$。6 个 C 原子中最多有 4 个共平面,这样的平面有 3 个:$C_1C_2C_3C_4$,$C_2C_3C_5C_6$,$C_4C_5C_6C_1$。这种六元环与小船的结构相似,被称为船式六元环。

知识拓展：P_4、P_4O_6 和 P_4O_{10} 的结构

P_4 是正四面体分子，正四面体的 6 条棱对应 P_4 的 6 个 P—P 键（图 2-2-20 左）。如果将 P_4 中每个 P—P 键都打开，嵌入—O—，即得到 P_4O_6（图 2-2-20 中）。如果 P_4O_6 中每个 P 原子都再与 O 原子形成 P=O 结构，即得到 P_4O_{10}（图 2-2-20 右）。

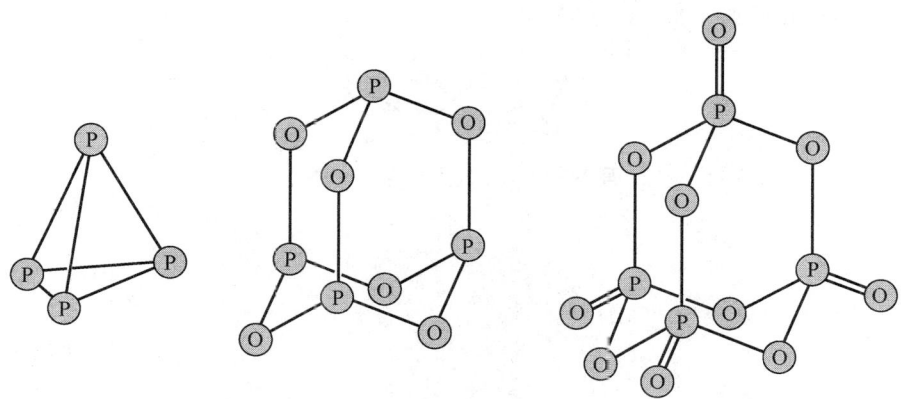

图 2-2-20 P_4（左）、P_4O_6（中）和 P_4O_{10}（右）结构

P_4 中存在 PPP 正三角形三元环，在每个 P—P 键中嵌入—O—后形成椅式六元环 POPOPO，每个 P_4O_6 和 P_4O_{10} 都含有 4 个椅式六元环。

知识拓展：金刚烷和金刚烷胺的结构

金刚烷（$C_{10}H_{16}$）是一种经典的桥环烷烃，金刚烷胺（$C_5H_{12}N_4$）是金刚烷的含氮衍生物（图 2-2-21，已省略 H 原子）。金刚烷和金刚烷胺的结构都与 P_4O_6 相似：金刚烷中 4 个

—$\overset{|}{\underset{H}{C}}$—、金刚烷胺中的 4 个—$\overset{|}{N}$—与 P_4O_6 中 4 个—$\overset{|}{P}$—相似；金刚烷、金刚烷胺中 6 个—$\overset{H}{\underset{H}{C}}$—与 P_4O_6 中 6 个—O—相似。

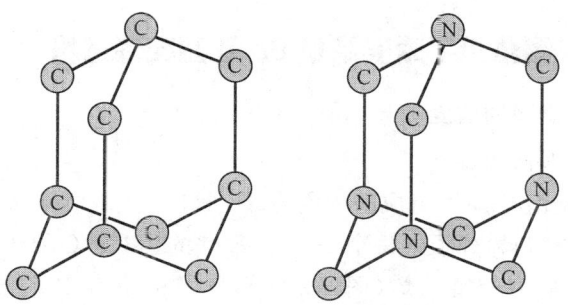

图 2-2-21 金刚烷（左）和金刚烷胺（右）结构

知识拓展：S_8 中的非平面八元环结构

S 原子之间通过 S—S 单键形成 S_8。平面正八边形每个内角均为 135°，S_8 中 S 原子采用 sp^3 杂化，实际键角∠SSS＝108°，—S—S—通过上下曲折形成与椅式六元环类似的结构，八元环上的 8 个 S 原子不在同一平面（图 2-2-22）。间隔的 4 个 S 原子恰好形成正方形结构，2 个正方形所在平面平行（图 2-2-23）。

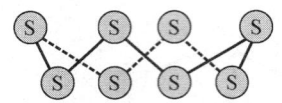

图 2-2-22　S_8 分子结构（侧视图）

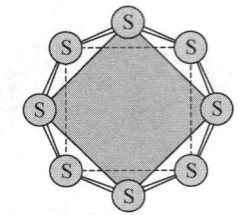

图 2-2-23　S_8 分子结构（俯视图）

问题讨论：NH_3、PH_3、AsH_3 键角比较

NH_3、PH_3 和 AsH_3 均是三角锥形分子，键角依次减小，分别为 107°、93°和 92°。这 3 种分子的键角受两个因素影响：一是孤电子对与成键电子对之间的斥力，二是成键电子对与成键电子对之间的斥力。

在 NH_3 中，N 原子半径较小，电负性较大，孤电子对和成键电子对均靠近 N 原子，孤电子对与成键电子对之间的斥力大于成键电子对与成键电子对之间的斥力，导致键角为 107°，略小于 109°28′。

在 PH_3 和 AsH_3 中，随着 P 原子和 As 原子的半径增大，电负性减小，成键电子对更靠近 H 原子而远离 P 原子和 As 原子，成键电子对之间的距离增大，斥力减小，因此键角减小。

专题学习三：利用数学模型认识 C_{60} 等富勒烯结构

1　问题的提出和模型的建立

1.1　富勒烯的基本结构特征

富勒烯是一种完全由 C 原子组成的中空分子，形状呈球形、椭球形等，常见的富勒烯有 C_{60}、C_{70}、C_{84}、C_{180} 等。富勒烯分子中每个 C 原子都和邻近 3 个 C 原子成键，C 原子形成五元环和六元环。C_{60} 是最典型的富勒烯（图 2-2-24），其结构中有 12 个五元碳环和 20 个六元碳环。

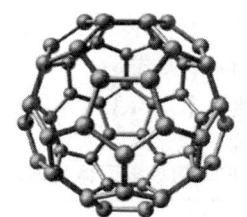

图 2-2-24　C_{60} 的分子结构

1.2　简单多面体模型的建立

富勒烯中碳碳键是弧线形的香蕉键,由于不同原子的成键情况有差别,而且存在分子热运动或者原子振动,不同的碳碳键键长有差别,故 C 原子形成的环不一定都是正多边形。因此在不改变分子结构骨架的前提下,可以将富勒烯分子的中空笼状结构简化成由五边形和六边形围成的简单多面体,C 原子为多面体的顶点,碳碳键为多面体的棱。

1.3　富勒烯结构问题的提出

富勒烯独特的结构复杂而有趣,是结构化学研究的重要内容,也是研究其他笼状和簇状结构的模板。富勒烯中,有一些容易证明的结构特征,如棱数＝顶点数×1.5 等。其他数学关系,如富勒烯 C_{2x} 中 C 原子数 $2x$ 与五元碳环数 m 和六元碳环数 n 之间的关系,则需要使用欧拉定理等方法进行计算。

2　计算富勒烯结构的经典方法:欧拉定理

欧拉定理描述了简单多面体的顶点数、棱数和面数之间的基本关系

$$顶点数＋面数＝棱数＋2$$

在分子式为 C_{2x} 的富勒烯中,顶点数为 $2x$,棱数为 $3x$。设其中五元环数目为 m,六元环数目为 n,则面数之和为 $m+n$,代入欧拉公式得到

$$2x+(m+n)=3x+2 \tag{1}$$

每条棱都是两个面的交线,总棱数 $3x$ 与 m 和 n 的关系为

$$3x=\frac{(5m+6n)}{2} \tag{2}$$

联立(1)式和(2)式得到 $m=12, n=x-10$。即富勒烯 C_{2x} 分子中五元碳环的数目恒为 12,六元碳环数目为 $x-10$。

3　多面体曲率定理计算富勒烯的结构

3.1　简单多面体的曲率

在生活中我们可以直观感受到多面体不同顶点处折面的弯曲程度不一样。2021 年 1 月全国新高考适应性考试(八省联考)数学试卷第 20 题给出了曲率的定义:多面体某个顶点的曲率等于 360°与多面体在该顶点的各面角之和的差(多面体的面的内角叫作多面体的面角),多面体上非顶点的各点曲率均为零,多面体的总曲率等于该多面体各顶点的曲率之和。由曲率定义可知简单多面体的总曲率的表达式为

$$简单多面体的总曲率 = \sum(360°-\alpha_i) = 360°\times 顶点数 - \sum \alpha_i$$

该题要求学生证明简单多面体的总曲率是常数(720°),将此结论称为简单多面体曲率定理(下文中简称"曲率定理")。这是一个可以广泛应用的结论,表 2-2-4 列出了常见简单正多面体的基本结构特征,其中总曲率计算公式是

$$正多面体的总曲率 = 顶点数 \times (360° - 面角 \times 每个顶点面角数)$$

表 2-2-4 常见简单多面体的基本结构特征

简单多面体名称	面数	棱数	顶点数	每面边数	面角	每个顶点面角数	总曲率
正四面体	4	6	4	3	60°	3	720°
正六面体	6	12	8	4	90°	3	720°
正八面体	8	12	6	3	60°	4	720°
正十二面体	12	30	20	5	108°	3	720°
正二十面体	20	30	12	3	60°	5	720°

曲率是研究简单多面体结构的强大工具,可以广泛应用于化学多面体结构的研究中。

3.2 曲率定理计算富勒烯多面体结构

假设富勒烯 C_{2x} 多面体有 m 个五边形和 n 个六边形,该多面体的总曲率按下式计算

$$总曲率 = 360° \times 顶点数 - (五边形内角和 \times m + 六边形内角和 \times n)$$

富勒烯多面体的总曲率为 720°,五边形内角和为 540°,六边形内角和为 720°,代入后得到

$$720° = 360° \times 2x - (540° \times m + 720° \times n)$$

与(1)式联立后解出 $m = 12, n = x - 10$,这与利用欧拉定理计算的结果一致。表 2-2-5 列出了常见富勒烯的结构特征,五元环数和六元环数均满足以上结论。

表 2-2-5 常见富勒烯的结构特征

富勒烯化学式	顶点数	棱数	五元环数	六元环数
C_{60}	60	90	12	20
C_{70}	70	105	12	25
C_{84}	84	126	12	32
C_{2x}	$2x$	$3x$	12	$x-10$

3.3 曲率定理的直观理解

如图 2-2-25 所示,正六边形的紧密拼接只能形成类似石墨烯的平面,比如用常见的正六边形地砖铺路,得到的都是二维平面结构。若将部分正六边形替换为正五边形,则会产生凸出来的顶点(图 2-2-26),形成折面,多个折面的拼接即可形成闭合笼状结构。

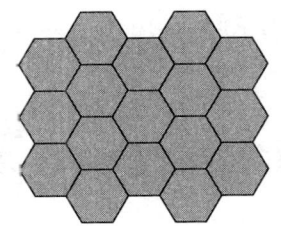

图 2-2-25　石墨烯中正六边形的结构

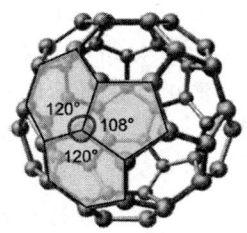

图 2-2-26　C_{60} 中正五边形和正六边形的拼接

在富勒烯多面体模型中,以 C_{60} 的结构为例,每个顶点都有 3 个面角,或是 120°,或是 108°。若 3 个角均为 120°,则该点曲率为 0°(图 2-2-25)。即只有含小于 120° 的面角(如 108°)才可使顶点曲率不为 0°,形成凸出的顶点和折面(图 2-2-26)。每个 108° 的角对顶点的曲率贡献为 12°。根据曲率定理,简单多面体的总曲率为 720°,因 720°÷12°=60,故要形成闭合的多面体需要 60 个 108° 的角,即 12 个正五边形。因此在富勒烯中,12 个五元环与多个六元环刚好形成闭合笼状结构;六元环数目可以改变,笼状结构的大小和形状随之改变。

4　两种方法的对比

使用欧拉定理或曲率定理都需要先根据富勒烯多面体模型的空间特征列出关系式,计算后得到相同的结论。实际上曲率定理和欧拉定理是可以互相推导的。使用欧拉定理偏重于列式计算,是纯粹的数学计算;使用曲率定理能够直观形象地感受到顶点处的弯折情况,有利于更加深刻地理解富勒烯多面体的结构。

★ 专题学习四:价层电子对互斥理论(VSEPR)

1　VSEPR 的基本要点

VSEPR 是 20 世纪中叶逐渐形成和发展的一种预测简单微粒空间结构的理论模型。VSEPR 理论适用于由主族元素形成的单中心微粒 AB_n^{N-},其中 A 是中心原子,B 是配位(泛指与 A 原子成键,而非"配位键"中的"配位")原子。VSEPR 的思想方法质朴浅显,紧紧抓住中心原子价层电子对数目这一关键因素,从物理学中同种电荷之间的斥力出发,运用分子的几何构型取决于价层电子对数目这一假设,成功地解释并推测了许多简单微粒的几何形状,成为高中和大学基础化学的基本教学内容。

使用 VSEPR 预测微粒结构时包括三步：第一步计算价层电子对数，第二步分析价层电子对的空间分布，第三步得到微粒的空间结构。

2 价层电子对数的计算

简单微粒的空间构型取决于中心原子 A 周围的价层电子对数，价层电子对分为成键电子对和孤电子对两类。计算成键电子对和孤电子对数目是 VSEPR 的关键步骤。

2.1 成键电子对数的计算

成键电子对数＝中心原子形成的 σ 键数＝配位原子数＝总原子数－1。如 CH_4、SO_3、HCN 中成键电子对数分别为 4、3、2。需要注意：成键电子中 π 电子总是与 σ 指向同一方向，如 HCN 中 C 与 N 之间形成的三键中含 3 对成键电子对（1 个 σ 键＋2 个 π 键），这 3 对成键电子对在空间中延伸方向一致，因此在分析电子对的空间分布时将三键（或多重键）的成键电子对数记为 1，也可认为只计 σ 键电子对而不计 π 键电子对，比如 HCN 中心的 C 原子成键电子对数为 2。

2.2 孤电子对数的计算

孤电子对数的计算方法有多种形式，人教版教材和苏教版教材提供了不同的方法。

2.2.1 人教版教材方法

人教版教材按下式计算

$$孤电子对数 = \frac{(a - bx + N)}{2}$$

其中 a 为中心原子的价层电子数（主族元素为族序数），b 为与中心原子结合的原子最多能接受的电子数（H 和卤族元素为 1，氧族元素为 2，氮族元素为 3），x 为与中心原子结合的原子数（与成键电子对数相等），N 为离子所带负电荷数（阴离子 $N>0$，阳离子 $N<0$，分子 $N=0$）。对于 AB_mC_n 等有两种以上配位原子的微粒（如 HCN 和 CH_2O），应将 bx 理解为与中心原子结合的各种原子未成对电子数之和。

常见微粒的价层电子对数计算过程见表 2-2-6。

表 2-2-6 一些微粒中价层电子对数分析（人教版方法）

微粒	成键电子对数	a	b	x	bx	N	孤电子对数	价层电子对数
CO_2	2	4	2	2	4	0	0	2
$BeCl_2$	2	2	1	2	2	0	0	2
N_3^-	2	5	3	2	6	1	0	2
SCN^-	2	4	2(S)	1	5	1	0	2
			3(N)	1				
HCN	2	4	1(H)	1	4	0	0	2
			3(N)	1				

续表

微粒	成键电子对数	a	b	x	bx	N	孤电子对数	价层电子对数
NOCl	2	5	2(O)	1	3	0	1	3
			1(Cl)	1				
SO$_2$	2	6	2	2	4	0	1	3
O$_3$	2	6	2	2	4	0	1	3
I$_3^+$	2	7	1	2	2	−1	2	4
ClO$_2^-$	2	7	2	2	4	1	2	4
BF$_3$	3	3	1	3	3	0	0	3
CO$_3^{2-}$	3	4	2	3	6	2	0	3
CH$_2$O	3	4	1(H)	2	4	0	0	3
			2(O)	1				
NH$_3$	3	5	1	3	3	0	1	4
SO$_3^{2-}$	3	6	2	3	6	2	1	4
NH$_4^+$	4	5	1	4	4	−1	0	4
CH$_4$	4	4	1	4	4	0	0	4
CCl$_4$	4	4	1	4	4	0	0	4
SO$_4^{2-}$	4	6	2	4	8	2	0	4
POCl$_3$	4	5	1(Cl)	3	5	0	0	4
			2(O)	1				
S$_2$O$_3^{2-}$	4	6	2(S)	2	8	2	0	4
			2(O)	2				
SO$_2$Cl$_2$	4	6	2(O)	2	6	0	0	4
			1(Cl)	2				

2.2.2 苏教版教材方法

苏教版中 AB$_m$ 型分子(A 是中心原子,B 是配位原子)价层电子对数 n 的计算方法如下:

$$n = \frac{\text{中心原子的价电子数} + \text{每个配位原子提供的价电子数} \times m}{2}$$

配位原子中卤素原子、氢原子提供 1 个价层电子,氧原子和硫原子不提供价层电子。

苏教版方法中卤素作配位原子只提供 1 个价层电子较好理解,而对于为什么 O、S 作配位原子不提供价层电子,以及 N 作配位原子提供几个价层电子没有进行说明。实际上,无论中心原子与配位原子形成单键、双键,还是三键,都只含 1 个 σ 键,在形式上表现为含 2 个电子的 1 对成键电子对。如何"凑齐"这 2 个电子呢?形成单键时中心原子提供的电子数为 1,

第二章 分子结构与性质

最终等同于从配位原子中获得 1 个电子;形成双键时中心原子提供 2 个电子,最终等同于未获得电子;形成三键时中心原子提供 3 个电子,最终等同于"损失"1 个电子。这三种情况分别对应形成单键的卤素原子、H 原子为中心原子提供 1 个价层电子,形成双键的 O 原子和 S 原子不为中心原子提供价层电子,形成三键的 N 原子减少中心原子的 1 个价层电子。

以 N_3^- 为例,中心 N 原子价层电子对数为

$$n=\frac{5+1-1\times 2}{2}=2$$

计算式分子中"5+1"是将离子所带的负电荷计入中心原子价层电子中。

价层电子对数减去成键电子对数即得到孤电子对数。常见微粒分析过程见表 2-2-7。

表 2-2-7 一些微粒中价层电子对数分析(苏教版方法)

微粒	中心原子的价层电子数	负电荷数	配位原子	每个配位原子提供的价层电子数	m	n(价层电子对数)	孤电子对数
$BeCl_2$	2	0	Cl	1	2	2	0
BF_3	3	0	F	1	3	3	0
AlH_4^-	3	1	H	1	4	4	0
CH_4	4	0	H	1	4	4	0
CCl_4	4	0	Cl	1	4	4	0
CO_2	4	0	O	0	2	2	0
CO_3^{2-}	4	2	O	0	3	3	0
HCN	4	0	H	1	1	2	0
			N	−1	1		
CH_2O	4	0	H	1	2	3	0
			O	0	1		
SCN^-	4	1	S	0	1	2	0
			N	−1	1		
NH_3	5	0	H	1	3	4	1
NH_4^+	5	−1	H	1	4	4	0
N_3^-	5	1	N	−1	2	2	0
NOCl	5	0	O	0	1	3	1
			Cl	1	1		
$POCl_3$	5	0	O	0	1	4	0
			Cl	1	3		
O_3	6	0	O	0	2	3	1
SO_3^{2-}	6	2	O	0	3	4	1

续表

微粒	中心原子的价层电子数	负电荷数	配位原子	每个配位原子提供的价层电子数	m	n（价层电子对数）	孤电子对数
$S_2O_3^{2-}$	6	2	O	0	2	4	0
			S	0	2		
SO_2Cl_2	6	0	O	0	2	4	0
			Cl	1	2		
ClO_2^-	7	1	O	0	2	4	2
ClO_3^-	7	1	O	0	3	4	1
ClO_4^-	7	1	O	0	4	4	0
I_3^+	7	−1	I	1	2	4	2

两种方法各有优势：人教版方法容易理解，苏教版方法更加简单快捷，但是理解难度较大。

3 价层电子对的空间分布

中心原子价层电子对之间同带负电而相互排斥，导致价层电子对的分布尽可能远离以保持体系的能量最低。若把分子或离子的中心原子视为球心，把价层电子对视为球面上的点电荷，这些点电荷在球面上彼此按最远距离排布。结合立体几何原理和最远距离排布规律得到表2-2-8（高中阶段不涉及价层电子对数超过4的微粒）。

表2-2-8 VSEPR中点电荷空间分布规律

价层电子对数目	点电荷在球面上最远距离排布	价层电子对排布
2	直径两端	直线形
3	通过球心的平面内接正三角形的三个顶点	正三角形
4	球的内接正四面体的四个顶点	正四面体
5	球的内接三角双锥的五个顶点	三角双锥
6	球的内接正八面体的六个顶点	正八面体

4 由价层电子对推测分子的空间结构

分子的空间结构关注的是组成分子各原子的空间排列，与成键电子对的分布直接相关，对孤电子对"视而不见"。不同价层电子对数和成键电子对数的微粒对应空间结构见表2-2-9。需要注意：单中心微粒中成键电子对数目必须大于等于2，因为只有一对成键电子对的是双原子分子，不存在空间结构问题。

表 2-2-9　微粒电子对数与分子空间结构的对应关系

价层电子对数	成键电子对数	分子空间结构
2	2	直线形
3	2	V 形
3	3	三角形
4	2	V 形
4	3	三角锥形
4	4	四面体形

由表 2-2-9 可知，可以通过中心原子价层电子对数和成键电子对数确定分子的空间结构，这正是 VSEPR 的核心思想。同样，根据分子的空间结构可以倒推中心原子的价层电子对数和成键电子对数(V 形分子除外，存在 2 种情况)。

由于孤电子对只受中心原子的原子核吸引，导致孤电子对比成键电子对更靠近中心原子的原子核，因此价层电子对之间的斥力大小顺序为：孤电子对↔孤电子对＞孤电子对↔成键电子对＞成键电子对↔成键电子对。价层电子对之间的斥力大小不等导致实际分子结构偏离理想模型，键角发生变化，因此结构相似的分子中，孤电子对越多，成键电子对之间夹角越小，即键角越小(表 2-2-10)。

表 2-2-10　一些微粒中电子对数和键角

分子	价层电子对数	孤电子对数	实际键角
CH_4	4	0	109°28′
NH_3	4	1	107°18′
H_2O	4	2	104°30′

5　复杂的 VSEPR 案例分析

当价层电子对数超过 4 时，若有 2 对及以上孤电子对，则分子可能有多种构型，需要具体分析以得到最稳定的结构，这些内容高中阶段不要求，仅以 XeF_4 和 I_3^- 为例进行简要说明。

5.1　XeF_4 结构分析

XeF_4 的中心原子价层电子对数为 6(2 对孤电子对和 4 对成键电子对)，按照正八面体排布。2 对孤电子对的相对位置有 2 种情况：相邻或相对(图 2-2-27)。相邻的情况下 2 对孤电子对之间夹角为 90°，斥力较大；而相对的情况下 2 对孤电子对处于一条直线的两个方向，斥力较小。由此判断 2 对孤电子对处于相对的位置，因此 XeF_4 是平面正方形分子，实验测定结果亦是如此。

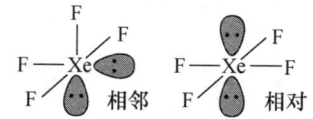

图 2-2-27　XeF_4 可能的 2 种结构

5.2 I_3^- 结构分析

I_3^- 的中心原子价层电子对数为 5(3 对孤电子对和 2 对成键电子对),按照三角双锥排布有 3 种情况(图 2-2-28),见表 2-2-11(表中键角暂不考虑电子对之间斥力大小差异导致的变形)。可以看出当孤电子对之间的夹角为 3 个 120°(序号 1)时整体斥力最小,因此 I_3^- 是直线形离子。实际上 I_3^- 中不仅要考虑孤电子对之间的夹角,还要考虑孤电子对与成键电子对之间的夹角等其他因素。

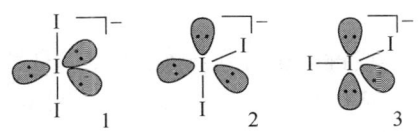

图 2-2-28 I_3^- 可能的 3 种结构

表 2-2-11 I_3^- 中价层电子对分布的 3 种情况

序号	成键电子对位置		分子空间构型	键角	孤电子对之间夹角
	电子对(1)	电子对(2)			
1	两极	两极	直线形	180°	3 个 120°
2	赤道	两极	V 形	90°	2 个 90°,1 个 120°
3	赤道	赤道	V 形	120°	2 个 90°

6 VSEPR 在多中心分子中的应用

以上均为分析 VSEPR 在单中心分子的应用,实际上在一些特定结构的多中心分子中,亦可用 VSEPR 分析其空间结构,这与复杂分子中原子的共直线共平面问题相关,以下仅做一些简单案例的分析。

6.1 $(CN)_2$ 和 H_2O_2

$(CN)_2$ 和 H_2O_2 结构见图 2-2-29,二者都是链状 4 原子分子。

图 2-2-29 $(CN)_2$ 和 H_2O_2 的结构

$(CN)_2$ 中,对 C1 进行分析:成键电子对数=2;C1 原子最外层有 4 个电子,与 N 原子形成三键需要 3 个电子,与 C2 原子形成单键需要 1 个电子,孤电子对数=(4−3−1)/2=0。因此 2 对成键电子对呈直线形分布,∠C2C1N=180°,同理可得∠C1C2N=180°,$(CN)_2$ 为直线形分子。

H_2O_2 中,对 O1 进行分析:成键电子对数=2;O1 原子最外层有 6 个电子,与 H 原子形成单键需要 1 个电子,与 O2 原子形成单键需要 1 个电子,孤电子对数=(6−1−1)/2=2。因此 2 对成键电子对呈 V 形分布,O—O 键可以旋转,H_2O_2 为折尺形极性分子。理论上 4 个原子可以共平面,实际上由于平面结构能量较高,大部分情况下 4 个原子不共平面。

6.2 N_2O_4 和 N_2H_4

N_2O_4 和 N_2H_4 结构见图 2-2-30。

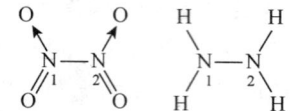

图 2-2-30 N_2O_4 和 N_2H_4 的结构

N_2O_4 中,对 N1 进行分析:成键电子对数=3;N1 原子最外层有 5 个电子,与每个 O 原子形成双键(O 原子需要双键形成 8 电子稳定结构)需要 2 个电子,与 N2 原子形成单键需要 1 个电子,孤电子对数=$(5-2\times 2-1)/2=0$。因此 N1 原子周围 3 对成键电子对呈三角形分布,即 N1 与其相连的 3 个原子共平面,因此通过 N—N 键的旋转,N_2O_4 中所有原子可以共平面,实验测定表明 N_2O_4 是平面分子。

N_2H_4 中,对 N1 进行分析,成键电子对数=3,孤电子对数=$(5-1\times 2-1)/2=1$,因此 3 对成键电子对呈三角锥形分布,即使 N—N 键可以旋转,6 个原子也不能共平面。

6.3 重氮甲烷

重氮甲烷结构见图 2-2-31(注意其中存在的大 π 键未标出),重氮甲烷中 CNN 三个原子是否共直线?

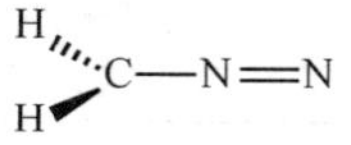

$$H\underset{H}{\overset{}{\diagdown}}C-N=N$$

图 2-2-31 重氮甲烷结构

用 VSEPR 模型对重氮甲烷中心 N 原子进行分析:N 原子最外层有 5 个电子,左侧 CH_2 中 C 原子还需要 2 个电子达到 8 电子稳定结构,右侧 N 原子需要 3 个电子达到 8 电子稳定结构,$5-2-3=0$,因此中心 N 原子没有孤电子对,∠CNN=180°,CNN 三个原子共直线。更多重氮甲烷结构分析见必练习题 2-2 选择题第 27 题。

专题学习五: 杂化轨道理论

1 杂化轨道理论诞生的背景

现代价键理论成功地揭示了共价键的本质,建立了原子轨道成键模型,提出了 σ 键、π 键、单键、双键和三键的概念,解释了共价键的饱和性和方向性等特点。然而现代价键理论常常遇到困难:一是无法解释部分微粒中共价键的饱和性,以 Be、B、C 为例,它们的基态原子中未成对电子数分别为 0、1、2,按照价键理论它们形成共价单键的数目分别为 0、1、2,实际上却形成了 $BeCl_2$、BF_3、CCl_4;二是无法解释部分微粒中共价键的方向性,以 NH_3 和 H_2O 为例,H 原子利用 1s 轨道中的单电子分别与 N、O 原子 2p 轨道中的单电子成键,按照价键理论预测二者键角均应为 90°($2p_x$、$2p_y$ 和 $2p_z$ 彼此之间夹角均为 90°),这与实际键角 107°18′和 104°29′相差甚远。

2 杂化轨道理论的基本要点

为解决价键理论遇到的问题，Linus Pauling 于 1931 年在价键理论的基础上提出了杂化轨道理论，其基本要点和详细说明如下。

(1) 参与成键时，原子价层中能量相近的原子轨道（如 2s 和 2p，3s 和 3p）可以混合起来，重新组合成新的原子轨道，新的原子轨道被称为杂化轨道（用杂化前的轨道组合表示，如 sp^3、sp^3d 等），这个过程被称为杂化。

(2) 重新组合的过程中原子轨道总数不变，即形成的杂化轨道数目等于参加杂化的原子轨道数：1 个 s 轨道和 1 个 p 轨道杂化形成 2 个 sp 杂化轨道（图 2-2-32），1 个 s 轨道和 2 个 p 轨道杂化形成 3 个 sp^2 杂化轨道，1 个 s 轨道和 3 个 p 轨道杂化形成 4 个 sp^3 杂化轨道。

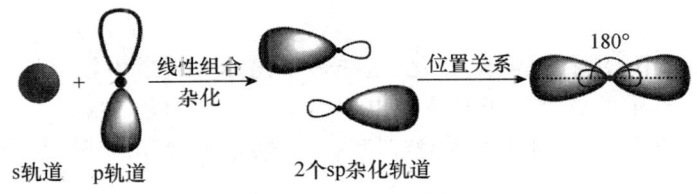

图 2-2-32　sp 杂化过程示意

(3) 杂化前后轨道中电子云的分布状况发生变化：杂化前 s 轨道电子云为球形，p 轨道是由两个等大波瓣组成的哑铃形；杂化后形成的 sp、sp^2、sp^3 杂化轨道均是由两个不等大的波瓣组成的哑铃形（图 2-2-33），即电子更集中地分布在其中一个大波瓣上，有利于与其他原子轨道重叠更多从而提高成键能力。这是原子轨道发生杂化的第一个原因。

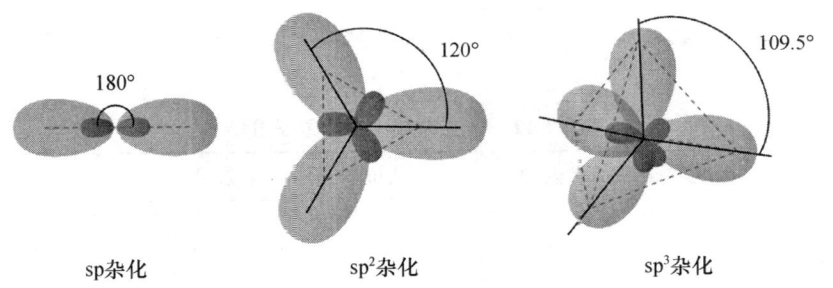

图 2-2-33　杂化轨道空间排布方式

(4) 每个杂化轨道中较大的波瓣尽可能远离以减小斥力（图 2-2-33）：2 个 sp 杂化轨道的大波瓣分布在同一直线的不同方向从而使斥力最小，未参与杂化的 2 个 p 轨道与该直线相互垂直；3 个 sp^2 杂化轨道的大波瓣按照平面三角形分布，未参与杂化的 1 个 p 轨道与三角形平面垂直；4 个 sp^3 杂化轨道的大波瓣按照正四面体分布。以上排布方式减小了价层电子对之间斥力，降低了微粒整体能量，这是原子轨道发生杂化的第二个原因。

3 杂化轨道的成键特点

高中阶段常见微粒的杂化轨道中均有 1 对电子：成键电子对或孤电子对。由于杂化轨道是由两个不等大的波瓣构成的，因此杂化轨道参与成键时只能形成 σ 键（其中大波瓣可以与其他轨道更有效地头碰头重叠)而不能形成 π 键(π 键通常要求参与成键的原子轨道有两个等大的波瓣通过肩并肩的方式重叠)。

发生 sp 或 sp^2 杂化的原子中未参与杂化的 p 轨道通常不能填充孤电子对,除非形成大 π 键,如 O_3 分子中采用 sp^2 杂化的中心 O 原子的 p 轨道中有 1 对孤电子对参与形成 Π_3^4(图 2-2-34)。更多大 π 键内容见"专题学习六:大 π 键"。

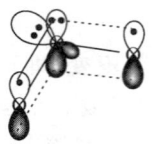

图 2-2-34　O_3 分子中大 π 键结构

可以假设 H_2O 中 O 原子是 sp^2 杂化,这样未杂化的 p 轨道中就会填充一对孤电子对,同时与 3 个杂化轨道中的成键电子对或孤电子对形成 90°角(图 2-2-35),斥力较大不稳定,进而会转化为 sp^3 杂化,将 2 对孤电子对都填入 sp^3 杂化轨道,从而增大夹角,减小斥力。

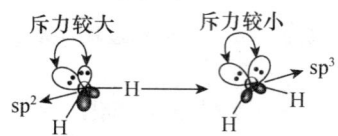

图 2-2-35　H_2O 中 O 原子从不稳定的 sp^2 杂化转为稳定的 sp^3 杂化

已杂化原子中未参与杂化的 p 轨道中通常没有或只有 1 个电子,这些 p 轨道及其中电子往往形成 π 键,而不能形成 σ 键,一些常见微粒中未杂化 p 轨道填充电子情况和成键情况见表 2-2-12。

表 2-2-12　一些微粒中杂化原子分析

化学式	杂化原子及杂化类型	未杂化 p 轨道中电子数目	p 轨道成键情况
C_2H_2	C(sp)	1	π(2 个)
C_6H_6	C(sp^2)	1	Π_6^6
CH_2O	C(sp^2)	1	π
O_3	O(sp^2)	2	Π_3^4
CO_2	C(sp)	1	Π_3^4(2 个)
BF_3	B(sp^2)	0	Π_4^6

4　判断杂化类型的方法

人教版新教材认为:"学习了价层电子对互斥模型和杂化轨道理论以后,可以先确定分子或离子的 VSEPR 模型,然后就可以比较方便地确定中心原子的杂化轨道类型。"可以看出 VSEPR 是判断杂化类型的基本方法。在教学中判断杂化类型的具体方法主要有计算电子对法、空间构型法和等电子体法等,这些方法本质上都与 VSEPR 相关。

4.1 计算电子对法

由于杂化轨道用于形成 σ 键或容纳孤电子对,因此中心原子的杂化轨道数 m 等于中心原子形成的 σ 键数与孤电子对数之和,杂化类型为 $sp^{(m-1)}$,分析过程见表 2-2-13,其中孤电子对可由 VSEPR 计算公式获得,也可以通过电子式分析。

表 2-2-13 一些微粒中杂化原子分析

杂化原子	微粒	孤电子对数	σ 键数	杂化轨道数	杂化类型
C	CH_4	0	4	4	sp^3
	CH_3^-	1	3	4	sp^3
	C_2H_4	0	3	3	sp^2
	C_2H_2	0	2	2	sp
	CO_2	0	2	2	sp
N	NH_3	1	3	4	sp^3
	NH_4^+	0	4	4	sp^3
	N_2F_2	1	2	3	sp^2
	N_3^-	0	2	2	sp
O	H_2O	2	2	4	sp^3
	H_3O^+	1	3	4	sp^3
	O_3	1	2	3	sp^2
B	BF_3	0	3	3	sp^2

4.2 空间结构法

可以用微粒的空间结构判断其中心原子的杂化类型,见表 2-2-14。

表 2-2-14 利用空间结构判断中心原子杂化类型

微粒实例	空间结构	杂化类型
$CO_2, BeCl_2, SCN^-$	直线形	sp
SO_2, O_3, NO_2^-	V 形	sp^2
H_2O, H_2S, Cl_2O	V 形	sp^3
CO_3^{2-}, CH_2O, BF_3	平面三角形	sp^2
NH_3, PCl_3, ClO_3^-	三角锥形	sp^3
$CH_4, SiCl_4, SO_4^{2-}$	四面体形	sp^3

从表 2-2-14 中可以看出,除了空间结构为 V 形的微粒外,其他微粒都可以根据空间结构直接判断中心原子杂化类型。

4.3 等电子体法

可以根据等电子原理(见"专项研究二:基于 VSEPR 的等电子原理启发式教学设计")

分析杂化类型。如 NH_4^+、BH_4^- 均为 CH_4 的等电子体,因此它们的中心原子(N 和 B)和 CH_4 中的 C 原子一样,均为 sp^3 杂化。

> **问题讨论:SiO_2 中 Si 原子杂化**

按照 VSEPR 的方法计算 SiO_2 可知 Si 原子无孤电子对,是 O=Si=O 的直线形结构分子,Si 原子为 sp 杂化。

这种分析方法的错误之处是把 SiO_2 当成单中心简单微粒处理。实际上 SiO_2 具有空间立体网状结构,每个 Si 原子与 4 个 O 原子形成 4 个 σ 键,∠OSiO=109°28′,Si 原子都是 sp^3 杂化(图 2-2-36)。

图 2-2-36 SiO_2 的空间立体网状结构

因此在使用一些模型和方法分析问题时需要注意其适用对象。

> **知识拓展:物质三态转化中原子杂化类型的改变**

一些物质在三态转化过程中,组成物质的微粒结构可能发生变化,原子的杂化类型亦可能随之改变。

最典型的例子是氯化铍($BeCl_2$):室温下为雪白色易升华的固体,由[$BeCl_4$]四面体堆积形成(类似于 SiO_2 由[SiO_4]四面体堆积形成的),Be 原子为 sp^3 杂化;气相(500~600℃)时,氯化铍以二聚体 Be_2Cl_4 的形式(图 2-2-37,其中 1 个 Cl 与 2 个 Be 共 3 个原子形成复杂的键,高中阶段不要求)存在,其中 Be 原子为 sp^2 杂化;温度再升高至 1000℃,则会完全解离为直线形的 $BeCl_2$ 单体,与 CO_2 的结构相似(互为等电子体),其中 Be 原子为 sp 杂化。因此在加热 $BeCl_2$ 固体至气体的过程中,Be 原子的杂化类型先从 sp^3 变为 sp^2,最终变为 sp。

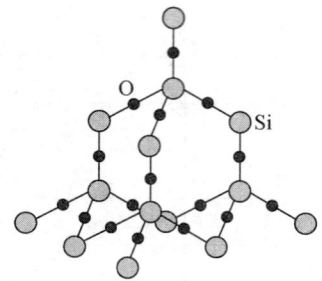

图 2-2-37 氯化铍二聚体的结构

SO_3 在气态和固态之间转化时 S 原子的杂化类型改变,见必练习题 2-2 选择题第 4 题。

知识拓展：d 轨道参与的杂化

能量相近的轨道在一定条件下都可以发生杂化。除了最常见的 sp、sp^2 和 sp^3 杂化外，d 轨道亦能与 s 轨道和 p 轨道一起杂化。主族元素和副族元素的 d 轨道都可以参与杂化。

主族元素形成的化合物中通常最外层 d 轨道参与杂化，即 ns、np 和 nd 轨道一起杂化。以 PCl_5 为例，中心 P 原子没有孤电子对，有 5 个成键电子对，需要 5 个杂化轨道成键：1 个 3s 轨道、3 个 3p 轨道和 1 个 3d 轨道一起杂化形成 5 个 sp^3d 杂化轨道。SF_6 与 PCl_5 类似，中心 S 原子没有孤电子对，有 6 个成键电子对，需要 6 个杂化轨道成键：1 个 3s 轨道、3 个 3p 轨道和 2 个 3d 轨道一起杂化形成 6 个 sp^3d^2 杂化轨道。再以 IF_7 为例，中心 I 原子有 7 对成键电子对，需要 7 个杂化轨道，因此 I 原子为 sp^3d^3 杂化。

副族元素原子/离子的杂化情况比较复杂，高中阶段不要求。一些内层有空 d 轨道的副族元素（ⅠB 和 ⅡB 族元素及一些特殊情况除外）形成的化合物中通常是 $(n-1)d$、ns 和 np 轨道一起杂化，比如 $Fe(CO)_5$ 中 Fe 采用 dsp^3 杂化，$[PtCl_6]^{2+}$ 中 Pt 为 d^2sp^3 杂化。副族元素原子/离子亦可用最外层的 d 轨道杂化，比如 $[Mn(H_2O)_6]^{2+}$ 中 Mn^{2+} 为 sp^3d^2 杂化，$[FeF_6]^{3-}$ 中 Fe^{3+} 为 sp^3d^2 杂化。

专题学习六：大 π 键

1 大 π 键的形成

原子轨道的重叠形成共价键，常见的重叠方式有两种：原子轨道头碰头形成 σ 键，原子轨道肩并肩形成 π 键。以乙烯为例，2 个平行的 p 轨道肩并肩重叠形成 π 键（图 2-2-38）。

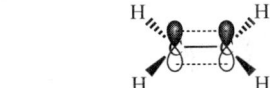

图 2-2-38　乙烯中 p 轨道形成的 π 键结构

在 1,3-丁二烯中，4 个 C 原子都是 sp^2 杂化，未杂化的 p 轨道肩并肩形成 2 个 π 键：C_1C_2 和 C_3C_4。通过 C2—C3 键的旋转，可以使 4 个 C 原子的 p 轨道相互平行，这 4 个 p 轨道一起肩并肩形成大 π 键（图 2-2-39 和图 2-2-40）。可以总结为：2 个平行的 p 轨道肩并肩形成 π 键，3 个及以上平行的 p 轨道一起肩并肩形成大 π 键。

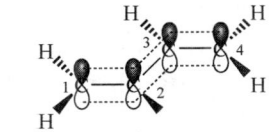

图 2-2-39　1,3-丁二烯中的大 π 键结构

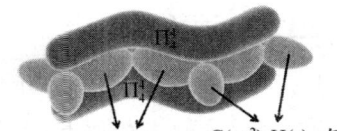

图 2-2-40　1,3-丁二烯中 σ 键和 π 键的电子云形状

第二章 分子结构与性质

1,3-丁二烯的大 π 键表示为 Π_4^4,右下角的"4"表示有 4 个 p 轨道(亦可认为是 4 个原子)参与形成大 π 键,右上角的"4"表示大 π 键中总共有 4 个电子。为方便理解,可将普通 π 键表示为 Π_2^2。

键长的变化证明了 π 键和大 π 键的存在(表 2-2-15)。可以看出 1,3-丁二烯中 C2—C3 键长为 146 pm,比乙烷中 C—C 键短 8 pm,比乙烯中 C=C 键长 12 pm,说明 C2—C3 键是介于单键和双键之间的特殊键,证明了大 π 键的存在。

表 2-2-15 一些分子中碳碳键键长对比

分子结构	共价键	键长/pm
$CH_3—CH_3$	C—C	154
$CH_2=CH_2$	C=C	134
$CH_2=CH—CH=CH_2$	$C_2—C_3$	146

2 常见的大 π 键结构

2.1 π—π 共轭

通过一个单键相连(亦称共轭)的多个 π 键能够形成大 π 键:2 个相连 π 键形成 Π_4^4,3 个相连 π 键形成 Π_6^6……即 π+π=Π_4^4,π+π+π=Π_6^6……一些分子中共轭 π 键形成的大 π 键见表 2-2-16。

表 2-2-16 一些分子中共轭 π 键形成的大 π 键

分子名称	结构式	大 π 键
环戊二烯		Π_4^4
氰	N≡C—C≡N	
丙烯醛		
2,3-丁二酮		
1,3,5-己三烯		Π_6^6
苯		

大 π 键影响了分子的结构和性质。以苯为例,苯分子中所有碳碳键等长而不区分碳碳单键和双键,即大 π 键使键长平均化(图 2-2-41),相应的,苯的化学性质也不同于含有典型碳碳双键的烯烃。苯中大 π 键结构见图 2-2-42。

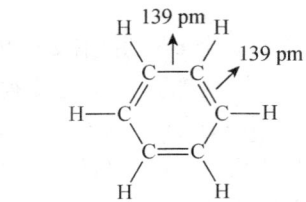

图 2-2-41　苯环中碳碳键键长

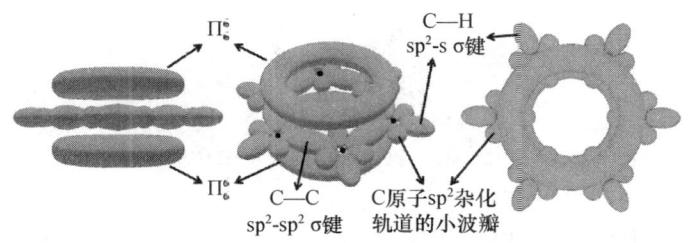

图 2-2-42　不同视角下苯中大 π 键结构示意图

聚乙炔中有连续共轭的双键结构 —[—CH=CH—]$_n$—，形成了共轭大 π 键，为电荷传递提供了通路，掺杂 I_2 的聚乙炔具有可比拟金属材料的导电性。

需要注意：并非所有相连的 π 键都能通过共轭形成大 π 键。比如环辛四烯（C_8H_8）结构中，8 个 C 原子不共平面，没有形成大 π 键（图 2-2-43、图 2-2-44）。其中 C1、C2、C5、C6 共平面，形成矩形结构，C2、C3、C4、C5 共平面，形成等腰梯形结构，矩形平面与等腰梯形平面不平行。

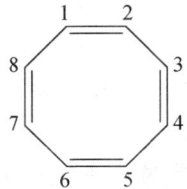

图 2-2-43　环辛四烯结构

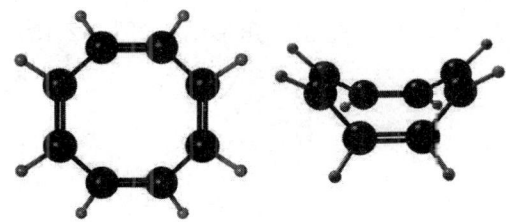

图 2-2-44　环辛四烯球棍模型

2.2　p-π 共轭

如果 π 键直接与卤素、O^- 等有未杂化 p 轨道的原子（或离子）相连，则可通过 p-π 共轭

的方式形成大 π 键。

(1) 氯乙烯(图 2-2-45)中，Cl 原子有 1 个 p 轨道(有 2 个电子)与 C══C 双键中的 π 键形成 Π_3^4，即 $\pi+p^2=\Pi_3^4$，这种结构被称为 p-π 共轭。大 π 键使得 C—Cl 键有部分双键的性质，键长缩短：CH_3CH_2—Cl 中键长为 177 pm，CH_2══CH—Cl 中键长为 172 pm(当然键长也受 C 原子杂化类型影响)。大 π 键影响 C—Cl 键的键长和键能，进而影响化学性质，CH_3CH_2Cl 中 C—Cl 键容易断裂发生取代反应和消去反应，而 CH_2══CH—Cl 则较难发生类似反应。

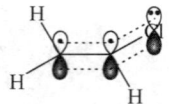

图 2-2-45　氯乙烯中的大 π 键结构

(2) 羧基负离子中 C══O 与 O^- 形成 $\Pi_3^4(\pi+p^2=\Pi_3^4)$，O^- 的负电荷分散在整个 Π_3^4 中，2 个 C—O 键等长，两个 O 原子带等量的负电荷，因此无法区分羰基 O 和羟基 O(图 2-2-46)。

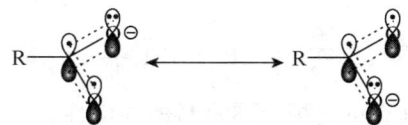

图 2-2-46　羧基负离子中的大 π 键结构

可用图 2-2-47 中的同位素示踪法进行说明。

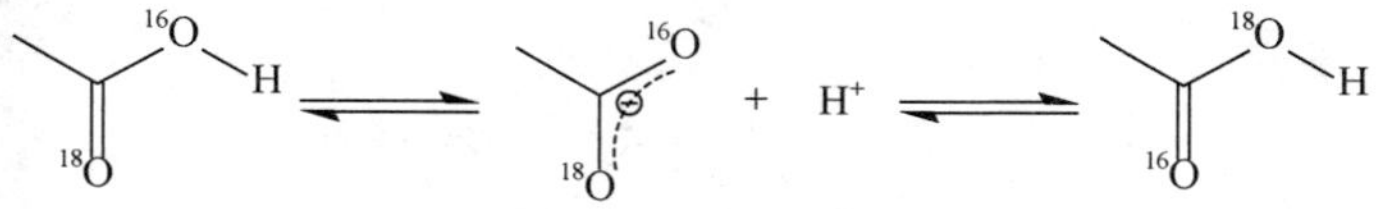

图 2-2-47　羧基电离过程中羰基 O 和羟基 O 的交换

因此在探究羧酸与醇的酯化反应机理时，通常标记醇中的 O 原子。如果要标记羧酸中的 O 原子，则需要同时标记羰基 O 和羟基 O，才能证实反应机理。

(3) CO_3^{2-} 中 C══O 与 2 个相连的 O^- 形成 $\Pi_4^6(\pi+p^2+p^2=\Pi_4^6)$，2 个负电荷分散在整个大 π 键中，3 个 C—O 键等长，CO_3^{2-} 呈正三角形结构(图 2-2-48)。

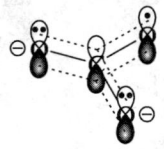

图 2-2-48　CO_3^{2-} 中的大 π 键结构

(4) CO_2 中有 2 个 π 键，均可与相连的 O 原子 p 轨道(有 2 个电子)形成 $\Pi_3^4(\pi+p^2=\Pi_3^4)$，CO_2 中有 2 套相互垂直的 Π_3^4(图 2-2-49)，因此 CO_2 中 C══O 键是介于双键和三键之

间的特殊键,键长比普通的 C=O 键(如甲醛中 C=O 键)键长更短(表 2-2-17)。

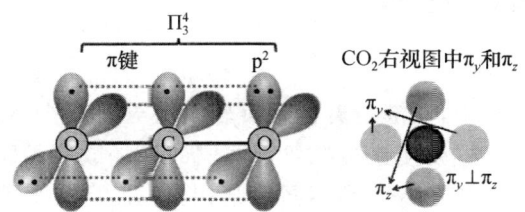

图 2-2-49　CO_2 中 2 套相互垂直的 Π_3^4 结构

表 2-2-17　部分 CO 键键长比较

分子	C=O 键长/pm	说明
CO	113	三键
CO_2	116	介于双键和三键之间
HCHO	120	双键

CO_2 的结构是 O=C=O,其中有 2 套 Π_3^4。需要注意:不能认为丙二烯($H_2C=C=CH_2$)类分子也有 2 套 Π_3^4。丙二烯分子结构见图 2-2-50,中间 C 原子为 sp 杂化,两端 C 原子均为 sp^2 杂化且其中未杂化的 p 轨道相互垂直,丙二烯中只有 2 个相互垂直的普通 π 键而无大 π 键。

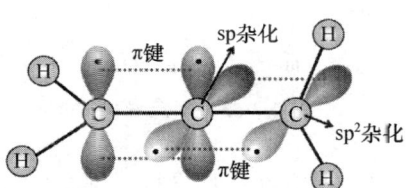

图 2-2-50　丙二烯中 2 个 π 键的结构

3　π 键和大 π 键的表示方法

为了更清晰更方便地表示分子结构中的 π 键和大 π 键,可以用"—"表示 σ 键构建分子基本骨架,然后在分子骨架旁用方框表示 π 键和大 π 键,并在方框中用"·"表示 π 键中电子。常见结构中的 π 键和大 π 键表示方法见图 2-2-51。

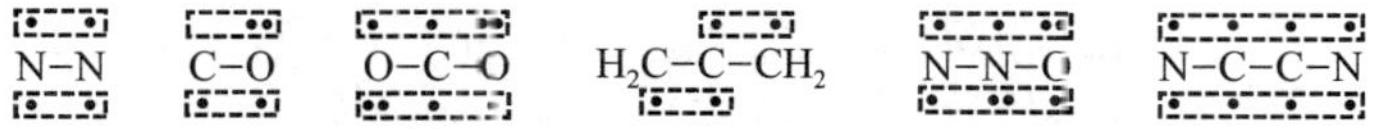

N–N　C–O　O–C–O　H_2C–C–CH_2　N–N–O　N–C–C–N

图 2-2-51　一些分子中 π 键和大 π 键的表示

需要注意:图 2-2-51 中分子的 2 个 π 键在空间中都是相互垂直的,画在同一平面上只是为了方便表示。

专题学习七：顺反异构现象

1 顺反异构的产生原理

在一些具有双键的结构中，双键绕着键轴旋转时会导致两个 p 轨道不再平行而破坏 π 键，因此双键不能自由旋转，这就使连接在双键两侧的原子或原子团有不同的排列方式，随之产生了顺反异构。例如 2-丁烯有两种不同的结构：一种是两个甲基在双键的同侧，两个 H 原子也在同侧，如图 2-2-52(1)；另一种是两个甲基在双键的两侧，两个 H 原子也在两侧，如图 2-2-52(2)。若要从(1)转化为(2)，需要破坏碳碳双键中的 π 键，这需要较高的能量，因此在室温下二者之间不能自由转化。

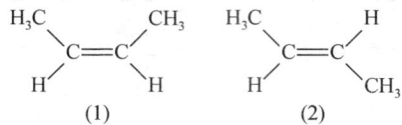

图 2-2-52　2-丁烯的顺反异构体

以图 2-2-53 为例，(1)和(2)两种结构的 C═C 键中 C1 连有 a 和 b 两个基团，C2 连有 d 和 e 两个基团。(1)和(2)的原子连接方式完全相同，只是空间排列形式不一样(有 2 种)，这种异构现象称为顺反异构。顺反异构是一种立体异构，顺反异构体都是成对出现的。

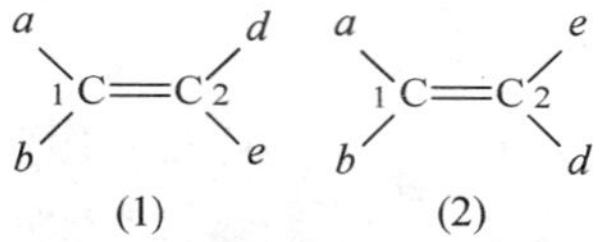

图 2-2-53　顺反异构

并不是所有含 C═C 键的结构都存在顺反异构。图 2-2-53 的结构中若 $a\neq b$，且 $d\neq e$，则存在顺反异构。反之，只要 $a=b$，或者 $d=e$，就不存在顺反异构。端头烯烃（含═CH_2 结构）没有顺反异构，因此乙烯、丙烯、2-甲基丙烯和 1-丁烯等都没有顺反异构，C 原子数不超过 4 的烯烃中只有 2-丁烯有顺反异构现象（图 2-2-52）。

以图 2-2-54 中的二氯乙烯为例：1,2-二氯乙烯有顺反异构现象，(1-1)为顺式，(1-2)为反式；1,1-二氯乙烯[图 2-2-54 中(2)]没有顺反异构现象。

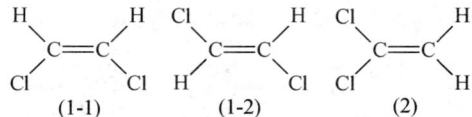

图 2-2-54　二氯乙烯顺反异构分析

2 常见的由双键产生的顺反异构体

分析常见的由双键产生顺反异构现象的分子结构，有助于加深对顺反异构的认识和理解。

2.1 C=C 键的顺反异构
2.1.1 烯烃的顺反异构

含有 5 个 C 原子的单烯烃共有 5 种结构(图 2-2-55),其中(1)(3)(5)为端头烯烃,没有顺反异构。结构(4)中 C2 上有两个甲基,没有顺反异构。只有结构(2)(2-戊烯)存在顺反异构现象,见图 2-2-56(书写顺反异构体时需要将双键 C 原子上的 H 原子画出来)。

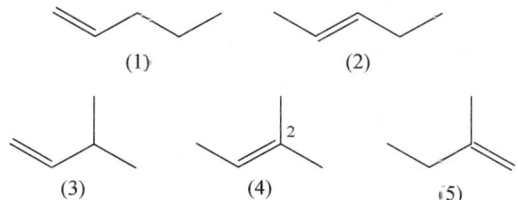

图 2-2-55 含有 5 个 C 原子的单烯烃结构

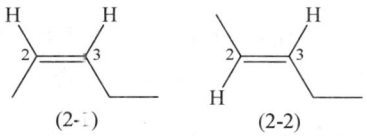

图 2-2-56 2-戊烯的顺反异构体

很多含碳碳双键的结构比 2-丁烯更复杂,此时分为 Z 型和 E 型。基本原理是比较形成双键的 2 个 C 原子所连基团的大小:以 3-甲基-2-戊烯为例(图 2-2-57),虽然结构(1)中 C2 和 C3 上的 2 个甲基不在同一侧,但因为 C2 上的较大基团是甲基(甲基>氢原子),C3 上的较大基团是乙基(乙基>甲基),所以结构(1)中 C2 和 C3 上的较大基团(甲基和乙基)在同侧,称为 Z 构型;而结构(2)中 C2 和 C3 上的较大基团在异侧,称为 E 构型。高中阶段不要求此类复杂的顺反构型判定。

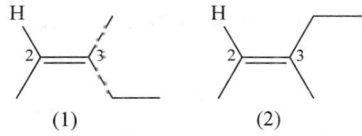

图 2-2-57 3-甲基-2-戊烯的两种构型

2.1.2 烯烃衍生物的顺反异构

以一取代烯烃分析烯烃衍生物的顺反异构,C_4H_7F 可能的结构中有几对顺反异构体?

首先分析的 C_4H_8 结构:C_4H_8 含 C=C 键的结构共有 4 种(图 2-2-58)。

接着分析结构并进行取代:结构(1)和(2)为一对顺反异构体,用 F 原子取代 H 原子(有 2 种取代位置)后仍存在顺反异构,得到 2 对顺反异构体。

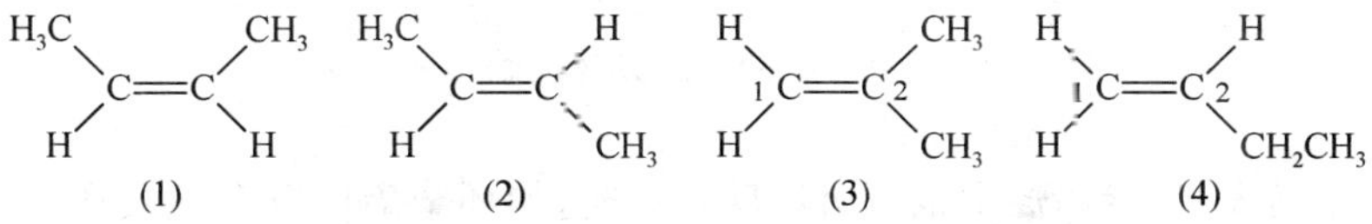

图 2-2-58 C_4H_8 含 C=C 键的 4 种结构

结构(3)中C1连接2个H原子,C2连接2个甲基,两侧都是对称的,因此用1个F原子取代(3)中任何一个H原子得到的结构都不存在顺反异构。

结构(4)中C1连接2个H原子,C2连接1个H原子和1个乙基,C1两侧基团相同而C2两侧基团不同,因此用F原子取代(4)中C1上的H原子得到的结构存在顺反异构现象(图2-2-59)。

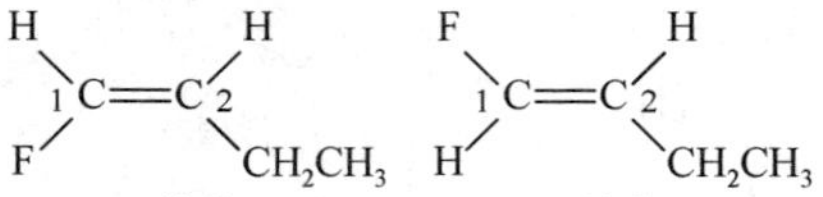

图 2-2-59　1-氟-1-丁烯的顺反异构体

综合以上分析,分子式为C_4H_7F的可能结构中存在3对顺反异构体。

2.1.3　烯烃顺反异构实例

烯烃的顺反异构现象很常见。油酸和亚油酸都是重要的脂肪酸,由天然油脂得到的油酸和亚油酸都具有顺式结构(图2-2-60),而人造脂肪中含有反式脂肪酸。

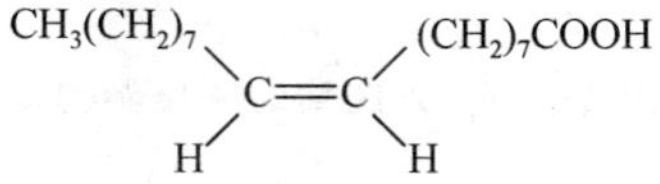

图 2-2-60　顺式油酸结构

再如,天然橡胶是顺-1,4-聚异戊二烯(图2-2-61),古塔波胶是反-1,4-聚异戊二烯。

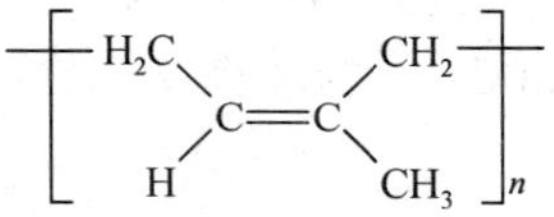

图 2-2-61　顺-1,4-聚异戊二烯结构

2.1.4　结构受限的烯烃顺反异构

在一些含有双键的环状结构中,理论上存在顺反异构现象,实际上只有顺式结构而没有反式结构。

以环戊烯的结构为例,C1两侧所连基团不同,C2两侧也不同,因此具有顺反异构(图2-2-62)。然而受碳链长度限制,环戊烯只有顺式结构而无反式结构。

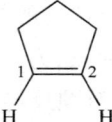

图 2-2-62　顺式环戊烯

随着碳环的增大,环状烯烃中也可出现反式结构,如环辛烯可以有顺式和反式(图2-2-63)两种结构。

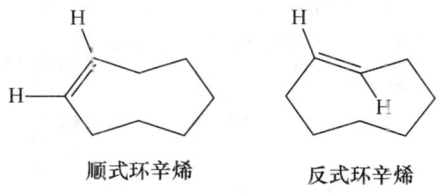

图 2-2-63　顺式和反式环辛烯

2.2　其他存在顺反异构的分子

2.2.1　含 N═N 键和 C═N 键的结构

含 N═N 键的分子不常见，N_2F_2 中 N 原子采用 sp^2 杂化，形成了 N═N 键，两个 F 原子可以在 N═N 键的同侧，也可在 N═N 键的异侧，因此存在顺反异构现象（图 2-2-64）。

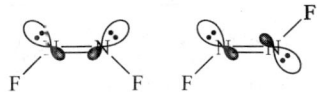

图 2-2-64　N_2F_2 的顺反异构体

肟是一类常见的含 C═N 键的有机物，图 2-2-65 丁酮肟中 N 原子上的羟基可在甲基一侧，也可在乙基一侧，因此存在顺反异构现象。

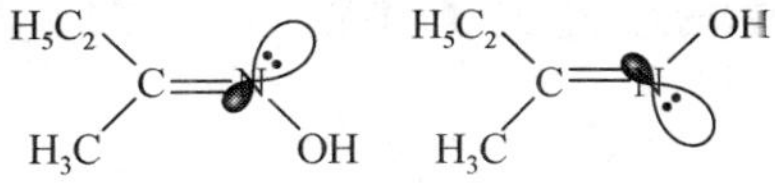

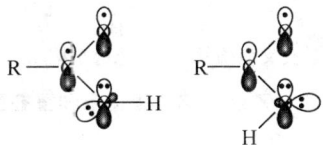

图 2-2-65　丁酮肟的顺反异构体

2.2.2　受大 π 键限制不能自由旋转的结构

在一些分子中，由于形成了大 π 键，一些单键实际上具有双键的性质，（在较低温度下）不能自由旋转，从而产生了顺反异构现象。

如羧基中在 C═O 键的影响下，羟基 O 原子是 sp^2 杂化，与 C═O 键一起形成了 Π_3^4（见本节"知识拓展：大 π 键诱导的原子杂化方式转变"），导致 C—O 键不能自由旋转，产生了顺反异构（图 2-2-66）。

图 2-2-66　羧酸的顺反异构体

类似于羧酸，HNO_2 中在 N═O 键的影响下羟基 O 原子是 sp^2 杂化，分子中存在 Π_3^4，限制了 N—O 键的自由旋转，产生了顺反异构（图 2-2-67），两种结构中的键长有差别。

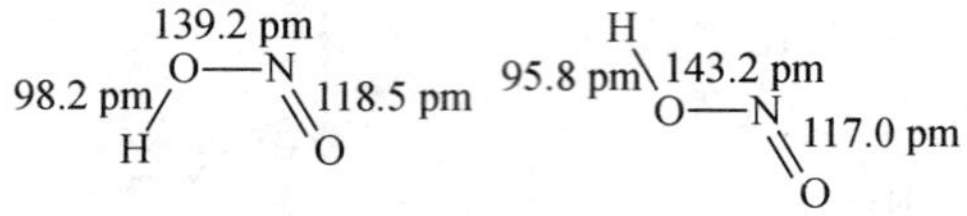

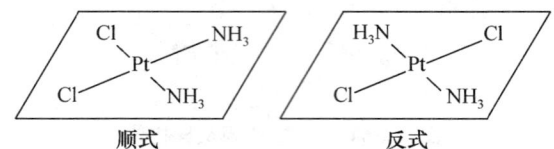

图 2-2-67　HNO₂ 的顺反异构体

3　平面形 AB₂C₂ 的顺反异构

AB₂C₂ 表示以 A 原子为中心，B 和 C 都仅与 A 成键的分子。此类分子有两种空间结构：以二氯甲烷 CH₂Cl₂ 为代表的四面体形分子和以二氯二氨合铂 Pt(NH₃)₂Cl₂ 为代表的平面形分子。

四面体形 AB₂C₂ 类分子只有一种结构，如二氯甲烷只有 1 种结构。

平面形 AB₂C₂ 类分子则有 2 种结构，如二氯二氨合铂有顺式和反式两种结构（图 2-2-68）。

图 2-2-68　二氯二氨合铂的两种结构

专题学习八：分子的构象和分子中原子共平面共直线问题

1　构象

由于 σ 键电子云关于原子核连线轴对称，单键（σ 键）旋转时不影响电子云重叠程度大小，因此单键可以旋转（若受其他因素限制可能无法 360°自由旋转）。乙烷中由于碳碳单键的旋转，存在构象异构，其中最典型的两种构象分别是重叠型构象和交叉型构象（图 2-2-69）。考虑到成键电子对之间的斥力，交叉型构象中左侧 C—H 键与右侧 C—H 键远离，是能量最低的构象，而重叠型构象是能量最高的构象。介于交叉型构象和重叠型构象之间还有无数种其他构象。

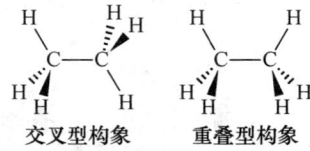

图 2-2-69　乙烷的交叉型构象和重叠型构象

不同的构象结构不同：交叉型构象中共平面的 4 个原子 H—C—C—H 呈折尺形结构，而重叠型构象中共平面的 4 个原子 H—C—C—H 呈等腰梯形。

一些分子因单键的旋转而产生不同构象，能量低的构象出现的概率大，能量高的构象出现的概率小。不同构象的分子中原子共平面共直线的情况往往不一样，这就产生了分子中原子共平面共直线的问题。

2 分子中原子共平面共直线问题

虽然分子中原子共平面共直线问题主要集中在有机化学的有机分子结构分析中,但是本质上这些都是结构化学问题,涉及原子的杂化类型、VSERP 模型等知识。

2.1 基本模型的建立

基本模型包括烷烃碳链模型、碳碳双键模型、碳碳三键模型和苯环模型等。

2.1.1 烷烃碳链模型

烷烃中 C 原子都是 sp^3 杂化,∠CCC 均接近 $109°28'$。烷烃中碳碳键都是能旋转的单键。通过单键的旋转,烷烃中任意一条碳链上的 C 原子都可以共平面,而支链上的 C 原子则不能与主链上的 C 原子共平面。

以 C_5H_{12} 为例。

(1)正戊烷(图 2-2-70)中最长碳链有 5 个 C 原子,最多有 5 个 C 原子共平面。

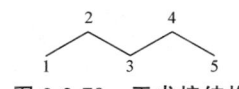

图 2-2-70　正戊烷结构

(2)异戊烷(图 2-2-71)中最长碳链有 4 个 C 原子,最多有 4 个 C 原子共平面。需要注意:可以是 C1C2C3C4 共平面,也可以是 C5C2C3C4 共平面,但是平面 C1C2C3C4 和平面 C5C2C3C4 不能同时存在。

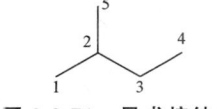

图 2-2-71　异戊烷结构

(3)新戊烷(图 2-2-72)中 5 个 C 原子形成正四面体结构,C2 在正四面体体心。最长碳链只有 3 个 C 原子,因此最多只有 3 个 C 原子共平面。5 个 C 原子中任选 3 个都共平面。

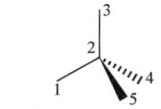

图 2-2-72　新戊烷结构

2.1.2 碳碳双键模型

2,3-二甲基-2-丁烯是经典的碳碳双键模型(图 2-2-73)。碳碳双键中 2 个 C 原子都是 sp^2 杂化,3 个 sp^2 杂化轨道呈平面三角形分布,因此 sp^2 杂化的 C 原子及与其成键的 3 个原子共 4 个原子必定共平面。即 C1C2C3C5 必定共平面,C2C3C4C6 必定共平面,这两个平面的交线是 2 个 sp^2 杂化 C 原子连线 C2—C3。

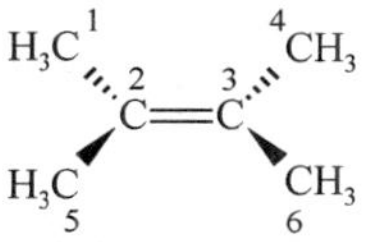

图 2-2-73　2,3-二甲基-2-丁烯结构

根据 sp² 杂化特点，C2 的 p 轨道垂直于平面 C1C2C3C5，C3 的 p 轨道垂直于平面 C2C3C4C6。形成 π 键时要求 2 个 p 轨道相互平行，因此平面 C1C2C3C5 和平面 C2C3C4C6 重合，即 C1C2C3C4C5C6 六个原子共平面。

碳碳双键模型的特点是双键上的 2 个 C 原子和与这 2 个双键 C 原子直接相连的 4 个原子共 6 个原子必定共平面。

2.1.3　碳碳三键模型

2-丁炔是经典的碳碳三键模型（图 2-2-74）。碳碳三键中 2 个 C 原子都是 sp 杂化，2 个 sp 杂化轨道呈直线形分布，因此 sp 杂化 C 原子及与其成键的 2 个原子共 3 个原子必定共直线。即图 2-2-74 中 C1C2C3 必定共直线，C2C3C4 必定共直线，显然这两条直线重合，4 个 C 原子共直线。

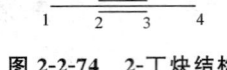

图 2-2-74　2-丁炔结构

碳碳三键模型的特点是三键上的 2 个 C 原子和与这 2 个三键 C 原子直接相连的 2 个原子共 4 个原子必定共直线。

2.1.4　苯环模型

苯环中 6 个 C 原子都是 sp² 杂化，可将苯环模型看为 3 个碳碳双键模型组合的结构，苯环模型的特点是苯环上的 6 个 C 原子和与苯环直接相连的 6 个原子（任意种类的原子）共 12 个原子必定共平面。图 2-2-75 中 12 个 C 原子必定共平面。

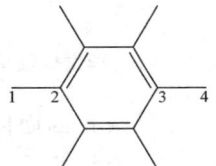

图 2-2-75　苯环模型结构

苯环模型中还存在共直线结构，处于对位的 2 个 C 原子向外形成的键（C1—C2 和 C3—C4）共直线，即 C1C2C3C4 共直线，这样的直线在 1 个苯环中有 3 条，相交于苯环中心，彼此之间的夹角均为 60°。

2.2　复合模型的分析

例 1. 3-乙基庚烷（图 2-2-76）中最多有几个 C 原子共平面？

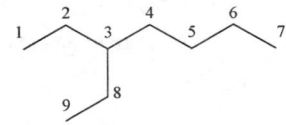

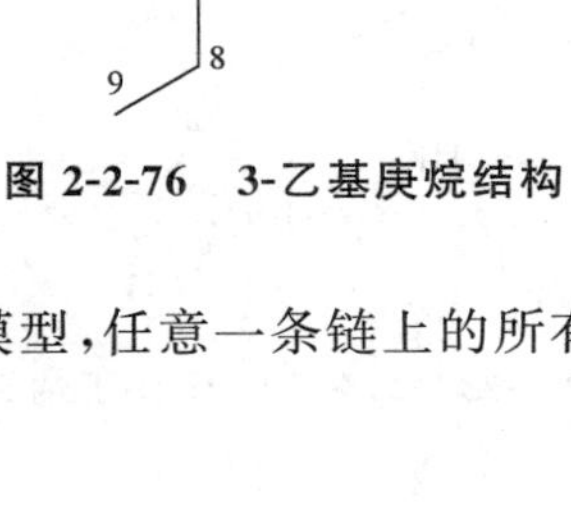

图 2-2-76　3-乙基庚烷结构

分析：这是复杂的烷烃碳链模型，任意一条链上的所有 C 原子都可以共平面，因此碳链

C1C2C3C4C5C6C7 中的 7 个 C 原子可以共平面,碳链 C1C2C3C8C9 中的 5 个 C 原子可以共平面,碳链 C9C8C3C4C5C6C7 中的 7 个 C 原子可以共平面。需要注意:这 3 个平面只能单独存在。因此该分子中最多有 7 个 C 原子共平面。

例 2. 3-甲基-2-己烯(图 2-2-77)中最多有几个 C 原子共平面?

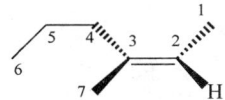

图 2-2-77　3-甲基-2-己烯结构

分析:这是烷烃碳链模型+碳碳双键模型。根据烷烃碳链模型,C3C4C5C6 属于烷烃链结构(虽然 C_3 不是 sp^3 杂化,但是不影响 C3—C4 键的旋转),这 4 个 C 原子可以共平面。根据碳碳双键模型,C1C2C3C4C7 这 5 个 C 原子必定共平面。综合 2 个模型,该分子中最多有 7 个 C 原子共平面。

例 3. 异丙苯(图 2-2-78)中最多有几个 C 原子共平面?

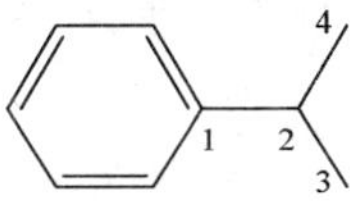

图 2-2-78　异丙苯结构

分析:异丙苯是烷烃碳链模型+苯环模型。根据烷烃碳链模型,C1C2C3C4 这 4 个 C 原子中最多有 3 个 C 原子共平面。根据苯环模型,苯环上 6 个 C 原子及与其直接相连的 C2 在内共 7 个原子必定共平面。综合 2 个模型,由于 C1—C2 键的旋转,C3 和 C4 中最多有 1 个与苯环共平面,因此异丙苯中最多有 8 个 C 原子共平面。

说明:还有一种提问方式是"异丙苯中最少有几个 C 原子共平面?"这种提问方式有歧义,应改为"异丙苯中苯环所在平面内至少有几个 C 原子?"

例 4. 1,3-丁二烯(图 2-2-79)中最多有几个原子共平面?

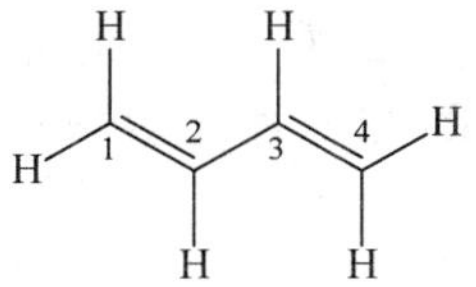

图 2-2-79　1,3-丁二烯结构

分析:1,3-丁二烯是碳碳双键模型+碳碳双键模型。C2 和 C3 同时处于 2 个双键平面上,由于 C2—C3 键的旋转,2 个双键平面可以重合,此时分子中所有原子(共 10 个)共平面。

说明:如果 C2—C3 键旋转使两个双键平面不重合,此时将无法形成大 π 键。为了形成大 π 键,1,3-丁二烯是平面分子,只有 2 种构象:顺-1,3-丁二烯和反-1,3-丁二烯。

例5. 联苯(图2-2-80)中最多有几个原子共直线？最多有几个原子共平面？

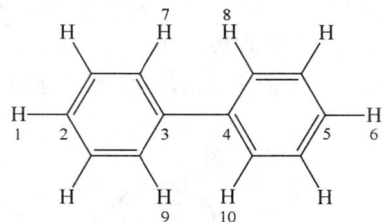

图 2-2-80　联苯结构

分析：联苯是苯环模型＋苯环模型。联苯中 C—H 键的旋转不会改变分子构象，唯有 C3—C4 键的旋转能改变分子构象。根据苯环模型特点，左侧苯环中 H1C2C3C4 共直线，右侧苯环中 C3C4C5H6 共直线，因此 H1C2C3C4C5H6 共 6 个原子始终共直线（记为直线 H1H6）。直线 H1H6 在左侧苯环平面和右侧苯环平面内，是 2 个平面的交线，两个苯环平面绕直线 H1H6 旋转时可以重合，此时整个分子中所有原子(共 22 个)都共平面。一些练习题中将联苯画成图 2-2-81 中的结构，影响了对原子共直线问题的分析，这种结构简式是不准确的，应注意避免。

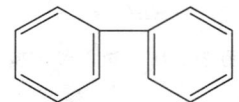

图 2-2-81　不准确的联苯结构表示方式

说明：图 2-2-80 所示联苯中 C3—C4 键的旋转受到一定限制。如果两个苯环共平面，此时 H7 与 H8、H9 与 H10 距离较近，斥力较大，这样的构象能量高，出现的概率很小。如果将 H7、H8、H9、H10 取代为体积更大的基团，如—I、—CH_3、—C_6H_5 等，2 个苯环不能共平面。

例6. (2019 课标Ⅲ,8)下列化合物的分子中,所有原子可能共平面的是(　　)
A. 甲苯　　　　　　B. 乙烷　　　　　　C. 丙炔　　　　　　D. 1,3-丁二烯

分析：该题要求"所有原子"，包括 C 原子和 H 原子。根据 sp^3 杂化结构特征，含 sp^3 杂化 C 原子的分子中不可能所有原子共平面，排除甲苯、乙烷和丙炔，1,3-丁二烯中所有 C 原子都是 sp^2 杂化，所有原子可能共平面。

知识拓展：H_2O_2 的立体结构

H_2O_2 是 4 原子链状分子。其中 O—O 键能够旋转，从而形成不同的构象，最稳定的是图 2-2-82 中的构象，4 个原子不在同一平面。理论上 H_2O_2 中 4 个原子可以共平面，但是这样的构象很不稳定。

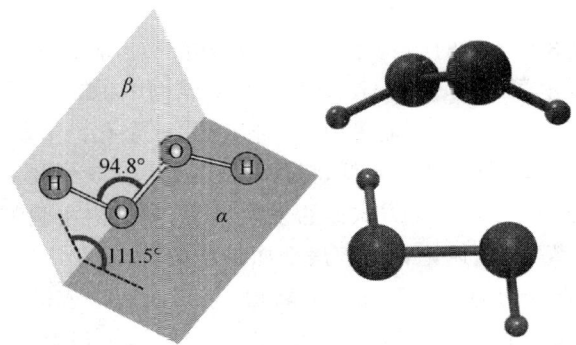

图 2-2-82　H_2O_2 分子结构示意图(左)和不同视角下的球棍模型(右)

问题讨论：尿素是平面结构的分子吗？

分析：尿素分子(图 2-2-83)可看作是羰基与 2 个氨基相连形成的结构。

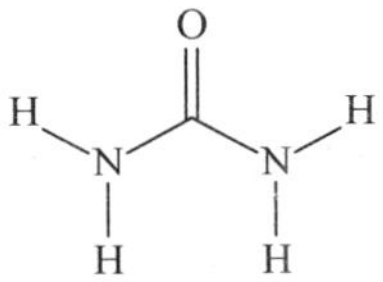

图 2-2-83　尿素分子结构

尿素结构有两种可能：

第一种情况是氨基中 N 原子采用 sp^3 杂化，没有未杂化的 p 轨道，因此不能与羰基中的 π 键一起形成大 π 键，尿素分子不是平面结构。

第二种情况是氨基中 N 原子采用 sp^2 杂化，有 1 个未杂化的 p 轨道(有 2 个电子)，C=O 键中的 π 键与 2 个 p 轨道一起形成大 π 键 $\pi + p^2 + p^2 = \Pi_4^6$，这种情况下尿素是平面分子。

对尿素分子键长和键角的测定均证明大 π 键的存在。

一方面，脂肪胺中普通 C—N 键键长为 147 pm，C=N 键键长为 132 pm。测定的尿素中 C—N 键键长为 137 pm，可知该 C—N 键是介于单键和双键之间的特殊键，由此证明了大 π 键的存在。

另一方面，N 原子形成的 3 个 σ 键键角之和为 360°，由曲率定理可知 N 原子和与其成键的 3 个原子共 4 个原子共平面(见"专题学习三：利用数学模型认识 C_{60} 等富勒烯结构")，说明 N 原子是 sp^2 杂化，并用未杂化的 p 轨道形成大 π 键。

知识拓展：大 π 键诱导的原子杂化方式转变

通常情况下，原子的杂化方式是由成键情况决定的，比如形成 4 个单键的 C 原子是 sp^3 杂化，形成 2 个单键和 1 个双键的 C 原子是 sp^2 杂化……除原子的成键情况外，原子的邻近基团也会影响其杂化方式。

1. 大 π 键诱导杂化方式转变的原理

根据 VSEPR，形成 3 个 σ 键的 N 原子还有 1 对孤电子对，应是 sp^3 杂化；同样，形成 2 个 σ 键的 O 原子还有 2 对孤电子对，也应是 sp^3 杂化。一些结构中，如果 N 原子或 O 原子与共轭体系相连，则这些 N 原子或 O 原子有可能采用 sp^2 杂化，用未杂化的 p 轨道参与共轭体系中，形成更大的共轭体系，使分子的整体能量降低，将这种情况称为大 π 键诱导的杂化方式转变。

在大 π 键的诱导下，原子的杂化方式是否发生转变，最终由实验测定结果决定。

以尿素为例，在本节"问题讨论：尿素是平面结构的分子吗？"中已阐明，尿素中的 N 原子是 sp^2 杂化，这样孤电子对填入未杂化的 p 轨道，与其他 3 个成键电子对之间的夹角均为 90°，斥力较大，N 原子处于能量较高的不稳定状态。然而这种情况下 2 个 N 原子用未杂化的 p 轨道与羰基中的 π 键一起形成大 π 键 $π + p^2 + p^2 = Π_4^6$，大 π 键的形成降低了分子的整体能量，同时大 π 键可使 N 原子 p 轨道中的 2 个电子离域（是指电子分散于多个原子间，相对于"定域"而言），降低了 p 轨道中电子云的密度，有效地减小了 p 轨道中孤电子对与其他 3 个成键电子对之间的斥力，降低了 sp^2 杂化 N 原子结构的能量。实验测定结果表明尿素是平面形分子，即在大 π 键的诱导下，N 原子的杂化方式的确发生了转变。

2. 案例分析

(1) 吡咯

如果吡咯中 N 原子是 sp^3 杂化，则无法参与 4 个 C 原子形成的 $Π_4^4$ 中，此时吡咯不是平面分子（图 2-2-84）。

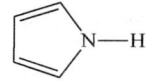

图 2-2-84 吡咯分子结构

如果 N 原子是 sp^2 杂化，则会形成大 π 键 $π + π + p^2 = Π_5^6$，形成平面结构分子。

结构的测定表明吡咯是平面结构分子，吡咯是大 π 键诱导的杂化方式转变的典型案例。

(2) 苯酚和羧酸

通常条件下，羟基 O 原子是 sp^3 杂化。苯酚的化学性质均表明羟基 O 原子与苯环之间存在强烈的共轭效应（形成了大 π 键），证明 O 原子有未杂化的 p 轨道，是 sp^2 杂化（图 2-2-85）。

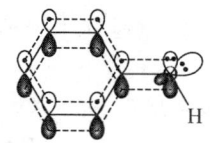

图 2-2-85 苯酚中的大 π 键

羧酸中羟基 O 原子也是 sp^2 杂化，与羰基之间存在共轭效应，形成了大 π 键（图 2-2-86）。

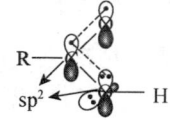

图 2-2-86 羧酸中的大 π 键

第二节 分子的空间结构

★ 专项研究一：杂化轨道理论和 VSEPR 的融合式教学

1 融合式教学背景

1.1 教材中杂化轨道理论和 VSEPR 的内容分析

2003 年和 2017 年颁布的课程标准均要求了解和认识分子结构，并能运用相关理论和模型进行解释和预测。在此背景下，杂化轨道理论和 VSEPR 于 2007 年进入高中化学教材。以下是对不同版本教材中该部分内容的分析。

1.1.1 人教版新、旧教材分析

在人教版新、旧教材（新教材指 2019 版，旧教材指 2004 版）中，杂化轨道理论和价层电子对互斥理论均被安排在第二章分子结构与性质第二节。新、旧教材内容几乎完全一样，都是首先展示一些常见分子的空间结构，然后介绍利用 VSEPR 预测微粒空间结构的方法，接着介绍杂化轨道理论并利用该理论解释微粒的成键方式。相比于旧教材，新教材在 VSEPR 的最后补充说明了两个问题：一是指出孤电子对有较大的斥力，导致含孤电子对的微粒实测键角都小于 VSEPR 模型的预测值；二是强调 VSEPR 模型不适用于以过渡金属为中心原子的微粒。

1.1.2 鲁科版教材分析

鲁科版教材在共价键与分子的空间结构一节中没有介绍常见分子的空间结构，而是直接用杂化轨道理论解释了 CH_4 的成键方式和空间构型，以 $BeCl_2$、BF_3 和 CF_4 为例依次介绍了 sp、sp^2 和 sp^3 杂化，随后简单介绍了 VSEPR 和等电子原理。鲁科版教材提到"对于乙醇和乙酸这样看似更加复杂的分子，同样可以用'价电子对相互排斥而尽量远离'的原则快捷地判断它们的分子结构"，将 VSEPR 的适用对象从简单的单中心微粒拓展到复杂分子，增进了学生对 VSEPR 本质的理解。

1.1.3 苏教版教材分析

苏教版教材以 CH_4 的空间结构问题为驱动引入了杂化轨道理论，分析了 sp^3 杂化的过程和特点，然后以 BF_3、$BeCl_2$ 为例分别介绍 sp^2 和 sp 杂化，并用杂化轨道理论分析了 C_2H_6、C_2H_4 和 C_2H_2 的成键情况，最后在学科提炼和方法引导两个非正文版块介绍 VSEPR。

以上分析表明，各版本教材对杂化轨道理论和 VSEPR 内容的介绍大同小异，最大的差别是编排顺序不一样（表 2-2-18），说明在教学中杂化轨道理论和 VSEPR 并无硬性的先后顺序要求。

表 2-2-18 各版本教材中杂化轨道理论和 VSEPR 编排顺序对比

教材版本	内容顺序
人教版新教材	VSEPR→杂化轨道理论
鲁科版	杂化轨道理论→VSEPR
苏教版	杂化轨道理论→VSEPR

1.2 杂化轨道理论和 VSEPR 的教学逻辑分析

分子的结构与性质主题的知识网络如图 2-2-87 所示。基于知识网络，可将分子空间结构的学习分为五步：一是存在，利用实验事实结合价键理论说明分子具有一定空间结构，可用键角和键长两个键参数进行描述；二是测定，通过红外光谱和 X 射线衍射等方法可以测定分子的空间结构；三是认识，通过图片和模型展现多样的分子空间结构，让学生感受到分子是有空间结构的；四是预测，建立 VSEPR 模型预测一些简单分子的空间结构；五是解释，在价键理论的基础上提出杂化轨道理论，从成键角度解释多样的分子空间结构。其中预测和解释两步的顺序可以调换，亦可融合。

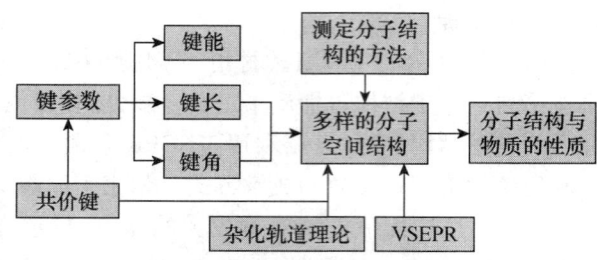

图 2-2-87　分子的结构与性质知识网络

1.3 杂化轨道理论和 VSEPR 的融合式教学分析

杂化轨道理论先于 VSEPR 提出，有文献认为 VSEPR 的诞生背景是运用杂化轨道理论可以解释分子的成键情况和几何构型，但无法预测分子的几何形状，而杂化类型的判断也常常遇到困难，此时 VSEPR 应运而生。

试问：VSEPR 真的是为判断杂化类型而生的吗？Linus Pauling 在提出杂化轨道理论时，为何规定 sp 杂化轨道之间的夹角为 $180°$，sp^2 杂化轨道之间的夹角为 $120°$，sp^3 杂化轨道之间的夹角为 $109.5°$？

杂化轨道之间的夹角是理论方法计算出的结果，而这种理论方法就是杂化轨道之间要尽量远离，本质上是减小轨道中电子对之间的斥力，降低分子整体能量，这与 VSEPR 的核心思想完全相同。因此，杂化轨道理论和 VSEPR 是同一问题的不同表述形式，前者侧重中心原子价层轨道会根据不同情况进行重新组合的过程，后者侧重中心原子价层电子对之间受斥力影响而调整排布方式。由于电子对都是填充在轨道中的，所以杂化轨道的空间分布情况与 VSEPR 中电子对尽量远离的情况完全一致，如 4 个 sp^3 杂化轨道呈现正四面体形等。表面上看起来杂化轨道理论能够预测微粒的几何构型，实际上杂化类型是通过 VSEPR 得到的。VSEPR 建立在最基本的物理原理和数学模型之上，既可预测，又可解释，是分子空间结构的核心理论，因此在教学中应该以 VSEPR 为主线，开展杂化轨道理论与 VSEPR 的融合式教学。

2 教学设计

2.1 认识微粒空间结构

【课堂活动一】展示 C 原子和 H 原子的轨道表达式，分析预测最简单的碳氢化合物分子的空间结构。

【学生】每个 C 原子有 2 个未成对电子,每个 H 原子有 1 个单电子,因此 C 与 H 形成 CH_2 分子。

【追问】CH_2 分子中键角是多少?

【学生】C—H 键是由 C 原子 2p 轨道与 H 原子 1s 轨道重叠形成的,2p 轨道之间的夹角为 90°,因此 CH_2 中∠HCH＝90°。

【课堂活动二】展示 CH_4 的球棍模型。

【提问】最简单的碳氢化合物是 CH_4,而不是大家预计的 CH_2。CH_4 的结构有什么特点?

【学生 A】CH_4 中 1 个 C 原子与 4 个 H 原子成键。

【学生 B】CH_4 是正四面体分子,键角为 109°28′。

【提问】CH_4 中 C 原子用几个未成对电子成键?

【学生】C 原子用 4 个未成对电子分别与 4 个 H 原子的未成对电子形成 4 个 σ 键。

【追问】这是否与前面提到的 C 原子有 2 个未成对电子矛盾?

【解释】基态 C 原子有 2 个未成对电子,CH_4 中的 C 原子不是基态。

2.2 建立杂化轨道模型

【提问】如何将基态 C 原子转变成有 4 个未成对电子的 C 原子?

【学生】给 C 原子一定能量,就能将 $2s^22p^2$ 的基态电子构型变成 $2s^12p^3$ 的激发态电子构型,新的构型中有 4 个未成对电子。

【教师】$2s^12p^3$ 的激发态 C 原子与 H 原子如何成键?

【学生】一个 C 原子可与 4 个 H 原子成键,其中 1 个 H 原子的 1s 轨道与 C 原子 2s 轨道重叠形成 1 个 σ 键,其余 3 个 H 原子的 1s 轨道与 C 原子的 3 个 2p 轨道重叠形成 3 个 1s—2p σ 键。

【提问】这 4 个 σ 键之间的键角多大?

【学生 A】因为 3 个 2p 轨道相互垂直,所以 3 个 1s—2p σ 键彼此之间的夹角为 90°。

【学生 B】1s 轨道和 2s 轨道都是球形对称的,因此 1s—2s σ 键没有方向性,键角不确定。

【提问】CH_4 中 4 个 C—H 键完全相同,键长相等,键角相等,说明什么?

【学生】C 原子中参与成键的 4 个未成对电子是完全等价的,处于相同的轨道中。

【追问】怎样才能使 1 个 2s 轨道和 3 个 2p 轨道等价呢?

【教师】原子轨道可以重新组合,比如 2s 轨道和 3 个 2p 轨道会发生混杂,混杂过程中轨道总数保持不变,得到 4 个完全相同的轨道,称为 sp^3 杂化轨道。

【展示】4 个 sp^3 杂化轨道的形状和相对位置(图 2-2-88)。

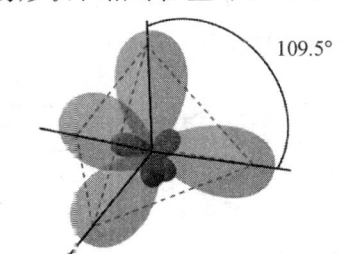

图 2-2-88 sp^3 杂化轨道的形状和相对位置

【教师】2s 轨道和 3 个 2p 轨道杂化形成的 sp³ 杂化轨道与 p 轨道一样有 2 个波瓣,其中一个波瓣很大,一个波瓣很小。利用其中较大的波瓣与 H 原子的 1s 轨道成键,有利于增大原子轨道重叠程度,增强成键效果,使分子更加稳定。

【提问】杂化轨道能用于形成 π 键吗?

【学生】杂化轨道的 2 个波瓣不等大,不能形成 π 键。

【教师】未杂化 p 轨道中 2 个波瓣等大,可以有效地肩并肩形成 π 键。

2.3 建立简单 VSEPR 模型

【提问】C 原子的 4 个 sp³ 杂化轨道与 4 个 H 原子的 1s 轨道形成 4 个完全相同的 sp³-s σ 键,这 4 个 σ 键在空间中如何分布?

【提示一】σ 键中的成键电子对之间有斥力。

【提示二】电子对之间距离越大,斥力越小,分子越稳定。

【学生 A】4 个 σ 键按照十字分布时夹角为 90°,斥力最小。

【学生 B】4 个 σ 键按照正四面体分布时夹角为 109°28′,斥力最小。

【展示】CH₄ 的球棍模型(图 2-2-89)。

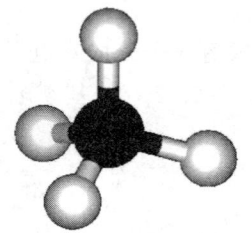

图 2-2-89　CH₄ 的球棍模型

【教师】CH₄ 中 C 原子采用 sp³ 杂化,4 个相同的 sp³ 杂化轨道彼此之间夹角为 109°28′,4 个 H 原子形成 4 个相同的 σ 键,最终形成正四面体结构的 CH₄ 分子。

【总结】4 对成键电子对在 C 原子周围呈正四面体分布时能量最低。

2.4 探索杂化轨道理论

【提问】B 原子与 F 原子可能形成的分子结构。

【学生 A】如果不杂化,B 原子用唯一的 2p¹ 单电子与 1 个 F 原子形成 B—F 单键,形成 BF。

【学生 B】B 原子的 2s 轨道和 2 个 2p 轨道杂化形成 3 个 sp² 杂化轨道,每个 sp² 杂化轨道中都有 1 个未成对电子,分别与 3 个 F 原子成键。

【课堂活动三】绘制 sp² 杂化过程的原子轨道变化图(包括基态、激发态和杂化态)。

【展示】图 2-2-90。

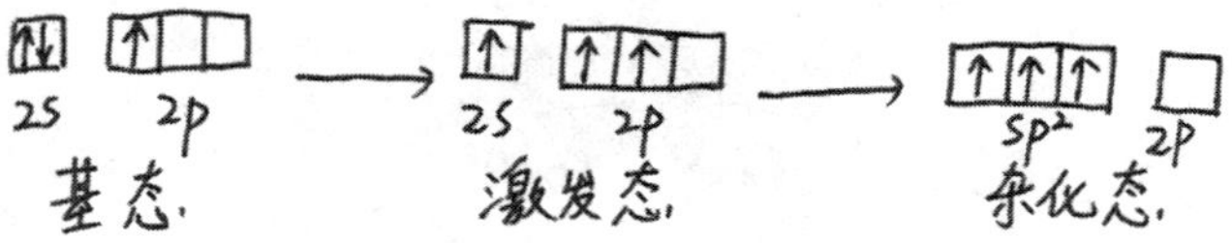

图 2-2-90　学生绘制的 sp² 杂化过程原子轨道变化图

【提问】3个sp^2杂化轨道在空间中如何分布?

【学生】杂化轨道中电子相互排斥导致电子对在空间上尽量远离,呈平面三角形分布。

【展示】图2-2-91。

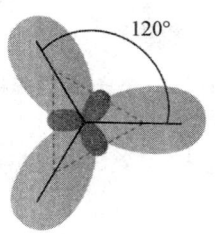

图2-2-91　sp^2杂化轨道的形状和相对位置

【学生A】为什么B原子与F原子形成分子时不发生sp^3杂化?

【教师】B原子价层只有3个电子,与3个F原子形成BF_3。如果B原子是sp^3杂化,会有一个sp^3杂化轨道中没有电子,其余3个有成键电子对的sp^3杂化轨道夹角为$109°28'$;如果发生sp^2杂化,3个有成键电子对的sp^2杂化轨道夹角为$120°$,夹角更大,斥力更小,分子更稳定。

【教师】BF_3可以进一步与F^-反应,生成BF_4^-,其中B原子为sp^3杂化,$\angle FBF = 109°28'$。

【课堂活动四】观察CO_2的球棍模型(图2-2-92),分析CO_2中C原子的成键特点。

图2-2-92　CO_2的球棍模型

【学生A】C原子与每个O原子形成的双键中都有1个π键,说明C原子中有2个未杂化的p轨道,每个p轨道中都有1个单电子。

【学生B】$\angle OCO = 180°$,两个C=O键等长。

【提问】如果C原子的s轨道和p轨道没有杂化,两个C=O键会等长吗?

【学生B】C原子用s轨道与1个O原子形成s-p σ键,用p轨道与另1个O原子形成p-p σ键,此时两个C=O键不等长。因此C原子用2个等价的轨道与2个O原子成键。

【教师】因此s轨道和p轨道发生杂化,形成了2个sp杂化轨道,那么它们在空间中如何分布呢?

【学生】在空间应该尽量远离,呈直线形分布,键角为$180°$。

【阅读】阅读课本"杂化轨道理论简介"内容。

2.5　认识价层电子对互斥模型

【课堂活动五】观察NH_3的球棍模型(图2-2-93),分析NH_3中N原子的成键特点。

图 2-2-93　NH_3 的球棍模型

【学生 A】N 原子与 3 个 H 原子形成 3 个 σ 键,还有一对孤电子对处于三角锥顶部,4 对电子对相互排斥,呈四面体分布。

【学生 B】成键电子对和孤电子对都填入 sp^3 杂化轨道中。

【教师】因此分子的空间构型是由中心原子的价层电子对数决定的。

【课堂活动六】阅读课本"价层电子对互斥模型",完成表 2-2-19(课堂上只提供表格中第 1 列和第 2 列的信息)。

表 2-2-19　常见分子的结构分析

类型	分子	中心原子的价层电子构型		VSEPR		杂化轨道理论	
		价层电子对数	孤电子对数	模型	空间结构	杂化轨道数	杂化类型
Ⅰ	CH_4	4	0	正四面体形	正四面体形	4	sp^3
Ⅱ	PCl_3	4	1	四面体形	三角锥形	4	sp^3
Ⅲ	HClO	4	2	四面体形	V 形	4	sp^3
Ⅳ	CH_2O	3	0	平面三角形	平面三角形	3	sp^2
Ⅴ	SO_2	3	1	平面三角形	V 形	3	sp^2
Ⅵ	CO_2	2	0	直线形	直线形	2	sp

【教师】可以根据价层电子对数将常见的单中心微粒分为 6 种类型,请总结规律。

【学生 A】价层电子对数决定 VSEPR 模型,价层电子对数等于杂化轨道数。

【学生 B】价层电子对数为 4 时,是四面体模型,对应的中心原子为 sp^3 杂化;价层电子对数为 3 时,是平面三角形模型,对应的中心原子为 sp^2 杂化;价层电子对数为 2 时,是直线形模型,对应的中心原子为 sp 杂化。

【学生 C】四面体形分子有 3 种可能的 VSEPR 模型,平面三角形分子有 2 种可能的 VSEPR 模型,直线形分子的 VSEPR 模型都是直线形。

【总结】分子的 VSEPR 模型和其中心原子杂化类型息息相关,应注意将二者有效地融合在一起进行学习。

★ 专项研究二：基于 VSEPR 的等电子原理启发式教学设计

等电子原理是认识微粒结构的重要经验规律,是对价层电子对互斥理论的深度发展和应用。学习等电子原理有助于学生快速认识微粒结构特征,加深学生对 VSEPR 的理解和培养学生建立和应用模型的能力。在新课程新教材改革背景下,是否该补充等电子原理的教学,如何做好等电子原理的教学,是当前教学中亟须探索和研究的问题。

1 等电子原理

1.1 等电子原理的内涵

人民教育出版社 2007 年出版的《选修三 物质结构与性质》(下文中简称"旧教材")中如此描述等电子原理:原子总数相同,价电子总数相同的分子(即等电子体)具有相似的化学键特征,它们的许多性质是相近的。由定义可见等电子原理是一种认识和描述微粒化学结构的经验规律,本质上是一种有条件的类比迁移的思想方法。教材中将等电子原理的研究对象局限为分子,实际上等电子原理对分子和离子都是适用的,甚至对共价晶体这样的无限大"分子"也适用。等电子原理的研究对象是两个及以上的分子、离子,前提是这些分子、离子的原子总数相同,价电子总数相同,将满足条件的微粒互称为等电子体,结论是等电子体之间"具有相似的化学键特征"。以 N_2O、CO_2 和 CNO^- 为例,这 3 种微粒的原子总数均为 3,价电子总数均为 16,它们互为等电子体,化学结构高度相似,如均为直线形,中心原子均为 sp 杂化等。

教材和部分文献中将等电子原理理解为"互为等电子体的微粒,结构相似,物理性质非常相近"。教材通过比较 CO 和 N_2 的熔沸点以及在水中的溶解度,发现 CO 和 N_2 的物理性质非常接近,并将这些相似性与 CO 和 N_2 之间互为等电子体的关系联系起来。这样的理解存在两方面的问题:一是等电子体的关系不仅仅局限于分子和分子之间,也广泛存在于分子和离子、离子和离子之间,而离子是不能单独存在的,更无法比较它们的物理性质;二是均为分子的等电子体的物理性质之间并无相似性和关联性,如互为等电子体的 CF_4 和 CCl_4 的沸点分别为 $-128.0℃$ 和 $76.8℃$,相差超过 $200℃$,即等电子体之间的相似性仅限于化学结构方面。

1.2 等电子原理、VSEPR、杂化轨道理论之间的关系

等电子原理、VSEPR 和杂化轨道理论都是学习分子空间结构的核心内容,三者分别扮演不同的角色:VSERP 能够预测简单微粒的空间结构;杂化轨道理论能够利用中心原子杂化类型分析微粒各原子之间的成键情况;等电子原理是一种经验规律,即根据等电子体结构之间的相似性由常见微粒结构类比和预测陌生微粒结构。同时三者之间又有紧密的联系:VSEPR 是判断微粒空间结构的核心方法;利用杂化轨道理论判断中心原子杂化类型往往要借助 VSEPR 和等电子原理;等电子原理迁移类比所得结论亦可由 VSEPR 和杂化轨道理论得到,迁移类比时需要用到一些熟悉的微粒结构,而这种微粒的结构特征最初仍然是由 VSEPR 和杂化轨道理论获得的。

1.3 等电子原理的使用

利用等电子原理认识微粒结构主要有两种方式。一是针对常见微粒,根据其结构组成(原子总数和电子总数)进行分类,只要理解其中任意一个微粒的结构特征,即可知道组内其他微粒的结构。如将 PO_4^{3-}、SO_4^{2-}、ClO_4^-、CCl_4、$SiCl_4$ 等分为 5 原子-32 价电子($5c$-$32e^-$)的等电子体,它们的结构与 CCl_4 一致,均为正四面体结构,中心原子均为 sp^3 杂化。二是针对陌生微粒,只要找到其等电子体,就能迅速获得其结构信息,这种情况下使用等电子原理比 VSEPR 和杂化轨道理论更加方便高效。以学生较为陌生的 CS_2 为例,根据等电子原理分析得到其最常见的等电子体 CO_2,就可推测 CS_2 是直线形非极性分子,中心 C 原子是 sp 杂化

等结构信息。

使用等电子原理时需要注意微粒的具体情况。如 CO_2 和 SiO_2 看起来符合等电子体的判定条件,实际上 CO_2 是独立的分子,而 SiO_2 是无限大的立体网状结构,其中并不存在独立的 SiO_2 分子。因此 CO_2 和 SiO_2 之间不是等电子体的关系,更不能用 CO_2 的结构推测 SiO_2 的结构。

2 等电子原理教学设计背景

2.1 教材中等电子原理内容分析

2003 年版课程标准要求"结合实例说明'等电子原理'的应用"。旧教材第二章分子结构与性质中第一节共价键中第三版块标题为"等电子原理",介绍等电子原理时首先以表格的形式比较了 CO 和 N_2 的某些性质,然后用 110 余字简要描述了等电子原理的内容和应用,并没有给出相应的解释,导致等电子原理的教学停留在"知道—应用"层面,没有达到培养学生化学思维的"理解"层面。2017 年颁布的课程标准未提及对等电子原理的要求,2019 年出版的教材《化学选择性必修 2 物质结构与性质》(下文中简称"新教材")中也没有介绍等电子原理的相关内容。

2.2 高考试题中等电子原理考查内容分析

高考试题考查方向是课堂教学的指挥棒。高考试题中很少直接考查等电子体的概念,近 10 年的全国卷高考题中仅有 2015 全国卷 I 理综 35(3)要求"写出两个与 CS_2 具有相同空间构型和键合形式的分子或离子",即要求考生写出 CS_2 的等电子体。绝大部分结构化学试题考查微粒的空间结构和中心原子的杂化方式,如 2018 年全国卷 I 理综 35(3)要求分析 $LiAlH_4$ 中阴离子的空间构型和中心原子的杂化方式等,此类问题可利用 VSEPR 和杂化轨道理论得到结论,亦可用等电子原理更加高效地解决。

2.3 等电子原理教学研究现状

在知网以等电子原理为主题,文献来源为《化学教育》《化学教学》《中学化学教学参考》,时间范围为 2000 年 1 月至 2022 年 1 月进行检索,有 9 篇文献符合要求;再以等电子体为主题进行类似检索,检索到 30 篇文献。进一步阅读甄别发现大部分文献研究内容集中在寻找等电子体的方法和等电子体的归类和应用,没有如教学设计和教学实录等类型的文献,即近 20 多年来对等电子原理的课堂教学研究仍是一片空白。

2.4 等电子原理教学现状分析

按照使用教材版本的差别将等电子原理的教学情况分为两种。

第一种是使用旧教材的地区。在教学中教师往往参照旧教材的内容,按部就班地对比 CO 和 N_2 的性质,介绍等电子原理的内涵和使用方法,整理常见的等电子体类型,供学生记忆和使用。这种照本宣科的教学没有对等电子原理的本质给出合理解释,也没有凸显等电子原理与学生已学知识 VSEPR 之间的联系,没有充分调动学生的主观能动性,缺少师生之间有效的互动,不利于培养学生的学习兴趣,无法有效促进学生的思维发展,因此亟须对等电子原理的教学进行设计和创新。

第二种是使用新教材的地区。新教材删除了等电子原理的相关内容,因此在使用新教材教学时遇到两个问题:一是否要补充等电子原理,二是如何进行等电子原理的教学。

第二节 分子的空间结构

3 教学设计创新

3.1 基于 VSEPR 的等电子原理启发式教学

3.1.1 启发式教学

启发式教学是指教师根据教学目标,深入研究新旧知识之间的内在联系,找到新知识与旧知识之间的逻辑关系,并以此设计有效的引导和启示,使学生主动地、积极地学习和思考,并主动实践的一种教学方法。启发式教学的本质是建构和塑造以学生为主体的、不断进行动态调整的教学过程,强调根据学生的已有知识和认识规律适时地进行启发诱导,培养学生积极思考、主动探索的精神。启发式教学有效地建立了新旧知识之间的联系,有助于学生逐步建立完整的学科知识网,加深学生对学科和知识的理解。

启发式教学的基本流程包括引入、研究、发现和迁移四步。第一步是在新知识的引入中,以旧拓新,巧妙地设置问题、创设情境,从而激发学生的探究兴趣;第二步是研究,通过教师的引导、演示、点拨和学生的观察、分析、讨论,研究多个具体的案例,获得一些零散的结论;第三步是发现,将研究案例得到的结论经过分析归纳,找到其中的规律,建立完整的知识体系和概念网络;第四步是迁移,新知识概念建立以后,需要在多种具体问题中进行练习以达到熟练应用和深化理解的目的,这也是对教学效果的检验。

3.1.2 由 VSEPR 启发产生等电子原理

可根据 VSEPR 模型的不同将常见微粒分类(表 2-2-20),分析可发现每一类微粒的中心原子具有相同的电子构型,即原子总数和价电子总数相等,而这正是等电子体的定义。基于此,可以看出等电子原理本质上是 VSEPR 的特殊呈现形式,VSEPR 正是等电子原理的理论基础,因此基于 VSERP 的等电子原理启发式教学没有超出课标和教材内容要求,不是补充教材之外的知识,而是深化学生对 VSEPR 的理解、应用和发展,完善学科知识的内在逻辑,建立完整的知识体系,更加符合学生的认知发展规律。

表 2-2-20 一些微粒的化学结构分析

化学式	价层电子对数	价层孤电子对数	VSEPR 模型	空间构型	原子总数	价电子总数
SO_4^{2-}	4	0	正四面体	正四面体	3	10
ClO_4^-	4	0	正四面体	正四面体		
CCl_4	4	0	正四面体	正四面体		
O_3	3	1	正三角形	V 形	3	18
SO_2	3	1	正三角形	V 形		
NO_2^-	3	1	正三角形	V 形		

3.2 单核等电子体和广义等电子体概念的提出

利用等电子原理认识陌生微粒结构的第一步是寻找其常见的等电子体,在本教学中创新地提出单核等电子体和广义等电子体的概念,为寻找等电子体提供了简单、系统、可推广的实用方法。

3.2.1 单核等电子体

对传统的"同主族元素替换法"和"左右替换法"进行研究,提炼出单核等电子体的概念,如 N、P、C⁻ 和 O⁺ 为一组单核等电子体,通过组内替换可以找到 N_2 的等电子体为 CN⁻、C_2^{2-}、CO 等,找到 NH_3 的等电子体为 PH_3、CH_3^- 和 H_3O^+ 等。

3.2.2 广义等电子体

将 H 与微粒中端头位置的 F、Cl、O⁻ 归为同类单核等电子体,进而创造性地提出广义等电子体的概念。比如将 $COCl_2$ 中的 2 个 Cl 替换为 2 个 H 后得到其广义等电子体为 HCHO。广义等电子体之间价电子总数虽然不相等,但是它们的结构高度相似,这是因为它们中心原子的 VSEPR 结构是相同的,相差的价电子是端头原子的价层孤电子对,不影响微粒的整体结构。更多广义等电子体见表 2-2-21。广义等电子体的优势在于端头原子为 H 的微粒,如表 2-2-21 中的 HCHO、CH_4、NH_3、H_2O 等都是学生熟知的经典结构,可由此迅速预测陌生微粒的结构。

表 2-2-21 常见的广义等电子体

微粒	广义等电子体	VSEPR 模型	空间构型	中心原子杂化类型
$COCl_2$、CO_3^{2-}	HCHO	三角形	三角形	sp^2
CF_4、$CHCl_3$	CH_4	四面体形	四面体形	sp^3
NF_3、NCl_3	NH_3	四面体形	三角锥形	sp^3
HClO、Cl_2O	H_2O	四面体形	V 形	sp^3

4 教学设计思路

旧教材中"分子结构与性质"一章中主要内容顺序为:共价键→键参数→等电子原理→常见分子的立体构型→VSEPR→杂化轨道理论。由于 VSEPR 是等电子原理的理论基础,因此可采用基于 VSEPR 的启发式教学学习等电子原理,新教材的教学中在学习 VSEPR 和杂化轨道理论后再学习等电子原理,还可以在等电子原理的学习中巩固 VSEPR 和杂化轨道理论。

在新教材分子的立体结构一节的教学后,设计基于 VSEPR 的等电子原理启发式教学,通过分析常见微粒的价电子构型和空间结构等问题,引导学生认识这些微粒在结构上的相似性,从而循序渐进地体会、感悟等电子原理,启发学生总结出等电子原理的概念,在分析和对比的过程中建立寻找等电子体的系统方法,最后熟练使用等电子体模型,感受等电子原理的应用价值和思维魅力。整体教学设计思路见图 2-2-94。

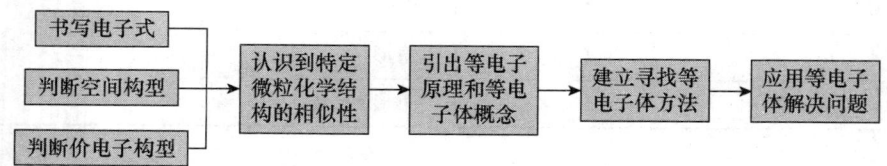

图 2-2-94 启发式教学设计思路

5 教学设计

5.1 体会等电子原理

【课堂活动一】书写以下微粒的电子式并进行分析对比。

(1) N_2、CN^- 和 C_2^{2-}；

(2) CH_3^-、NH_3 和 H_3O^+。

【展示】学生书写的电子式,见图 2-2-95。

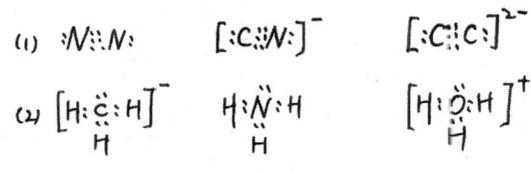

图 2-2-95　学生书写的电子式

【学生 A】第(1)组的 3 种微粒都有 10 个价电子。2 个原子之间通过共用 3 对电子形成三键。此外每个原子还有一对孤电子对,形成了 8 电子稳定结构。这 3 种微粒的化学结构非常相似。

【学生 B】第(2)组的 3 种微粒都有 8 个价电子,周围 3 个 H 原子都与中心原子形成单键,中心原子都有 1 对孤电子对,形成了 8 电子稳定结构。这 3 种微粒的化学结构非常相似。

5.2　认识等电子体

【课堂活动二】在表格中分析 H_2O、NH_2^-、H_2S、CH_3^-、NH_3、H_3O^+、CH_4、NH_4^+、BH_4^-、CO_2、N_3^-、SCN^-、O_3、SO_2、NO_2^-、CO_3^{2-}、NO_3^-、BF_3、SO_3^{2-}、ClO_3^-、PCl_3、SO_4^{2-}、ClO_4^-、CCl_4 等微粒的中心原子孤电子对数、VSEPR 模型、空间构型和中心原子杂化类型。

【展示】学生完成的表 2-2-22。

表 2-2-22　一些微粒的化学结构分析

化学式	原子总数	价电子总数	中心原子孤电子对数	VSEPR 模型	空间构型	中心原子杂化类型
H_2O	3	8	2	正四面体	V 形	sp^3
NH_2^-	3	8	2	正四面体	V 形	sp^3
H_2S	3	8	2	正四面体	V 形	sp^3
CH_3^-	4	8	1	正四面体	三角锥形	sp^3
NH_3	4	8	1	正四面体	三角锥形	sp^3
H_3O^+	4	8	1	正四面体	三角锥形	sp^3
CH_4	5	8	0	正四面体	正四面体	sp^3
NH_4^+	5	8	0	正四面体	正四面体	sp^3
BH_4^-	5	8	0	正四面体	正四面体	sp^3
CO_2	3	16	0	直线形	直线形	sp
N_3^-	3	16	0	直线形	直线形	sp
SCN^-	3	16	0	直线形	直线形	sp
O_3	3	18	1	正三角形	V 形	sp^2

续表

化学式	原子总数	价电子总数	中心原子孤电子对数	VSEPR模型	空间构型	中心原子杂化类型
SO_2	3	18	1	正三角形	V形	sp^2
NO_2^-	3	18	1	正三角形	V形	sp^2
CO_3^{2-}	4	24	0	正三角形	正三角形	sp^2
NO_3^-	4	24	0	正三角形	正三角形	sp^2
BF_3	4	24	0	正三角形	正三角形	sp^2
SO_3^{2-}	4	26	1	正四面体	三角锥形	sp^3
ClO_3^-	4	26	1	正四面体	三角锥形	sp^3
PCl_3	4	26	1	正四面体	三角锥形	sp^3
SO_4^{2-}	5	32	0	正四面体	正四面体	sp^3
ClO_4^-	5	32	0	正四面体	正四面体	sp^3
CCl_4	5	32	0	正四面体	正四面体	sp^3

【提问】同学们有没有发现什么规律？

【学生】一些微粒之间的结构高度相似：如 CH_3^-、NH_3、H_3O^+，三者的 VSEPR 模型都是四面体形，空间构型都是三角锥形，中心原子都是 sp^3 杂化；再如 O_3、SO_2、NO_2^-，三者的 VSEPR 模型都是平面三角形，空间构型都是 V 形，中心原子都是 sp^2 杂化。

【总结】根据前面的学习，我们发现 CH_3^-、NH_3、H_3O^+ 具有相似的化学结构，它们的原子总数均为 4，价电子总数均为 8。我们将这些原子总数相同、价电子总数相同的微粒具有相似的化学键特征的现象称为等电子原理，这些微粒互称等电子体。

【学生】O_3，SO_2，NO_2^- 三种微粒的原子总数均为 3，价电子总数均为 18，它们也互为等电子体。

5.3 理解等电子原理

【教师】根据微粒中的原子总数和价电子总数，可将这些微粒按照等电子体分类（表 2-2-23）。其中 3c-8e⁻ 表示的是原子总数均为 3，价电子总数均为 8。

表 2-2-23 常见的等电子体归类及其化学结构

等电子体类型	化学式	空间构型	中心原子杂化类型
3c-8e⁻	H_2O，NH_2^-，H_2S	V形	sp^3
4c-8e⁻	CH_3^-，NH_3，H_3O^+	三角锥形	sp^3
5c-8e⁻	CH_4，NH_4^+，BH_4^-	正四面体	sp^3
3c-16e⁻	CO_2，N_3^-，SCN^-	直线形	sp
3c-18e⁻	O_3，SO_2，NO_2^-	V形	sp^2
4c-24e⁻	CO_3^{2-}，NO_3^-，BF_3	正三角形	sp^2
4c-26e⁻	SO_3^{2-}，ClO_3^-，PCl_3	三角锥形	sp^3
5c-32e⁻	SO_4^{2-}，ClO_4^-，CCl_4	正四面体	sp^3

【教师】为什么等电子体会有相似的结构？

【学生】原子总数相同、价电子总数相同的微粒往往具有相同的 VSEPR 模型，如表 2-2-23 中归为同一类的等电子体具有相同的 VSEPR 模型，相同的 VSEPR 模型决定了它们具有相似的化学结构和空间结构。

【教师】等电子原理是 VSEPR 的进一步发展和应用，是一种高效实用的学习和记忆微粒结构的方法。

5.4　寻找等电子体

【教师】根据表 2-2-23 中的等电子体，请大家分析如何寻找某一微粒的等电子体。

【学生】O_3 和 SO_2 互为等电子体，可以看作将 O_3 中的一个 O 替换为同主族的 S 而得到 SO_2。

【提问】为何用 S 替换 O 后得到的 SO_2 是 O_3 的等电子体？

【学生】同主族元素原子的价电子数相同，因此同主族原子替换后微粒的价电子总数不变，符合等电子体的要求。

【总结】将这种通过同主族元素原子替换得到等电子体的方法称为上下替换法。这种方法应用广泛，可迅速得到 CCl_4 的等电子体是 $SiCl_4$、CF_4 等。

【学生】O_3 和 NO_2^- 互为等电子体，可以看作将 O_3 中的一个 O 替换为 N^- 而得到 NO_2^-。

【教师】N^- 和 O 的价电子数相等，可看作互为"单核等电子体"。

【教师】同主族元素的原子之间互为单核等电子体，这是上下替换法的原理。

【教师】同样，元素周期表中某一元素左右元素的原子也可通过得到或失去电子形成该元素原子的单核等电子体，如 N 的单核等电子体包括 C^- 和 O^+，这种方法称为左右替换法。

【课堂活动三】可以通过单核等电子体构建多核等电子体，C^-、N 和 O^+ 互为单核等电子体，写出由它们形成的双核等电子体。

【学生】能形成 C_2^{2-}、CN^-、CO、N_2、NO^+ 和 O_2^{2+} 共 6 种双核微粒，这 6 种微粒互为等电子体（图 2-2-96）。

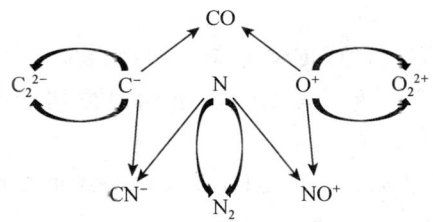

图 2-2-96　C^-、N 和 O^+ 形成的双核等电子体

【课堂活动四】写出 CO_2 的等电子体。

【学生】可以先将 CO_2 拆分为 CO 和 O，然后分别找到二者的等电子体：CO 的等电子体有 N_2、CN^-、NO^+ 等，O 的等电子体有 N^-、S 等。重新组合即可得到 CO_2 的等电子体（图 2-2-97）。

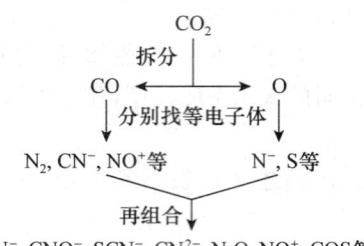

图 2-2-97 拆分组合法分析 CO_2 的等电子体

【总结】基于单核等电子体的拆分组合法是寻找等电子体的有效方法。

5.5 等电子体的拓展

【课堂活动五】小组讨论：HClO 是 H_2O 的等电子体吗？

【学生 A】HClO 中共有 14 个价电子，而 H_2O 中只有 8 个价电子，二者价电子总数不相等，因此不是等电子体的关系。

【学生 B】尽管 HClO 和 H_2O 不是严格意义上等电子体的关系，但是二者结构非常相似：中心 O 原子上的孤电子对数均为 2，价层电子对数均为 4，VSEPR 模型均为四面体形，分子的空间结构均为 V 形，中心原子均为 sp^3 杂化。

【教师】决定单中心微粒结构的关键因素是中心原子的孤电子对数和价层电子对数，而不是价电子总数。HClO 和 H_2O 的中心原子成键情况完全相同，VSEPR 模型相同，分子结构高度相似，将二者称为广义等电子体。

【总结】用 H 原子替换微粒中处于端头的卤素原子或 O^-，得到的微粒结构与原微粒互称为广义等电子体，它们的结构高度相似。

【课堂活动六】利用广义等电子体法分析 $COCl_2$ 的分子结构。

【学生】将 $COCl_2$ 中的 Cl 替换为 H 后得到 CH_2O。因此 $COCl_2$ 的结构和 CH_2O 高度相似，都是平面三角形分子，中心 C 原子都是 sp^2 杂化。

5.6 等电子体的应用

【课堂活动七】完成以下练习题：

例 1．[2015 全国卷 I 理综 35(3)]CS_2 分子中，共价键的类型有_____，C 原子的杂化轨道类型是_____，写出两个与 CS_2 具有相同空间构型和键合形式的分子或离子_____。

例 2．[2018 全国卷 I 理综 35(3)]$LiAlH_4$ 是有机合成中常用的还原剂，$LiAlH_4$ 中阴离子空间构型是_____，中心原子的杂化方式为_____。

例 3．[2017 年全国卷 I 理综 35(3)]X 射线晶体衍射测定等发现，I_3AsF_6 中存在 I_3^+ 离子。I_3^+ 离子的几何构型为_____，中心原子的杂化形式为_____。

例 4．[2020 浙江 7 月化学选考，26(2)]$CaCN_2$ 是离子化合物，各原子均满足 8 电子稳定结构，$CaCN_2$ 的电子式是_____。

【学生 A】例 1 中，利用上下替换法得到 CS_2 最常见的等电子体是 CO_2 和 COS，CO_2 中心 C 原子采用 sp 杂化，共价键包括了 σ 键和 π 键，CS_2 的化学结构亦是如此。

【学生B】例2中 $LiAlH_4$ 中的阴离子是 AlH_4^-,可以用两种方法进行分析:方法一,先利用上下替换法将 Al 替换为 B 得到 BH_4^-,然后利用左右替换法将 B^- 替换为 C,即得到最熟悉的 CH_4,因此 AlH_4^- 和 CH_4 互为等电子体,故空间构型为正四面体形,中心原子为 sp^3 杂化;方法二,先利用左右替换法,用 Si 替换 Al^- 得到 SiH_4,然后利用上下替换法,用 C 替换 Si,得到 CH_4,结果与方法一一致。

【学生C】例3中,先将 I_3^+ 端头的两个 I 替换为 H,得到 H_2I^+,然后将中心的 I^+ 换为 O,即得到熟悉的 H_2O,因此 I_3^+ 是 H_2O 的广义等电子体,所以 I_3^+ 的几何构型为 V 形,中心原子为 sp^3 杂化。

【学生D】例4中,由"各原子均满足 8 电子稳定结构"可知 $CaCN_2$ 的阴离子是 CN_2^{2-},N^- 是 O 的单核等电子体,可知 CN_2^{2-} 是 CO_2 的等电子体,因此可根据 CO_2 的电子式迅速写出 CN_2^{2-} 的电子式。

6 总结

6.1 合理设计,循序启发,构建完整知识体系

本节课的教学没有新增教材之外的内容。通过深入研究知识逻辑和教材内容,在电子式的书写和 VSEPR 模型的复习中引出等电子原理的概念和模型,在精心设计的 7 次课堂活动中逐渐引导学生感悟和理解等电子原理,符合学生的认知发展规律,培养了学生分析、总结、类比和迁移的思维方式和自学能力。

6.2 突破束缚,大胆创新,切实提高学习效率

通过对已有的寻找等电子体方法的分析,提炼出单核等电子体的概念;通过深入研究 VSEPR 和等电子原理,提出了广义等电子体的概念。基于新概念产生的新方法大大提高了寻找等电子体和认识微粒结构的效率。

📖 知识拓展:常见的 10 电子和 18 电子微粒

N、O、F、Na、Mg、Al 等原子可以通过得到或失去电子的方式形成具有 Ne 原子的电子结构(10 电子)的微粒,P、S、Cl、K、Ca 等原子可以形成 Ar 原子的电子结构(18 电子)。高中化学中有很多微粒的电子总数是 10 或 18(表 2-2-24)。

表 2-2-24 高中化学常见的 10 电子和 18 电子微粒

电子总数	微粒类型	(中心)原子所在族							
		ⅠA族	ⅡA族	ⅢA族	ⅣA族	ⅤA族	ⅥA族	ⅦA族	0族
10电子	分子				CH_4	NH_3	H_2O	HF	Ne
	阴离子			BH_4^-	CH_3^-	NH_2^-、N^{3-}	OH^-、O^{2-}	F^-	
	阳离子	Na^+	Mg^{2+}	Al^{3+}		NH_4^+	H_3O^+		
18电子	分子				SiH_4	PH_3	H_2S	HCl	Ar
	阴离子						HS^-、S^{2-}	Cl^-	
	阳离子	K^+	Ca^{2+}						

表 2-2-24 中部分 10 电子微粒可以看成由 10 电子单核阴离子与 n 个 H^+ 组合而成（BH_4^- 除外），以 10 电子单核阴离子 N^{3-} 为例，$N^{3-}+2H^+=NH_2^-$，$N^{3-}+3H^+=NH_3$，$N^{3-}+4H^+=NH_4^+$。同理，18 电子微粒可以看成由 18 电子单核阴离子与 n 个 H^+ 组合而成，以 18 电子单核阴离子 S^{2-} 为例，$S^{2-}+H^+=HS^-$，$S^{2-}+2H^+=H_2S$。

表 2-2-24 中电子总数相等、原子总数相等的微粒互为等电子体，如 CH_3^-、NH_3、H_3O^+ 等。

另一种常见的形成 18 电子微粒的方法是具有 9 个电子的原子或原子团（—CH_3、—NH_2、—OH、—F）组合，见表 2-2-25。N_2H_4 是二元碱，可进一步与 H^+ 反应生成 $N_2H_5^+$、$N_2H_6^{2+}$，其中 $N_2H_6^{2+}$ 是 C_2H_6 的等电子体，这些都是 18 电子微粒。

表 2-2-25　利用 9 电子原子、原子团组合得到的 18 电子分子

	—CH_3	—NH_2	—OH	—F
—CH_3	CH_3CH_3	—	—	—
—NH_2	CH_3NH_2	H_2NNH_2	—	—
—OH	CH_3OH	H_2NOH	$HOOH$	—
—F	CH_3F	H_2NF	HOF	F_2

必练习题 2-2

一、判断题

1. 红外光谱是一种原子吸收光谱，可以用激光作为红外光谱的光源。（　　）
2. 可以用红外光谱鉴别分子式为 C_2H_6O 的化合物是 C_2H_5OH 还是 CH_3OCH_3。（　　）
3. 质谱中质荷比最大的峰就是分子离子峰，可以获得相对分子质量的信息。（　　）
4. 三原子直线形分子键角都是 $180°$，V 形分子键角都是 $105°$。（　　）
5. CH_4 中所有键角都相等，CH_2Cl_2 中有 3 种大小的键角。（　　）
6. 四原子分子只有平面三角形和三角锥形两种可能的结构。（　　）
7. 椅式环己烷和船式环己烷互为同系物。（　　）
8. 中心原子没有孤电子对的单中心微粒的 VSEPR 模型与空间结构一致。（　　）
9. VSEPR 模型中，π 键电子对数不计入中心原子的价层电子对数。（　　）
10. CH_4 和 CCl_4 的 VSEPR 模型是相同的。（　　）
11. 炔烃中碳碳三键不能自由旋转，因此一些炔烃也会出现顺反异构现象。（　　）
12. C 原子为中心原子的单中心分子的 VSEPR 模型与空间结构一致。（　　）
13. 杂化轨道不能参与形成 π 键。（　　）
14. 键角：$NOCl>N_2O$。（　　）

15. V形分子的中心原子不可能是sp杂化。(　　)
16. 中心原子参与杂化的轨道数目与形成σ键的数目相等。(　　)
17. Al_4C_3中阴离子之间没有形成共价键。(　　)
18. CH_3COOH分子中C原子的杂化类型有sp^2和sp^3两种。(　　)
19. 甲醛(CH_2O)中∠OCH＞120°＞∠HCH。(　　)
20. 氯化亚砜($SOCl_2$)中∠ClSCl＞120°＞∠OSCl。(　　)
21. 4s轨道只能和4p轨道杂化，不能和3d轨道杂化。(　　)
22. 基态Cl原子有1个未成对电子，所以Cl原子最多只能形成1个共价键。(　　)
23. PCl_5(g)呈三角双锥结构，P原子是sp^3d杂化。(　　)
24. SF_6中S原子的3d轨道参与了杂化。(　　)
25. SO_4^{2-}中S原子是sp^3杂化。(　　)

二、选择题

1. 要鉴别一黑色粉末样品是C_{60}还是C_{70}，最佳分析方法是(　　)
   A. 称取一定质量样品，在足量O_2燃烧，测定生成CO_2的质量
   B. 红外光谱
   C. 质谱
   D. 核磁共振氢谱

2. 富勒烯C_{60}具有球形结构，每个C原子均与邻近的3个C原子成键，形成五元环和六元环，1个C_{60}中有12个五元环结构。C_{60}可与H_2发生加成反应。下列说法中正确的是(　　)
   A. C_{60}中与1个C原子成键的3个C原子共4个C原子不在同一平面
   B. 1个C_{60}分子中有180个σ键
   C. 1个C_{60}分子中有20个六元环结构
   D. C_{60}与足量H_2加成的产物是$C_{60}H_{120}$

3. 氢叠氮酸(HN_3)是链状分子，在水中电离：$HN_3 + H_2O \rightleftharpoons N_3^- + H_3O^+$，酸性与醋酸相当。下列说法中正确的是(　　)
   A. HN_3中两个氮氮键不等长，N_3^-中两个氮氮键等长
   B. N_3^-的中心N原子是sp^2杂化
   C. ∠HOH大小：H_2O＞H_3O^+
   D. 向NaN_3溶液中通入足量CO_2，发生反应$NaN_3 + H_2O + CO_2 \rightleftharpoons NaHCO_3 + HN_3$

4. SO_3(g)为平面三角形分子，SO_3(s)有多种结构，其中一种如下：

   下列说法中正确的是(　　)

A. $SO_3(g)$ 与 $SO_3(s)$ 中 S 原子的杂化方式不同

B. $SO_3(s)$ 中有 2 种不同大小的 ∠OSO

C. $SO_3(s)$ 中没有大 π 键

D. $SO_3(s)$ 受热转化为 $SO_3(g)$ 时有 σ 键断裂

5. 潮湿的空气可能会被高电压击穿,因此常常将 SF_6 气体填充在一些高电压设备中。已知 SF_6 中所有 S—F 键等长,所有 ∠FSF=90°。下列说法中正确的是(　　)

A. 同温同压下 SF_6 的密度约为空气的 5 倍

B. S 原子是 sp^3d 杂化

C. SF_6 分子中最多有 5 个原子共平面,这样的平面有 3 个

D. SF_6 具有优良的绝缘性能

6. 关于甲烷(CH_4)、甲基正离子(CH_3^+)和甲基负离子(CH_3^-)的说法正确的是(　　)

A. 键角:$CH_3^+ < CH_4 < CH_3^-$

B. CH_3^+ 和 CH_3^- 的 VSEPR 模型不同

C. CH_4 和 CH_3^- 的 VSEPR 模型不同

D. 三种微粒中 C 原子都是 sp^3 杂化

7. 联氨(N_2H_4)是一种二元弱碱,可与酸反应生成 $N_2H_5^+$ 和 $N_2H_6^{2+}$。$N_2H_6^{2+}$ 容易水解,仅存在于强酸性溶液中。下列说法中不正确的是(　　)

A. $N_2H_5^+$ 既能可与酸反应,又能与碱反应

B. $N_2H_6^{2+}$ 可与 $NaHCO_3$ 溶液反应产生气体

C. N—N 键键能:$N_2H_4 > N_2H_5^+ > N_2H_6^{2+}$

D. $N_2H_6^{2+}$、$N_2H_5^+$、N_2H_4 中 N 原子都是 sp^3 杂化

8. 已知溶液中甲酸(HCOOH)有 2 种结构,可以相互转化,从结构(1)转化为结构(2)需要吸热。下列说法中不正确的是(　　)

A. 甲酸溶液中浓度:(1)>(2)

B. 两种结构的酸性不同

C. 两种结构电离后产生的 $HCOO^-$ 结构不同

D. 羧基中羟基 O 原子为 sp^2 杂化

9. 吡啶(C_5H_5N)是一种平面分子,可与酸反应生成质子化吡啶离子($C_5H_6N^+$):

下列说法中正确的是(　　)

A. 1 个质子化吡啶离子中有 12 个 σ 键

B. 吡啶中 N 原子是 sp^2 杂化,质子化吡啶离子中 N 原子是 sp^3 杂化

C. 质子化吡啶离子中有大 π 键,可以表示为 Π_6^6

D. 吡啶分子中有等边六元环结构

10. 乙炔(CH≡CH)在一定条件下三聚形成苯:

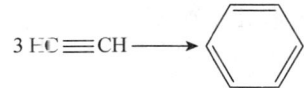

下列说法中正确的是(　　)

A. 乙炔是直线形非极性分子

B. 乙炔中 1 个 π 键断裂,另 1 个 π 键在反应后保留在苯中

C. 乙炔中碳碳键键长大于苯中碳碳键键长

D. 乙炔性质比苯活泼是因为乙炔中有更多的 π 键

11. C_5H_8 有如下多种可能的结构:

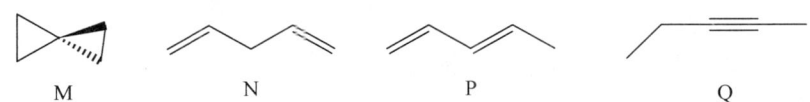

下列说法中正确的是(　　)

A. N、P、Q 三个分子中 π 键数目相等

B. P 分子存在顺反异构体

C. M 分子中 C 原子只有一种杂化类型

D. N 分子左右对称,是非极性分子

12. 关于烷烃、烯烃、炔烃的说法中正确的是(　　)

A. 碳元素质量分数:烷烃<烯烃<炔烃

B. 烷烃中所有 C 原子都是 sp^3 杂化

C. 烯烃中所有 C 原子都是 sp^2 杂化

D. 炔烃中可能存在没有发生杂化的 C 原子

13. 将 $NaHC^{18}O_3$ 溶于 $H_2^{16}O$ 形成溶液,然后通入 HCl(g),收集产生的气体。下列说法中正确的是(　　)

A. CO_3^{2-} 和 HCO_3^- 中的 C 原子杂化类型不同

B. 可以收集到 3 种 CO_2:$C^{16}O_2$、$C^{16}O^{18}O$ 和 $C^{18}O_2$

C. 反应后溶液中既有 $H_2^{16}O$,又有 $H_2^{18}O$

D. 碳氧键键长:$CO_2 > CO_3^{2-}$

14. $N_2O_5(s)$是一种无色晶体,由两种离子构成:阴离子为平面三角形,阳离子为直线形。下列说法中正确的是(　　)

A. $N_2O_5(s)$的阴阳离子中 N 原子杂化类型不同

B. 氮元素价态:阳离子>阴离子

C. $N_2O_5(s)$发生水解反应的产物只有 1 种

D. N_2O_5 中阳离子和阴离子数目相等

15. 环戊二烯(C_5H_6)是无色不溶于水的液体,可以失去一个 H^+ 形成 $C_5H_5^-$:

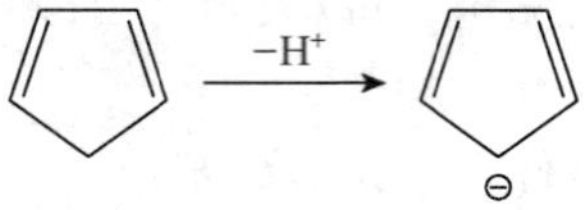

已知 $C_5H_5^-$ 中存在正五边形五元碳环。下列说法中正确的是(　　)
A. C_5H_6 中有 4 种不同长度的碳碳键
B. $C_5H_5^-$ 中所有 C 原子都是 sp^2 杂化
C. $C_5H_5^-$ 中的大 π 键可以表示为 Π_5^5
D. $C_5H_5^-$ 中∠HCC＝126°

16. 新己炔结构如下:

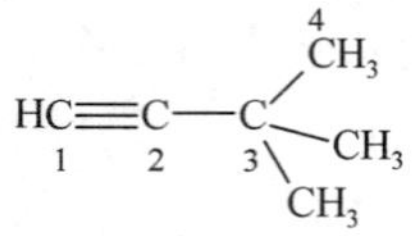

下列关于新己炔结构的说法中正确的是(　　)
A. 最多有 4 个 C 原子共直线
B. C1—C2 键、C2—C3 键、C3—C4 键均不等长
C. 1 个新己炔分子中有 4 个 σ 键和 3 个 π 键
D. 新己炔分子中最多有 9 个 H 原子共平面

17. 己二腈是生产尼龙的重要原料。通过丙烯腈(CH_2＝$CHCN$)电解加氢二聚是生产己二腈的重要方法:
$$2CH_2=CHCN+2H^++2e^-=NC(CH_2)_4CN$$

下列说法中正确的是(　　)
A. 丙烯腈中所有 C 原子共直线
B. 丙烯腈中的大 π 键可以表示为 Π_4^4
C. 由丙烯腈生产己二腈的过程中所有 C 原子的杂化类型都发生了变化
D. 电解时应将丙烯腈加入阴极室

18. 二甲基碳二亚胺的结构如下:

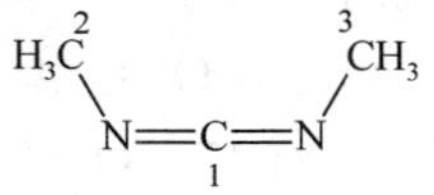

关于二甲基碳二亚胺结构说法中不正确的是(　　)
A. C1 原子是 sp 杂化,C2 和 C3 原子都是 sp^3 杂化
B. 2 个 N 原子都是 sp^2 杂化
C. 存在大 π 键,可以表示为 Π_3^3
D. 分子中 3 个 C 原子和 2 个 N 原子共 5 个原子共平面

19. 硝化甘油是一种爆炸能力极强的炸药,结构可以用如下方式表示:

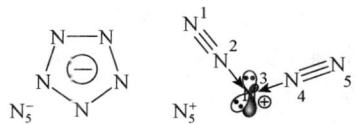

下列说法中不正确的是( )

A. N2 原子的 VSEPR 构型是平面三角形,O1、N2、O3 和 O4 共 4 个原子共平面

B. N2 原子是 sp^2 杂化,参与形成了大 π 键

C. 键长:O1—N2 键<N2—O3 键

D. 硝化甘油分子中所有 C 原子都是 sp^3 杂化

20. N_5^- 是正五元环结构,N_5^+ 是 V 形结构(图中展示的是一种可能的结构):

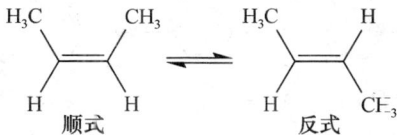

下列说法中不正确的是( )

A. N_5^- 中所有 N 原子都是 sp^2 杂化

B. N_5^+ 中 N2 和 N4 是 sp 杂化,N3 是 sp^2 杂化

C. N_5^- 中的大 π 键中有 5 个电子

D. N_5^+ 中的大 π 键中有 6 个电子

21. 在一定温度下,顺-2-丁烯和反-2-丁烯存在以下平衡

该温度下平衡常数 $K=4.0$。下列说法中不正确的是( )

A. 该温度下反式结构比顺式结构能量低,更稳定

B. 进行相互转化时只发生 π 键的断裂而不发生 σ 键的断裂

C. 顺-2-丁烯是极性分子,反-2-丁烯是非极性分子

D. 达到平衡后压缩反应容器体积,二者浓度均不变

22. 800 K 时,正戊烷(n-C_5H_{12})异构化为异戊烷(i-C_5H_{12})和新戊烷(neo-C_5H_{12})。

反应① n-C_5H_{12} ⇌ i-C_5H_{12} $K_1=1.8$

反应② n-C_5H_{12} ⇌ neo-C_5H_{12} $K_2=0.14$

反应③ i-C_5H_{12} ⇌ neo-C_5H_{12} K_3

该温度下在一密闭容器中充入 1 mol 正戊烷,一段时间后达到平衡。下列说法中不

正确的是( )

A. $K_3=0.078$

B. 正戊烷转化为异戊烷时只有 C—C 键断裂而没有 C—H 键断裂

C. 平衡后 $n(n\text{-}C_5H_{12})=0.63$ mol

D. 新戊烷中最多有 4 个 C 原子共平面

23. 分子式为 C_8H_8 的有机物有以下三种常见的结构：

苯乙烯　　环辛四烯　　立方烷

已知环辛四烯中所有∠CCC＝126°。下列说法中不正确的是( )

A. 苯乙烯和环辛四烯中所有 C 原子都是 sp^2 杂化,立方烷中所有 C 原子都是 sp^3 杂化

B. 苯乙烯中所有原子可以处于同一平面

C. 立方烷中最多有 4 个原子共平面

D. 环辛四烯中 8 个 C 原子不共平面

24. 一种石墨炔的结构(仅展示部分结构,向二维平面延伸)如下：

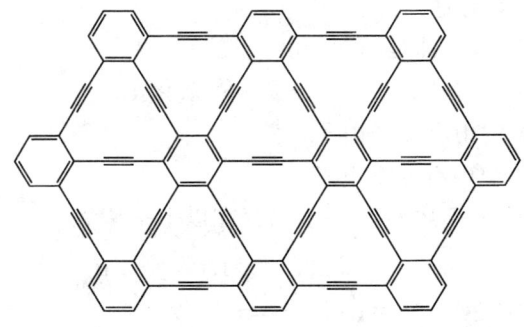

下列说法中不正确的是( )

A. 石墨炔与 C_{60} 互为同分异构体

B. 该石墨炔中 sp 杂化 C 原子数目和 sp^2 杂化 C 原子数目相等

C. 该石墨炔中所有碳碳键都等长

D. 该石墨炔中只存在 2 种大小的键角

25. 可利用肼(H_2NNH_2)和过氧化氢的反应制备二亚胺：

$$H_2N\text{—}NH_2+H_2O_2 \xrightarrow{Cu^{2+}} HN\text{=}NH+2H_2O$$

下列说法中不正确的是( )

A. 二亚胺有顺式结构和反式结构

B. 肼中最多有 4 个原子共平面

C. 肼、过氧化氢和二亚胺都能与水形成氢键

D. 二亚胺是还原产物,水是氧化产物

26. 二亚胺是一种不稳定的还原剂,可还原烯烃:

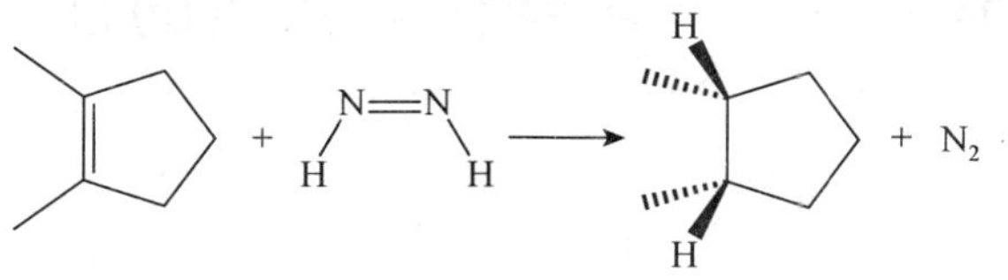

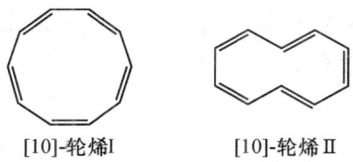

下列说法中不正确的是( )
 A. 氮氮键长度:N_2>二亚胺
 B. 氧化剂中有2种杂化类型的C原子
 C. 1个还原产物分子中有2个手性C原子
 D. 反应前后σ键和π键总数都不变

27. 重氮甲烷(CH_2N_2)是一种黄色有毒气体,分子中存在一个大π键(Π_3^4)。下列关于重氮甲烷的说法中不正确的是( )
 A. 重氮甲烷中C原子的杂化类型是sp^2
 B. 氮氮键长度:N_2>CH_2N_2
 C. 重氮甲烷中的1个C原子和2个N原子处于同一条直线上
 D. 重氮甲烷中的氮氮键是极性共价键

28. [10]-轮烯有以下两种结构:

[10]-轮烯Ⅰ   [10]-轮烯Ⅱ

下列说法正确的是( )
 A. [10]-轮烯Ⅰ中所有的碳碳双键都是反式结构
 B. [10]-轮烯Ⅰ和[10]-轮烯Ⅱ的沸点相同
 C. [10]-轮烯Ⅱ中有2个反式结构的碳碳双键
 D. 2种结构的轮烯与足量氢气加成的产物相同

29. 二氯甲醛($COCl_2$)极易发生水解和氨解,分别生成CO_2和$CO(NH_2)_2$。下列说法中正确的是( )
 A. 二氯甲醛水解和氨解的过程中C原子的杂化类型不变
 B. 二氯甲醛中∠ClCCl=120°
 C. 二氯甲醛与乙醇反应的产物是$CO(OC_2H_5)_2$
 D. 二氯甲醛中所有原子都处于同一平面

第三节 分子结构与物质的性质

⭐ 整体内容分析

分子是保持物质化学性质的最小微粒,分子的结构决定分子的性质,分子的性质决定物质的性质。本节内容是高中化学中培养结构决定性质基本观念的核心内容,是对本章第一节和第二节内容的具体应用,是结构化学的重点和难点。通过本节内容的学习,学生应达到以下要求:

1. 能够根据键的极性判断分子的极性,进而分析和解释分子的一些性质。
2. 理解范德华力的内涵及其对物质熔点和沸点等性质的影响。
3. 理解氢键的形成原理和结构特征,知道氢键对物质性质的影响。

⭐ 高考试题分析

考题呈现

考点1　键的极性

1. (2022 广东,20 节选)硒(Se)是人体必需微量元素之一,含硒化合物在材料和药物领域具有重要应用。自我国科学家发现聚集诱导发光(AIE)效应以来,AIE 在发光材料、生物医学等领域引起广泛关注。一种含 Se 的新型 AIE 分子Ⅳ的合成路线如下:

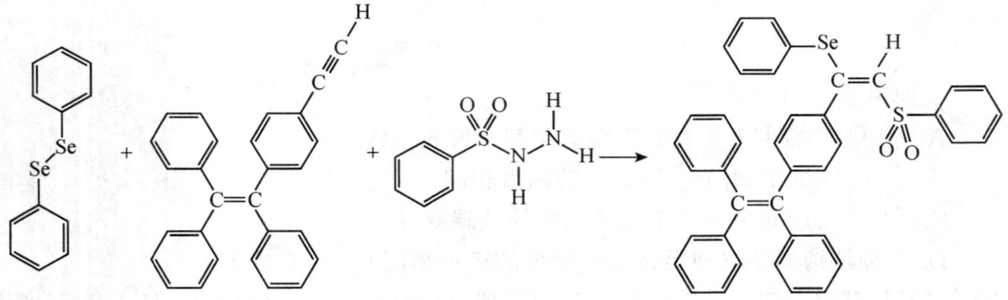

① 关于Ⅰ～Ⅲ三种反应物,下列说法正确的有(　　)

A. Ⅰ中仅有σ键
B. Ⅰ中的 Se—Se 键为非极性共价键
C. Ⅱ易溶于水
D. Ⅱ中原子的杂化轨道类型只有 sp 与 sp^2
E. Ⅰ～Ⅲ含有的元素中,O 电负性最大

② Ⅳ中具有孤对电子的原子有_____。

考点2　氢键与沸点

2. (2022 全国甲,35 节选)固态氟化氢中存在$(HF)_n$形式,画出$(HF)_3$的链状结构_____。

3. （2021 全国甲,35 节选）甲醇的沸点(64.7℃)介于水(100℃)和甲硫醇(CH_3SH,7.6℃)之间,其原因是_____。

4. （2021 全国乙,35 节选）NH_3 的沸点比 PH_3 的_____,原因是_____。

5. （2021 广东,20 节选）H_2S、CH_4、H_2O 的沸点由高到低顺序为_____。

6. （2020 山东,17 节选）NH_3、PH_3、AsH_3 的沸点由高到低的顺序为_____（填化学式,下同）,还原性由强到弱的顺序为_____。

考题分析

考查内容集中在氢键和范德华力对物质熔点和沸点的影响。

教材内容解读

1 共价键的极性

共价键可分为极性共价键和非极性共价键（分别简称为极性键和非极性键）。如果两个成键原子吸引共用电子对的能力不同,共用电子对就会发生偏移,一个成键原子呈正电性,另一个成键原子呈负电性,这样的共价键称为极性键,反之则称为非极性键。

? 问题讨论：同种原子形成的共价键一定是非极性键吗？

1. 问题的提出

根据极性键和非极性键的定义,不同原子形成的共价键一定是极性键。

但同种原子形成的共价键一定是非极性键吗？

要解释这个问题,需思考：同种原子成键时吸引电子的能力一样吗？

而要解释这个问题,需进一步思考：一种原子吸引电子的能力是一成不变的吗？

2. 分析问题

原子吸引电子的能力受原子所处的化学环境影响,包括原子的杂化类型和成键情况等因素。

（1）原子杂化类型的影响

以 C 原子为例,由于 s 轨道中的电子更靠近原子核,因此杂化轨道 sp^n 中 s 轨道所占越大,轨道的电负性越大。各轨道电负性由大到小的顺序是：$s>sp>sp^2>sp^3>p$。丙烯中的甲基 C 原子为 sp^3 杂化而与甲基相连的双键 C 原子为 sp^2 杂化,双键 C 原子吸引电子的能力强于甲基 C 原子,二者之间的单键是极性键（图 2-3-1）。

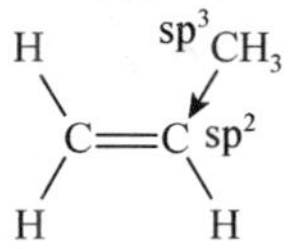

图 2-3-1 丙烯中的极性共价键

（2）电子效应的影响

电子效应能够影响分子中电子云的分布情况,使非极性键被极化为极性键。以乙醇为

第二章 分子结构与性质

例：O—C1 键是极性键，导致 C1 呈正电性；由于 C1 呈正电性，C1—C2 键的电子云偏向 C1 成为极性键，导致 C2 也呈微量正电性（图 2-3-2）。

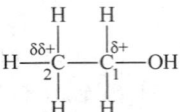

图 2-3-2　乙醇中 C 原子的电性分析

3. 总结推广

以上分析表明，只有化学环境完全相同的两个原子形成的键才是非极性键，其他键都是极性键。常见分子中键的极性总结见表 2-3-1。

表 2-3-1　一些分子中键的极性分析

键	分子	键的类型	说明
C—C	$CH_3CH_2C\equiv C-CH_3$	极性键	极性微弱
	$CH_3CH_2CH_2-CH_3$	极性键	极性微弱
	$CH_3CH_2-CH_2CH_3$	非极性键	键的两侧结构对称
	C_6H_6	非极性键	苯中 6 个 C 原子的化学环境相同
	C_6H_5OH	极性键	—OH 产生的电子效应影响苯环电荷分布
O—O	O_3	极性键	O_3 是 V 形分子，中心 O 原子与端头 O 原子的化学环境不同
	H_2O_2	非极性键	2 个 O 原子的化学环境相同

2　分子的极性

分子的极性能影响分子间作用力，进而影响物质的熔沸点和溶解度等物理性质（见本节"范德华力"），也能影响物质的化学性质（见"专项研究五：新课标新教材背景下结构化学和有机化学的融合教学分析"），因此分析分子的极性是认识分子性质的重要内容。

> **📖 知识拓展：极性的内涵**
>
> 极性是指由正电荷中心指向负电荷中心的向量，当正负电荷中心重合时极性为零，反之不为零。
>
> 以 H 原子为例，其正电荷中心为原子核，负电荷中心为仅有的 1 个电子（做简化处理，实际上电子的位置是测不准的），在核外运动，不能与原子核重合，因此 H 原子是个极性原子。
>
> 再以 He 原子为例，其正电荷中心为原子核，负电荷中心为仅有的 2 个电子连线的中点。只有当 2 个电子连线的中点与原子核重合时，He 原子是非极性原子，其他情况下都是极性原子。

图 2-3-3　非极性 He 原子和极性 He 原子

上述 H 原子和 He 原子瞬时极性的方向和大小时刻都在改变。

原子形成分子的过程中,原子轨道的电子云分布发生变化。以最简单的 σ 键为例,H_2 中 s-s σ 键的电子云有镜面(两个原子核连线的垂直平分面)对称,Cl_2 中 p-p σ 键的电子云也是对称的,而 HCl 中 s-p σ 键的电子云则没有此类镜面对称。因此 H_2 中的 H—H 键、Cl_2 中的 Cl—Cl 键都是非极性键,二者都是非极性分子;而 HCl 中的 H—Cl 键是极性键,HCl 是极性分子。

知识拓展:分析分子极性的方法

分子的极性对分子的性质有重要影响,判断分子的极性是研究分子性质的重要内容。

根据定义,正负电荷中心不重合的分子就是极性分子,实际上无须测定分子的正负电荷中心,根据键的极性、中心原子孤电子对和分子对称性等因素就可判断分子的极性。

1. 键的极性法

只含有非极性键的分子一定是非极性分子;含极性键的分子可能是极性分子,也可能是非极性分子,还要结合分子对称性进行分析。

单质中原子间都是非极性键,因此单质分子都是非极性分子(O_3 除外,见本节"问题讨论:臭氧分子为何有极性"),如 C_{60}、P_4 和 S_8 等。

2. 孤电子对法

中心原子上孤电子对的存在会使单中心分子的正负电荷中心无法重合,因此中心原子上有孤电子对的分子都是极性分子。具体方法如下:

(1) 通常情况下,当 N、O、P、S 作为中心原子时都有孤电子对,因此以这些原子为中心原子的分子都是极性分子。PCl_5 和 SF_6 是特殊情况,根据 VSEPR 可知这两个分子的中心原子没有孤电子对,因此二者都是非极性分子。

(2) 当 B、C 和 Si 作为中心原子时都没有孤电子对,仅分析键的极性即可。中心原子如果只与 1 种原子成键,则为非极性分子,反之则为极性分子。如 BF_3、CH_4、CCl_4、CO_2、$SiCl_4$ 等(只含 2 种元素)为非极性分子,如 HCN、COS、CH_2O、CH_3Cl、CCl_2F_2 等(含 3 种及以上元素)为极性分子。

3. 对称性法

可以根据分子的对称性判断分子的极性。

(1) 双原子分子

同核双原子分子为非极性分子,异核双原子分子为极性分子。

(2) 三原子分子

三原子分子中仅有直线形对称的 AB_2 分子为非极性分子,其余均为极性分子(表 2-3-2)。理论上直线形 A_3 分子是非极性分子,但尚未有这样的实例。

第二章 分子结构与性质

表 2-3-2 利用对称性法判断三原子分子的极性

三原子分子	是否符合 AB_2	是否直线形	是否对称	极性判断
HCN	否	/	/	极性分子
CO_2	是	是	是	非极性分子
COS	否	/	/	极性分子
N_2O	是	是	否	极性分子
NO_2	是	否	/	极性分子
NOCl	否	/	/	极性分子
H_2O	是	否	/	极性分子
HOCl	否	/	/	极性分子
O_3	是(A_3)	否	/	极性分子
SCl_2	是	否	/	极性分子

注意：N_2O 是直线形分子，中心原子为 N 原子。

（3）四原子分子

四原子分子中仅有平面正三角形 AB_3 分子和正四面体形 A_4 分子为非极性分子，其余均为极性分子。高中阶段仅有 BF_3、BCl_3 和 P_4 为非极性分子。

（4）五原子分子

五原子分子中仅有正四面体形及平面正方形（高中阶段不常见）AB_4 分子为非极性分子，其余均为极性分子。常见的 CH_4、CF_4、CCl_4、$SiCl_4$（互为等电子或广义等电子体）等都是非极性分子。

（5）其他多原子分子

六原子分子 PCl_5 和七原子分子 SF_6 的对称性很高，都是非极性分子。

📖 知识拓展：CO 的极性

CO 是极性分子，若根据电负性大小判定，应该是 O 原子呈负电性而 C 原子呈正电性，然而事实却是相反的。

CO 结构与 N_2 相似，分子中存在三键（图 2-3-4）。CO 中的一个 π 键是由 C 原子和 O 原子各提供 1 个电子形成的，另一个 π 键是由 O 原子单方面提供 2 个电子形成的（称为配位键，见第三章第四节）。O 原子提供 2 个电子与 C 共用，最终从形式上表现为 O 原子"失去"电子呈正电性，C 原子"得到"电子呈负电性：:C≡O:。

N—N   C—O

图 2-3-4 N_2 和 CO 的成键结构

第三节 分子结构与物质的性质

📖 **知识拓展：1,2-二氯乙烷的构象和极性**

1,2-二氯乙烷中的 C—C 键可以自由旋转形成多种构象，其中包括交叉型构象和重叠型构象等（图 2-3-5）：2 个 Cl 原子距离最远的交叉型构象是最稳定的构象，这种构象是没有极性的；2 个 Cl 原子距离最近的重叠型构象是最不稳定的构象，这种构象是有极性的。

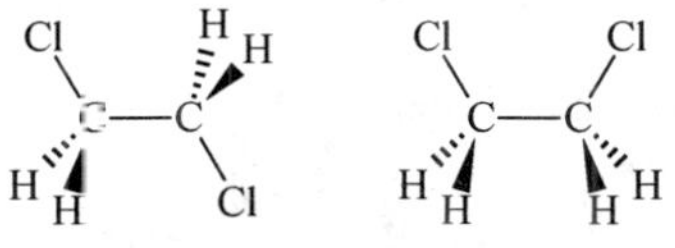

交叉型构象　　　重叠型构象

图 2-3-5　1,2-二氯乙烷的交叉型构象和重叠型构象

❓ **问题讨论：臭氧分子为何有极性**

1. 臭氧是极性分子

在分子极性的教学中，一般认为同种元素原子之间形成的键都是非极性键，因此单质分子都是非极性分子。然而人教版新教材《物质结构与性质》第二章第三节新增资料卡片"臭氧是极性分子"，内容如下（节选）：

臭氧是一种重要物质。出人意料的是，臭氧分子有极性，但很微弱。其分子的空间结构与水分子的基本相同，但极性仅是水分子的极性的 28%。臭氧分子中的共价键是极性键，臭氧分子的中心氧原子是呈正电性的，而端位的两个氧原子是呈负电性的。

这一节课后习题以臭氧为素材设计了选择题：

（课后第 6 题）已知 O_3 的空间结构为 V 形，分子中正电中心和负电中心不重合，则下列关于 O_3 和 O_2 在水中的溶解度的叙述中，正确的是（　　）。

A. O_3 在水中的溶解度和 O_2 的一样　　　B. O_3 在水中的溶解度比 O_2 的小

C. O_3 在水中的溶解度比 O_2 的大　　　　D. 无法比较

这道练习题考查了臭氧分子的极性和相似相溶原理两个知识点，强调了臭氧是极性分子，但没有给出任何解释。

2. 为什么臭氧是极性分子

按照教材中的知识逻辑可以得到两条规律：一是由同种元素原子形成的共价键都是非极性键，二是只含非极性键的分子都是非极性分子。结合这两条规律可以得到单质分子都是非极性分子的结论，比如 C_{60}、P_4 等，但臭氧却是极性分子，是哪个规律出问题了？

教材中指出，臭氧分子中的共价键是极性键。教材中判断共价键极性的方法是：根据共用电子对是否偏移将共价键分为极性共价键和非极性共价键。教学中通常根据形成共价键两原子的电负性判断共用电子对是否偏移。教材对电负性的定义是描述不同元素的原子对键合电子吸引力的大小，并给出了主族元素的电负性。

基于以上分析，关键问题是：每一种元素原子对键合电子的吸引力是确定的，因此臭氧中的两个 O 原子对键合电子的吸引力应该是相等的,那么为什么臭氧中的共价键是极性键,从而导致臭氧是极性分子?

3. 臭氧的结构分析

臭氧是 V 形分子,中心氧原子是 sp^2 杂化:2 个 sp^2 杂化轨道分别与另外 2 个氧原子形成 σ 键,剩下的 1 个 sp^2 杂化轨道中有一对孤电子对,未杂化的 p 轨道与另外 2 个氧原子的 p 轨道形成 Π_3^4(图 2-3-6)。臭氧中键角为 116.8°,键长为 127.8 pm,介于氧氧单键(键长为 148 pm)和氧氧双键(键长为 112 pm)之间,印证了 Π_3^4 的存在。

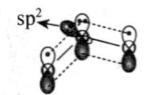

图 2-3-6 臭氧分子结构

实验事实和计算化学表明臭氧有微弱的极性:臭氧在非极性溶剂 CCl_4 中的溶解度大于在强极性溶剂 H_2O 中的溶解度,结合相似相溶原理,说明臭氧极性微弱;量子化学计算表明,臭氧分子的中心 O 原子带有正电荷(+0.24452),2 个端头 O 原子均带有负电荷(−0.12226),结合臭氧是 V 形分子,说明臭氧分子有微弱的极性。

通常用偶极矩表示分子的极性强弱,H_2O 和臭氧的偶极矩对比见图 2-3-7,相比于 H_2O,臭氧的极性较弱。偶极矩是向量,不仅有大小,还有方向,图 2-3-7 中箭头所示方向是从正电中心到负电中心。

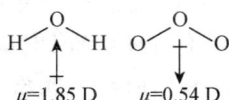

图 2-3-7 H_2O 和 O_3 的偶极矩对比

4. 臭氧分子的极性分析

臭氧分子的极性是结构化学中讨论较多的问题。根据教研论文,结合教学经验,主要有 3 种解释方法。

(1) 电子离域法

一种主流观点认为在臭氧分子的 Π_3^4 中,中心 O 原子提供 2 个电子而每个端头 O 原子只提供 1 个电子,π 电子在整个分子中运动的结果使得电荷分布平均化,即将 4 个电子(接近)平均地分配给 3 个 O 原子,导致中心 O 原子的电子流向其他 2 个 O 原子而自身带正电荷,两端 O 原子则集中了较多的负电荷。

(2) 氧原子电负性差值法

这种观点认为同一种元素的原子在不同杂化形态下的电负性不一样。比如对于 C 原子,由于 s 轨道中的电子更靠近原子核,因此杂化轨道 sp^n 中 s 轨道所占比例越大,轨道的电负性越大:s>sp>sp^2>sp^3>p,C 原子的电负性也因杂化类型不同而异。丙烯中的甲基 C 原子为 sp^3 杂化而与甲基相连的双键 C 原子为 sp^2 杂化,因此二者之间的碳碳单键是有极性的(图 2-3-1),这导致甲基中的碳氢键具有一定的活性。

将上述思想方法应用到臭氧分子中：中心 O 原子用 sp^2 杂化轨道与端头 O 原子的 p 轨道成键，由于 sp^2 杂化轨道的电负性大于 p 轨道，氧氧 σ 键有极性，中心 O 原子带负电而端头 O 原子带正电，因此臭氧是极性分子（图 2-3-8）。然而利用这种分析方法得到的结果与真实结果相反，说明氧氧 σ 键的极性并不是引起臭氧分子极性的原因。

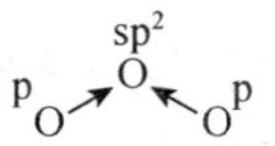

图 2-3-8　O_3 中氧氧键极性示意

（3）孤电子对法

孤电子对法认为臭氧中心 O 原子的 sp^2 杂化轨道中有 1 对孤电子对，使得分子中正负电荷分布不均匀，导致臭氧有极性（图 2-3-6）。按照这种分析方法，应该是中心氧原子带负电而端头氧原子带正电，这与实际情况相反。

经过分析对比，电子离域法能够合理地解释臭氧分子的极性。氧原子电负性差值法和孤电子对法虽然可以说明臭氧分子有极性，但是得到的极性方向与实际的极性方向相反。分子的极性受多种因素影响，不能就此断定氧原子电负性差值法和孤电子对法是错误的，只能认为在臭氧中电子离域的因素起到了主导作用。

5. 如何做好臭氧分子极性的教学

教材中引入臭氧分子的极性，看似与教材中总结的规律"冲突"，实则不然，前文已阐明：只有化学环境完全相同的 2 个相同原子形成的键才是非极性键。臭氧中的中心 O 原子和端头 O 原子的化学环境显然不同，其中氧氧键是极性键，2 个氧氧键的极性不能抵消，因此臭氧是极性分子。

高中阶段没有办法分析各个 O 原子的电性。在学生化学基础较好的班级，可以借鉴大学化学的教学方法，用共振式法分析各原子的电荷情况（图 2-3-9）。可以看出臭氧的 2 种共振式中，中间 O 原子都带正电，而端头 O 原子不带电或带负电，从而合理解释了臭氧分子中各个原子的电性。

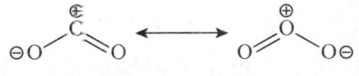

图 2-3-9　O_3 的共振式

3　范德华力

范德华力是分子间普遍存在的作用力，是分子能聚集在一起的原因。理想气体模型中忽略了分子间作用力，因此理想气体不能液化。通常情况下，由分子组成的物质中范德华力越大，熔沸点越高。

之所以说"范德华力是分子间普遍存在的作用力"，有两点需要说明。

（1）范德华力的产生对分子的结构和种类没有任何要求，是普遍存在的。比如空气中的 O_2 与 O_2、O_2 与 CO_2 之间都有范德华力，再如 75% 酒精中的 H_2O 与 C_2H_5OH、C_2H_5OH 与 C_2H_5OH 之间都有范德华力。

(2) 分子间的作用力不止范德华力一种,还有氢键等。只有一些具有特定结构的分子之间才能形成氢键(见"专题学习九:氢键及其对物质性质的影响"),因此氢键不是分子间普遍存在的。

📖 知识拓展:范德华力的本质和组成

范德华力的本质是分子间的静电作用,是一种分子电场的相互作用。

既然分子都是电中性的,那么分子之间为何会有静电吸引呢?实际上,虽然分子是电中性的,但是受自身结构动态变化和外界环境的影响也有可能局部带电。主要包括以下3种情况。

(1) 极性分子中正负电荷中心不重合,一个分子的正电荷中心会吸引另一个分子的负电荷中心,由此产生的相互作用被称为取向力(图2-3-10)。

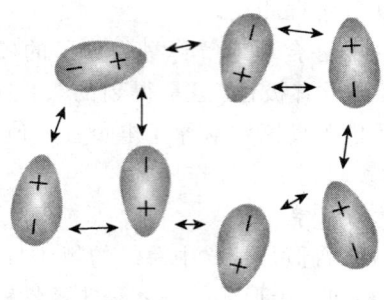

图 2-3-10　极性分子间取向力示意

(2) 一个分子的电子云在邻近极性分子的电场作用下会变形(此过程称为极化),导致正负电荷中心会从重合到不重合(即非极性分子变为极性分子),或不重合距离增大(即极性分子极性进一步增强),从而非极性分子与极性分子之间产生吸引力,或使极性分子之间吸引力增强。这种在极性分子诱导下产生的作用力被称为诱导力。

(3) 本节教材内容解读中"分子的极性"一节提到 H 原子始终都是极性原子,而 He 原子绝大部分情况下(除去原子核恰好在 2 个电子的连线中点时)也是极性原子。同样的道理,分子是由原子组成的,原子核和电子也在不停地运动,正负电荷中心常常不重合,因此产生的吸引力被称为色散力。色散力是存在最普遍的范德华力。

取向力、诱导力和色散力共同组成了范德华力。极性分子之间三种力都存在,极性分子和非极性分子之间存在色散力和诱导力,非极性分子之间只存在色散力。

📖 知识拓展:极化和变形性

极性分子形成的电场使邻近分子的电子云变形的过程被称为极化。如图2-3-11所示,在相同的电场中,一些分子的电子云变形程度大,称之为变形性大,容易极化;反之则称为变形性小,不易极化。

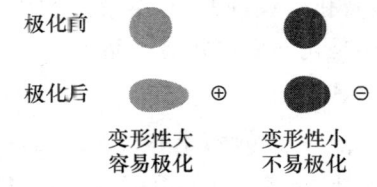

图 2-3-11　不同分子的极化过程示意

重力场中的极化非常常见。自然界中柳树枝下垂,成熟的稻谷下垂,都是重力场中极化的现象。细的柳树枝容易下垂而粗的杨树枝不易下垂,这是因为前者变形性大而后者变形性小。在零重力环境中的火焰是球形的,而酒精灯燃烧时火焰是向上的(图 2-3-12),这是因为燃烧产生的物质温度较高,密度较小,形成了向上的火焰,因此可以认为向上的火焰是球形火焰在重力场中极化的结果。工农业生产中利用密度的差异对物质进行离心分离,这是对重力场极化的应用。

图 2-3-12　酒精灯火焰

知识拓展:影响范德华力的因素

范德华力由取向力、诱导力和色散力三部分组成,不同类型的分子间三种力的比重不同。一些基本的规律总结如下。

(1) 相对分子质量越大,范德华力越大

对绝大部分极性不是很强的分子来说,色散力是主要的。分子的相对分子质量越大,分子中的电子越多,变形性越大,色散力越大。比如 F_2、Cl_2、Br_2、I_2 的熔沸点依次升高,再如 CH_4、C_2H_6、C_3H_8、C_4H_{10} 的沸点依次升高,都是因为色散力增大。

(2) 极性越强,范德华力越大

相对分子质量接近的分子,极性越强,取向力和诱导力越大,范德华力越大。以 N_2 和 CO 为例,二者相对分子质量相等,熔点 CO>N_2,沸点 CO>N_2,这是因为 CO 是极性分子而 N_2 是非极性分子。

需要注意:范德华力是影响由分子组成的物质熔沸点的主要因素,分子的空间结构和堆积方式等因素也会影响物质的熔沸点。

4　溶解过程

溶解是指两种及以上的物质混合后形成均一、稳定的混合物(通常是溶液)的过程。NaCl 或 CO_2 溶于水、Br_2 溶于 CCl_4 等都是常见的溶解过程。通常将溶解过程看作物理变化,实际上一部分溶解过程也涉及化学键的断裂,溶解的物质有可能会与溶剂反应,因此笼统地讨论溶解过程是物理变化还是化学变化并不严谨。

5 相似相溶规律

相似相溶是描述物质溶解性的重要规律,主要包括两部分内容。

(1) 极性溶质(蔗糖、NH_3)一般能溶于极性溶剂(H_2O),非极性溶质(O_2、Br_2)一般能溶于非极性溶剂(苯,CCl_4)。

离子化合物在极性溶剂中的溶解性优于在非极性溶剂中的溶解性。以 NaCl 的溶解过程为例,从微观上分析,极性的 H_2O 与 Na^+ 和 Cl^- 的相互作用克服了 NaCl 晶体中 Na^+ 和 Cl^- 原有的相互作用,从而形成了$[Na(H_2O)_n]^+$ 和 $[Cl(H_2O)_n]^-$(图 2-3-13)。非极性溶剂无法与 Na^+ 和 Cl^- 产生较强的相互作用形成溶剂化离子,也就无法克服晶体中 Na^+ 和 Cl^- 原有的相互作用,因此 NaCl 等离子化合物难溶于非极性溶剂(更多关于溶剂化过程的说明见第三章第三节"知识拓展:溶剂化过程")。

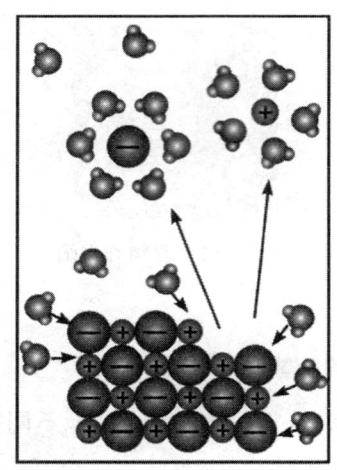

图 2-3-13 NaCl 在水中溶解过程示意

(2) 如果溶质和溶剂结构相似,则溶解性较好;如果溶质和溶剂结构不相似,则溶解性较差。醇和羧酸等有机物结构中的—OH 和—COOH 与 H_2O 结构相似,与 H_2O 之间的作用力较强,属于亲水基团;烃基—C_nH_m 与 H_2O 结构不相似,与 H_2O 之间的作用力较弱,属于疏水基团。

一般来说,亲水基团越多,在水中的溶解性越好。比如己醛 $CH_3(CH_2)_4CHO$ 微溶于水,葡萄糖 $HOCH_2(CH_2OH)_4CHO$ 易溶于水,这是因为后者多了 5 个亲水基团—OH。疏水基团越大越多,与水的结构差别越大,在水中的溶解性越差。以一元醇为例,C 原子数为 1~3 的醇能与水以任意比例互溶,C 原子数为 4~11 的醇部分溶于水,C 原子数更多的醇不溶于水。

影响物质溶解性的因素是多样的,比如 NH_3 极易溶于水有 2 个原因:一是 NH_3 和 H_2O 之间能形成氢键形成 $NH_3·H_2O$;二是 NH_3 和 H_2O 都是极性分子,相似相溶。

知识拓展：相似相溶的应用

相似相溶规律对生产生活有重要的指导意义。

(1) 为溶质选择合适的溶剂

大部分油漆都是非极性或弱极性分子，生活中常用乙酸乙酯等弱极性有机溶剂溶解油漆。

(2) 改变溶剂极性进而改变溶质溶解性

在制备$[Cu(NH_3)_4]SO_4 \cdot H_2O$的实验中，向反应后的溶液中加入极性较小的溶剂(如乙醇)，可以析出深蓝色晶体。这是因为加入的乙醇与水形成的混合溶剂极性较小，减小了典型的离子化合物$[Cu(NH_3)_4]SO_4 \cdot H_2O$的溶解度。

(3) 修饰分子结构进而改变溶解性

人体内的血液和组织液都是以水为主要成分的混合体系，良好的水溶性有助于药物分子发挥药效，因此水溶性是有机小分子药物研发过程中的关键问题之一，常通过引入亲水基团等方法改善药物的水溶性。

知识拓展：盐效应对溶解度的影响

NaCl等电解质溶于水后会通过静电作用形成水合离子(如$[Na(H_2O)_n]^+$和$[Cl(H_2O)_n]^-$)，该过程减少了可以作为"自由"溶剂的水分子，从而降低了对其他物质的溶解性，将这种影响称为盐效应。

盐效应在生产生活中有广泛的应用。

(1) 盐效应能够改变物质的溶解性，可用来促进物质的分离。比如向蛋白质溶液中加入较高浓度的盐(如$NaCl$、Na_2SO_4等)能使蛋白质的溶解度降低而从溶液中析出，这个过程称为盐析，盐析过程是可逆的，对蛋白质活性没有影响，是常用的分析提纯蛋白质的方法。再如脂肪水解可以得到高级脂肪酸钠和甘油的混合溶液，向其中加入NaCl可促使高级脂肪酸钠沉淀析出，分离后进一步加工即可得到肥皂。

(2) 制备乙酸乙酯的实验中，利用饱和Na_2CO_3溶液除去混在乙酸乙酯中的乙酸和乙醇，原因有三：一是乙酸能与Na_2CO_3反应形成乙酸钠进入水相；二是乙醇可与水无限互溶而进入水相；三是乙酸乙酯在水中有一定的溶解度(9.7 g/100 g H_2O)，在水中加入高浓度Na_2CO_3，可以减小乙酸乙酯在水中的溶解度，促进分层从而实现分离。

(3) 在制取Cl_2的实验中，常用饱和NaCl溶液洗气的方法除去Cl_2中的HCl。传统的解释是Cl_2溶于水发生可逆反应$Cl_2 + H_2O \rightleftharpoons H^+ + Cl^- + HClO$，饱和NaCl溶液中高浓度的$Cl^-$能够抑制$Cl_2$与$H_2O$的反应从而减小$Cl_2$的溶解度。实际原理较为复杂，其中盐效应起到一定作用，减小了Cl_2在H_2O中的溶解度。

知识拓展：浸润和不浸润与分子间作用力

1. 浸润和不浸润

一些液体在与固体接触时能够沿固体表面扩展进而润湿固体并附着在固体表面上，这种现象叫作浸润现象;反之如果液体在与固体接触时接触面趋于缩小而不润湿固体的现象叫作不浸润现象。可以用墨水在宣纸上写字,是因为墨水可以浸润宣纸;用涂刷天然防水桐油的皮棉纸做油纸伞的伞面,是因为雨水不能浸润桐油处理过的纸。再如荷叶上的露珠就是露水不能浸润荷叶表面导致二者接触面趋于缩小形成的自然现象。

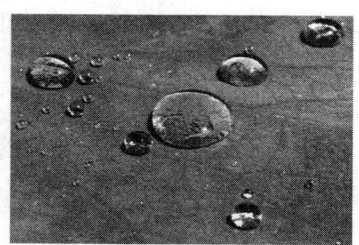

图 2-3-14　荷叶上的露珠

2. 分子结构与浸润和不浸润的关系

浸润和不浸润取决于液体和固体的分子间作用力。从微观上看,在固液接触面上形成了一个液体薄层,叫作附着层。附着层里的分子同时受到固体分子和液体内部分子的吸引。如果受到固体分子的吸引比较强,受到液体内部分子的吸引比较弱,会导致跟固体接触的液体表面有扩展的趋势,产生浸润现象;反之则产生不浸润现象。

从结构组成来说,如果固体表面结构与液体结构相似,就能浸润,反之就不能浸润,即"相似浸润,不相似不浸润"。

比如水能浸润玻璃,因为玻璃的成分是 Na_2SiO_3 和 SiO_2 等,玻璃表面含有大量 O 原子,与 H_2O 之间的作用力较强,相似所以浸润。使用量筒、滴定管和移液管时,由于水能浸润玻璃,因此会形成凹液面,读数时要读取凹液面最低处(图 2-3-15)。纯棉毛巾和面巾纸的主要成分是纤维素,其结构中含有大量的羟基,能与 H_2O 产生较强的分子间作用力,因此纯棉毛巾和面巾纸吸水效果很好。

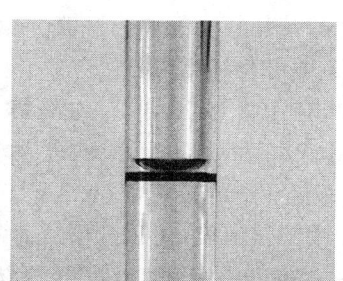

图 2-3-15　玻璃管中形成的凹液面

水银能够在洁净的玻璃板上滚来滚去而不附着,雨水不能渗进油纸伞,这些都是典型的不浸润现象。水银中 Hg 以 Hg_2 非极性分子的形式存在,而玻璃表面是极性的,不相似不浸润;桐油处理过的油纸伞表面都是由烃基组成的疏水结构,因此水不能浸润。

当我们戴着塑料手套吃油焖小龙虾时,会发现手指上有油。这是因为塑料手套的材质为非极性聚乙烯,油分子(高级脂肪酸的甘油酯)是弱极性的,二者极性相似(分子结构有相似之处),因此油可以浸润并渗透塑料手套。

专题学习九：氢键及其对物质性质的影响

1 氢键的形成和特征

1.1 氢键的形成

1.1.1 形成氢键的原理

当 H 原子与 F、O、N 等电负性很大的原子成键时，形成的 F—H、O—H、N—H 键都是强极性键，共用电子对强烈地偏向 F、O、N 原子而偏离 H 原子，使得 F、O、N 原子呈负电性而 H 原子呈正电性。这种呈正电性的 H 原子与其他呈负电性的 F、O、N 原子之间的静电作用力称为氢键。

固态、液态、气态中都能形成氢键：固态中分子排列有序，有利于形成更多氢键，固态（晶体）中分子的排列方式往往受到氢键影响；从固态融化为液态时一部分氢键被破坏；气态条件下分子热运动加剧，分子间距离显著增大，形成的氢键数目骤减。

1.1.2 形成氢键对分子结构的要求

在氢键结构中，将含有呈正电性 H 原子的分子称为氢的给体，将含有呈负电性 F、O、N 原子的分子称为氢的受体。H_2O 既可以作为氢的给体，也可以作为氢的受体，H_2O 分子之间可以形成氢键。丙酮中无呈明显正电性的 H 原子，只能做氢的受体，丙酮分子间不能形成氢键，但丙酮可与 H_2O 形成氢键。一般来说，含羟基、氨基、羧基的分子既可以做氢的给体，也可以做氢的受体，只含羰基、酯基的分子只能做氢的受体。

分子和离子、离子和离子之间都可以形成氢键。比如 $CuSO_4 \cdot 5H_2O$ 的 SO_4^{2-} 中呈负电性的 O 可与 H_2O 中呈正电性的 H 形成氢键，再如 NH_4F 的 NH_4^+ 中呈正电性的 H 可与 F^- 形成氢键。

1.1.3 常见的氢键结构

如果一个分子既可以是氢的给体，也可以是氢的受体，则可通过氢键形成线状、网状等结构复杂的弱相互作用分子集合体（更多通过氢键形成的复杂结构见"专项研究八：新教材中超分子、分子识别和自组装的解读和拓展"）。

接近沸点的甲酸蒸气平均相对分子质量介于 46~92，这是因为甲酸分子间通过氢键缔合形成双分子结构（图 2-3-16）。随着温度进一步升高，氢键被破坏，蒸气的平均相对分子质量逐渐减小至 46。

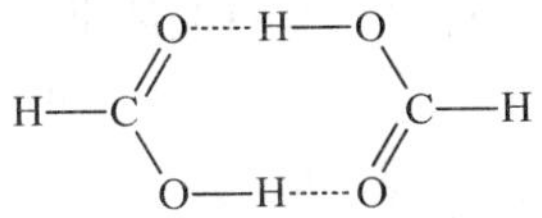

图 2-3-16 通过氢键缔合的甲酸双分子结构

1.2 氢键的特征

1.2.1 氢键的键能

作为一种分子间相互作用，氢键也有强弱之分，可用键能衡量。常见氢键的键能见表 2-3-3。

表 2-3-3　常见氢键的键能

氢键 X—H⋯Y	键能/(kJ/mol)	具体案例
F—H⋯F	28.1	(HF)$_n$
O—H⋯O	18.8	冰
O—H⋯O	25.9	甲醇、乙醇
N—H⋯N	5.4	NH$_3$

表 2-3-3 中氢键的键能说明了两个问题：一是 X—H⋯Y 中 X 和 Y 的电负性越大，则 H 的正电性越强，Y 的负电性越强，氢键的键能越大；二是氢键的键能受其他多种因素的影响，比如冰中氢键的键能小于甲醇中氢键的键能，这是电子效应、氢键数目和方向等多种因素作用的结果。

1.2.2　氢键的方向性和饱和性

氢键本质上是正负电荷之间的相互作用，无饱和性和方向性。然而在形成氢键的一些具体案例中，受正负电荷的分布情况影响，氢键常常呈现出饱和性和方向性。

在冰中，O 原子是 sp^3 杂化，负电荷集中在 2 对孤电子对上，其他 2 个 H$_2$O 的 H 原子向孤电子对靠近，与该 O 原子形成 2 个氢键。因此 1 个 H$_2$O 参与形成 4 个氢键（图 2-3-17），每个氢键都是 2 个 H$_2$O 之间形成的，因此 1 mol 冰中含 2N_A 个氢键。

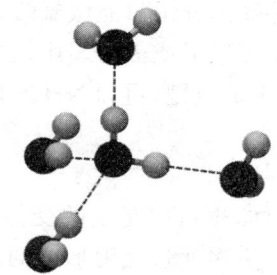

图 2-3-17　冰中 H$_2$O 之间形成的氢键

HF 中通过分子间氢键形成锯齿形长链（图 2-3-18）。虽然 F 原子可与不止 1 个 H 原子形成氢键，但是每个 H 原子只能与一个 F 原子成键，即 H 原子数目不足导致每个 HF 只能参与形成 2 个氢键，每个氢键都是 2 个 HF 之间形成的，因此 1 mol HF 中含 N_A 个氢键。

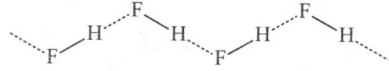

图 2-3-18　HF 之间形成的氢键

NH$_3$(s) 的每个 H 原子都与其他 NH$_3$ 中的 N 原子形成一个氢键，每个 N 原子能与 3 个 H 原子（来自 3 个不同 NH$_3$）形成氢键，每个 NH$_3$ 都参与形成 6 个氢键，因此 1 mol 固态氨中有 3N_A 个氢键。

尿素晶体中的氢键结构特殊，每个 O 原子都与 4 个 H 原子分别形成 4 个氢键，每个 H

原子都与 1 个 O 原子形成 1 个氢键(图 2-3-19)。

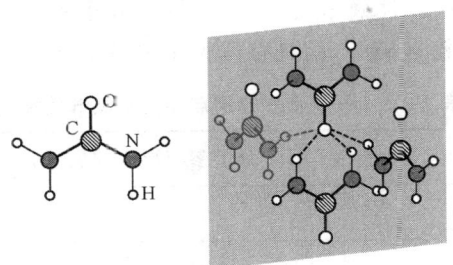

图 2-3-19 尿素晶体中氢键结构

冰中的氢键是 H 原子与 O 原子上孤电子对一对一形成的强氢键,键能为 18.3 kJ/mol;HF 中的氢键也是 H 原子与 F 原子上孤电子对一对一形成的强氢键,键能为 28.1 kJ/mol;而固态氨中的氢键是 H 原子与 N 原子上孤电子三对一形成的弱氢键,键能仅为 5.4 kJ/mol。一般来说,强氢键具有明显的方向性和饱和性,而弱氢键与普通的静电吸引类似,方向性和饱和性不明显。

2 氢键对物质性质的影响

氢键对物质的物理性质和化学性质都有影响。注意在描述氢键对物质性质的影响时,参照的对象往往是相对分子质量相近、结构相似的其他分子。

2.1 氢键对沸点的影响

液体汽化的过程需要克服分子间作用力,因此分子间作用力越大,沸点越高。分子间普遍存在的作用力是范德华力,主要受分子的相对分子质量、极性等因素影响。一些物质的沸点见表 2-3-4。

表 2-3-4 一些物质的相对分子质量、沸点和形成氢键情况对比

分子	相对分子质量	沸点/℃	能否形成分子间氢键
O_2	32	−183.0	否
CH_4	16	−161.5	否
NH_3	17	−33.5	能
HF	20	19.3	能
$CH_3CH_2CH_2CH_2CH_3$	72	36.0	否
CH_3OH	32	64.7	能
CH_3CH_2OH	46	78.4	能
H_2O	18	100.0	能
$CH_3CH_2CH_2OH$	60	117.8	能
$BrCH_2CH_2CH_2Cl$	157.5	143.5	否

可以看出相对分子质量相近的分子,若能形成分子间氢键则沸点会明显升高,如 O_2 和 CH_3OH。当然,不能形成分子间氢键的分子如果相对分子质量很大,沸点也会很高。

分子间形成的氢键数目越多,氢键的键能越大,则沸点越高。对 NH_3、H_2O、HF 沸点的比较见表 2-3-5。虽然 NH_3 能比 H_2O 形成更多氢键,但是 NH_3 中氢键的键能较小,因此沸

点 $H_2O>NH_3$；虽然 HF 中氢键的键能大于 H_2O 中氢键的键能，但是 H_2O 能比 HF 形成更多氢键，因此沸点 $H_2O>HF$。注意表 2-3-5 中"每个分子参与形成的氢键数"指的是固态中，液态中虽然有一部分氢键被破坏，但是整体大小关系基本不变。

表 2-3-5　一些物质的沸点和其中氢键的性质

分子	沸点/℃	每个分子参与形成的氢键数	键能/(kJ/mol)
NH_3	−33.5	6	5.4
H_2O	100.0	4	18.8
HF	19.3	2	28.1

草酸（HOOCCOOH，$M=90$，熔点 101℃）与正丁酸（$CH_3CH_2CH_2COOH$，$M=88$，熔点 −7.9℃）的相对分子质量仅相差 2，但二者熔点相差超过 100℃，这主要是因为草酸中有 2 个羧基，1 个草酸分子能参与形成 4 个氢键（图 2-3-20），而 1 个正丁酸只能参与形成 2 个氢键，所以草酸沸点显著高于正丁酸。

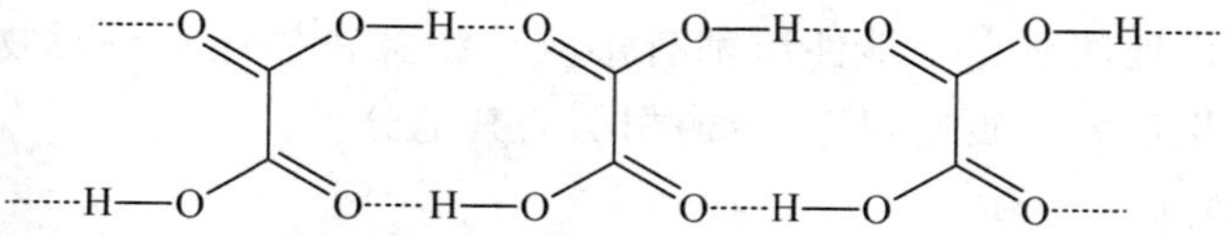

图 2-3-20　草酸分子间形成的氢键结构

需要注意：形成分子间氢键会使分子间作用力增强而导致沸点升高，但形成分子内氢键对沸点影响不大（沸点与相对分子质量相近的其他不能形成氢键的物质相近），因此"邻羟基苯甲醛能形成分子内氢键，导致沸点降低"这样的表述是不准确的。

2.2　氢键对密度的影响

分子堆积密度是影响物质密度的主要因素之一。一般来说，同一物质固体密度大于液体密度，这是因为固态中分子排列更有序、更紧密，因此大部分物质在固液混合物中固体都会沉在液体底部。

水结冰时则相反，因为冰中每个 H_2O 分子与周围 4 个其他 H_2O 分子形成 4 个氢键，由于氢键的方向性和饱和性，在冰中形成了大量类似金刚烷结构的空隙，使冰的密度小于水。

冰浮于湖面上是寒冷地区冬季常见的现象，随着温度降低，湖面形成厚厚的冰层为下层湖水保温，使得冰层下方仍是流动的湖水，为水生生物的生存提供了空间。设想，若水结冰后下沉，则湖水会完全结冰，水中生物将无法过冬。

水结冰后体积膨胀约 10%，可基于此原理制作冻豆腐。冻豆腐，也称海绵豆腐（图 2-3-21），是一种传统豆制品，孔隙多、弹性好、营养丰富、味道鲜美。新鲜豆腐的小孔结构中充满了水分，制作冻豆腐时首先降温到 0℃ 以下，水结冰体积膨胀，新鲜豆腐中的小孔被冰撑大，然后升温使冰融化，最后沥干水分就得到具有多孔结构的冻豆腐。

图 2-3-21　具有多孔结构的冻豆腐

2.3　氢键对溶解度的影响

氢键对物质在 H_2O 中溶解度的影响分为 3 种情况。

(1) 溶质分子与 H_2O 形成氢键,能够增大溶解度。

(2) 溶质分子之间形成氢键,实质是自身正负电荷相互吸引而缔合,也就减弱了自身的极性。以苯甲酸为例,2 个苯甲酸通过氢键形成的缔合分子(图 2-3-22)是非极性的,同时缔合过程使亲水基团无法与 H_2O 充分作用,最终导致苯甲酸在 H_2O 中溶解度很小,而在非极性溶剂中溶解度很大。随着温度的升高,分子热运动加剧,缔合分子中的氢键逐渐被破坏,苯甲酸的溶解度明显增大(表 2-3-6),这就是苯甲酸微溶于冷水而可溶于热水的原因。

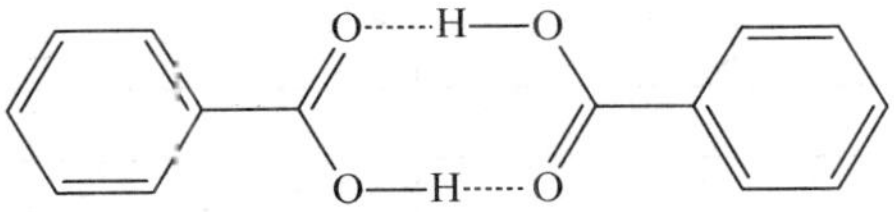

图 2-3-22　苯甲酸通过氢键形成的缔合分子结构

表 2-3-6　不同温度下苯甲酸在水中的溶解度

温度/℃	溶解度/(g/100 g H_2O)
0	0.17
25	0.34
50	0.85
95	6.8

(3) 溶质形成分子内氢键,不利于溶质与 H_2O 形成氢键,会使溶解度减小。

2.4　氢键对其他物理性质的影响

能形成分子间氢键的物质在由固态熔化为液态、液体逐渐升温、由液态汽化为气态的过程中,都需要破坏大量氢键,导致熔化热、比热容和汽化热较大,水是其中最典型的例子。生产生活中常常利用水的这些特性,比如动植物常常采用排水的方式(比如动物出汗、植物进行蒸腾作用)调节自身温度,再如北方冬天暖气中采用水作为传热工质,就是因为水的比热容相对较大。

3 氢键的应用

氢键的应用非常广泛。高中阶段最典型的应用是 DNA 的双螺旋结构是由两条单链通过碱基之间的氢键形成的,正是这种不强不弱的相互作用,既保证了 DNA 结构的相对稳定,又为 DNA 复制过程中的解螺旋提供了便利。基于氢键可以组装得到一系列功能超分子,见"专项研究八:新教材中超分子、分子识别和自组织的解读和拓展"。

📖 **知识拓展:主族元素简单氢化物的沸点变化规律**

主族元素简单氢化物的沸点变化规律见图 2-3-23(1) 和图 2-3-23(2)。

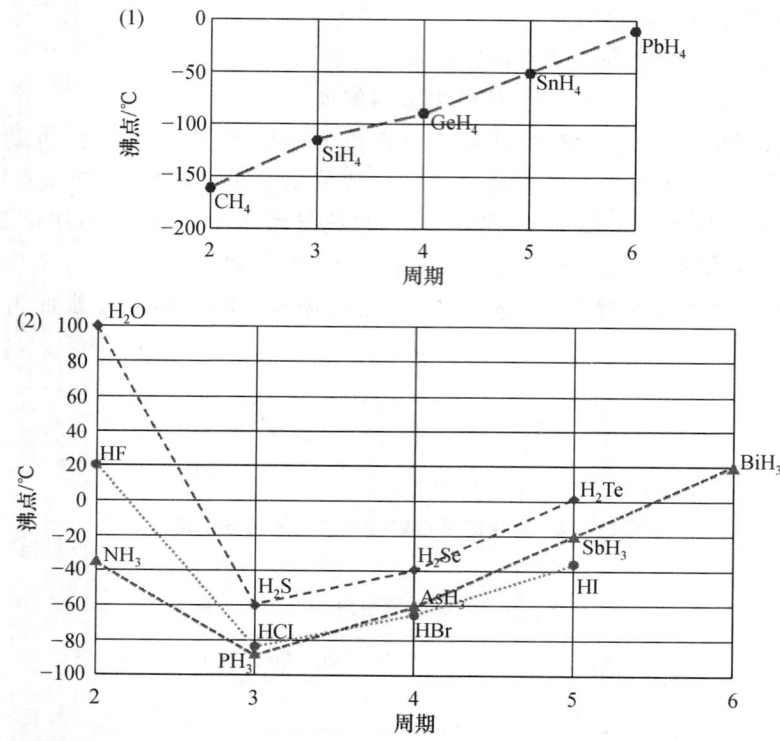

图 2-3-23 (1) 碳族元素简单氢化物的沸点变化规律;(2) 氮族、氧族、卤族元素简单氢化物的沸点变化规律

这些氢化物的沸点主要受分子间作用力影响,分子间作用力包括范德华力和氢键,范德华力是分子间普遍存在的作用力,而图 2-3-23(1) 和图 2-3-23(2) 所示的 18 种氢化物中只有 H_2O、HF 和 NH_3 这 3 种能形成分子间氢键。

第ⅣA 族元素简单氢化物的分子间只存在范德华力。这些分子结构相似且都是非极性分子,范德华力主要受相对分子质量影响。沸点变化规律是从上往下,相对分子质量增大,范德华力增大,沸点升高。第ⅤA 族、第ⅥA 族和第ⅦA 族元素的简单氢化物中除去 H_2O、HF 和 NH_3,其他氢化物的沸点变化规律与第ⅣA 族相同。

分子间氢键的形成使液体汽化难度增大,导致沸点高于其他具有相近相对分子质量的分子。如果直接比较 NH_3 和 AsH_3 的沸点,前者是较小相对分子质量产生的较弱范德华力和氢键,后者是较大相对分子质量产生的较强范德华力,孰强孰弱无法直接下结论,因此无法直接比较 NH_3 和 AsH_3 的沸点高低。

> 📖 **知识拓展**：化学结构和化学反应中的交换律

交换律是数学中的基本运算律。

加法和乘法满足交换律：$a+b=b+a, a\times b=b\times a$。减法和除法不满足交换律：$a-b\neq b-a, a\div b\neq b\div a$。

分子间的相互作用和化学反应可视为分子之间的"运算"。分析分子间"运算"过程的运算律,有利于加深对化学结构和化学反应的认识。

1. 化学结构中的交换律

范德华力和氢键是分子间作用力,二者的部分差别如下。

(1) 分子只要彼此靠近就能产生范德华力,这个过程中 2 个分子不分主次,满足交换律。

(2) 在形成氢键的过程中,若规定"A 与 B"表示由 A 为氢的给体、B 为氢的受体形成的氢键,那么氢键不满足交换律。首先,"H_2O 与丙酮"可以表示一种氢键,而"丙酮与 H_2O"表示的氢键不存在,因为丙酮不能作为氢的给体;其次,"H_2O 与 NH_3"和"NH_3 与 H_2O"分别表示$(H_3N)N\cdots H-O(H_2O)$和$(H_2O)O\cdots H-N(NH_3)$,是 2 种不同的氢键。

请思考：氨水中一共有几种氢键？

分析：氨水中溶质是 NH_3,溶剂是 H_2O,这 2 种分子都可参与氢键的形成,都既可作为氢的给体,又可作为氢的受体。因此 NH_3 与 NH_3 之间形成第一种氢键,H_2O 与 H_2O 之间形成第二种氢键,NH_3 与 H_2O 之间能形成 2 种氢键：$(H_3N)N\cdots H-O(H_2O)$和$(H_2O)O\cdots H-N(NH_3)$。根据以上分析,氨水中总共有 4 种氢键。

2. 化学反应中的交换律

羟醛缩合反应是醛（或酮）的 α-H 对另一个醛（或酮）C=O 键的加成反应,第一步的反应产物是 β-羟基醛（或酮）,在第二步反应中羟基发生消去反应生成 α,β-不饱和醛（或酮）。

若规定"A 与 B"表示由 A 提供 α-H、B 的 C=O 键被加成的羟醛缩合反应,那么羟醛缩合反应不满足交换律。首先,"乙醛与甲醛"是一个真实存在的羟醛缩合反应,而"甲醛与乙醛"这样的羟醛缩合反应不能发生;其次,"乙醛与丙醛"和"丙醛与乙醛"表示的反应产物并不相同。

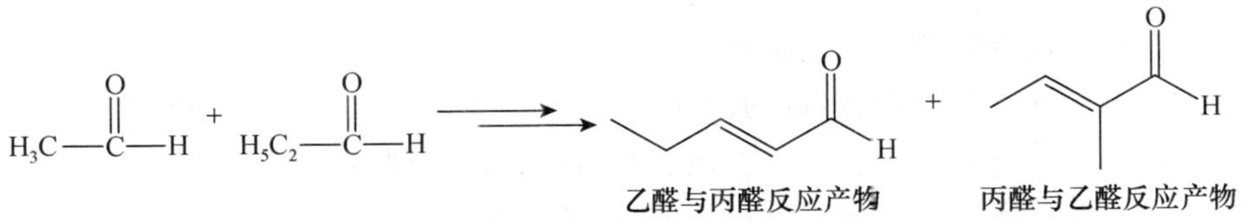

图 2-3-24　乙醛和丙醛缩合反应产物的 2 种结构

试思考：含有甲醛、乙醛和丙醛的混合溶液在催化剂的作用下能发生几种羟醛缩合反应？

分析：按照"A 与 B"模式，由于甲醛没有 α-H，A 位只能填乙醛和丙醛，共 2 种情况；B 位可以填甲醛、乙醛和丙醛，共 3 种情况，因此可以发生 6 种羟醛缩合反应。

酯缩合反应、氨基酸成肽反应等均与羟醛缩合反应类似，不满足交换律，反应产物往往具有多样性。

教学设计片段

1　键的极性和分子的极性

【课堂活动一】标出 CO、CO_2、HCN、$CH_3—CH_3$、$CH_2=CH_2$、$CH≡CH$ 中碳元素的化合价，说明理由。

【展示】学生绘制图片 2-3-25。

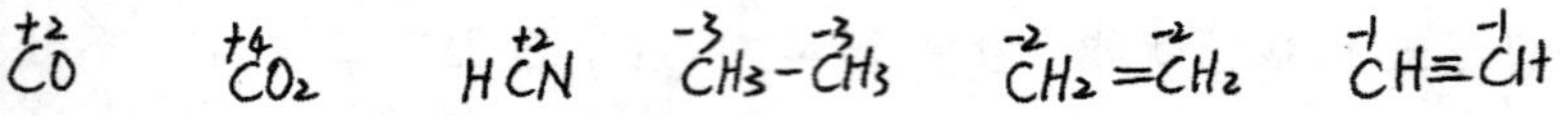

图 2-3-25　部分化合物中碳元素的化合价

【学生】C 原子与 N、O 原子成键时显正价，与 H 原子成键时显负价。以 HCN 为例，H—C 键使 C 显—1 价，C≡N 键使 C 显+3 价，最终 C 显+2 价。

【提问】如何分析 $CH_3—CH_3$、$CH_2=CH_2$、$CH≡CH$ 中碳元素的价态？

【学生】C 原子与 C 原子成键时显 0 价，只计算 C—H 键即可，因此 $CH_3—CH_3$、$CH_2=CH_2$、$CH≡CH$ 中碳元素价态分别为—3、—2、—1 价。

【教师】由此可见，一种元素在化合物中的具体化合价与其成键情况相关。

【提问】为什么 C 原子与 N、O 原子成键时显正价，与 H 原子成键时显负价，与 C 原子成键时显 0 价？

【学生】因为吸引电子的能力 O＞N＞C＞H。两原子成键时吸引电子能力强的原子呈负电性，显负价；吸引电子能力弱的原子呈正电性，显正价。

【追问】如何描述不同原子吸引电子的能力？

【学生】在第一章第二节学过电负性，电负性是描述不同元素的原子对共用电子对吸引力大小的标度。

【课堂活动二】阅读第一章第二节"3.电负性"和第二章第三节"2.键的极性和分子的极性"。

【提问】含有极性键的分子一定是极性分子吗？

【学生】如果极性键高度对称，键的极性恰好抵消，此时可以形成非极性分子。

【课堂活动三】以下结论是否正确？通过小组讨论说明理由。

（1）同核双原子分子都是非极性分子，异核双原子分子都是极性分子。

（2）三原子分子中，V 形三原子分子都是极性分子；直线形分子中 2 个端头原子相同的分子是非极性分子。

（3）单中心四原子分子中，三角锥形分子都是极性分子；平面形分子中 3 个端头原子相同的分子为非极性分子，其余均为极性分子。

【学生A】结论(1)正确,双原子分子中只有1个共价键,键有极性则分子有极性,键没有极性则分子没有极性。

【学生B】结论(2)正确,V形分子中2个共价键的极性无法抵消,是极性分子,而对称直线形分子中2个共价键的极性可以抵消,是非极性分子。

【学生C】结论(3)正确,只有平面三角形分子中3个相同共价键的极性才能抵消,形成非极性分子,其他情况都是极性分子。

【提问】如何分析单中心五原子分子的极性?

【学生D】只有4个端头原子完全相同的正四面体形五原子分子是非极性分子,其他情况都是极性分子。

【学生E】能不能说由三种及三种以上元素的原子形成的单中心微粒都是极性分子?

【教师】对于三原子分子、四原子分子和四面体形五原子分子都是成立的。其他情况还要具体分析。

【课堂活动四】分析以下分子的极性:HClO、HCN、CO_2、NH_3、BF_3、CH_2O、$COCl_2$、CH_4、CH_3Cl、CH_2Cl_2、$CHCl_3$、CCl_4、$SOCl_2$、SO_2Cl_2。

【学生】只有CO_2、BF_3、CH_4和CCl_4是非极性分子。

【课堂活动五】如何分析多原子分子的极性呢?分析H_2O_2和$(CN)_2$的极性。已知H_2O_2中4个原子不共直线,$(CN)_2$中4个原子共直线。

【学生A】H_2O_2中有2个H—O键是极性键,1个O—O键是非极性键。由于2个H—O键不在同一平面,极性无法抵消,因此H_2O_2是极性分子。

【学生B】$(CN)_2$中有2个C≡N键是极性键,1个C—C键是非极性键。由于2个C≡N键的极性等大反向,刚好抵消,因此$(CN)_2$是非极性分子。

2　氢键及其对物质性质的影响

结合本节"专题学习九:氢键及其对物质性质的影响"开展教学。

3　溶解性

结合本节教材内容解读中"溶解性和相似相溶规律"开展教学。

★ 专项研究三:分子的手性教学资源开发和教学设计

1　分子的手性的教学价值和意义

手性是自然界的基本属性,从化学到生物学,从医学到物理学,从天文学到地球科学,手性无处不在。分子的手性是中学化学和大学化学的重要教学内容,是有机化学中立体化学的核心内容之一,是有机合成和药物研发中的重要概念和关键因素。在教学中,分子的手性可以发展学生宏观辨识与微观探析、证据推理与模型认知和科学态度与社会责任的化学学科核心素养。同时,由于手性的普遍性、通俗性和趣味性,手性在学科教学外还具有特殊的教学价值和意义:能够引导学生感受自然科学之美,激发学生求知欲,培养学生学习兴趣。

2　分子的手性教学资源开发和教学设计背景

2.1　课程标准和教材中分子的手性相关内容分析

2003年版课标中仅有一次提到手性内容:"了解'手性分子'在生命科学等方面的应

用",2017年版课标(以下简称"新课标")则多次提到手性内容(见表2-3-7),手性的教学贯穿《物质结构与性质》和《有机化学基础》两个模块,明显提高了对分子的手性的教学要求。

表2-3-7 新课标中分子的手性相关内容

模块	主题	版块	具体内容
模块2 物质结构与性质	主题2:微粒间的相互作用与物质的性质	内容要求	2.3 分子的空间结构:结合实例初步认识分子的手性对其性质的影响
		教学提示	2. 学习活动建议:查阅"手性分子"的合成及应用 3. 情境素材建议:手性分子在药物研究中的应用
	主题3:研究物质结构的方法与价值	教学提示	3. 情境素材建议:手性药物设计
模块3 有机化学基础	主题1:有机化合物的组成与结构	内容要求	1.1 有机化合物的分子结构:认识有机化合物存在构造异构和立体异构等同分异构现象
		教学提示	3. 情境素材建议:构成生命体氨基酸的手性特征,手性药物"反应停"中的对映异构体
		学业要求	能举例说明立体异构现象

人民教育出版社2020年出版的教材(以下简称"新教材")中对分子的手性相关内容介绍见表2-3-8。结构化学新教材中介绍分子手性的内容与2004年版教材大体上一致,在正文中新增了石英螺旋链和石英晶体的手性。值得注意的是2004年版教材《物质结构与性质》的封面图片是两只手掌握着两个手性分子。

表2-3-8 新教材中分子的手性相关内容

教材	章节	分子的手性相关内容
《化学选择性必修2 物质结构与性质》	第二章 第三节	第三片段为"分子的手性",详细介绍分子的手性、手性药物和手性催化剂,指出"手性合成是当代化学的热点之一,是21世纪研究的重要领域"
	第二章 第三节	【科学史话】"巴斯德与手性",介绍了化学史上十项最美实验之首的实验:巴斯德用手工在光学显微镜把左旋和右旋酒石酸盐晶体分开,证明了分子的不对称性是生命的机理之一
	第三章 第二节	第二片段"共价晶体"正文中介绍了低温石英结构中螺旋上升的长链和石英的手性
《化学选择性必修3 有机化学基础》	第一章 第一节	【科学史话】"范托夫与碳价四面体学说",介绍了碳价四面体学说和对映异构概念的提出
	第四章 第一节	【资料卡片】"糖类分子与手性",介绍了手性碳原子和手性分子的概念,指出自然界存在的葡萄糖和果糖都具有D构型

从表2-3-8中可以看出新教材的编排非常重视分子的手性:以原理和概念为基础,从理论到实验,从晶体结构到有机分子,充分利用文字和图片多层次多角度地介绍分子的手性。

2.2 分子的手性教学研究现状

以"分子"和"手性"为主题,文献来源为《化学教育》《化学教学》《中学化学教学参考》,时间起点为2010年在知网进行检索(2021年8月25日),共检索到34篇文献,其中研究分子的手性教学的仅有一篇：《以发展学生化学核心素养为本的"手性分子"教学设计》，于2019年发表在《化学教学》。该教学设计的内容和形式新颖，以分子的手性相关概念以及"反应停"事件等为载体，设计了搭建分子模型、"区分左右手"游戏和角色扮演等体验性活动的教学策略，具有一定的参考价值。

2.3 分子的手性教学现状分析

分子的手性教学现状有三个特点：一是由于2003年版课标对分子的手性要求较低，近年的高考题中仅简单考查有机分子中手性碳原子的判断，学生只需机械记忆方法，无须理解手性的内涵即可解题；二是部分教师对手性的概念理解不够深刻，甚至是陌生的；三是教师没有充分认识到分子的手性的教学意义和价值，对这部分内容的教学研究很少。以上原因导致尽管新课标提高了对分子的手性的要求，新教材重视分子的手性的内容，但是分子的手性在课堂教学中总是不被重视，既未达到课程标准的要求，也未发挥出其应有的教学价值。

3 手性教学资源的开发

新教材对手性分子的描述简明扼要，用图片展示了左手和右手互为镜像但不能重合的情况。在阅读教材后，大部分师生对手性的认识停留在两只手的关系上，对手性分子的认识也停留在课本介绍的氯溴碘甲烷上，未达到课标的要求。要想让学生真正地认识、理解手性，首先要做的是开发更多通俗易懂、接近生活、趣味性强、操作容易的教学资源。

3.1 手性的内涵及判断方法

手性是对物体几何结构的一种描述：如果某物体与其镜像不同，则被称为"手性的"，或称为"有手性"，如左右手互为镜像但无法重合。在实际操作中根据物体与其镜像能否重合判断该物体是否具有手性是不方便的，一种简便的方法是分析分子的对称因素：有对称面、对称中心或S_4反轴的物体无手性。其中S_4反轴属于比较复杂的对称因素，判断常见物体是否具有手性只需分析是否具有对称面或对称中心即可。比如图2-3-26中人脸的实体和镜像不能重合，是因为左眼和右眼大小不一样导致人脸无对称面，因此具有手性。反之，若左眼和右眼大小一样，则人脸有对称面，没有手性，能与镜像重合（图2-3-27）。

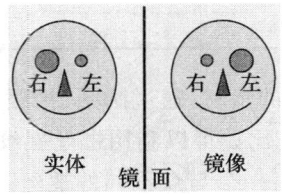

图2-3-26 不对称的人脸实体和镜像示意

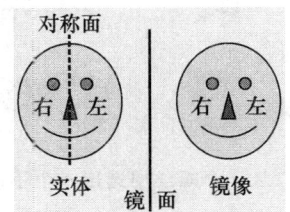

图2-3-27 对称的人脸实体和镜像示意

手性通常描述三维物体的性质,实际上二维平面图形也可能有手性。如俄罗斯方块中的 L 方块和左 L 方块,互为镜像,仅通过在平面内的旋转是无法重合的,这正是二维平面的手性现象。二维平面图形若有对称轴,则无手性,反之则有。

其他判断物体手性的方法:区分左右的物体是有手性的,有螺旋即有手性,轴向不对称的物体的旋转有手性等。

以上判断手性的方法虽然不是课程标准要求的教学内容,但是可用于高效筛选手性教学资源,保证教学素材的多样性和科学性。

3.2 手性教学资源

常见的手性教学素材及相关结论见表 2-3-9。

表 2-3-9 分子的手性教学素材及相关结论

分类	举例	规律/结论
人体相关	手、脚、耳朵、鞋子、手套、耳机	需要区分左右的物体都是有手性的
生活世界	汽车构造:左舵/右舵;行驶规则:靠左/靠右	
自然界	螺丝、风车、旋转楼梯的螺旋方向	有螺旋即有手性
	藤类植物绕枝生长方向	
	地球、台风旋转方向	轴向不对称的物体的旋转有手性
生命物质	1. 葡萄糖等糖类和各种氨基酸中的手性碳原子 2. 蛋白质和 DNA 中的螺旋结构	生命机理中重要的化学物质有手性
新闻报道	1. 沙利度胺的一种结构对胎儿有严重的致畸性 2. 周其林院士团队研究手性催化剂获得国家自然科学一等奖 3. 2001 年和 2021 年诺贝尔化学奖授予在不对称催化合成领域做出贡献的科学家	生产生活离不开手性药物、手性催化
科学史	1. 巴斯德手工分开左旋和右旋酒石酸盐晶体 2. 范托夫提出碳价四面体学说,为分子的手性提供科学依据	可用实验和理论证明分子的手性
其他	俄罗斯方块	二维平面图形也可能有手性
	部分积木、孔明锁的搭建和拼合	游戏中有手性

教师可以选择表 2-3-9 中合适的素材,通过画图、拍照、制作视频和模型等方式将这些素材转化为有实用价值的教学资源。比如可以利用螺丝螺纹的手性设计如下教学片段。

【课堂活动】从图 2-3-28 中选出一个与众不同的螺丝。

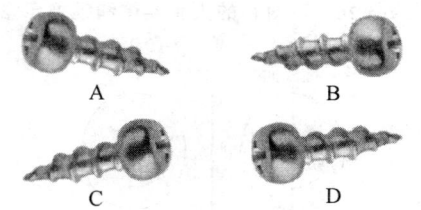

图 2-3-28 从 4 个螺丝中选出一个不同的螺丝

【学生】C 的螺纹方向和 ABD 的螺纹方向不一样。

【教师】如图 2-3-29 所示,螺旋线有左手螺旋和右手螺旋两种螺旋方向。

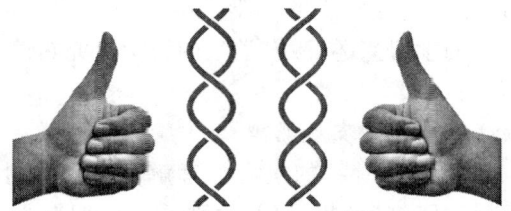

图 2-3-29　左手螺旋(左)和右手螺旋(右)

【学生】有螺旋必有手性。

【教师】是的,螺旋的楼梯、牵牛花绕藤攀爬等都有手性,下次看到牵牛花可以看看它们的螺旋方向是否一致。请大家分析图 2-3-28 中螺丝的螺纹方向。

【学生】ABD 是右手螺旋,C 是左手螺旋。

【教师】生活中常见的螺丝都是右手螺旋。你们猜老师是从哪里找到左手螺旋的螺丝的?

【学生】将图 2-3-28 中 A 的图片水平翻转,做出镜像即可。

【课堂活动】请同学们拧螺丝并分析方向(图 2-3-30)。

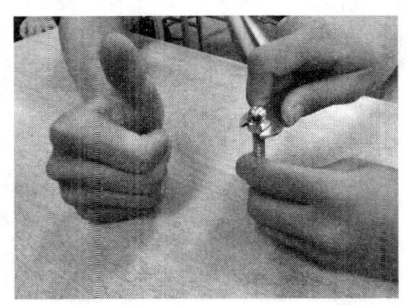

图 2-3-30　学生根据右手螺旋分析拧螺丝的方向

【学生】不管是拧进还是拧出,都是按照右手螺旋的方向拧。

以上教学贴近生活,简单易懂,趣味性强,学生参与度高,充分调动了学生的学习积极性,同时蕴含丰富的手性知识,将达到事半功倍的教学效果。教师可以进一步开发和丰富手性教学资源,为分子的手性教学设计提供更多实用的教学素材。

4　分子的手性教学设计

选择《物质结构与性质》第二章第三节第三课时"分子的手性",利用表 2-3-9 中教学素材设计完整的教学过程。

4.1　教学分析

新课标中对该内容的要求为"结合实例初步认识分子的手性对其性质的影响",教学重点包括手性分子的概念、手性药物和手性催化,教学难点是理解手性的概念。同时,本节教学要为后续介绍石英晶体中手性的教学以及《有机化学基础》中手性相关内容的教学做铺垫。在教学中要重视结构决定性质的化学思维的培养,充分利用生活中的手性素材,设计符合学生认知发展的教学过程,调动学生积极参与课堂活动,以帮助学生真实感受到手性药物和手性催化的特点,在此过程中培养学生的化学学科核心素养。同时要注重充分利用手性的普遍性和趣味性培养学生的学习兴趣,激发学生的科学探究热情。

4.2 教学设计思路与创新点

4.2.1 从二维到三维,符合认知发展规律

分子的手性教学难点就是对"手性"的概念的理解。手性是对三维物体不对称性的描述,为了便于学生理解而进行"降维"分析,以学生熟悉的俄罗斯方块创设情境,引入二维平面图形的不对称性和手性,帮助学生真切感受和理解"互为镜像但不能重合"的情形,在此基础上引出三维空间的手性,这样的教学过程符合学生的认知发展规律。

4.2.2 从生活到科学,利用真实情境教学

在介绍手性的概念时,如果只是机械地按照教材内容介绍手性分子的定义,会让学生认为手性是专门描述分子结构特征的名词,与手性之间产生距离。实际上手性是一个非常接地气的科学概念,从生活中常见的具有手性的物体,如手套、鞋子、耳机等创造真实生活情境,可以拉近学生与手性的距离。

4.2.3 从宏观到微观,彰显化学学科特征

在学生认识宏观物体的手性后,通过课堂活动让学生搭建分子模型,将宏观分子模型的不对称性迁移到微观的氨基酸、蛋白质和糖类等分子中,将握手和十指相扣时对手的要求迁移到化学反应过程对分子手性的要求,架设从宏观到微观的桥梁,培养学生的想象力和宏微迁移的思维方式,此过程也逆向体现了结构决定性质的化学学科核心特征。

4.3 教学设计

4.3.1 体会二维的手性

【图片展示】展示图 2-3-31。

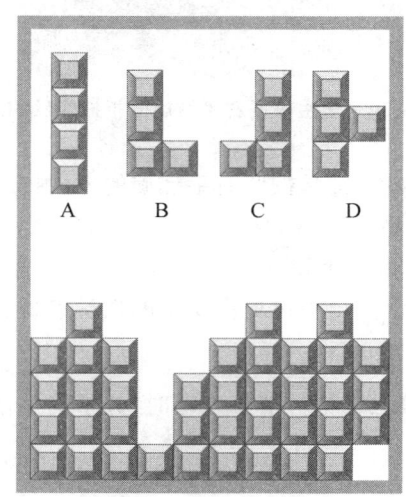

图 2-3-31 俄罗斯方块游戏

【教师】俄罗斯方块是一款风靡全球的游戏,基本规则是移动、旋转和摆放游戏自动输出的各种方块,使之排列成完整的一行或多行并且消除得分。一次性消除的行数越多,得分越高。

【提问】同学们觉得在第 2~4 行的空缺中选择填入 A~D 哪个图形得分最高?

【学生】C 可以一次性消除 3 行,得分最高。
【提问】C 可以直接填入吗?
【学生】C 需要旋转 180°才能填入。
【提问】B 能否通过旋转填入空缺?
【学生】B 即使旋转后也无法完全填入空缺。
【教师】可以看出,B 和 C 互为镜像,仅通过平面上的旋转不能重合。
【课堂活动】画出俄罗斯方块中所有形状的方块。
【学生作品展示】投影展示学生作品(图 2-3-32)。

【课堂活动】
请画出俄罗斯方块游戏中各种方块的形状,并进行标号和分类。

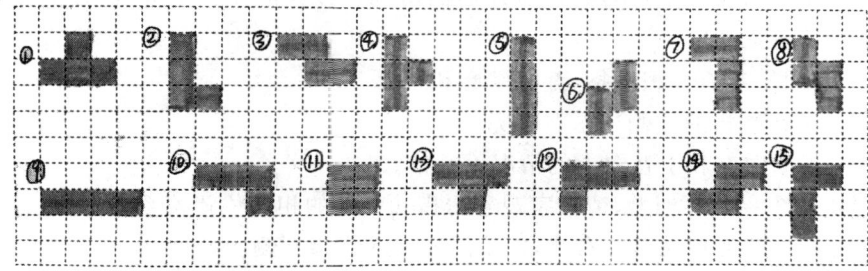

图 2-3-32 学生绘制的各种方块

【教师】除了这 15 个还有没有要补充的?
【学生】①号方块还可以逆时针旋转 90°得到新的方块。
【教师】该游戏中方块可以旋转任意个 90°,旋转后能重合的方块是同一种方块。请将图中的 15 种方块进行分类,并描述方块形状。
【学生】可以分为 7 种,见表 2-3-10。

表 2-3-10 图 2-3-32 中方块的描述和分类

序号	形状描述	对应图中序号
1	长条形	⑤、⑨
2	正方形	⑪
3	丁形	①、④、⑬
4	L 形	②、⑦、⑫
5	左 L 形	⑩、⑮
6	Z 形	③、⑥
7	S 形	⑧、⑭

【教师】前面已经提到,L 形和左 L 形互为镜像,不能重合。同样的,Z 形和 S 形也互为镜像,不能重合。

4.3.2 感受身边的手性

【图片展示】展示图 2-3-33。

图 2-3-33　一只耳机

【提问】同学们,这只耳机是戴在左耳还是右耳?

【学生】左耳。

【提问】除了耳机,生活中还有其他需要区分左右的事物吗?

【学生 A】手套。

【学生 B】鞋子。

【教师】生活中有很多这样需要区分左右的事物。以人的左右手为例,你们觉得左手和右手一样吗?为什么?

【学生 A】一样,都有 5 根手指,都有掌心和手背。

【提问】拇指在食指的左侧还是右侧呢?

【学生 B】手掌向上和手背向上的情况不一样。

【教师】我们统一掌心朝上,请大家观察拇指和食指的相对位置关系。

【学生 B】右手的拇指在食指右侧,左手的拇指在食指左侧。

【教师】从这个角度看,左手和右手是有差别的,是不能完全重合的。我们将两只手放在面前,想象中间有一面镜子,可以发现两只手互为镜像。

【总结】物体这种与自身镜像不能重合的性质叫手性。在生活中,需要区分左右的事物都是具有手性的。我们人生中遇到的第一个手性选择问题就是穿鞋子。同学们小时候有没有穿反鞋子的经历呢?

【教师】除了手套、鞋子、耳机,你们觉得还有哪些物体具有手性呢?

【学生】汽车,有些汽车方向盘在驾驶室左侧,有些汽车方向盘在驾驶室右侧。

【教师】在我们身边,常见汽车的方向盘在哪一侧?

【学生】在驾驶室左侧,因为我们身边汽车都是靠右行驶的,方向盘在靠近马路中央的一侧。

【图片展示】展示图 2-3-34。

图 2-3-34　马路上汽车靠右行驶

【教师】说得很好,汽车靠左或靠右行驶也是一种手性。实际上,手性广泛存在于自然界和人类生活中,小到拧开瓶盖,大到地球自转,有螺旋即有手性,轴向不对称物体沿轴的旋转也有手性。

【图片展示】展示图 2-3-35。

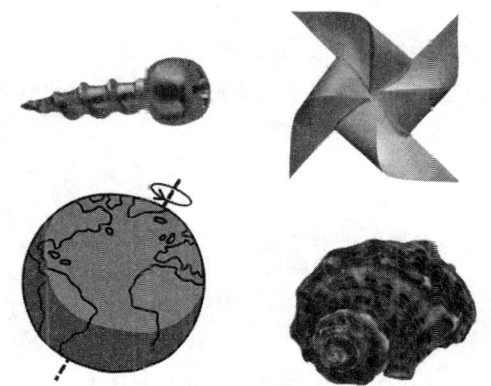

图 2-3-35　一些由于螺旋或旋转而具有手性的物体

【教师】对着图中的风车吹气,风车会顺时针旋转还是逆时针旋转?
【学生】顺时针旋转。
【教师】是否存在吹气时逆时针方向旋转的风车?
【学生】存在。剪纸后选择另外一个角折叠即可得到。
【教师】手性是自然界的基本属性,手性无处不在。

4.3.3　认识分子的手性

【活动】观看视频:[新闻直播间]2019 年度国家自然科学奖一等奖中国手性螺环催化剂合成化学新高度_CCTV 节目官网-CCTV-13_央视网(cctv.com)。

【教师】周其林院士提到"从小分子、大分子,到宏观物质,都存在手性"。视频中周其林院士手中的分子模型,不同颜色的小球代表不同的原子,你们觉得这个分子有手性吗?请搭建模型进行分析。

【课堂活动】学生搭建分子模型(图 2-3-36)。

图 2-3-36　学生搭建的两个互为镜像的分子模型

【学生】这个分子不能和镜像重合,有手性。

【教师】这两个分子具有完全相同的组成和原子排列方式,互为镜像,在三维空间不能叠合,互称手性异构体,或对映异构体,有手性异构体的分子叫作手性分子。

【提问】新闻中提到"目前市场上销售的药物中手性药物超过50%,正在研发的新药,约70%是手性药物"。为什么手性药物所占比例如此之高?为什么手性药物的一个异构体是有效的,另一个异构体可能是无效甚至有害的呢?

【提示】生命机理中重要的活性分子如蛋白质、氨基酸和糖类等都是手性分子。

【课堂活动】和身边的同学按照图2-3-37完成握手和十指相扣两个动作。

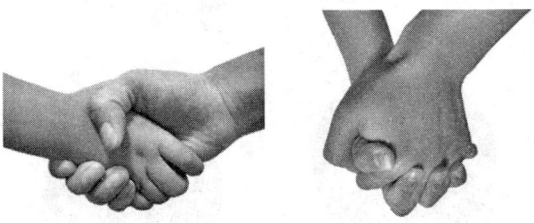

图2-3-37 握手和十指相扣动作

【教师】握手和十指相扣两个动作对手有什么要求?请体会其中蕴含的手性道理。

【学生A】握手时要求的是右手和右手,或者左手和左手;而十指相扣时要求的是左手和右手。

【学生B】生命过程中的主要活性分子蛋白质是手性分子,只有按照反应规律选择相对应的手性分子才能完成生理过程,因此要求药物分子也具有相应的手性结构。

【教师】在普通的化学合成中,产物往往是目标药物和其手性异构体的混合物。为避免手性异构体的副作用,如视频中提到沙利度胺的手性异构体有致畸性,往往需要对这类合成的混合产物进行手性分离,操作复杂,大大增加了生产成本。最佳的方法是选择合适的催化剂,只合成特定结构的手性药物分子。

【教师】2001年和2021年,诺贝尔化学奖两次颁发给在不对称有机催化领域做出突出贡献的科学家(展示相关图片)。

【教师】我国科学家在手性催化和手性合成领域也取得了耀眼成绩,周其林院士团队开发了全新的手性螺环配体骨架结构,已广泛应用于手性化合物和手性药物的合成。手性合成与人类发展息息相关,未来大有可为。

4.4 教学反思

手性既是化学等诸多学科中的重要概念,也是很多生活常见物体的特征,教学素材的选取与学生日常生活、社会热点话题、科学前沿问题密切相关。以多次学生活动体现教学活动中学生的主体性,以多张具体生动的物体实例和图片创设真实的问题情境,设计了知识难度梯度递增的教学过程,凸显学习过程中学生能力的进阶。

通过认识宏观常见事物的手性,搭建并对比手性分子模型,发展了学生宏观辨识与微观探析的核心素养。通过沙利度胺不同的药效证明了其两种手性结构对人体具有不同的作用效果,同时也证明人体内的化学反应中存在着手性选择,培养了学生证据推理的核心素养。通过分析握手和十指相扣中对手的要求,引导学生认识人体内化学反应的手性模型,培养了学生模型认知的核心素养。通过介绍手性药物对人类健康的重要意义,使学生了解到科学家研发手性催化剂和合成手性药物的事迹,发展了学生科学态度与社会责任的核心素养。这样的化学课堂帮助学生获得知识、形成能力,有效地促进了学科核心素养的发展。

★ 专项研究四:新课标新教材背景下结构化学和有机化学的融合教学分析

——以键的极性和电子效应融入有机化学教学为例

结构化学和有机化学是高中化学教学的两大核心模块,结构化学中的价键理论和分子结构知识是学习和理解有机化学的必要基础和必备工具,有机化学中的分子性质和反应规律是结构化学知识的具体体现和实际应用。新课标和新教材重视结构化学和有机化学的融合教学,以深化"结构决定性质"的化学学科基本观念,促使高中化学教学回归学科本源。

为了做好结构化学和有机化学的融合教学,本文选择结构化学中键的极性和电子效应等核心知识点,梳理和对比新、旧教材对键的极性和电子效应等知识的介绍及其融入有机化学教学的情况,对新课标新教材背景下这部分内容的教学提出建议。

本文的研究内容由五部分组成 第一部分介绍结构化学和有机化学融合教学的背景,阐明结构化学和有机化学融合教学的必要性和所面临的挑战;第二部分介绍共价键的极性和电子效应相关内容,剖析知识内涵,理清知识逻辑;第三部分系统梳理教材中键的极性和电子效应相关内容,详细对比新、旧版本教材内容的变动情况,对新教材教学给出了相应实施建议并设计了教学活动片段;第四部分解析新教材课后习题,分析预测有机化学测量评价方式的改革方向;第五部分是对结构化学融入有机化学教学的建议。

1 结构化学和有机化学融合教学的背景

1.1 结构化学和有机化学的教学历史和现状

自恢复高考至2007年新高考改革前近30年的高中化学教学中,物质结构与性质模块长期缺位,高考只要求最基本的结构化学知识。相比之下,有机化学基础模块一直都是高考的必考内容,高考试题中有机化学的分数比例通常占到18%左右。直至2007年新高考改革,结构化学和有机化学成为高考中二选一的选考内容,结构化学的教学地位得到空前提升。然而不同地区受师资力量和教学资源的限制,加上强大的教学惯性等因素的影响,大部分学校和教师对结构化学的教学不够重视,部分学校仅开设有机化学模块课程而未开设结构化学模块课程,没有达到课程标准的要求。

1.2 结构化学和有机化学融合教学的必要性

长期以来,结构化学知识的缺位导致高中有机化学教学无法将有机物的结构特征和反应性质有效联系在一起。有机化学的教学思想是以官能团为线索组织烃及其衍生物的内容,强调官能团之间的转化关系,建立有机物之间的转化关系网。在此背景下,有机化学的学习重点是有机物的基本概念和命名、有机物的结构与分析方法、有机物的性质与反应、同分异构体的书写和计数、目标化合物的合成路线设计等,在高考中考试只要通过模仿和类比即可完成可能涉及羟醛缩合反应、臭氧化-还原反应、狄尔斯-阿德尔反应等反应在内的信息题,而无须分析反应内在机理。没有结构化学知识渗入的有机化学教学如无源之水、无本之木,没有充分发挥有机化学在培养宏观辨识与微观探析和证据推理与模型认知核心素养方面的教学价值,不利于深化结构决定性质的化学学科基本观念。

随着2017年版课程标准的颁布,结构化学模块与有机化学模块一起成为选择性必修内容,使得结构化学和有机化学的融合教学成为可能。课程标准对结构化学和有机化学的融合教学提出了明确要求:结构化学模块的学业要求是"能根据分子结构特点和键的极性来判断分子的极性,并据此对分子的一些典型性质及其应用作出解释",有机化学模块的学业要求是"认识有机化合物分子中共价键的类型、极性及其与有机反应的关系,知道有机化合物分子中基团之间的相互影响会导致键的极性发生改变,从化学键的角度认识官能团与有机化合物之间是如何相互转化的"。与新教材相配套的教师用书指出:在中学阶段,研究有机分子的结构主要关注碳骨架和官能团,研究有机反应的规律需要关注化学键的断裂和形成。在有机化学的教学中遵循结构决定性质的化学学科基本观念,在必修阶段学生已经认识到碳原子的成键方式的基础上,将选择性必修阶段分析分子结构的重点落在共价键的类型和极性上,使学生认识有机物分子中的电子效应及其对性质和反应规律的影响。

以上分析表明在新课标新教材背景下开展结构化学和有机化学的融合教学势在必行,对于融合教学的研究迫在眉睫。

1.3 结构化学和有机化学融合教学面临的挑战

新课标新教材中的结构化学和有机化学融合教学面临两方面的问题:一方面,由于新课程新教材改革前很多地区和学校不够重视结构化学选修模块的教学,一线教师对结构化学知识和教学研究不够深入,如何开展结构化学教学、打下坚实的结构化学知识基础是一大挑战,本专项研究第二部分深入剖析结构化学中键的极性和电子效应的知识内涵;另一方面,如何将结构化学知识有效融入传统的有机化学教学,利用结构化学知识认识有机分子结构和有机反应规律是另一大挑战,专项研究三、四部分以教材内容为基础,分析了融合教学的知识逻辑和实施方案。

2 键的极性和电子效应对分子性质的影响

2.1 键的极性及其对分子性质的影响

2.1.1 键的极性

不同种原子形成的共价键,由于键合的两个原子吸引电子的能力不同,共用电子偏向吸引电子能力较强的原子,导致吸引电子能力较弱的原子呈正电性,吸引电子能力较强的原子呈负电性,这样的共价键叫极性共价键,简称极性键。

由共价键极性的定义可知,键合原子吸引电子的能力差别越大,键的极性越强。原子吸引电子的能力可以用电负性量化描述。因此键合原子的电负性差值越大,键的极性越强(表2-3-11),如C—H、N—H、O—H、F—H键的极性逐渐增强。

表2-3-11 一些共价键键合原子电负性差值和键的离子性百分数

共价键	电负性差值	离子性百分数/(%)	共价键	电负性差值	离子性百分数/(%)
C—H	0.4	4	C—N	0.5	7
N—H	0.9	18	C—O	1.0	22
O—H	1.4	39	C—F	1.5	44
F—H	1.9	59	C—Cl	0.5	7

共价键是元素的电负性相差不大的原子之间形成的化学键。当元素的电负性相差很大时，电子对不会被共用，将形成离子键。以 NaCl 为例，电负性差值为 $3.0-0.9=2.1$，因此 NaCl 中的化学键是典型的离子键。离子键和共价键之间没有绝对的界限。

2.1.2 键的极性对断键过程的影响

化学反应是旧键断裂和新键形成的过程，共价键的极性直接影响共价键的断裂方式：非极性共价键和弱极性共价键的断裂以均裂为主，生成两个有未成对电子的自由基；强极性共价键的断裂以异裂为主，生成正负离子，其中电负性较大的原子形成负离子，电负性较小的原子形成正离子（图 2-3-38）。

$$均裂\quad CH_3CH_2\!\mid\!CH_2CH_3 \longrightarrow 2CH_3CH_2\cdot$$

$$异裂\quad (CH_3)_3C\!\mid\!Cl \longrightarrow (CH_3)_3C^+ + Cl^-$$

图 2-3-38　均裂和异裂过程

CH_4 和 Cl_2 在光照条件下的反应过程都是共价键的均裂，因为烷烃中的 C—H 键（电负性相差 0.4）极性较弱，Cl_2 中的 Cl—Cl 键都是非极性键。

高中化学中羟基酸的电离过程就是强极性的 O—H 键（电负性相差 1.4）异裂产生 H^+ 的过程，硫酸、硝酸和醋酸的电离都是如此。

硫酸电离：$HOSO_2O—H \longrightarrow HOSO_2O^- + H^+$

硝酸电离：$O_2NO—H \longrightarrow O_2NO^- + H^+$

醋酸电离：$CH_3COO—H \longrightarrow CH_3COO^- + H^+$

需要注意：高中化学强调"非金属性越强，简单气态氢化物越稳定"，故稳定性 $HF>H_2O$，即 H—F 键比 H—O 键更稳定。本段阐明"共价键的极性越强，越容易断裂"，如酸性 $HF>H_2O$，即 H—F 键比 H—O 键更易断裂。这两个看似矛盾的规律描述的是不同情况下的断键过程，气态氢化物的稳定性描述气态分子均裂的难易程度，而酸性描述水溶液中分子异裂的难易程度，二者并不矛盾。

2.1.3 键的极性对有机反应的影响

键的极性导致键合原子呈现不同的电性，化学反应中成键原子需满足"正负相吸"的电性匹配原则。

（1）取代反应

取代反应中极性键断裂后形成的两个基团分别带正电和负电，分子间发生取代反应时正电基团吸引另一分子中的负电基团。比如 $H_5C_2(\delta+)—(\delta-)OH$ 与 $(\delta+)H—Br(\delta-)$ 反应的产物是 $C_2H_5—Br$ 和 H—OH，而不是 $C_2H_5—H$ 和 HO—Br。

（2）加成反应

有极性的双键，如醛基中 $(\delta+)C=O(\delta-)$ 双键与极性分子 $[H(\delta+)—(\delta-)CN]$ 加成，产物结构为 NC—C—O—H（部分共价键未标出）。

2.2 电子效应及其对分子性质的影响

电子效应是指由于取代基倾向于供电子或吸电子（与氢原子相比），分子中一些共价键的电子云分布发生改变，导致一些原子的电性发生变化。常见的电子效应主要包括诱导效应、共轭效应、超共轭效应和场效应等。高中化学主要涉及诱导效应，因此主要介绍诱导效应。

2.2.1 诱导效应的产生和特点

因分子中原子的电负性不同而引起成键电子云沿着原子链向某一方向移动的现象称为诱导效应。1-氯丙烷的电子云沿着σ键向Cl原子移动,这是由于Cl的电负性大于C的电负性(图2-3-39)。

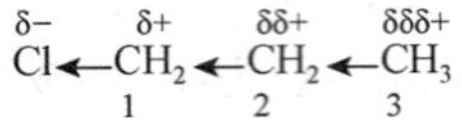

$$\overset{\delta-}{Cl} \leftarrow \overset{\delta+}{CH_2} \leftarrow \overset{\delta\delta+}{CH_2} \leftarrow \overset{\delta\delta\delta+}{CH_3}$$
$$\quad\quad\quad 1 \quad\quad\quad 2 \quad\quad\quad 3$$

图 2-3-39 1-氯丙烷中的诱导效应

C_1—Cl键的极性使C1原子呈正电性($\delta+$),导致C_1—C_2键中的电子云向C1移动,进而使C_2原子呈微量正电性($\delta\delta+$),又导致C2—C3键中的电子云向C_2移动,进而使C3原子呈极微量正电性($\delta\delta\delta+$)。

诱导效应的要点包括:① 诱导效应能够沿着共价键链传递,可使非极性键(图2中C_1—C_2键和C_2—C_3键)变成极性键,此过程称为极化;② 键合原子的电负性差值越大,键的极性越强,产生的诱导效应越明显;③ 诱导效应沿着分子链传递时会迅速衰减,超过3个原子时诱导效应的影响很小,可以忽略。

2.2.2 诱导效应对分子性质的影响

诱导效应使共价键的成键电子云沿着原子链发生移动,影响了共价键的极性和分子性质,诱导效应对羧酸酸性的影响和对烯烃双键的极化是两个典型例子。

(1) 诱导效应对羧酸酸性的影响

乙酸能电离产生H^+是因为羟基中的O—H键是强极性键。取代乙酸中取代基产生的诱导效应改变了O—H键的极性,酸性也随之变化(图2-3-40)。

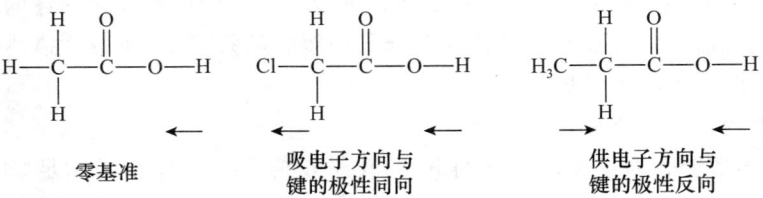

图 2-3-40 部分取代羧酸中电子效应和键的极性

根据常用取代基对乙酸酸性的影响对取代基分类:如果取代基的吸电子能力比α—H强,使O—H键的极性增强(图2-3-40中两个同向箭头),更易发生异裂产生H^+,导致取代乙酸的酸性增强,则称该取代基为吸电子基团;如果取代基的吸电子能力比α—H弱,使O—H键的极性减弱(图2-3-40中两个反向箭头),更难发生异裂产生H^+,导致取代乙酸的酸性减弱,则称该取代基为供电子基团。

常见的吸电子基团的吸电子效应由强到弱的顺序是:

—NO_2>—CN>—COOH>—CHO>—F>—Cl>—Br>—I>—OH>—C_6H_5>—H

常见的供电子基团的供电子效应由强到弱的顺序是:

—$C(CH_3)_3$>—$CH(CH_3)_2$>—C_2H_5>—CH_3>—H

一般来说,电负性较大(大于氢)的原子及其组成的原子团是吸电子基团,反之则是供电子基团。

需要注意：取代乙酸的酸性还受溶剂化等其他因素的影响。比如甲酸、乙酸、丙酸、丁酸的 pK_a 分别为 3.75、4.74、4.88、4.82，可以看出—H 和—CH_3 的电子效应差别很大，—CH_3 和—C_2H_5 的电子效应差别很小。从丙酸到丁酸，酸性反而增强，说明电子效应的差别和影响已经很小，不再是影响酸性的主要因素。

（2）诱导效应对烯烃双键的极化

相比于 σ 键，π 键的电子云暴露在原子核连线两侧，更容易被极化。3,3,3-三氟丙烯与 HCl 加成时，原本无极性的 C1—C2 键被—CF_3 极化，导致 C1 呈正电性而 C2 呈负电性，因此加成反应过程中 Cl 原子连接在 C1 上。

$$F_3C \leftarrow \overset{\delta-}{\underset{2}{C}H} = \overset{\delta+}{\underset{1}{C}H_2} + \overset{\delta+}{H} - \overset{\delta-}{Cl} \longrightarrow CF_3CH_2CH_2Cl$$

2.3 电子效应的多样性和复杂性

电子效应中的诱导效应、共轭效应、超共轭效应等往往是共存的，不同效应的影响方向有可能不一致，体现了电子效应的多样性和复杂性。比如碳元素的电负性（2.5）大于氢元素（2.1），因此相比于—H，—CH_3（包括其他烷基）应为吸电子基团，但是—CH_3 中 H 原子的超共轭效应使其为供电子基团。再如氧元素的电负性（3.5）大于碳元素（2.5），苯酚（C_6H_5—OH）中 O 原子体现为诱导吸电子，但是 O 原子可与苯环共轭体现为共轭给电子，综合的结果是苯环上的—OH 是强供电子基团。在高中阶段的教学中应以诱导效应为主，不宜引入难度较大的共轭效应和超共轭效应。

3 教材内容分析和教学实施建议

根据新课标编写的新教材更加注重结构化学和有机化学的融合教学，研究和解读教材内容变化对融合教学有重要的指导意义。选取人民教育出版社出版的 4 本教材：《化学选修 3 物质结构与性质》（后文简称"结构旧教材"）、《化学选修 5 有机化学基础》（后文简称"有机旧教材"）、《化学选择性必修 2 物质结构与性质》（后文简称"结构新教材"）和《化学选择性必修 3 有机化学基础》（后文简称"有机新教材"），整理、对比和分析以上 4 本教材中键的极性和电子效应的相关内容。教学分析中【教学目标】和【知识要求】两个版块主要针对键的极性和电子效应的相关内容。

3.1 共价键类型与有机反应类型的关系

化学反应过程是旧键断裂和新键形成的过程，分析有机分子中的共价键性质对学习和认识有机化学有重要的指导意义。

（1）教材分析

有机旧教材没有分析共价键类型与有机反应类型的关系。

有机新教材首先介绍了 σ 键和 π 键的成键特点，指出"π 键的轨道重叠程度比 σ 键的小，所以不如 σ 键牢固，比较容易断裂而发生化学反应"，然后介绍了共价键与反应类型的关系：

一般的有机反应就是有机化合物分子中旧共价键断裂和新共价键形成的过程，共价键的类型在很大程度上决定了有机反应的类型。例如，甲烷分子中含有 C—H σ 键，能发生取代反应；乙烯和乙炔分子的双键和三键中含有 π 键，它们都能发生加成反应。

有机新教材在第一章第一节就从有机分子中共价键的结构特点出发,概述了共价键的类型与有机反应类型的基本关系,为后续结构化学知识融入有机化学学习奠定了基础。

(2) 教学分析

【教学目标】

初步认识共价键类型与有机反应类型的基本关系,感受结构决定性质的化学学科基本观念。

【知识要求】

① π 键不如 σ 键牢固,容易断裂发生化学反应,烯烃和炔烃比烷烃更活泼。

② 有机化合物中单键是 σ 键,双键是 σ 键 + π 键,三键是 σ 键 + 2 个 π 键。

③ 共价键类型与有机反应的类型密切相关,烷烃中 σ 键发生取代反应,烯烃和炔烃中 π 键发生加成反应。

【教学活动拓展】

课堂活动一:丙烯与氯气在光照条件下能反应吗?

分析:烷烃能与氯气在光照条件下发生取代反应,本质是 sp^3 杂化的 C 原子形成的 C—H 键与氯气反应。虽然丙烯是烯烃,但是其甲基中有 $C(sp^3)$—H 键,与氯气反应可以生成 CH_2=$CHCH_2Cl$、CH_2=$CHCHCl_2$、CH_2=$CHCCl_3$。

课堂活动二:烷烃的结构特征是什么?烷烃的通式是不是 C_nH_{2n+2}?

分析:烷烃的本质结构特征是只含单键而不含不饱和键,所有 C 原子都是 sp^3 杂化。不能根据不饱和度判断一个烃分子是否为烷烃,比如环烷烃(如环己烷 C_6H_{12})和桥环烷烃(如金刚烷 $C_{10}H_{16}$)的分子式都是不饱和的。因此 C_nH_{2n+2} 一定是链状烷烃,而 C_nH_{2n}、C_nH_{2n-2} 等也可能是环烷烃、桥环烷烃。

3.2 共价键极性对共价键性质的影响

3.2.1 共价键极性的定义

(1) 教材分析

有机旧教材中没有介绍共价键极性。

有机新教材:

由于不同的成键原子间电负性的差异,共用电子对会发生偏移。偏移的程度越大,共价键极性越强,在反应中越容易发生断裂。因此有机化合物的官能团及其邻近的化学键往往是发生化学反应的活性部位。

新教材介绍了分析有机化合物反应活性部位的方法:首先分析键合原子的电负性,然后根据电负性差值分析键的极性强弱,最后指出极性强的键容易断裂,是反应的活性部位。新教材通过对比乙醇和水与钠反应的剧烈程度,指出"乙醇分子中氢氧键的极性比水分子中氢氧键的极性弱,基团之间的相互影响使得官能团中化学键的极性发生变化从而影响着官能团和物质的性质"。新教材在第一章第一节概述了电子效应对分子性质的影响,构建了在后续教学中用电子效应分析有机反应机理的基本模型。

(2) 教学分析

【教学目标】

① 认识键的极性对物质性质的影响,深化结构决定性质的基本观念。

② 认识基团之间的相互影响可使键的极性发生变化,初步感受电子效应。

【知识要求】

① 共价键中键合原子的电负性差值越大,共用电子对的偏移程度越大,共价键的极性越强,越容易发生断裂,是反应的活性部位。

② 共价键的极性受邻近基团影响:乙醇与 Na 的反应没有水与 Na 的反应剧烈,是因为乙醇中 O—H 键的极性比水中 O—H 键的极性弱。

【教学活动拓展】

教学活动:部分烷烃中 C—H 键的键能见表 2-3-12。请分析数据说明影响键能的因素和规律。

表 2-3-12　部分烷烃中 C—H 键的键能

键	键能/(kJ/mol)
CH_3—H	493
CH_3CH_2—H	410
$CH_3CH_2CH_2$—H	410
$(CH_3)_2CH$—H	398
$(CH_3)_3C$—H	389

分析:C—H 键的键能会受到邻近基团的影响,即电子效应会影响键能。主要有 2 条规律。

(1) 对比 CH_3—H、CH_3CH_2—H、$(CH_3)_2CH$—H 和 $(CH_3)_3C$—H,C 原子上 CH_3— 数目分别为 0、1、2、3,C—H 键的键能依次递减,即电子效应具有可叠加性。

(2) 对比 CH_3—H、CH_3CH_2—H 和 $CH_3CH_2CH_2$—H,键能先减小后不变,说明电子效应的影响是短程的,随着碳链的增长迅速衰减。

3.2.2　极性键对卤代烃性质的影响

卤代烃的官能团是 C—X 键,如 C—Cl 键(电负性差值 0.5)和 C—Br 键(电负性差值 0.3)都是极性键。

(1) 教材分析

有机新、旧教材中卤代烃结构分析内容对比见表 2-3-13。

表 2-3-13　有机新、旧教材中卤代烃结构分析内容对比

教材版本	卤代烃结构分析内容
旧教材	在卤代烃分子中,卤素原子是官能团。由于卤素原子吸引电子的能力较强,使共用电子对偏移,C—X 键具有较强的极性,因此卤代烃的反应活性增强
新教材	在卤代烃分子中,由于卤素原子的电负性比碳原子的大,使 C—X 的电子向卤素原子偏移,进而使碳原子带部分正电荷($\delta+$),卤素原子带部分负电荷($\delta-$),这样就形成一个极性较强的共价键:$C^{\delta+}$—$X^{\delta-}$。因此,卤代烃在化学反应中,C—X 较易断裂,使卤素原子被其他原子或原子团所取代,生成负离子而离去

有机旧教材简单地指出 C—X 键较强的极性导致卤代烃反应活性增强,没有阐述其中原理。有机新教材借助结构化学中已学电负性的概念,通过比较电负性分析了 C—X 键中两原子的带电情况,并指出反应中 C—X 键断裂后卤素原子以负离子的形式离去。可以看出新教材充分结合结构化学知识,对卤代烃反应性质的分析更加清晰深刻,这为后续学习醇、羧酸中极性键的反应性质做铺垫。

(2)教学分析

【教学目标】

① 掌握用共价键的极性解释卤代烃取代反应原理的方法。

② 掌握用键的极性分析分子中电性分布的方法,感受电性匹配原则。

【知识要求】

① 卤代烃的活性位点是极性较强的 C—X 键。

② 基于共价键的极性认识卤代烃水解反应的机理:卤代烃中 C—X 键极性较强,断键后呈负电性的卤素原子以负离子的形式离去,OH^- 与断键后呈正电性的 C 原子相连形成醇。

【教学活动拓展】

课堂活动一:预测 C_2H_5Br 与 CH_3CH_2ONa 反应的产物。

分析:C_2H_5Br 中 C—Br 键的电性分布是 $C^{\delta+}$—$Br^{\delta-}$,CH_3CH_2ONa 由 $C_2H_5O^-$ 和 Na^+ 组成。根据电性匹配原则,产物应是 $C_2H_5OC_2H_5 + NaBr$。

课堂活动二:聚乙烯、聚丙烯等物质容易造成"白色污染"。分析这些物质很难降解的原因。

分析:这些分子中的化学键为极性很弱或非极性的 C—H 键、C—C 键等,常温下不易发生断裂。

3.2.3 极性键对醇性质的影响

醇的官能团是羟基,羟基的存在产生了两个强极性键:C—O 键(电负性相差 1.0)和 O—H 键(电负性相差 1.4)。

(1)教材分析

有机新、旧教材中醇结构分析内容对比见表 2-3-14。

表 2-3-14 有机新、旧教材中醇结构分析内容对比

教材版本	醇结构分析内容
旧教材	醇的化学性质主要由羟基官能团所决定,碳氧键和氧氢键容易断裂。这是由于在醇分子中,氧原子吸引电子的能力比氢原子和碳原子强,O—H 键和 C—O 键的电子对都向氧原子偏移,因而醇在反应时,O—H 键容易断裂,氢原子可被取代,如乙醇和钠反应;同样,C—O 键也易断裂,羟基被脱去或取代,如乙醇的消去反应和取代反应
新教材	醇的化学性质主要由羟基官能团所决定。在醇分子中,由于氧原子吸引电子的能力比氢原子和碳原子的强,使 O—H 和 C—O 的电子都向氧原子偏移。因此,醇在发生反应时,O—H 容易断裂,使羟基中的氢原子被取代;同样,C—O 也易断裂,使羟基被取代或脱去,从而发生取代反应或消去反应

有机新、旧教材对醇的结构特征分析基本一致,都是从原子吸引电子的能力方面描述成键特点,根据断键位置解释反应原理。

（2）教学分析

【教学目标】

① 体验"分析结构+预测性质—案例说明"的有机化学学习方式。

② 加深对电性匹配原则的认识。

【知识要求】

① 醇中极性较强的 C—O 键和 O—H 键都容易断裂。

② 能够分析极性键的电性情况，理解 C_2H_5OH 与 HBr 反应的过程中 C_2H_5— 与 —Br 结合，HO— 与 —H 结合。

【教学活动拓展】

课堂活动：预测 2 个 C_2H_5OH 发生分子间取代反应的产物。

分析：C_2H_5OH 中 C—O 键和 O—H 键都容易断裂。如果 2 个 C_2H_5OH 分子断键位置相同，根据电性匹配原则成键后仍然得到 2 个 C_2H_5OH 分子。如果一个 C_2H_5OH 分子断裂 C—O 键，另一个断裂 O—H 键，根据电性匹配原则得到 $C_2H_5OC_2H_5$ 和 H_2O。

3.2.4 极性键对醛性质的影响

醛基中的 C=O 键是典型的极性双键，在与极性分子的加成反应中需要满足电性匹配原则。

（1）教材分析

有机旧教材没有分析醛基的结构特点。

有机新教材详细分析了醛基的极性：

有醛基的碳氧双键中，由于氧原子的电负性较大，碳氧双键中的电子偏向氧原子，使氧原子带部分负电荷、碳原子带部分正电荷，从而使醛基具有较强的极性。

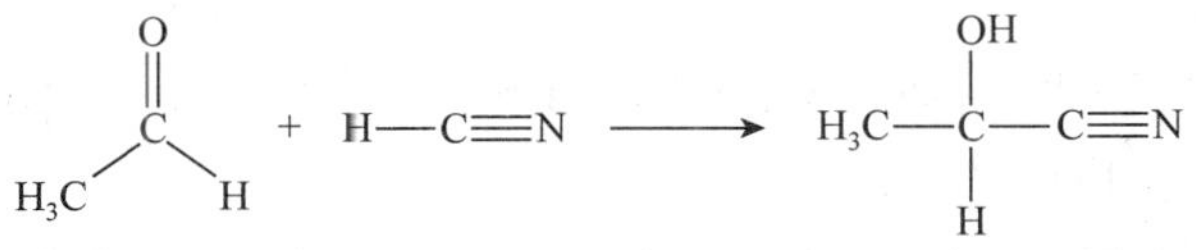

$$H_3C-CHO + H-C\equiv N \longrightarrow H_3C-\underset{H}{\underset{|}{\overset{OH}{\overset{|}{C}}}}-C\equiv N$$

新教材在侧栏【提示】中指出了醛基与极性分子加成反应的规律：

当极性分子与醛基发生加成反应时，带正电荷的原子或原子团连接在氧原子上，带负电荷的原子或原子团连接在碳原子上。

新教材介绍了键的极性对不对称加成反应的影响，通过乙醛与 HCN 的加成反应，阐明了加成反应中的电性匹配原则。

（2）教学分析

【教学目标】

理解和掌握利用电性匹配原则分析极性双键加成反应的方法。

【知识要求】

① 能够分析醛基中 C=O 键的极性和其他小分子的极性。

② 根据电性匹配原则预测极性双键与极性小分子加成反应的产物。

【教学活动拓展】

课堂活动：装修材料中释放的甲醛对人体有害，是因为甲醛能与蛋白质分子中的氨基反应从而使蛋白质变性。预测 CH_3NH_2 与 HCHO 的加成反应产物。

分析：CH_3NH_2 中 $(\delta-)N—H(\delta+)$ 键是强极性键易断裂，与甲醛中的羰基加成时，根据电性匹配原则，N 与 C 相连，O 与 H 相连，加成产物为 CH_3NHCH_2OH。

3.2.5 极性键对羧酸性质的影响

羧酸的官能团是羧基，羧基中有强极性的 O—H 键、C—O 键和 C=O 键。

(1) 教材分析

有机旧教材只是简单指出—COOH 中 O—H 键和 C—O 键容易断裂，并未给出相关解释。

有机新教材：

羧酸的化学性质主要取决于羧基官能团。由于受氧原子电负性较大等因素的影响，当羧酸发生化学反应时，羧基结构中下面两个部位的化学键容易断裂：。

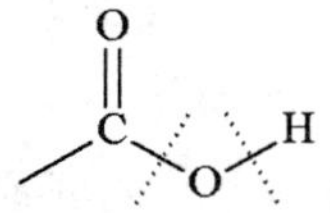

新教材从氧原子电负性较大的因素出发，指出了 O—H 键和 C—O 键容易断裂，没有明确地指出断键难易程度与键的极性之间的联系。

(2) 教学分析

【教学目标】

① 根据键的极性认识羧基的活性位点和基本反应原理。
② 掌握"分析结构＋预测性质＋案例说明"的有机化学学习流程。

【知识要求】

① 根据羧基中极性较强的 C—O 键和 O—H 键容易断裂，解释羧酸的酸性。
② 熟练地运用电性匹配原则预测羧酸与醇、胺发生取代反应的产物。

【教学活动拓展】

课堂活动：羧酸在脱水剂（如 P_4O_{10}）的作用下可以发生分子间脱水反应生成酸酐，预测 CH_3COOH 发生脱水反应的产物。

分析：CH_3COOH 的 C—O 键和 O—H 键都容易断裂。结合"脱水"的信息，应该是一分子 CH_3COOH 提供—OH，另一分子 CH_3COOH 提供—H，脱水产物是。

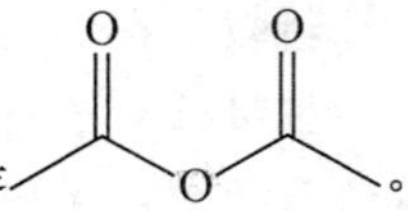

3.3 电子效应之诱导效应

诱导效应是最简单的电子效应，也是高中化学最常见的电子效应。诱导效应常常通过影响键的极性而影响分子的性质。

羟基酸中 O—H 键是强极性键，能够发生异裂电离产生 H^+，体现出酸性。诱导效应能影响 O—H 键的极性进而影响羟基酸的酸性，反过来也可以用羟基酸酸性的强弱分析各种基团的诱导效应大小。结构新、旧教材在分析键的极性对化学性质的影响时，均选择羟基酸的酸性作为研究对象，不同的是结构旧教材选择无机羟基酸，结构新教材选择有机羧酸。

3.3.1 结构旧教材对无机羟基酸酸性的分析

教材中比较了一些常见酸的酸性：$H_2SO_4 > H_2SO_3$，$HNO_3 > HNO_2$，$HClO_4 > HClO_3 > HClO_2 > HClO$。并对酸性强弱规律进行解释：

化学上有一种见解,认为羟基酸的通式可写成$(HO)_mRO_n$,如果成酸元素R相同,则n值越大,R的正电性越高,导致R—O—H中O的电子向R偏移,因而在水分子的作用下,也就越容易电离出H^+,即酸性越强。

教材指出$(HO)_mRO_n$中端基氧越多,R的正电性越高,O—H键的极性越强,越容易异裂产生H^+。这种解释充分体现了邻近基团对键的极性的影响,这正是吸电子诱导效应,但是教材并未明确提出"吸电子"的概念。

3.3.2 结构新教材对有机羧酸酸性的分析

教材指出键的极性对物质的化学性质有重要影响,并以羧酸为例,详细地分析了羧酸的酸性大小与分子结构和组成的关系(表2-3-15):

表 2-3-15 不同羧酸的 pK_a

羧酸	pK_a
丙酸(C_2H_5COOH)	4.88
乙酸(CH_3COOH)	4.76
甲酸(HCOOH)	3.75
氯乙酸($CH_2ClCOOH$)	2.86
二氯乙酸($CHCl_2COOH$)	1.29
三氯乙酸(CCl_3COOH)	0.65
三氟乙酸(CF_3COOH)	0.23

由表2-3-15可见,三氟乙酸的酸性大于三氯乙酸的,这是由于氟的电负性大于氯的电负性,F—C的极性大于Cl—C的极性,使F_3C—的极性大于Cl_3C—的极性,导致三氟乙酸的羧基中的羟基的极性更大,更易电离出氢离子。同理,三氯乙酸的酸性大于二氯乙酸的,二氯乙酸的酸性大于氯乙酸的。

烃基(符号R—)是推电子基团,烃基越长推电子效应越大,使羧基中的羟基的极性越小,羧酸的酸性越弱。因此,甲酸的酸性大于乙酸的,乙酸的酸性大于丙酸的……随着烃基加长,酸性的差异越来越小。

教材通过对比取代羧酸的酸性,阐明了诱导效应的基本要点:

一是键的极性与键合原子的电负性差值相关,电负性差值越大,键的极性越强。

二是F—C键的极性使C原子呈正电性,并导致CF_3COOH中羟基的极性更强,说明键的极性的影响能够沿着共价键传递,这就是诱导效应。

三是明确提出了"推电子基团"的概念(更多的教材中称为"供电子效应"),教材中虽然没有直接提出"吸电子基团"的概念,但是结合上下文和表格中酸性顺序,可知—F,—Cl,—CF_3,—CCl_3等都是吸电子基团。

四是指出"随着烃基加长,酸性的差异越来越小",说明电子效应会随烃基链的增长而减弱。

五是诱导效应具有加和性。吸电子能力:—CCl_3>—$CHCl_2$>—CH_2Cl。

综合研究结构新教材和有机新教材,二者都没有分析为何羧基中的羟基比醇中的羟基酸性更强,而这正是分析羰基吸电子诱导效应的典型案例。亦可对比乙酸、水、乙醇中的羟基酸性,说明电子效应对物质性质的影响。

【教学活动拓展】

课堂活动:乙酸、水和乙醇中都含有羟基,结合实验事实比较这三种分子中羟基的酸性,并用结构化学知识进行分析。

分析:室温下乙酸能与 $NaHCO_3$ 反应产生 CO_2 而水不能与 $NaHCO_3$ 反应;钠与水的反应比钠与乙醇的反应更剧烈,因此酸性乙酸>水>乙醇。乙酸中羟基与吸电子基团 $H_3C-\overset{\overset{O}{\|}}{C}-$ 相连,羟基酸性增强;水中羟基与—H 相连;乙醇中羟基与供电子基团—C_2H_5 相连,羟基酸性减弱。

3.4 电子效应的双向性

分子中基团之间的电子效应总是相对而言的,有供电子基团必有吸电子基团(广义的供电子基团和吸电子基团),基团之间的影响是双向的。新、旧教材都在苯的同系物和苯酚的教学中强调基团之间的相互影响,电子效应双向性的学习有利于更加深刻、更加全面地认识电子效应。

3.4.1 苯的同系物

苯的同系物结构中有苯环和烷基,因此苯的同系物既能发生苯的经典反应,如溴代、硝化和催化加氢,也能发生烷烃的经典反应,如光照条件下与 Cl_2 的取代反应等。苯基和烷基之间的相互影响使苯的同系物的性质与苯和烷烃都有差别。

(1)教材分析

有机新、旧教材中苯的同系物结构分析内容对比见表 2-3-16。

表 2-3-16 有机新、旧教材中苯的同系物结构分析内容对比

教材版本	苯的同系物结构分析内容
旧教材	首先提出问题"由于苯环和烷基的相互作用,会对苯的同系物的化学性质产生什么影响呢",然后对比苯和甲苯与高锰酸钾酸性溶液反应的现象,指出甲苯上的甲基可被酸性高锰酸钾氧化,同时展示了甲苯发生硝化反应生成 2,4,6-三硝基甲苯的反应方程式,最后在【学与问】版块提出问题:"比较苯和甲苯与高锰酸钾酸性溶液反应的现象,以及硝化反应的条件,你从中能得到什么启示?"
新教材	由于苯环与烷基的相互作用,苯的同系物的化学性质与苯又有所不同。由于甲基与苯环之间存在相互作用,甲基使苯环上与甲基处于邻/对位的氢原子活化而易被取代,而苯环也使甲基活化,因此甲苯的化学性质又不同于苯和甲烷之处

旧教材设计实验和问题引导学生分析探索苯环和烷基的相互作用对苯的同系物化学性质的影响。

新教材通过实验探究和知识补充,提出了"甲基活化苯环邻对位"和"苯环活化甲基"的规律,这是人教版教材首次提出"活化"和"定位"的概念。

(2)教学分析

【教学目标】

① 加深对电子效应的认识,理解电子效应的双向性。

② 初步认识苯环上取代基的定位效应,理解定位效应是电子效应的一种体现形式。
③ 初步建立"活化基团"和"钝化基团"的概念。

【知识要求】
① 苯环与烷基相互作用,使苯的同系物性质不同于苯和烷烃。
② 甲苯中甲基活化苯环邻对位氢原子而易发生取代反应,相比于苯,甲苯硝化反应有位置选择性,更容易发生多取代。
③ 甲苯中苯环活化甲基,甲基可被酸性 $KMnO_4$ 氧化为羧基。

【教学活动建议】
课堂活动一:为什么甲苯发生一硝基取代反应的温度低于苯?
分析:甲基活化苯环,使苯环更容易发生取代反应。

课堂活动二:苯发生一硝基取代温度为 50~60℃,发生二硝基取代温度为 100~110℃,为什么苯发生二硝基取代反应更困难?
分析:硝基钝化苯环,一硝基苯比苯更难发生取代反应。

课堂活动三:甲基能被酸性 $KMnO_4$ 氧化吗?
分析:有机分子中基团的性质不是一成不变的,而是会受到邻近基团影响。比如乙烷是 2 个甲基相连的结构,乙烷不能使酸性 $KMnO_4$ 褪色;甲苯是苯环和甲基相连的结构,苯环的影响使得甲苯中的甲基可被酸性 $KMnO_4$ 氧化为羧基。

课堂活动四:甲苯发生硝化反应的产物中,对硝基甲苯占 40%,邻硝基甲苯占 58%,间硝基甲苯占 2%。如果没有甲基的定位效应,各种产物比例应为多少?说明什么问题?
分析:甲苯苯环上有 2 个邻位氢原子、2 个间位氢原子和 1 个对位氢原子,假如各个位置活性相同,则邻硝基甲苯、间硝基甲苯和对硝基甲苯的比例应该是 40%:40%:20%。对比各种产物的实际比例,说明苯环上与甲基处于邻/对位的氢原子被甲基活化而易被取代。

3.4.2 苯酚

相比于苯的同系物结构中的苯基和烷基,苯酚结构中的苯基和羟基之间的相互影响更加明显,是经典的分析电子效应双向性的案例。

(1) 教材分析

有机新、旧教材中苯的同系物结构分析内容对比见表 2-3-17。

表 2-3-17 有机新、旧教材中苯酚结构分析内容对比

教材版本	苯酚结构分析内容
旧教材	直接指出苯环使羟基显酸性:"由于苯酚中的羟基和苯环直接相连,苯环与羟基之间的相互作用,使羟基在性质上与醇羟基有显著差异。苯酚的羟基在水溶液中能够电离出氢离子,显示酸性"。然后通过苯酚与溴水的反应,证明苯酚中苯环上的氢原子很容易被取代,并引导学生从分子内基团间相互作用来解释两个问题:一是苯和苯酚发生溴代反应的条件和产物有很大的不同;二是实验表明,苯酚的酸性比乙醇强
新教材	在旧教材的基础上,说明"酚羟基中的氢原子比醇羟基中的氢原子更活泼",明确指出"在苯酚分子中,羟基和苯环间相互影响,使苯环在羟基的邻、对位上的氢原子较易被取代",同时引导学生进行解释"苯酚的酸性比乙醇的强"和"苯和苯酚发生溴代反应的条件和产物有很大的不同"

旧教材阐明了苯酚中羟基和苯环之间的相互作用。新教材在旧教材基础上明确指出苯酚中羟基活化苯环邻对位,再次强化"活化"和"定位"的概念。

(2) 教学分析

【教学目标】

进一步加深对电子效应双向性、苯环上定位效应和钝化/活化基团的认识和理解。

【知识要求】

① 苯环使酚羟基酸性增强,能与 $NaOH$、Na_2CO_3 反应,但不与 $NaHCO_3$ 反应。

② 酚羟基选择性地活化苯环邻对位的氢原子使其容易被取代,体现为反应迅速,直接生成三取代产物。

③ 认识苯环上常见取代基的定位效应和活化、钝化效应。

说明:苯酚中苯环与羟基之间的电子效应包括诱导效应和共轭效应,高中阶段不宜介绍复杂的共轭效应,在教学中只需强调基团之间的相互影响即可。

【教学活动建议】

课堂活动一:苯环上的—Br 是活化基团还是钝化基团?

分析:苯与 Br_2 在 $FeBr_3$ 催化下只发生一取代反应而不继续发生多取代反应,证明—Br 是钝化基团。

课堂活动二:—Br 是钝化基团,为什么苯酚溴化反应直接生成 2,4,6-三溴苯酚?

分析:虽然—Br 是钝化基团,但是—OH 是强活化基团,因此苯酚容易发生三溴取代直接生成 2,4,6-三溴苯酚。

课堂活动三:甲基和羟基都是活化基团。为什么甲苯不与溴水反应而苯酚能与溴水反应?

分析:羟基是强活化基团,甲基的活化能力不如羟基。

3.5 键的极性和电子效应的结合

羟醛缩合反应是新教材新增的内容,是指一个醛基的 α-H 对另一个醛基中 C=O 键的加成反应,涉及键的极性和电子效应。

通常情况下 C—H 键(电负性差值 0.4)由于极性较弱,反应活性不高。新教材指出:

醛分子中在醛基邻位碳原子上的氢原子(α-H)受羰基吸电子作用的影响,具有一定的活泼性。

教材用电子效应解释了 α-H 的活性,并指出在 α-H 与醛基的加成反应中,还要满足电性匹配原则,H 原子与醛基 O 原子相连,α-C 原子与醛基 C 原子相连。羟醛缩合反应过程充分体现了键的极性和电子效应对有机化学反应的影响。

3.6 分析总结

键的极性和电子效应等结构化学知识在有机化学学习中的应用方式主要有两种:一是解释,二是预测。

有机旧教材中没有使用电负性的概念,对键的极性和电子效应的分析不够深入和全面,主要用基础的结构化学知识解释部分实验现象,分析简单反应原理,这是结构化学知识应用的初级层次。

有机新教材精心编排,循序渐进,针对不同阶段的不同内容选择了不同的应用方式(表2-3-18),以官能团的性质为明线,以键的极性和电子效应为暗线,紧抓极性键的断裂、电子效应的相互影响和电性匹配原则三个核心知识点,将苯的同系物、卤代烃、醇、酚、醛、羧酸的反应特征串联起来。随之建立了一套系统的学习有机物性质的方法:从有机化合物的结构(成键特点和基团相互影响)出发,预测有机化合物可能发生的化学反应类型,然后选择合适的反应试剂,通过实验来验证所预测的反应能否发生,这是结构化学知识应用的高级层次。

表 2-3-18 有机新教材中结构化学知识应用方式

知识内容	结构化学知识的应用方式
苯的同系物	解释
卤代烃	解释
醇	预测
酚	解释
醛	预测
羧酸	预测

4 融合教学测量评价方式分析

键的极性和电子效应等结构化学知识融入有机化学教学推动了测量评价方式的改革。对教材知识的深度理解和灵活运用一直都是高考的重点考查方向。在此背景下,电子效应分析、反应机理推断、活性位点判断、电性匹配原则将成为新的命题热门方向。下面以新教材课后【练习与应用】版块中新增习题和基于结构化学知识原创的有机化学试题为例进行分析。

4.1 电子效应分析类

例 1.("醇酚"一节第 2 题)苯酚具有弱酸性的原因是(　　)

A. 羟基使苯环活化

B. 苯环使羟基中 O—H 极性变强

C. 苯酚能与 NaOH 溶液反应

D. 苯酚能与溴水反应

分析:选择 B 选项。A 和 D 是羟基对苯环的影响,与苯酚弱酸性无关。C 是苯酚酸性的具体体现,不是原因。

例 2.("醇酚"一节第 3 题)有机化合物分子中基团间的相互影响会导致其化学性质改变。下列叙述能说明上述观点的是(　　)

A. 苯酚能与 NaOH 溶液反应,而乙醇不能

B. 苯和甲苯都能与 H_2 发生加成反应

C. 苯酚能与 NaOH 溶液反应

D. 苯酚能与溴水反应

分析:要体现基团的相互影响,首先要选择两个在结构上既有相同又有差异的分子,其

次要选择两分子中相同结构呈现出的不同性质。A 选项中对比了苯酚和乙醇,两分子中不同的烃基结构使相同的 O—H 结构表现出性质差异,正是基团间相互影响的体现。

例 3. 画出三氯甲烷和丙酮之间形成的氢键结构。

分析:通常情况下,连在电负性很大原子上的 H 原子才能形成氢键,可理解为只要呈明显正电性的 H 原子就可形成氢键。三氯甲烷中由于强吸电子基团—CCl_3 的作用使 H 原子呈明显正电性,可与丙酮中的 O 原子形成氢键,如图 2-3-41 所示。

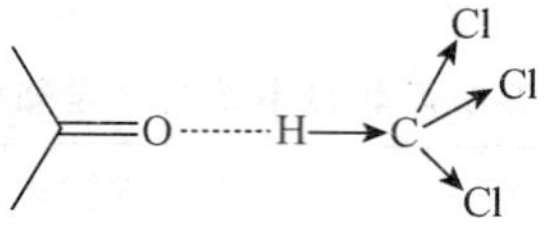

图 2-3-41 丙酮与三氯甲烷之间的氢键

4.2 反应机理推断类

例 4.("醛酮"一节第 8 题)某同学向溴水中加入足量的乙醛溶液,发现溴水褪色。这是由于醛基具有还原性,溴水可将乙醛氧化为乙酸。请尝试写出该反应的化学方程式。

分析:乙醛转化为乙酸,分子中多了一个 O 原子,可知此过程有 H_2O 参与。类比 Cl_2 与 H_2O 的反应可知 $Br_2 + H_2O \longrightarrow HBr + HBrO$,第二步反应为 $HBrO + CH_3CHO \longrightarrow CH_3COOH + HBr$,总反应为 $CH_3CHO + Br_2 + H_2O \longrightarrow CH_3COOH + 2HBr$。

例 5.("醛酮"一节第 9 题)桂皮中含有肉桂醛(C₆H₅CH=CHCHO),这是一种食用香料,广泛用于牙膏、洗涤剂、糖果和调味品中。工业上可通过苯甲醛与乙醛反应进行制备:

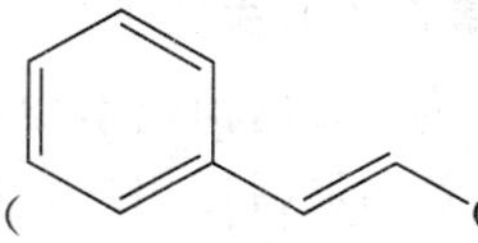

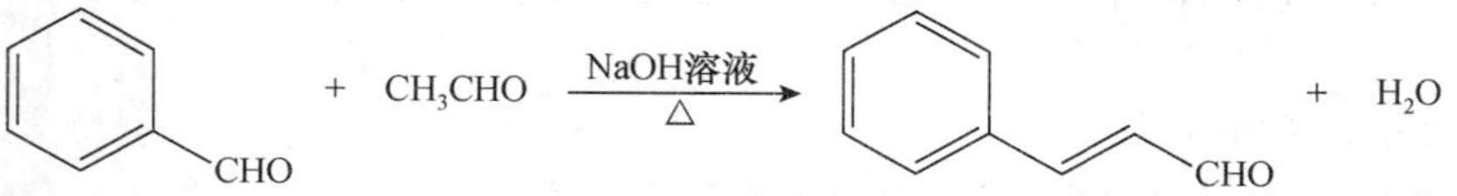

C₆H₅CHO + CH₃CHO $\xrightarrow[\triangle]{\text{NaOH溶液}}$ C₆H₅CH=CHCHO + H₂O

上述反应主要经历了加成和消去的过程,请尝试写出相应反应的化学方程式。

分析:该题以工业合成肉桂醛为素材,展示给学生陌生的羟醛缩合反应方程式,给出"上述反应主要经历了加成和消去的过程"的信息,要求写出反应步骤。解题思路是抓住反应物到产物过程中碳骨架的变化,结合加成和消去过程,推断中间产物的结构是 C₆H₅CH(OH)CH₂CHO ,即可写出反应的化学方程式。

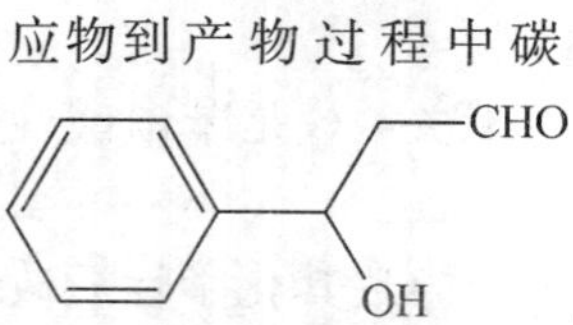

评价:有机旧教材中没有出现羟醛缩合反应,而有机新教材中 3 次出现羟醛缩合反应。因此在新教材的教学中应注意结合键的极性和电子效应,深入学习羟醛缩合反应原理,引导学生认识和理解基本的有机化学反应原理。

例 6. 苯酚与溴水反应会迅速生成 2,4,6-三溴苯酚。有科学家设计了如下路线成功制备了 4-溴苯酚。

苯酚 —OH $\xrightarrow[NaHCO_3]{CH_3I}$ A $\xrightarrow{Br_2(aq)}$ B $\xrightarrow{HI(aq)}$ Br—苯环—OH

针对上述反应的叙述不正确的是(　　)

A. 可用 C_2H_5I 代替 CH_3I

B. 使用 $NaHCO_3$ 的目的是中和 HI

C. 苯环上的—OH 是活化基团，—OCH_3 是钝化基团

D. —OCH_3 体积比—OH 大，不利于发生邻位取代

分析：A 选项中 C_2H_5—和 CH_3—的电子效应相近，可以代替。第一步发生取代反应生成 苯环—OCH_3 和 HI，利用 $NaHCO_3$ 中和 HI 以促进反应进行。该反应将苯酚中的—OH 转化为—OCH_3，后者体积较大，受空间位阻影响，苯环上—OCH_3 的邻位不易发生取代反应，因此主要得到 4-溴苯酚。

4.3 活性位点判断类

除新教材中介绍的醛基 α-H 较活泼外，羰基、酯基、硝基等吸电子基团的 α-H 也具有活泼性，一定条件下可以对醛基进行加成。

例 7. 写出硝基甲烷（CH_3NO_2）与过量甲醛在碱性条件下反应的化学方程式。

解答：$H_3C—NO_2 + 3HCHO$（过量）$\xrightarrow{OH^-}$ (HOCH_2)_3C—NO_2

例 8. 乙酰丙酮（CH_3COCH_2COCH_3）和乙醛在一定条件下发生羟醛缩合反应生成化合物 A（$C_7H_{10}O_2$），写出 A 的结构式。

分析：乙酰丙酮中有 2 种 α-H（①H 和 ②H），乙醛有 1 种 α-H。乙酰丙酮 3 号 C 上的 H 原子同时受 2 个羰基的影响，性质最活泼。因此 A 的结构为 CH_3CO—C(=CHCH_3)—COCH_3。

4.4 电性匹配原则类

电性匹配原则在无机化学和有机化学中都有广泛应用。

例 9. 已知 Na_2O_2 与 H_2O 的反应分两步，第一步是非氧化还原反应，第二步是分解反应。写出这两步反应的化学方程式。

分析：Na_2O_2 中的阴离子 O_2^{2-} 吸引 H_2O 中带正电的 H^+，形成 H_2O_2，随后 H_2O_2 分解得到 O_2。

第一步：$Na_2O_2 + 2H_2O == 2NaOH + H_2O_2$

第二步：$2H_2O_2 == 2H_2O + O_2\uparrow$

例10. 根据电性匹配原则写出 NaH、CaC_2、Mg_3N_2、Al_4C_3、$BrCl$、PCl_3 与 H_2O 反应的产物。

分析：题目中6种物质与 H_2O 反应的过程都符合电性匹配原则，其中阳离子或高价态原子与水中的 OH^- 结合，阴离子或低价态原子与水中的 H^+ 结合，分析过程和产物见表 2-3-19。

表 2-3-19 常见共价键键合原子的电负性差值

化合物	阳离子或高价态原子	阴离子或低价态原子	产物
NaH	Na^+	H^-	$NaOH$ 和 H_2
CaC_2	Ca^{2+}	C_2^{2-}	$Ca(OH)_2$ 和 C_2H_2
Mg_3N_2	Mg^{2+}	N^{3-}	$Mg(OH)_2$ 和 NH_3
Al_4C_3	Al^{3+}	C^{4-}	$Al(OH)_3$ 和 CH_4
$BrCl$	$Br(+1$ 价$)$	$Cl(-1$ 价$)$	$HOBr$ 和 HCl
PCl_3	$P(+3$ 价$)$	$Cl(-1$ 价$)$	H_3PO_3 和 HCl

以上4种内容的考查往往是融合在一起的，要求学生不仅能够掌握通过电子效应分析分子中活性位点的方法，而且能够结合电性匹配原则推断反应机理，更加注重学习中思维过程的构建，对学生运用知识的综合能力提出了更高要求。

5 结构化学融入有机化学教学的建议

结构化学的融入使有机化学教学范式发生根本性改革，回归到学科本源，深化了结构决定性质的化学学科基本观念。作为一线教师，在教学中还应该注意以下几点。

1. 清除模块壁垒，促进知识融合

受教学历史和惯性影响，当前使用新教材的部分学校教学安排停留在"本次期中考试只考本学期学的有机化学，不考上学期学的结构化学"，各个模块的教学之间仍然存在壁垒，显然没有充分认识到新课标新教材改革的目的和要求。在本轮改革前，结构化学中常常分析有机分子中的成键情况和杂化情况，有机化学中常常研究有机分子中原子共平面、共直线的问题，这些都是结构化学和有机化学融合教学的早期尝试，如何在这些基础上进一步加深融合教学是亟须思考和探索的问题。

此外，还应注重结构化学与元素化学、化学反应原理教学的融合。比如利用 NO_2 中的未成对电子解释其容易发生二聚的性质；利用 SO_4^{2-} 高度对称的正四面体结构说明其稳定性，解释 SO_4^{2-} 不能氧化 S^{2-} 而低价态的 SO_3^{2-} 却可以氧化。

2. 借鉴不同教材，丰富教学内容

依据新课标编写的高中有机化学教材还有鲁科版、苏教版和沪教版，这些教材在结构化学融入有机化学教学设计方面各有特色，值得教师在教研备课时借鉴参考。比如鲁科版教材整理总结了氢氰酸、氨及氨的衍生物、醇类中的极性键电荷分布及其与醛类加成产物,这样的教学有利于帮助学生构建反应模型,理解反应机理。再如鲁科版教材在【知识支持】栏目介绍了有机分子中 α、β 的含义,有利于快速分析反应活性位点。

3. 钻研知识内涵,传递正确知识

各个版本的新教材都呈现出新增知识点多、涉及面广、难度大的特点,比如羟醛缩合反应、狄尔斯-阿尔德反应、马氏规则、扎伊采夫规则、α-H 的活性等都进入了高中教材,对教师的知识储备和理解提出了更高要求。教师要在课堂教学中做到游刃有余,就需要在课前深入学习和充分研究相关知识,以保证传递知识的正确性和科学性。北京大学出版社出版的《基础有机化学》是国内畅销的大学有机化学入门教材,该书立足分子结构特征分析反应行为,对电子效应、官能团中化学键等有深入浅出的分析,对高中有机新教材的教学具有重要指导意义。

 必练习题 2-3

一、判断题

1. 同种元素的原子形成的共价键一定是非极性键。(　　)
2. 乙醇和乙烷中的 C—C 键都是非极性键。(　　)
3. CH_3CH_2OH 和 H_2O 中的 O—H 键极性强弱不同。(　　)
4. 单键的旋转可能会影响分子的构象,同时改变分子的极性。(　　)
5. 单中心分子 XY_2Z_2(X、Y、Z 代表不同原子,X 为中心原子)是非极性分子,则该分子中所有原子共平面。(　　)
6. 某分子是 H_2O 的等电子体,则该分子一定是极性分子。(　　)
7. O_3 在 CCl_4 中溶解度大于在 H_2O 中的溶解度,说明 O_3 是极性分子。(　　)
8. 表面活性剂的亲水端能与 H_2O 形成氢键。(　　)
9. 表面活性剂(如十二烷基磺酸钠)只能在水中形成胶束而在汽油中不能。(　　)
10. 表面活性剂的疏水端往往是弱极性的烃基链。(　　)
11. 标况下 S_8 是固体而 O_2 是气体,是因为 S_8 分子间范德华力更大。(　　)
12. 汽油比柴油更容易汽化,是因为汽油的平均相对分子质量比柴油大。(　　)
13. 极性分子间的范德华力一定比非极性分子间的范德华力大。(　　)
14. 固态和液态物质的分子间有范德华力,气态物质的分子间没有范德华力。(　　)
15. 常温常压下 NCl_3 是油状液体而 NH_3 是气体,因为 NCl_3 是极性分子而 NH_3 是非极性分子。(　　)
16. 水的汽化过程只破坏氢键而没有破坏范德华力。(　　)
17. 顺-2-丁烯和反-2-丁烯的沸点不同。(　　)
18. 不含 H 原子的分子之间不能形成氢键。(　　)
19. 不管是氢键,还是范德华力,本质上都是静电相互作用。作用力的强弱都与微粒间的距离密切相关。(　　)

20. 冰和醇类中氢键(O—H⋯O)键能有差别,说明氢键键能受具体化学环境的影响。(　　)
21. 只有分子之间或分子内才能形成氢键,离子之间或离子内不能形成氢键。(　　)
22. 可燃冰中甲烷分子与水分子之间存在氢键。(　　)
23. 1-戊醇 $CH_3(CH_2)_5OH$ 在汽油中的溶解度大于在水中的溶解度。(　　)
24. 向试管中依次加入 2 mL CCl_4、2 mL H_2O、2 mL 苯,振荡后溶液将分为 3 层。(　　)
25. 向 H_2O 中滴加浓 H_2SO_4 会放热,该过程只有氢键的形成而没有氢键的断裂。(　　)
26. 氢键的作用强度总是大于范德华力。(　　)
27. 只有含 C 原子的分子才可能有手性,不含 C 原子的分子都没有手性。(　　)
28. 顺-2-丁烯和反-2-丁烯互为镜像而不能重合。(　　)
29. 含有手性 C 原子的链状烷烃的相对分子质量不小于 100。(　　)
30. 手性 C 原子都是 sp^3 杂化 C 原子。(　　)

二、选择题

1. 双氧水是 H_2O_2 的水溶液,可用作氧化剂、漂白剂、消毒剂、脱氯剂。已知 H_2O_2 是极性分子。下列说法中正确的是(　　)

   A. 双氧水中溶质分子与溶剂分子之间可以形成多种形式的氢键
   B. 由于单键可以旋转,因此 H_2O_2 中所有原子可以共平面
   C. H_2O_2 中极性键和非极性键的数目相等
   D. H_2O_2 分解为 H_2O 和 O_2 时只有 O—H 键断裂,无 O—O 键断裂

2. 硫单质(S_8,八元环状结构)不溶于水,微溶于酒精,易溶于 CS_2,可与 NaOH 溶液反应生成 Na_2S 和 Na_2SO_3,下列说法中正确的是(　　)

   A. S_8 是含有非极性共价键的极性分子
   B. 溶剂极性强弱顺序:水>酒精>CS_2
   C. 与 NaOH 反应时 S_8 中所有 S—S 键都断裂
   D. SO_3^{2-} 和 S_8 中 S 原子的杂化类型不同

3. IF_5 与 F_2 在加热条件下反应生成 IF_7。IF_5 具有四方锥结构,下方 4 个 F 原子围成正方形结构;IF_7 具有五角双锥结构,有两种∠FIF,分别为 90°和 72°。

   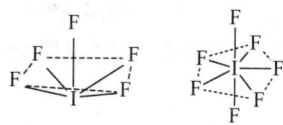

   下列说法中正确的是(　　)

   A. IF_5 中的 I 原子价层有孤电子对
   B. IF_5 和 IF_7 都是非极性分子
   C. IF_7 中有 2 种键长的 I—F 键

D. 相比于 F 和 I，Br 和 I 的原子半径更接近，IBr_7 比 IF_7 更稳定

4. 丙二烯（CH_2=C=CH_2）是一种略带甜味的无色气体，极易转化为丙炔（CH≡CCH_3）。已知丙二烯 4 个 H 原子不在同一平面。下列说法中不正确的是（ ）

   A. 丙二烯和丙炔中∠CCC 都是 180°
   B. 丙二烯转化为丙炔的反应 $\Delta H > 0$
   C. 丙二烯不溶于水，可溶于苯
   D. 丙二烯和丙炔中都有 sp^2 杂化的 C 原子

5. 氢氰酸是一种弱酸（$K_a = 6.2 \times 10^{-10}$），在 H_2O 中发生微弱电离：$HCN + H_2O \rightleftharpoons CN^- + H_3O^+$。下列说法中正确的是（ ）

   A. HCN 中 N 原子吸电子效应使 C—H 键极性增强
   B. HCN 中 C 原子未参与杂化的 p 轨道都形成了 π 键
   C. HCN 能与 Na_2CO_3 反应产生 CO_2
   D. NO^+ 是 CN^- 的等电子体

6. 氰$(CN)_2$ 是一种无色带苦杏仁味的剧毒气体，化学性质与卤素单质相似，可与 NaOH 反应：$(CN)_2 + 2NaOH = NaCN + NaOCN + H_2O$。下列说法中正确的是（ ）

   A. 氰是含极性键的非极性分子
   B. 氰中 σ 键数目大于 π 键数目
   C. OCN^- 是 CO_2 的等电子体
   D. 氰与 NaOH 反应中氮元素的化合价未变

7. 一氧化二氮（N_2O）是一种极性分子，在一定条件下能支持燃烧，有轻微麻醉作用，并能致人发笑，故又称笑气。下列关于 N_2O 的说法中正确的是（ ）

   A. N_2O 是 SO_2 的等电子体
   B. 由于 N_2O 有极性，可以推断 N_2O 是 V 形分子
   C. N_2O 的中心原子价层没有孤电子对
   D. N_2O 中 2 个 N 原子的化合价不一样

8. 向碘水中加入 CCl_4，振荡后水层黄色变浅而 CCl_4 层呈紫色；再加入少量浓 KI 溶液，发生反应 $I_2 + I^- \rightleftharpoons I_3^-$（键角为 180°）。下列说法中不正确的是（ ）

   A. I^- 和 I_3^- 在水中的溶解度大于在 CCl_4 中的溶解度
   B. I_3^- 的中心 I 原子为 sp 杂化
   C. 向 I_2 和 I_3^- 的平衡体系中加入 KOH（溶液温度和体积保持不变），水层颜色将变浅
   D. 加入 KI 溶液后，CCl_4 层紫色变浅而水层黄色加深

9. 炔烃在碱的作用下会发生异构化反应，三键位置会发生迁移，比如 1-丁炔能转化为 2-丁炔：

$$CH_3CH_2C\equiv CH \xrightarrow[\Delta]{KOH, C_2H_5OH} CH_3C\equiv CCH_3$$

下列说法中正确的是( )

A. 1-丁炔和 2-丁炔中 4 个 C 原子都处于同一条直线
B. 上述转化过程既有 σ 键断裂,又有 π 键断裂
C. 已知室温下 1-丁炔是气体,2-丁炔是液体,说明非极性分子之间的作用力大于极性分子间作用力
D. 1-丁炔和 2-丁炔中都没有 sp² 杂化的 C 原子

10. 已知 1,4-环己二烯(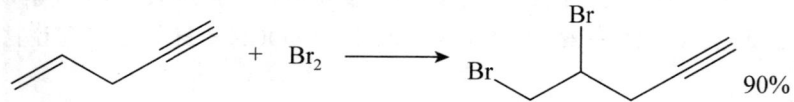)中所有 C 原子处于同一平面。下列关于 1,4-环己二烯的说法中正确的是( )

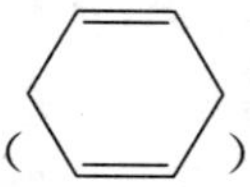

A. 该分子中最多有 10 个原子共平面
B. 该分子中存在大 π 键,可以表示为 Π_4^4
C. 该分子中所有 C 原子都是 sp² 杂化
D. 该分子是含极性键的非极性分子

11. 1-戊烯-4-炔与等物质的量的 Br₂ 反应如下:

下列说法中不正确的是( )

A. 1-戊烯-4-炔中有 3 种杂化类型的 C 原子
B. 1-戊烯-4-炔中所有 C 原子都处于同一平面
C. Br₂ 主要与碳碳双键加成是因为碳碳双键中 π 键键能比碳碳三键中 π 键能小
D. 产物中最多有 5 个 C 原子处于同一平面

12. 环氧乙烷(H₂C—CH₂,含O桥)是一种易燃易爆的气体(沸点 10.7 ℃),被广泛地应用于洗涤、制药、印染等行业。下列关于环氧乙烷的说法中不正确的是( )

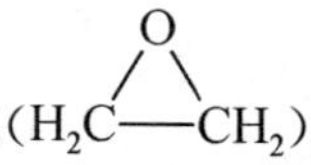

A. 环氧乙烷中的 C 原子和 O 原子都是 sp³ 杂化
B. 环氧乙烷易溶于水是因为可与 H₂O 之间形成氢键
C. 环氧乙烷易燃易爆是因为三元环结构导致的杂化轨道重叠程度小
D. 环氧乙烷中∠OCC=∠COC=60°

13. 以下事实中不能用相似相溶规律解释的是( )

A. 水中动植物的生存依赖水中溶解氧
B. 可以用 CCl₄ 萃取碘水中的 I₂
C. 可以用 NaOH 溶液吸收 Cl₂
D. 常用乙酸乙酯溶解油漆

14. 蔗糖(C₁₂H₂₂O₁₁)的结构式如下,一分子蔗糖在酸催化下能水解为一分子葡萄糖(C₆H₁₂O₆)和一分子果糖(C₆H₁₂O₆)。关于蔗糖的说法中不正确的是( )

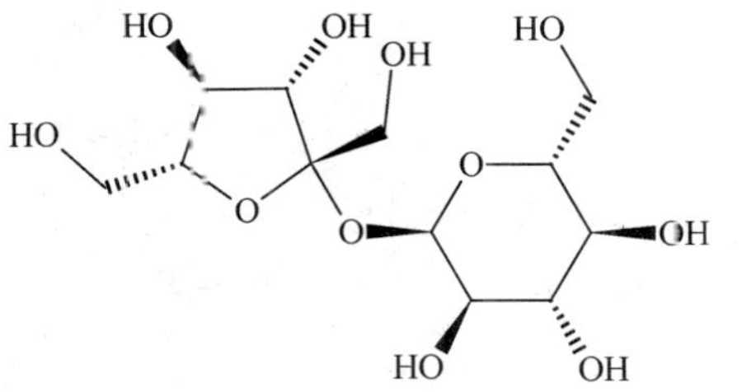

A. 蔗糖中所有C原子都是手性C原子

B. 蔗糖水解过程中没有C—O键断裂

C. 蔗糖分子内能形成氢键

D. 蔗糖中C原子和O原子的杂化类型相同

15. 乙醇(CH_3CH_2OH)沸点为78℃,乙二醇($HOCH_2CH_2OH$)沸点为197℃。下列说法中正确的是（　　）

A. 乙二醇分子间能形成氢键而乙醇分子间不能形成氢键

B. 乙醇是极性分子

C. 乙二醇中有非极性键

D. 乙醇和乙二醇都可与水混溶

16. 下列事实与氢键有关的是（　　）

A. 气态HF中存在$(HF)_2$

B. 水加热到很高的温度都难以分解

C. 水结冰后体积会膨胀

D. NH_3的沸点高于PH_3

17. 蛋白质、DNA等生命分子中都存在大量氢键,下列说法正确的是（　　）

A. 蛋白质能与水形成氢键,增加了蛋白质的水溶性

B. 氢键对于维持DNA的双螺旋结构起到重要作用

C. 蛋白质受热变性与其结构中的氢键被破坏有关

D. DNA中一对碱基之间只能形成1个氢键

18. 分子式为C_3H_9N的有机物有3种结构:

丙胺　　　甲乙胺　　　三甲胺

下列说法中正确的是（　　）

A. 丙胺和甲乙胺是极性分子,三甲胺是非极性分子

B. 3种分子中N原子的杂化类型相同

C. 三甲胺分子间不能形成氢键

D. 丙胺和甲乙胺能与HCl反应,而三甲胺不能与HCl反应

19. 苯和CCl_4在一定条件下反应生成三苯基氯甲烷:

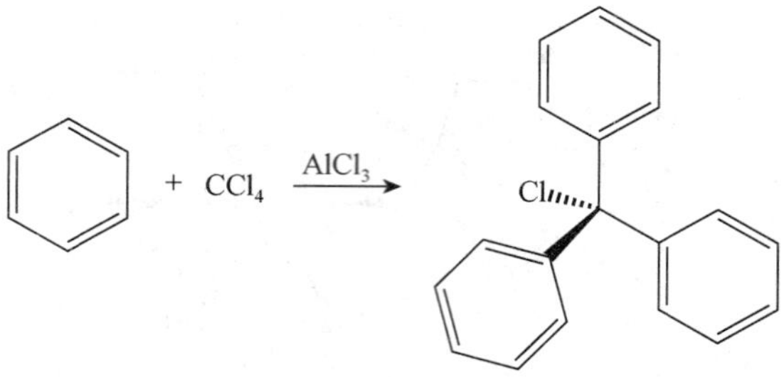

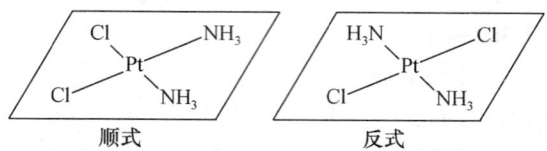

下列说法中正确的是(　　)

A. 三苯基氯甲烷在 CCl_4 中的溶解度大于在水中的溶解度

B. 三苯基氯甲烷中最多有 19 个 C 原子共平面

C. 三苯基氯甲烷中有 1 个手性 C 原子

D. 三苯基氯甲烷是极性分子

20. 二氯二氨合铂 $Pt(NH_3)_2Cl_2$ 有顺式和反式两种结构。其中顺式结构是一种抗癌药物,呈橙黄色或黄色结晶性粉末,微溶于水,在水溶液中可逐渐转化成反式。

下列说法中正确的是(　　)

A. 在水中的溶解性:顺式结构＞反式结构

B. 顺式结构中有极性键,反式结构中没有极性键

C. 两种结构中 N 原子都是 sp^3 杂化

D. 二氯二氨合铂是平面结构,所有原子都处在同一平面上

21. 关于 CH_2Cl_2 和 CH_2F_2 的说法正确的是(　　)

A. CH_2Cl_2 和 CH_2F_2 都是含极性键的非极性分子

B. CH_2F_2 分子间可以形成氢键,而 CH_2Cl_2 分子间不能形成氢键

C. 沸点:$CH_2Cl_2＞CH_2F_2$

D. CH_2F_2 可溶于水,而 CH_2Cl_2 不溶于水

22. 邻三联苯结构如下:

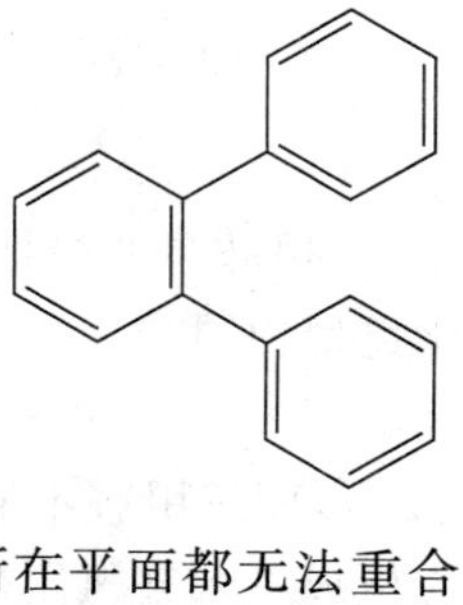

已知邻三联苯中 3 个苯环所在平面都无法重合。下列关于邻三联苯的说法中不正

确的是(　　)

A. 至少有 10 个 C 原子处于同一平面

B. 所有 C 原子的都是 sp^2 杂化

C. 至少有 6 个原子处于同一直线,这样的直线有 2 条

D. 邻三联苯是极性分子,对三联苯是非极性分子,因此沸点:邻三联苯＞对三联苯

23. 正十八烷基磺酸钠盐是一种常用的表面活性剂,下列说法中正确的是(　　)

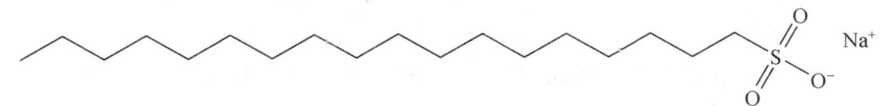

A. 正十八烷基磺酸钠盐在水中不以单分子形式存在,往往形成胶束的结构

B. 正十八烷基磺酸钠盐中 $CH_3(CH_2)_{17}$—是疏水基团

C. 表面活性剂可以有效除去餐具表面油污

D. 表面活性剂都不溶于汽油和苯等有机溶剂

24. 顺-1,2-二氯乙烯和反-1,2-二氯乙烯的结构和相关性质如下:

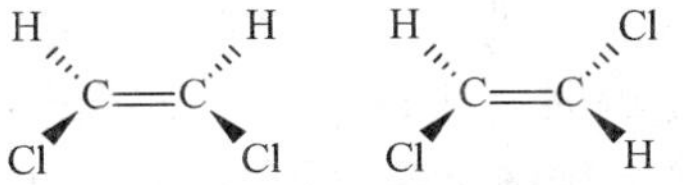

顺-1,2-二氯乙烯　　反-1,2-二氯乙烯
沸点60.3℃　　　　沸点48.4℃

下列说法中正确的是(　　)

A. 顺-1,2-二氯乙烯是极性分子,反-1,2-二氯乙烯是非极性分子

B. 顺-1,2-二氯乙烯中只有极性键,反-1,2-二氯乙烯只有非极性键

C. 由于两种分子的相对分子质量相等,因此范德华力相等

D. 其他条件相同或相近时,范德华力:极性分子＞非极性分子

25. 十溴二苯醚($C_6Br_5OC_6Br_5$)结构如下:

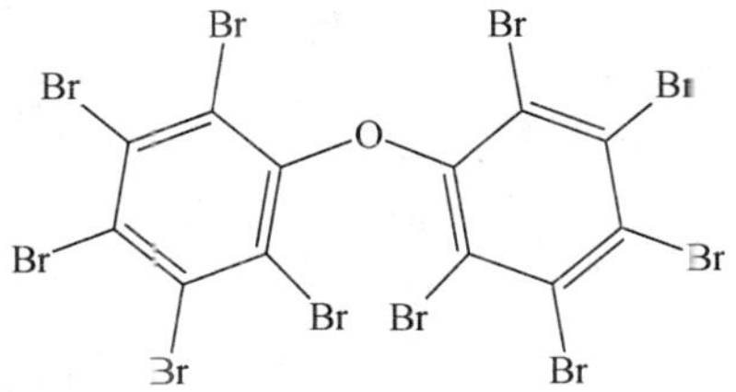

十溴二苯醚是一种高效广谱添加型阻燃剂,无腐蚀性,不溶于水、乙醇,微溶于氯苯。下列说法中正确的是(　　)

A. 十溴二苯醚是非极性分子

B. 十溴二苯醚中所有 C 原子一定处于同一平面

C. 十溴二苯醚中所有 C 原子都是 sp^2 杂化

D. 十溴二苯醚化学性质比较稳定

26. 有一种手性分子的结构如下:

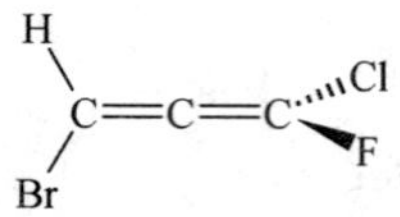

下列说法中正确的是（　　）

A. 该分子中没有手性C原子

B. 该分子中H、F、Cl和Br共4个原子形成变形四面体结构

C. 该分子与足量H_2加成后的产物中有2个手性C原子

D. 该分子与足量HCl加成后的产物中最多有3个手性C原子

27. 工业上用电解硫酸氢盐的方法制取H_2O_2，主要包括电解和水解两步：

电解：$(+)2HSO_4^- - 2e^- \rlap{=}{=} S_2O_8^{2-} + 2H^+$

水解：$S_2O_8^{2-} + 2H_2O \rlap{=}{=} H_2O_2 + 2HSO_4^-$

下列说法中正确的是（　　）

A. 电解时阴极反应：$2H^+ + 2e^- \rlap{=}{=} H_2\uparrow$

B. 电解过程中硫元素价态升高

C. $S_2O_8^{2-}$和H_2O_2中都含有非极性共价键

D. 1 mol $S_2O_8^{2-}$发生水解时有4 mol H—O键断裂

28. 碳酸分子（H_2CO_3）在水溶液中迅速分解为H_2O和CO_2，但在气相时有一定的稳定性。纯的碳酸已得到分离和鉴定，它可从固态中升华并重新凝聚而得。在有水的条件下，单个H_2O分子与H_2CO_3分子形成由氢键结合的环状过渡态，起分解的催化作用，加快了反应速率。若有两个H_2O分子与H_2CO_3作用，也形成环形氢键结合的过渡态，反应速率进一步加快。图中虚线表示即将形成或断裂的共价键。

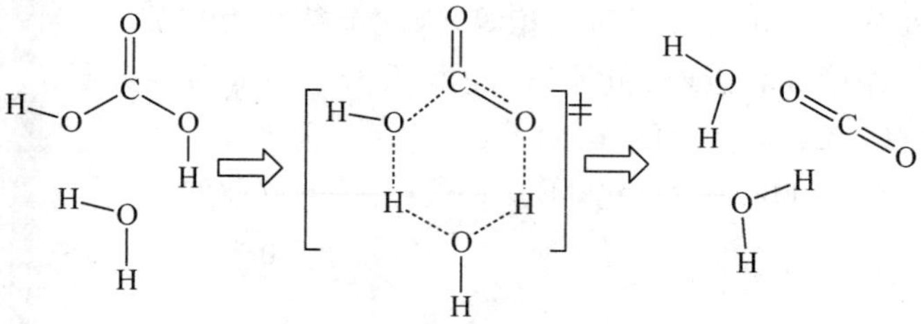

催化机理一

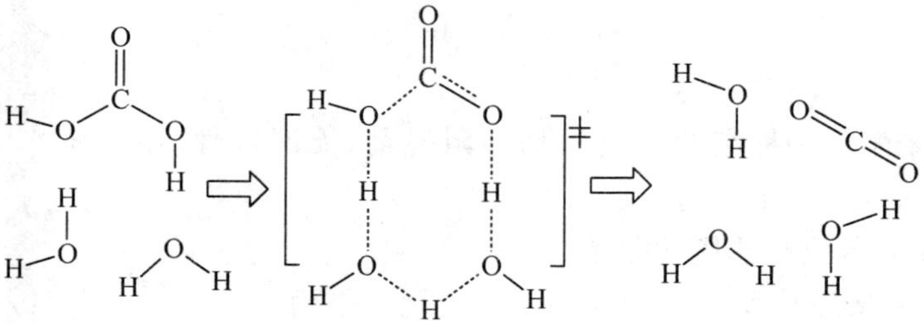

催化机理二

下列说法中不正确的是（　　）

A. 碳氧双键键长：CO_2＞H_2CO_3

B. 两种催化机理中，均涉及 H—O 键和 C—O 键的断裂

C. H_2O 催化 H_2CO_3 分解的反应属于自催化反应(反应产物是该反应催化剂)

D. 两种催化机理中都涉及氢键的形成

29. 1,2-环氧丙烷与 CH_3COO^- 反应时三元环开环，生成酯类：

下列说法中正确的是(   )

A. 1,2-环氧丙烷中所有 C 原子和 O 原子都是 sp^3 杂化

B. 开环过程中断裂的是 C2—O 键

C. 1,2-环氧丙烷与 OH^- 反应的产物中只含一种官能团

D. 1,2-环氧丙烷中 C—O 键的键能比 CH_3CH_2OH 中 C—O 键键能小

30. 格氏试剂是有机合成中常用的一种试剂，如下反应以溴乙烷和乙醛为原料合成 2-丁醇。

$CH_3CH_2Br \xrightarrow[(C_2H_5)_2O]{Mg} CH_3CH_2MgBr \xrightarrow{CH_3CHO} \xrightarrow{H_3O^+} CH_3CH_2CH(OH)CH_3$
乙基溴化镁

关于该反应的说法中正确的是(   )

A. 制备乙基溴化镁时发生了极性共价键的断裂

B. 乙基溴化镁有 3 种离子，数目比为 1∶1∶1

C. 乙基溴化镁与水反应会生成一种含极性键的非极性分子

D. 乙基溴化镁中 2 个 C 原子分别是 sp^2 杂化和 sp^3 杂化

31. 利用格氏试剂($RMgBr$)与 CO_2 的反应可以制备多 1 个 C 原子的羧酸：

$RBr \xrightarrow[(C_2H_5)_2O]{Mg} RMgBr \xrightarrow{CO_2} \xrightarrow{H_3O^+} R\text{COOH}$

关于该反应的说法中正确的是(   )

A. 制备 $RMgBr$ 时使用的 $(C_2H_5)_2O$ 必须保证无水

B. 与格式试剂反应时，CO_2 中的 π 键发生断裂

C. $RMgBr$ 不与 $RCOOH$ 反应

D. 当 R 为 C 原子数小于等于 3 的烷基时，水中溶解性：$RCOOH$＞RBr

32. 下图的多磷阴离子中，P 原子都形成了 8 电子稳定结构：

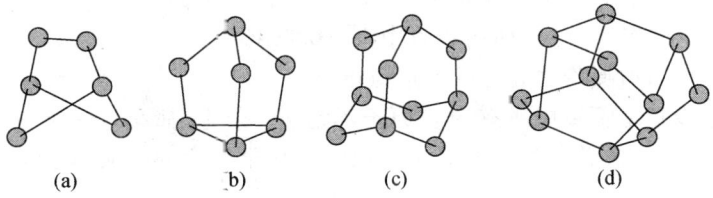

(a)　　　(b)　　　(c)　　　(d)

关于该反应的说法中不正确的是(　　)

A. 所有结构中 P 原子都是 sp^3 杂化

B. (a)和(b)所带电荷数分别为 -4 和 -3

C. (c)和(d)的化学式分别是 P_{10}^{6-} 和 P_{11}^{4-}

D. (d)中的最小环是五元环,一共有 5 个

33. α-氨基酸是指氨基连接在与羧基相邻的 α 位的 C 原子上,常见的三种 α-氨基酸结构如下:

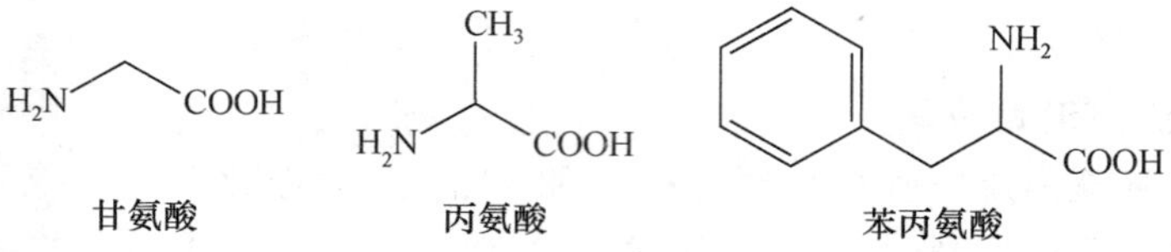

甘氨酸　　　丙氨酸　　　苯丙氨酸

关于以上氨基酸的说法中不正确的是(　　)

A. 甘氨酸、丙氨酸和苯丙氨酸中都有手性 C 原子

B. 水溶性:苯丙氨酸＞丙氨酸＞甘氨酸

C. 氨基酸具有两性,既能和酸反应,又能和碱反应

D. 氨基酸分子之间可以形成氢键

34. 头发的成分是蛋白质,其结构中的二硫键(—S—S—)对维持头发的弹性和形状起到重要作用。烫发时先将—S—S—转化为—SH 的结构,使蛋白质可以发生改变,定型后再将—SH 转化为—S—S—的结构。下列说法中不正确的是(　　)

A. S—S 键是非极性键

B. —S—S—转化为—SH 的过程需要加入氧化剂

C. 蛋白质中二硫键数目越多,蛋白质分子的稳定性越强

D. 二硫键的作用强度大于氢键

35. 腺嘌呤和鸟嘌呤是 DNA 结构中重要的两种碱基,结构如下:

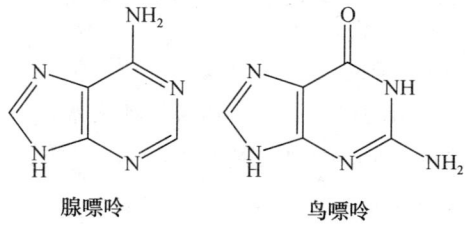

腺嘌呤　　　鸟嘌呤

下列说法不正确的是(　　)

A. 腺嘌呤中所含六元环上的 6 个原子处于同一平面

B. 腺嘌呤中有大 π 键,而鸟嘌呤中没有大 π 键

C. 腺嘌呤和鸟嘌呤之间可以形成氢键

D. 腺嘌呤和鸟嘌呤中所有的 C 原子都是 sp^2 杂化,都参与形成 π 键

36. NO_2 与 N_2O_4 的转化平衡是高中阶段学习化学平衡的经典体系:

$$2NO_2(g) \rightleftharpoons N_2O_4(g)$$

已知 $N_2O_4(g)$ 分子结构与乙烯高度相似。下列说法中不正确的是(　　)

A. N_2O_4 是含有非极性共价键和极性共价键的非极性分子

B. N_2O_4 中的 N—N 键能自由旋转

C. NO_2 和 N_2O_4 中的 N 原子都是 sp^2 杂化

D. 该可逆反应的正反应 $\Delta H<0$，$\Delta S<0$

37. 过硫酸钾受热分解的方程式为：

$$2K_2S_2O_8 =\!=\!= 2K_2SO_4 + 2SO_3\uparrow + O_2\uparrow$$

下列说法中不正确的是(　　)

A. 分解过程中只有非极性共价键断裂而无极性共价键断裂

B. $SO_3(g)$ 是平面三角形非极性分子

C. 该分解反应 $\Delta H>0$，$\Delta S>0$

D. $K_2S_2O_8$ 和 K_2SO_4 中 S 原子都是 sp^3 杂化

38. 两分子的醛在碱性条件下发生羟醛缩合反应：

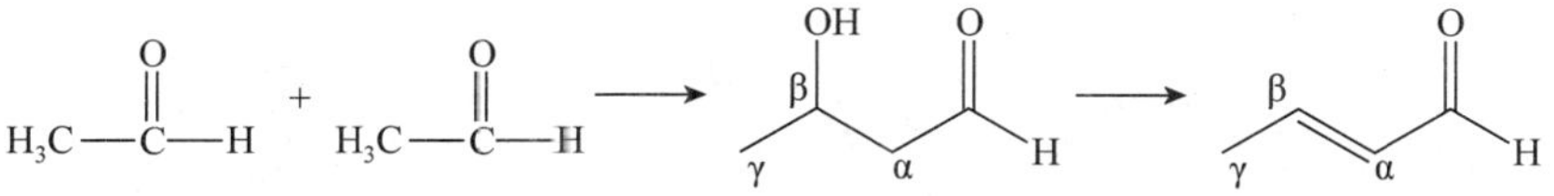

反应分为两步：第一步产物是 β-羟基醛，第二步产物是 α,β-不饱和醛。下列说法中正确的是(　　)

A. 羟醛缩合反应中发生了 π 键的断裂和形成

B. α,β-不饱和醛中存在大 π 键，比 β,γ-不饱和醛更稳定

C. α,β-不饱和醛中的大 π 键可以表示为 Π_4^4

D. α,β-不饱和醛中有 2 个 sp^2 杂化的 C 原子

39. 水溶液中的 HCO_3^- 之间形成氢键：

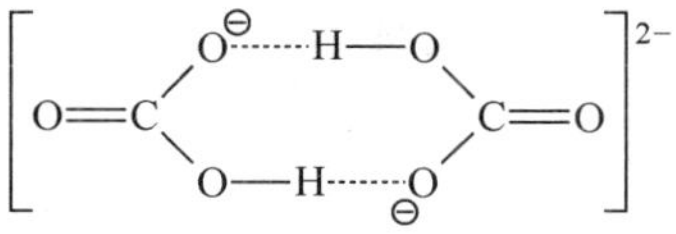

HCO_3^- 之间通过氢键形成了二聚体 $(HCO_3)_2^{2-}$。下列说法中不正确的是(　　)

A. HCO_3^- 中 C 原子是 sp^2 杂化

B. $(HCO_3)_2^{2-}$ 二聚体中所有原子共平面

C. 1 mol $(HCO_3)_2^{2-}$ 中有 $4N_A$ 个氢键

D. $(HCO_3)_2^{2-}$ 二聚体解离为单体的过程中 $\Delta S>0$

40. 木糖是一种醛糖，结构与葡萄糖类似。木糖催化加氢后可以生成木糖醇，木糖醇是一种常用的甜味剂，可用于生产糖尿病患者专用食品。木糖在一定条件下脱水缩合生成糠醛，可用于合成材料和药物。相关转化关系如下：

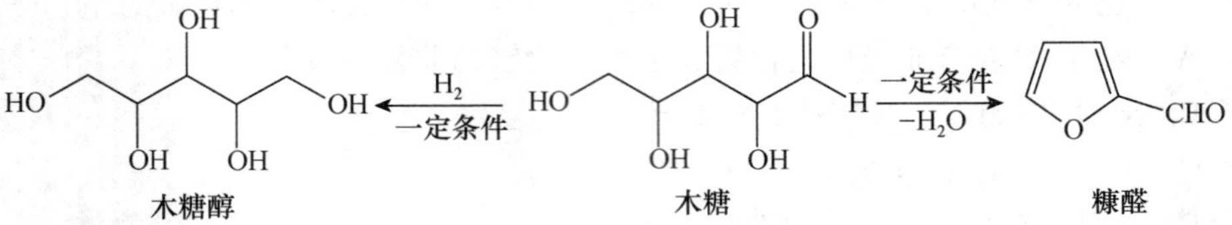

下列说法中不正确的是(　　)

A. 木糖和木糖醇中均含有手性 C 原子,而糠醛中没有手性 C 原子

B. 木糖醇中所有 C 原子均为 sp^3 杂化,糠醛中所有 C 原子均为 sp^2 杂化

C. 糠醛可以形成分子内氢键

D. 糠醛中所有原子都可处于同一平面

41. 葡萄糖是自然界中分布最广的单糖,是易溶于水的无色晶体,熔点 146℃,有甜味。葡萄糖分子中的羟基可与醛基作用,形成六元环结构,水溶液中大部分葡萄糖为环状结构:

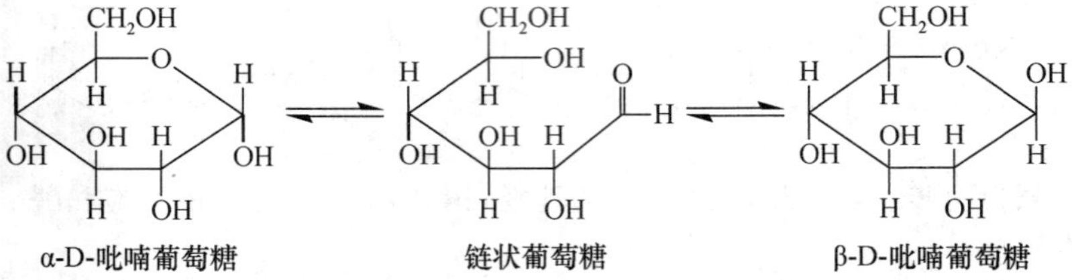

下列说法中不正确的是(　　)

A. 环状葡萄糖结构所有 C 原子都是 sp^3 杂化

B. α-D-吡喃葡萄糖和 β-D-吡喃葡萄糖互为同分异构体

C. 环状葡萄糖结构和链状葡萄糖结构中均有 4 个手性碳原子

D. 葡萄糖易溶于水的原因之一是葡萄糖分子与 H_2O 分子间能够形成多个氢键

42. 三聚氰胺,俗称密胺、蛋白精,对身体有害,不可用于食品加工或食品添加物。

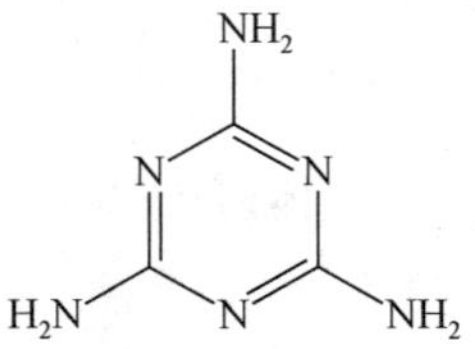

下列说法中不正确的是(　　)

A. 三聚氰胺分子中存在大 π 键

B. 三聚氰胺分子中的六元环是等边六元环

C. 三聚氰胺中所有 C 原子都是 sp^3 杂化

D. 三聚氰胺中所有 C 原子和 N 原子都处于同一平面

43. O_3 的氧化能力强于 O_2,可用于治理电镀工业中的含氰(CN^-)废水:

$$O_3 + CN^- = OCN^- + O_2$$

$$O_3 + 2OCN^- + H_2O = 2HCO_3^- + N_2$$

下列说法中不正确的是(　　)

A. O_3 和 CNO^- 都是直线形微粒

B. 沸点：$O_3 > O_2$

C. CN^- 和 OCN^- 都能与 H_2O 形成氢键

D. 1个 CN^- 中有2个 σ 键和1个 π 键

44. TCNQ 是一种有机超导体,结构如下：

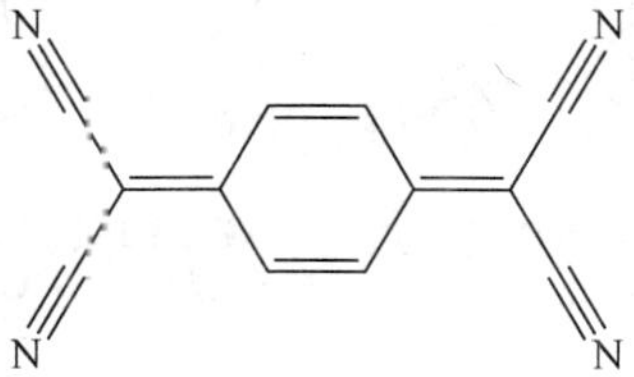

下列说法中不正确的是(　　)

A. TCNQ 中所有 C 原子都是 sp^2 杂化

B. TCNQ 中所有原子都处于同一平面

C. TCNQ 在水中溶解度大于在苯中溶解度

D. 1个 TCNQ 分子中所含 π 键数目大于 σ 键数目

45. 偶氮化合物是偶氮基(—N=N—)与两个烃基相连接而生成的化合物,是一类有颜色的化合物,部分偶氮化合物可直接用作染料或指示剂。偶氮甲烷结构如下：

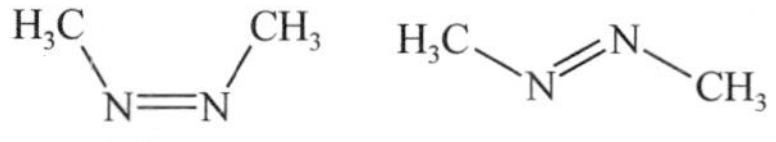

顺-偶氮甲烷　　　反-偶氮甲烷

下列说法中不正确的是(　　)

A. 顺-偶氮甲烷是非极性分子,反-偶氮甲烷是极性分子

B. 偶氮苯中所有 N 原子和 C 原子都是 sp^2 杂化

C. 所有偶氮化合物都有顺反异构

D. 顺-偶氮甲烷和反-偶氮甲烷在一定条件下存在转化平衡

46. 多巴胺(Dopamine)能治疗帕金森综合征。L-多巴可在体内多巴脱羧酶的作用下形成多巴胺,而 D-多巴则不能在体内形成多巴胺。

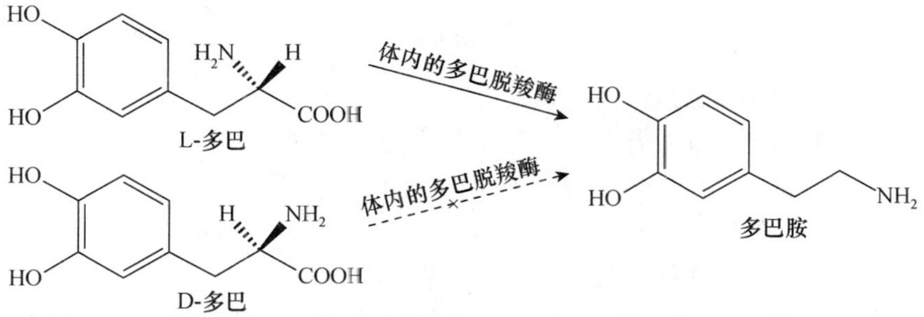

下列说法中不正确的是(　　)
A. L-多巴和 D-多巴互为同分异构体,属于立体异构
B. 水溶性:L-多巴>D-多巴
C. L-多巴的脱羧反应中只有 σ 键断裂,没有 π 键断裂
D. 多巴胺中没有手性 C 原子

47. 2,3-环氧丁烷有以下两种结构:

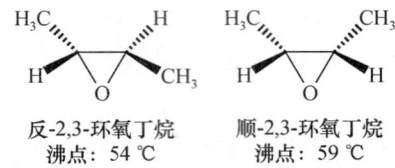

反-2,3-环氧丁烷　　　顺-2,3-环氧丁烷
沸点:54 ℃　　　　　沸点:59 ℃

下列说法中不正确的是(　　)
A. 反-2,3-环氧丁烷中有手性 C 原子,顺-2,3-环氧丁烷中没有手性 C 原子
B. 反-2,3-环氧丁烷是非极性分子,顺-2,3-环氧丁烷是极性分子
C. 分子间作用力:反-2,3-环氧丁烷<顺-2,3-环氧丁烷
D. 两种 2,3-环氧丁烷都不能与 H_2O 形成分子间氢键

48. 维生素 A 的分子结构如下:

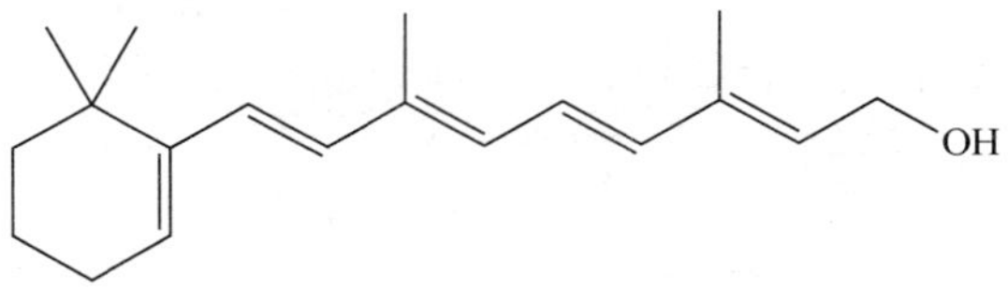

下列说法中不正确的是(　　)
A. 维生素 A 分子中有 3 种杂化类型的 C 原子
B. 维生素 A 分子中没有手性 C 原子
C. 维生素 A 中存在大 π 键,可以表示为 Π_{10}^{10}
D. 维生素 A 易溶于水

49. 乙炔和丙酮在碱性条件下可以发生加成反应:

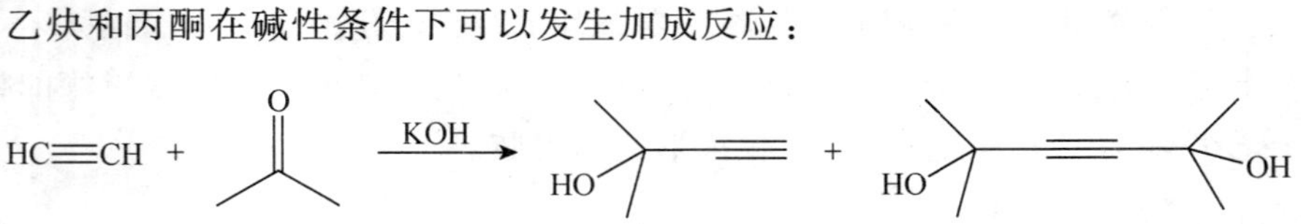

下列说法中不正确的是(　　)
A. 产物Ⅰ和产物Ⅱ中都只有 2 种杂化类型的 C 原子
B. 产物Ⅱ中最多有 6 个 C 原子处于同一直线
C. 沸点:产物Ⅰ>产物Ⅱ
D. 产物Ⅰ和产物Ⅱ都能与丙酮形成氢键

50. 樟脑具有强烈的辛辣味道,可用于配置清凉油,也可用作防蛀剂,其结构如下:

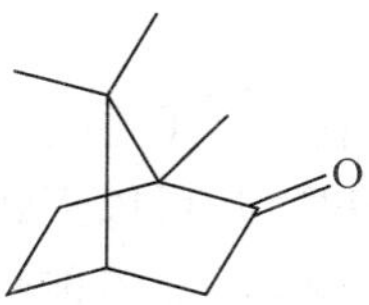

下列说法中不正确的是（　　）

A. 1个樟脑分子中有2个手性C原子

B. 樟脑分子间可以形成氢键

C. 1个樟脑分子中只有1个sp^2杂化C原子

D. 樟脑分子式为$C_{10}H_{16}O$

51. 一般情况下，酮式结构比烯醇式结构稳定，然而如下平衡体系中烯醇式含量远高于酮式含量：

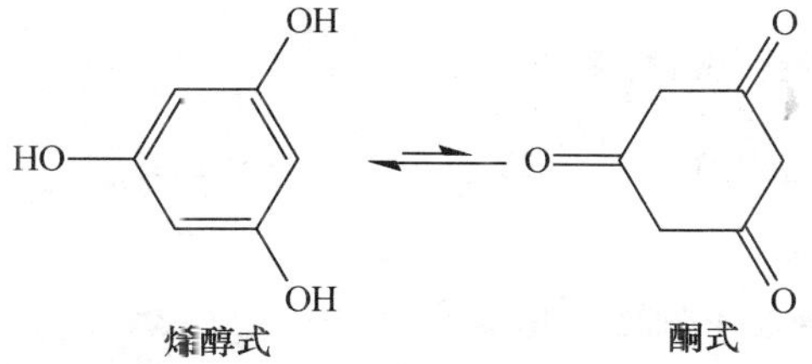

关于上述反应的说法中不正确的是（　　）

A. 烯醇式结构和酮式结构中所有C原子都是sp^2杂化

B. 烯醇式结构沸点高于酮式结构沸点

C. 烯醇式结构中有大π键，酮式结构中没有大π键

D. 该烯醇式结构中存在苯环，故比酮式结构更稳定

52. 如下分子中所有原子都处于同一平面，下列说法中正确的是（　　）

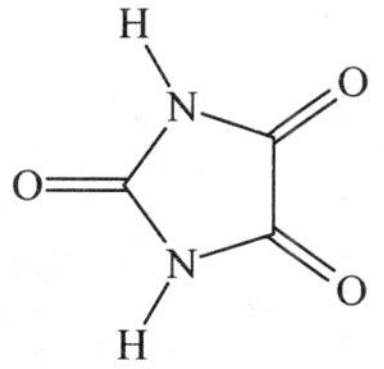

A. 该分子中所有C原子和N原子都是sp^2杂化

B. 该分子是含极性键的非极性分子

C. 该分子水解反应的产物是NH_3和$H_2C_2O_4$

D. 该分子易溶于水，可以与水分子形成多个氢键

53. 香豆酸有顺式和反式两种结构：

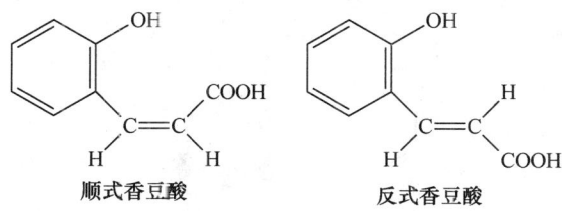

顺式香豆酸　　　反式香豆酸

下列说法中正确的是（　　）

A. 两种结构的香豆酸中都没有手性C原子

B. 顺式香豆酸分子内的羟基和羧基可以形成酯基,反式香豆酸则不行

C. 顺式香豆酸只能形成分子内氢键而不能形成分子间氢键

D. 反式香豆酸只能形成分子间氢键而不能形成分子内氢键

54. 甲苯硝化反应如下：

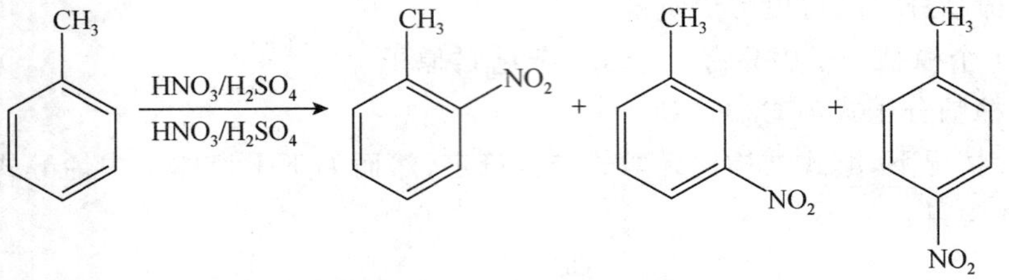

产物中比例	58%	4%	38%
熔点/℃	−9.5	15.1	51.9
沸点/℃	222	232	238

下列说法中正确的是（　　）

A. 硝化反应的产物比例说明甲基是邻对位定位基

B. 对硝基甲苯沸点最高是因为能形成分子间氢键

C. 三种产物都是极性分子

D. 甲苯中苯环上甲基的对位比邻位更容易发生硝化反应

55. 槲皮素是一种具有生物活性的黄酮醇类化合物,是中药连翘的主要有效成分,具有较好的祛痰、止咳效果,结构式如下图所示：

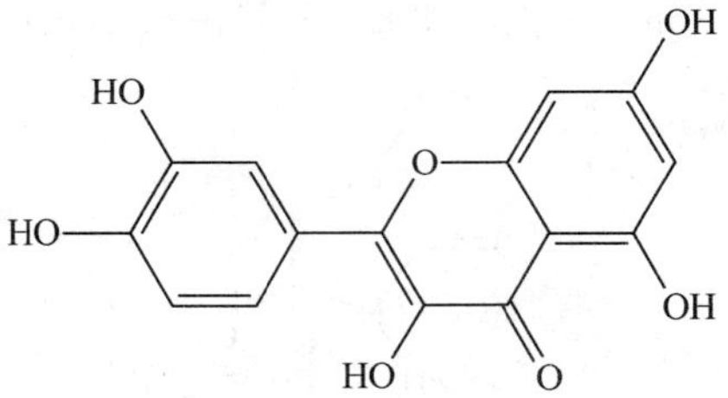

下列关于槲皮素的说法中不正确的是（　　）

A. 槲皮素分子中所有C原子都是sp^2杂化

B. 槲皮素分子中所有C原子可以处于同一平面

C. 槲皮素在纯水中的溶解度大于在NaOH溶液中的溶解度

D. 槲皮素分子中不含手性C原子

56. 苯炔结构如下：

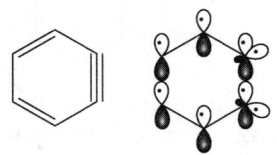

下列关于苯炔的说法中正确的是（　　）

A. 苯炔中有 3 种不同长度的碳碳键

B. 苯炔中有 2 个 sp^2 杂化的 C 原子

C. 碳碳三键键长：苯炔＞乙炔

D. 苯炔中存在的大 π 键可以表示为 Π_6^8

57. 青霉素(Penicillin)是一种高效、低毒的抗生素,青霉素的使用增强了人类抵抗细菌性感染的能力。青霉素结构如下：

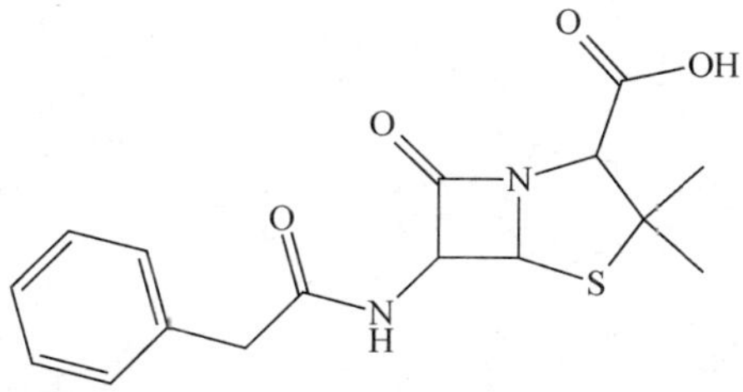

下列关于青霉素的说法中正确的是（　　）

A. 1 个青霉素分子中有 4 个手性 C 原子

B. 青霉素分子能与水分子之间形成氢键

C. 青霉素分子中的 S 原子的杂化类型是 sp^2

D. 1 mol 青霉素最多能与 3 mol NaOH 反应

58. 布洛芬(Ibuprofen)是非甾体抗炎药,用于缓解轻度至中度疼痛如头痛、关节痛、牙痛、肌肉痛、神经痛、痛经等。布洛芬结构如下：

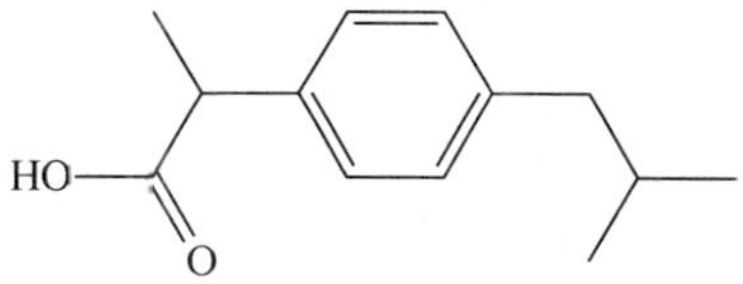

下列关于布洛芬的说法中正确的是（　　）

A. 布洛芬分子中所有 C 原子都可以处于同一平面

B. 布洛芬分子中 sp^2 杂化的 C 原子与 sp^3 杂化的 C 原子数目相等

C. 布洛芬易溶于水,可与水形成多个氢键

D. 布洛芬能与 $NaHCO_3$ 反应产生气体

59. 龙涎香是一种极名贵的动物性香料,其所含的龙涎香醇在一定条件下可以转化为有香味的龙涎呋喃和龙涎醇：

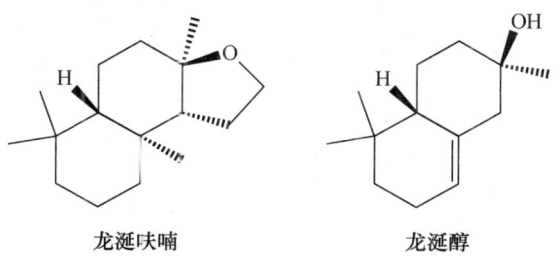

龙涎呋喃　　　　　　龙涎醇

下列关于龙涎呋喃和龙涎醇的说法中正确的是(　　)

A. 龙涎呋喃和龙涎醇在分子式上相差 C_3H_6

B. 龙涎呋喃难溶于水,龙涎醇易溶于水

C. 1 个龙涎呋喃分子中有 5 个手性 C 原子

D. 1 个龙涎醇分子中有 10 个 sp^3 杂化的 C 原子

60. 睾酮,又称睾丸素,是一种类固醇荷尔蒙,由男性的睾丸或女性的卵巢分泌,对维持肌肉强度及质量、维持骨质密度及强度、提神及提升体能有重要作用。睾酮结构如下:

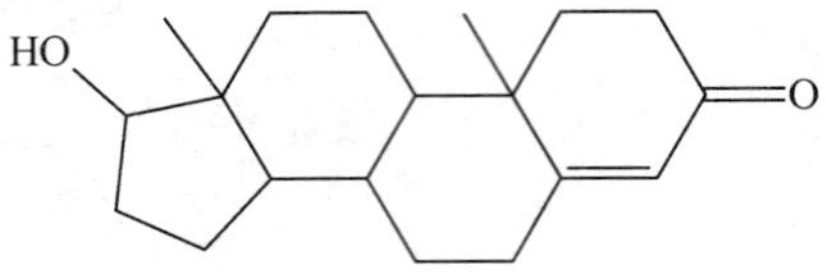

下列说法中正确的是(　　)

A. 睾酮中的大 π 键可以表示为 Π_4^4

B. 1 个睾酮分子中有 7 个手性 C 原子

C. 睾酮分子只能发生加成反应,不能发生消去反应

D. 睾酮分子中最多有 17 个 C 原子处于同一平面

第三章 晶体结构与性质

生活中很多固体都是晶体。不同于非晶体,晶体具有周期性的微观结构。晶体结构的学习包括两部分内容:一是建立晶胞的概念,学习研究晶体结构的方法;二是系统地学习分子晶体、原子晶体、金属晶体和离子晶体等重要的晶体。在教学中要强化结构决定性质的化学学科基本观念,具体阐明晶体结构对晶体性质的影响。

本章包括四节内容:
第一节　物质的聚集状态与晶体的常识;
第二节　分子晶体与共价晶体;
第三节　金属晶体与离子晶体;
第四节　配合物与超分子。

第一节　物质的聚集状态与晶体的常识

★ 整体内容分析

本节内容包括两大版块:物质的聚集状态和晶体,晶体版块分为晶体的特征、晶胞和晶胞结构的测定共 3 个模块。通过本节内容的学习,学生应达到以下要求:

1. 知道物质的聚集状态包括固、液、气等状态。
2. 能够从微观和宏观两个层面认识晶体和非晶体的区别。
3. 知道晶体中的微粒有周期性排布的特点,认识晶胞的结构,理解晶胞的内涵,熟练掌握晶胞的相关计算。

4. 知道 X 射线衍射是测定晶体结构的强力工具。

高考试题分析

考题呈现

考点 晶胞中微粒数目计算

(2021 湖南,18 节选)下图是 Mg、Ge、O 三种元素形成的某化合物的晶胞示意图。

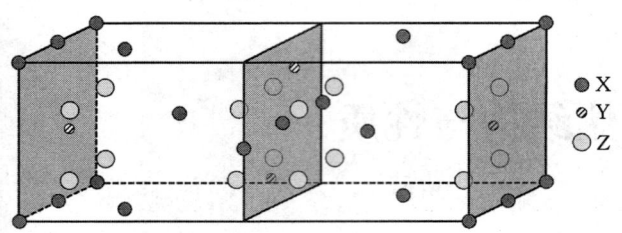

已知化合物中 Ge 和 O 的原子个数比为 1∶4,图中 Z 表示原子_____(填元素符号),该化合物的化学式为_____。

考题分析

本节核心内容"晶体的常识"是本章晶体结构与性质的基础,高考中单独考查本节知识点的考题较少,主要涉及晶胞的组成计算等。

教材内容解读

1 物质的聚集状态

物质都是由微粒组成的,这些微粒包括原子、分子、离子等。形形色色的微粒聚集在一起形成各种各样的物质,一定条件下,物质的聚集状态随构成物质的微粒种类、微粒间相互作用和微粒聚集程度的不同而不同。一般地,根据聚集状态的特点,将物质的聚集状态分为固态、液态和气态,三态的相互转化过程只是微粒的间距发生了变化(图 3-1-1),当然,这些过程中微粒间的相互作用力大小也随之改变。

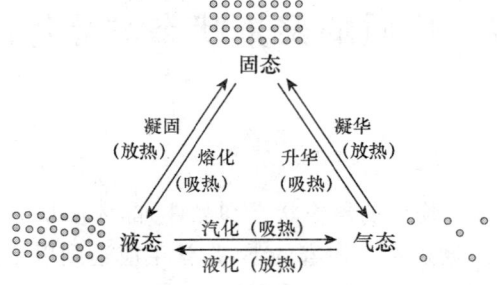

图 3-1-1 物质三态转化

知识拓展：不同聚集状态下的微粒间距

以氧气为例，气态密度为 1.429 g/L（标况，0℃，101 kPa），液态密度为 1.419 g/cm³，固态密度为 1.426 g/cm³。可以看出固态和液态的密度非常接近，因此从固态到液态，分子间距并未发生明显变化，只是分子不再被固定在晶格中，而是可以在一定范围内移动。从液态（或固态）到气态，密度约变为原先的 1/1000，即单位空间内分子数变为原先的 1/1000，分子间距约变为原先的 10 倍（忽略分子自身大小），因此气态分子间距远大于液态和固态。气体摩尔体积（V_M）取决于分子间距，而分子间距主要受温度和压强影响，一定温度和压强下不同气体的分子间距是相等的，因此标况下气体的摩尔体积均接近 22.4 L/mol。

知识拓展：流体

流体，是与固体相对应的一种物体形态，是液体和气体的总称。微观层面上，流体由大量的、不断做热运动而且无固定平衡位置的分子构成；宏观层面上，流体没有一定的形状并且具有流动性。由于流体分子间存在空隙，流体具有一定的可压缩性，可压缩性大小取决于分子间距：液体的可压缩性较小，气体的可压缩性较大。

知识拓展：利用物质的三态转化对物质进行分离

物质在不同状态下呈现出不同的性质，由此可对混合物进行分离。

如图 3-1-2 所示，利用蒸馏的方法从海水（NaCl 稀溶液）中获得 NaCl 和 H_2O 的过程就是利用二者的沸点差异。在加热体系中将 H_2O 由液态转化为气态，脱离混合体系，随后在冷却体系中由气态回到液态，方便收集，从而实现分离。

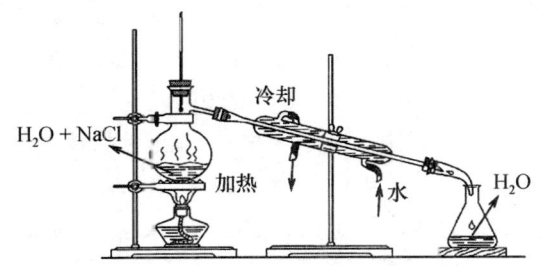

图 3-1-2 利用蒸馏的方式从模拟海水中获得 H_2O 的装置

利用升华的方式分离 I_2 和 NaCl 的混合物（图 3-1-3），本质上与蒸馏的原理一样，I_2 和 NaCl 的升华点（或沸点）不同，在加热体系中将固体 I_2 直接转化为 I_2 蒸气，脱离混合体系，随后在冷却体系中变回固态，从而实现分离。

对混合物进行分离的思路之一是利用各组分的性质差异，改变外界条件，如温度等，使各组分呈现出不同状态，从而实现分离。

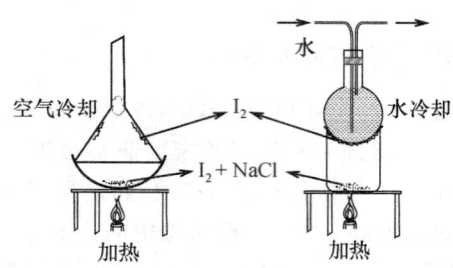

图 3-1-3　利用升华的方式分离 I_2 和 NaCl 的混合物的两种装置

📖 知识拓展：升华

升华是指固态物质不经液态直接变为气态的过程。微粒间作用力较弱的物质容易升华，比如很多由分子组成的物质都容易升华，最常见的是干冰（固态 CO_2）和碘，萘和樟脑等物质。

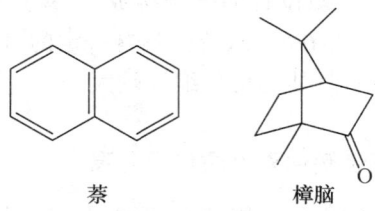

图 3-1-4　萘和樟脑的分子结构

❓ 问题讨论：冰能不能升华为水蒸气？

冰中 H_2O 分子间存在强度超过范德华力的氢键，那冰能不能升华为水蒸气呢？

图 3-1-5 是 H_2O 的相图，相图是描述研究对象的状态、温度、压力关系的图解。相图的横轴表示温度（T），纵轴表示压强（p）。H_2O 的相图包括 3 个区域：冰（固态）、水（液态）和水蒸气（气态）。这 3 个区域的界限形成了 3 根线：熔化线、蒸发线和升华线。由相图可知 $p=101.3$ kPa 时，蒸发线上对应的温度 $T=373.15$ K，即 1 个大气压下 H_2O 的沸点为 100℃。H_2O 的相图中蒸发线的斜率是正的，意味着压强越大，沸点越高。

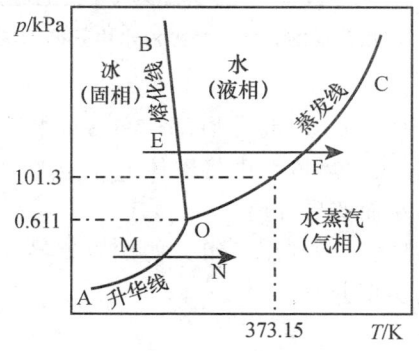

图 3-1-5　水的相图

在压强不变的情况下升高温度,即沿着水平线从左往右(如 EF 线和 MN 线):在 $p>0.611$ kPa 时,冰需要经历水的区域才能到达水蒸气的区域(EF 线),即需要经历熔化和汽化;在 $p<0.611$ kPa 时,冰跨过升华线即可实现从固态到气态的转化(MN 线),即升华。因此常压(101.325 kPa)下冰不能直接升华;如果压强小于 0.611 kPa,冰亦可以升华。

📖 **知识拓展:三态转化过程中的动力学分析**

物质的三态转化过程不仅涉及热力学问题,还涉及动力学问题。

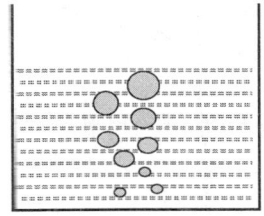

图 3-1-6　液体沸腾过程中产生气泡的示意

最常见的是过热水问题。在标准大气压下,可将纯水加热至略高于 100℃而水仍不沸腾,将这种状态的水称为过热水。沸腾是剧烈的汽化,汽化过程需要汽化中心(图 3-1-6),纯水中缺少汽化中心,导致即使水的温度超过了沸点也不沸腾,从而形成过热水。沸石和碎瓷片具有多孔结构(图 3-1-7),其中存在很多气体。在水或其他液体中加入沸石或碎瓷片,在加热过程中沸石或碎瓷片中的气体受热膨胀而逸出,形成汽化中心,带动周围液体汽化。基于此原理,在加热液体时,如果因疏忽没有加入沸石,应将液体冷却后再加入沸石,若在较热的液体中加入沸石,可能当场引起暴沸(过热水突然剧烈沸腾),造成危险。

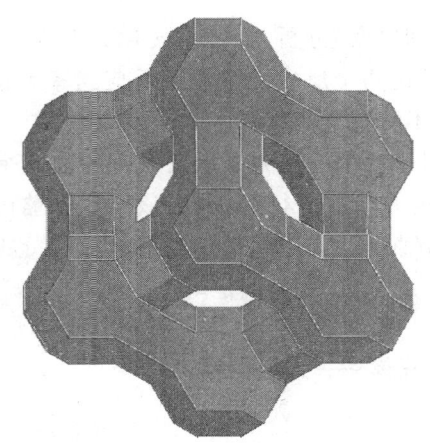

图 3-1-7　沸石的多孔结构

水的凝固过程和一些饱和溶液的结晶过程,由于受到动力学因素的影响,可能会形成过冷水和过饱和溶液等热力学不稳定的状态。这些不稳定的状态受到外界因素干扰后会迅速形成稳定的状态,如凝固和结晶。因此在制备颗粒较大的晶体时,往往需要在饱和溶液中加入适量小颗粒晶种,为结晶过程创造合适的条件(图 3-1-8)。

图 3-1-8　在饱和 $CuSO_4$ 溶液中加入晶种以制备较大晶粒

📖 知识拓展：热力学问题和动力学问题

通俗地讲,热力学研究反应的限度问题,即理论上反应达到的最大程度;而动力学则是研究反应的速率,即需要多长时间才可以达到期望的状态。如果热力学的计算结果说明反应无法发生,那么研究动力学是没有意义的;对于热力学可行的反应,可以通过研究动力学以调整反应速率。

以水为例,标准大气压和 100℃的条件下持续加热水会沸腾,由液态变为气态。然而水真实的汽化过程需要汽化中心,绝对无杂质的水中缺少汽化中心,导致形成了温度略高于沸点的过热液体。因此,标准大气压下,99℃的水不沸腾是热力学原因,101℃的水不沸腾是动力学问题。

再如,通过热力学(焓变和熵变)分析,金刚石转化为石墨、氢气和氧气反应生成水都是常温下可以发生的反应,但是这两个反应在常温下反应速率太慢,因此实际并不发生,这是典型的热力学可行而动力学不可行反应。

以生活中的问题为例,对于一个已经完成生长发育的健康个体,长高 3 cm 和减肥 3 kg 是两类问题：长高 3 cm 是热力学不可行的,因为该个体骨骼已经封闭,无法再长高;减肥 3 kg 是热力学可行的,通过节食和运动都可以达到减肥 3 kg 的目的,然而由于多种因素,在一定时间内减肥 3 kg 并不一定能实现,这就是动力学问题。

📖 知识拓展：常见的等离子体——火焰和极光

如果温度升高到 10^4 K 以上,原子/分子中的电子摆脱原子核的束缚成为自由电子,部分原子/分子失去电子变成阳离子,形成了由中性原子/分子、阳离子和电子共同组成的气体。这种电离气体中电子所带的负电荷总数和离子所带的正电荷总数在数值上是相等的,因此被称为"等离子体"。等离子体有两大特点：一是具有很强的导电性;二是在宏观上呈电中性。

自然界中常见的火焰和极光都是等离子体。

火焰指物质燃烧时发光的汽化部分,大部分火焰是高温等离子体(图 3-1-9)。

图 3-1-9　天然气燃烧产生的火焰

极光是出现在高纬度地区高层大气中的发光现象。太阳发射的高速离子流在地球磁场的作用下,沿着地磁场的南极和北极进入地球两极地区。高层大气分子受到高速离子流的轰击后发生电子跃迁,由激发态回到基态时发出各种颜色的光,比如 O_2 被激发后辐射出的光为黄绿色,N_2 被激发后辐射出的光为深红色。

2　晶体与非晶体的区别

可从微观和宏观两个层面认识晶体与非晶体的区别:微观层面上,晶体内部的原子在三维空间呈周期性有序排列,非晶体内部的原子排列相对无序(图 3-1-10);宏观层面上,晶体能自发地呈现出多面体外形(图 3-1-11),称为晶体的自范性,而非晶体没有自范性。结构决定性质,性质反映结构,微观层面的有序性决定了宏观层面的自范性,宏观层面的自范性体现了微观层面的有序性。

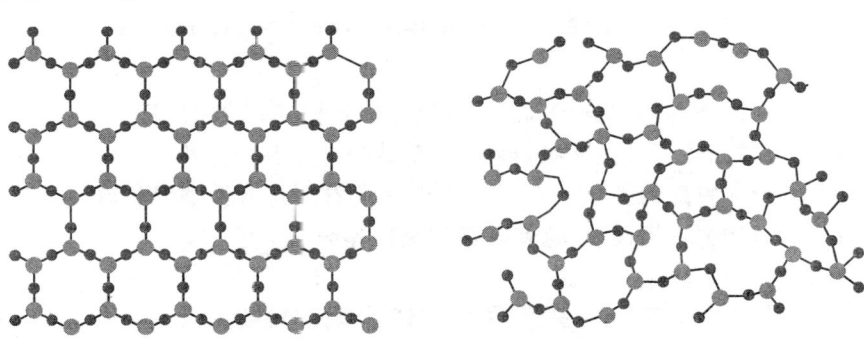

图 3-1-10　晶态 SiO_2 和非晶态 SiO_2 的微观结构投影示意

图 3-1-11　呈现为立方体结构的 FeS_2 晶体

> 问题讨论：为什么晶体只有在生长速率适当时才能体现出自范性？

在晶体的生长过程中，微粒从液态或气态的无序状态到固态的有序状态，微粒需要发生一定的位移，发生位移需要一定的时间。在结晶时如果冷却速度过快，微粒来不及发生足够的位移形成有序的状态，此时形成的晶体自范性不明显，往往形成小颗粒或粉末。

可以用课间和上课时的学生进行类比说明（图 3-1-12）：上课时每个学生都在自己的座位上，形成有序的状态（图 3-1-12 左），可比作固态；课间时学生在教室内外一定范围内自由走动（图 3-1-12 右），可比作液态。上课前 2 分钟有预备铃声，给处于液态的学生足够的时间回到自己的座位上，形成有序的固态；若没有预备铃声而直接打铃上课，学生都没有足够的时间回到自己的座位上，形成混乱的状态，无法呈现出晶态应有的有序状态。

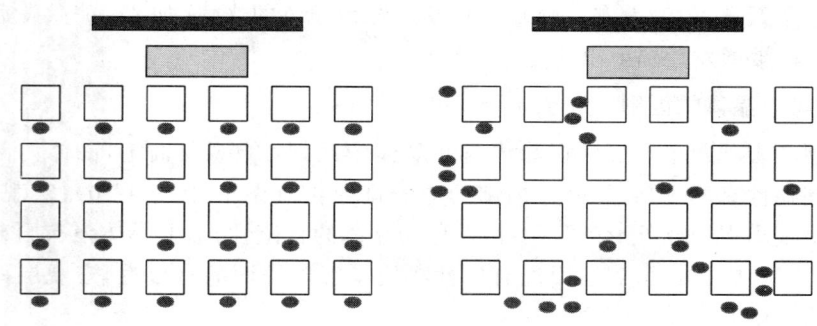

图 3-1-12　上课（左）和课间（右）学生在教室内的位置分布示意

一些情况下，将液态物质迅速冷却，会形成一些不同于晶体的、具有特殊性质的物质。淬火是指将金属器件加热到某一高温，再用水、油或空气使其急速冷却的工艺。淬火能使器件表面迅速硬化，形成特殊的性能。在影视剧中常常看到打造铁器时将红热的铁器直接放在冷水中骤冷，可以增强铁器硬度，这就是最常见的淬火。

> 问题讨论：为什么晶体具有锐熔性而非晶体没有锐熔性？

物质具有固定熔点的性质被称为锐熔性，即在某一温度（即熔点）从固态完全转化为液态。

以晶态 SiO_2 和非晶态 SiO_2 为例，前者具有固定的熔点而后者没有固定的熔点（图 3-1-13）。本质上，熔化过程就是在一定温度下，Si 原子和 O 原子的振动加剧，破坏了共价键，原子在一定程度上可以自由移动，即从固态转化为液态。在晶态 SiO_2 中，原子有序排列，所有 Si—O 键的键能相等，在一定温度下断裂，体现出锐熔性；在非晶态 SiO_2 中，原子无序排列，∠OSiO 各不相等，Si—O 键键能亦不相等，在一定温度范围内逐渐断裂，没有锐熔性。

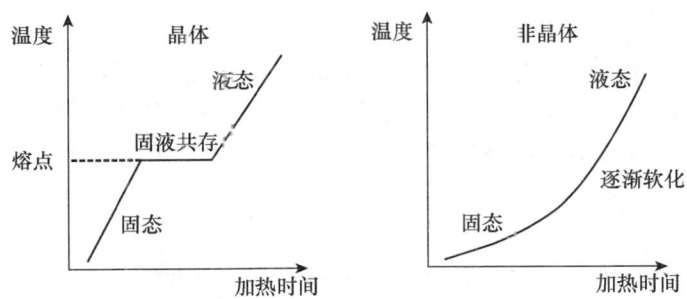

图 3-1-13　晶体和非晶体的熔化过程对比

问题讨论：什么是各向异性？

各向异性是物质的一种宏观性质，是指物质在各个方向的性质不一样，是相对各向同性而言的。

以豆腐和鸡肉为例：豆腐具有各向同性，各个方向的质地完全一样，从任何一个方向切豆腐所需的力度没有差别；鸡肉具有各向异性，鸡肉是由一束一束的纤维组成的（图 3-1-14），顺着纤维的方向撕鸡肉和垂直纤维的方向撕鸡肉所需要的力度是不一样的。

图 3-1-14　手撕鸡中的鸡肉纤维

晶体的某些物理性质具有各向异性，比如石墨在不同方向的导电性差异显著，各向异性反映了晶体内部质点排列的有序性。非晶体没有各向异性。

专题学习十：认识晶胞

1　晶胞的概念

晶体中数目巨大的微粒在微观空间有序排列，那如何去描述这种排列方式呢？核心思想是取出其中具有代表性的结构，亦称为基本单元，基本单元进行各种形式的重复堆积即可还原晶体的整体结构：

$$基本单元 \times 堆积形式 = 晶体整体结构$$

将描述晶体结构的基本单元（或称最小重复单元）称为晶胞。

2 晶胞的结构特点

要利用晶胞还原晶体的整体结构,就要求晶胞做到无隙并置:"无隙"是指相邻的晶胞之间没有任何间隙,这样就能用一个晶胞还原晶体的全部结构信息;"并置"是指所有的晶胞都是平行排列的,晶胞只能平行移动,不能旋转。无隙并置的相邻晶胞共用顶点、棱和面。

2.1 二维晶胞的结构特点

在教学中可以用二维晶胞阐述无隙并置,以降低教学难度。

(1) 无隙

二维晶胞只有做到无隙,才能排满整个平面,图 3-1-15 展示了一些二维图形的情况。

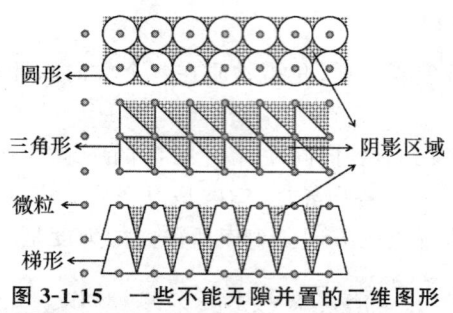

图 3-1-15 一些不能无隙并置的二维图形

从图 3-1-15 中可以看出,圆形、三角形和梯形在并置的过程中,都会留下空隙(图中阴影区域)。阴影区域是否有微粒分布不得而知,这会导致无法获得微粒排列的全部信息,因此圆形、三角形和梯形都不是二维晶胞。

(2) 并置

在一些情况下,二维图形通过旋转后的重复堆积等方式可以布满整个平面,如图 3-1-16。这些二维图形都不是二维晶胞。

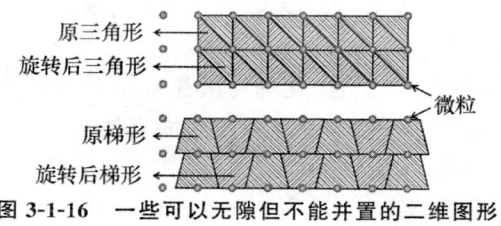

图 3-1-16 一些可以无隙但不能并置的二维图形

经过以上分析,要满足"无隙""并置"的要求,二维晶胞必须是有两组对边平行且相等的平行四边形(图 3-1-17),这 3 种平行四边形的面积都是相等的。

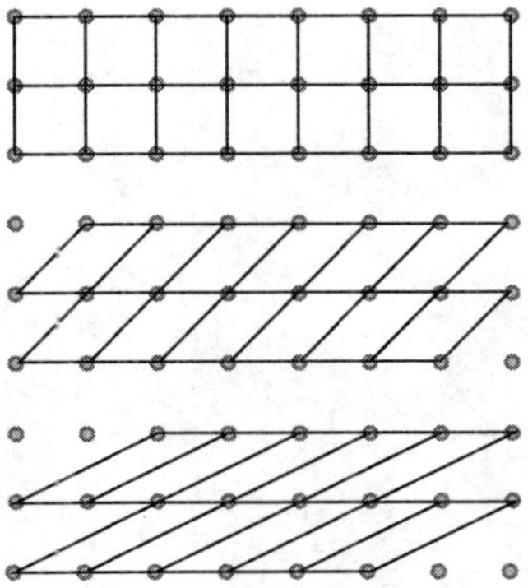

图 3-1-17　几种二维晶胞

2.2　三维晶胞的结构特点

三维空间是对二维空间的升级。在三维空间,要满足"无隙""并置"的要求,通常情况下,三维晶胞是平行六面体。如图 3-1-18 所示,平行六面体是由 3 组平行且相同的平行四边形面(α_1 和 α_2,β_1 和 β_2,γ_1 和 γ_2)围成的多面体。

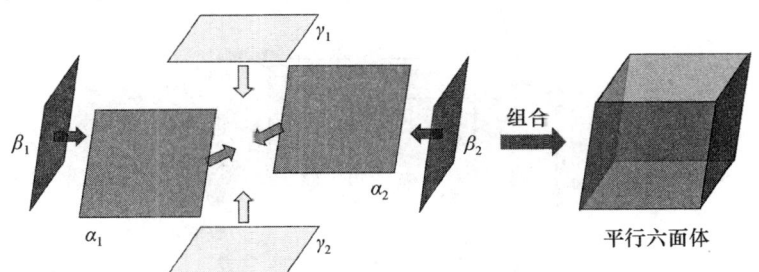

图 3-1-18　3 组平行且相同的平行四边形面围成平行六面体

平行六面体经过一维、二维、三维堆积,即无隙并置,就可充满整个空间,获得完整的晶体结构(图 3-1-19)。

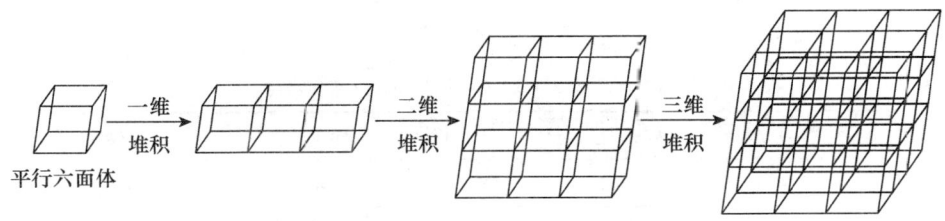

图 3-1-19　平行六面体的无隙并置过程

立方体是最特殊的平行六面体,所有的面都是等大的正方形。生活中常见的长方体是平行六面体,可以进行无隙并置;球体和圆柱体都无法进行无隙并置(图 3-1-20)。

图 3-1-20 堆在一起的橙子间存在空隙

3 晶胞中微粒的位置及坐标

以最常见的立方晶胞为例，其外形是一个立方体，通常微粒分布在顶点、棱心、面心和体心，一个立方体有 8 个顶点、12 个棱心、6 个面心和 1 个体心（图 3-1-21）。

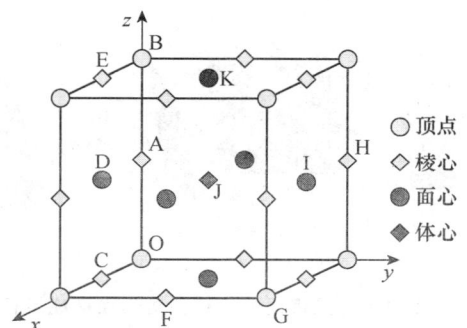

图 3-1-21 立方晶胞中各个位置名称

为了用数学的方法描述晶胞中原子的位置，可以建立 $Oxyz$ 空间直角坐标系，并设定晶胞棱长为 1。图 3-1-21 中字母标记位置的坐标见表 3-1-1。

表 3-1-1 图 3-1-21 中字母标记位置的坐标

字母	位置	坐标	字母	位置	坐标
O	顶点	(0, 0, 0)	F	棱心	(1, 0.5, 0)→(0, 0.5, 0)
A	棱心	(0, 0, 0.5)	G	顶点	(1, 1, 0)→(0, 0, 0)
B	顶点	(0, 0, 1)→(0, 0, 0)	H	棱心	(0, 1, 0.5)→(0, 0, 0.5)
C	棱心	(0.5, 0, 0)	I	面心	(0.5, 1, 0.5)→(0.5, 0, 0.5)
D	面心	(0.5, 0, 0.5)	J	体心	(0.5, 0.5, 0.5)
E	棱心	(0.5, 0, 1)→(0.5, 0, 0)	K	面心	(0.5, 0.5, 1)→(0.5, 0.5, 0)

需要注意：当微粒坐标中出现 1 时，意味着这是相邻晶胞中的微粒，此时只需将 1 变为 0，即可得到该晶胞中相应位置的微粒坐标。以图 3-1-21 中的 D 和 I 两个位置为例，前者坐标为 D(0.5, 0, 0.5)，后者坐标为 I(0.5, 1, 0.5)，化简后为 I′(0.5, 0, 0.5)，与 D 坐标相同，即 I 是图 3-1-21 中晶胞右侧的晶胞中 D 的位置，二者是等价的。

4 晶胞中微粒数目的计算方法——均摊法

通过无数晶胞的无隙并置得到了晶体的整体结构，每个晶胞的上、下、左、右、前、后都并置着其他晶胞，所以处于顶点、棱心和面心的微粒并不为一个晶胞所独占。通常用"均摊法"（又称"切割法"）来计算一个晶胞中实际包含的微粒数。如图 3-1-22 所示，处于面心位置的微粒被 2 个晶胞共用，切割为 2 个半球，每个晶胞均摊到 1/2；处于棱心位置的微粒被 4 个晶胞共用，切割为 4 个 1/4 球，每个晶胞均摊到 1/4；处于顶点位置的微粒被 8 个晶胞共用，切割为 8 个 1/8 球，每个晶胞均摊到 1/8。

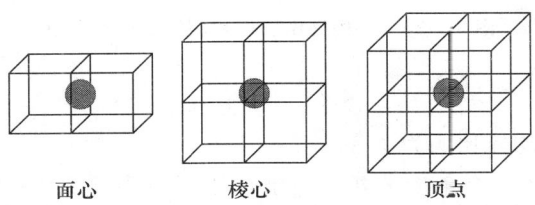

图 3-1-22　晶胞中不同位置的微粒被共用的情况

均摊法的核心思想是分析多少个这样的结构才能拼成一个完整的微粒。

（1）体内

处于晶胞体内的微粒被晶胞单独占有，无须均摊。

（2）面上

两个面的贴合能够形成一个完整的微粒，面上微粒的均摊比例都是 1/2。

（3）棱上

立方体棱上微粒的均摊比例为 1/4。其他情况则要具体分析，以图 3-1-23 中的正三棱柱结构（不是晶胞）为例，分析棱上的微粒均摊比例。

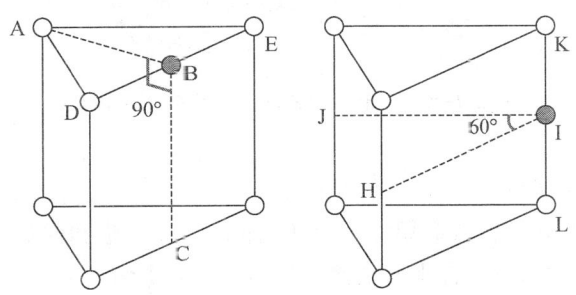

图 3-1-23　三棱柱结构中顶棱和侧棱二面角分析

图 3-1-23 中 B 微粒处于顶棱位置，∠ABC=90°，360°÷90°=4，因此 4 个这样的结构才能拼成一个完整的微粒，顶棱上的微粒均摊比例为 1/4。图 3-1-23 中 I 微粒处于侧棱位置，

∠JIH＝60°，360°÷60°＝6，因此6个这样的结构才能拼成一个完整的微粒，侧棱上的微粒均摊比例为1/6。

因此棱心的均摊比例取决于形成棱的2个面之间的夹角（二面角）。在图3-1-24所示的六棱柱中，顶棱的二面角为90°，均摊比例为1/4；侧棱的二面角为120°，均摊比例为1/3。

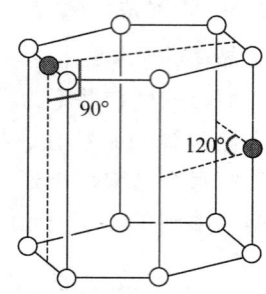

图 3-1-24　六棱柱中顶棱和侧棱二面角分析

（4）顶点

立方体顶点微粒的均摊比例为1/8。

对于六棱柱，可以从两个角度分析：一是从水平方向看（图3-1-25），3个六棱柱的顶点能拼成1个面心（均摊比例为1/2），因此六棱柱顶点的均摊比例为1/6；二是从竖直方向看，2个六棱柱的顶点能拼成1个棱心（均摊比例为1/3），因此六棱柱顶点的均摊比例为1/6。

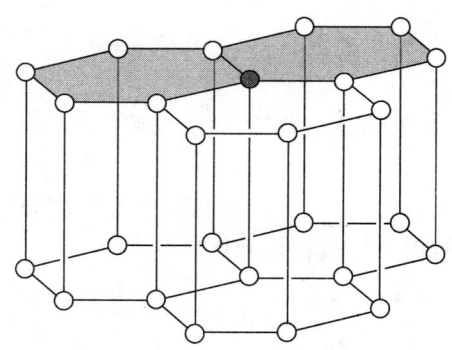

图 3-1-25　3个六棱柱的顶点拼成1个面心

5　常见的立方晶胞结构

单一微粒形成的常见晶胞有简单立方晶胞、体心立方晶胞和面心立方晶胞（图3-1-26）。这三种晶胞的外形都是立方体，晶胞中微粒的位置和数目有差别：简单立方晶胞中只有晶胞顶点有微粒，均摊后每个晶胞中有1个微粒；体心立方晶胞中顶点和体心有微粒，均摊后每个晶胞中有2个微粒；面心立方晶胞中顶点和面心都有微粒，均摊后每个晶胞中有4个微粒。

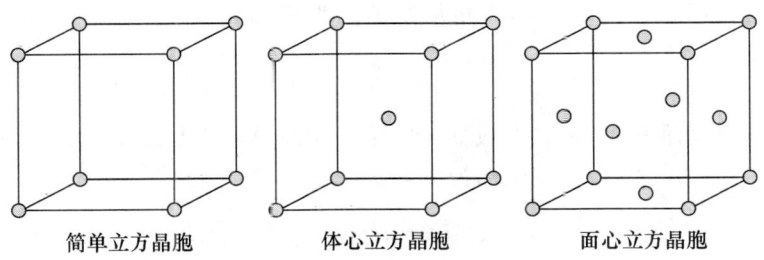

简单立方晶胞　　　　体心立方晶胞　　　　面心立方晶胞

图 3-1-26　3 种常见的晶胞结构

6　晶胞中的空隙

物体在进行堆积时,如果其外形是平行六面体,则可实现无隙并置。大部分物体的外形不是平行六面体,因此在堆积时会形成大小各异、形状不同的空隙。

在晶胞中通常将单核微粒(原子、离子)看成刚性小球,在晶胞中存在各种各样的空隙。

6.1　正方形空隙和三角形空隙

正方形空隙和三角形空隙是平面空隙,既存在于二维平面,又存在于三维空间中的某些特定平面。

以平面上等大圆的排列(堆积)为例,可以形成图 3-1-27 中的两种形式。

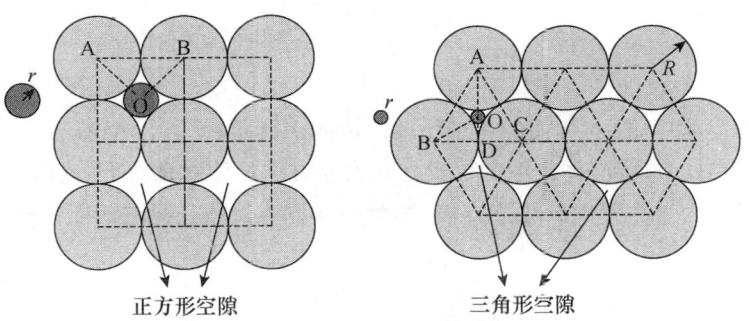

正方形空隙　　　　　　　　　三角形空隙

图 3-1-27　两种二维紧密堆积中形成的正方形空隙和三角形空隙

在第一种排列形式中,4 个圆围成了正方形空隙(注意:正方形空隙不是指空隙的形状为正方形,而是指围成空隙的 4 个圆心连线是正方形),在正方形空隙中可以填入更小的圆。设正方形空隙半径(即空隙可容纳最大小圆的半径)为 r,大圆半径为 R。$AB=2R$,$AO=\sqrt{2}AB/2=\sqrt{2}R$,$r=AO-R=(\sqrt{2}-1)R$,则半径比为

$$\frac{r}{R}=\frac{(\sqrt{2}-1)R}{R}=0.414$$

在第二种排列形式中,3 个彼此相切的圆围成三角形空隙。设三角形空隙的半径为 r,大圆半径为 R。$AB=2R$,$AD=\sqrt{3}AB/2=\sqrt{3}R$,$AO=2\sqrt{3}R/3$,$r=AO-R=(2\sqrt{3}-3)R/3$,则半径比为

$$\frac{r}{R}=\frac{(2\sqrt{3}-3)R}{3R}=0.155$$

正方形空隙的半径比为 0.414,三角形空隙的半径比为 0.155,由此可以看出三角形空隙更小。

6.2 立方体空隙

小球在三维空间堆积时,可以形成立体空隙。在简单立方晶胞中,顶点上的 8 个小球围成了立方体空隙(图 3-1-28),空隙坐标为(0.5,0.5,0.5)。

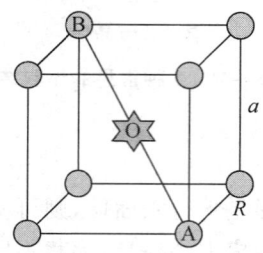

图 3-1-28　简单立方晶胞中立方体空隙示意

假设堆积小球半径为 R,相邻小球在立方体棱上相切,即 $a=2R$。空隙中可容纳最大小球的半径为 r。立方体体对角线 $AB=R+2r+R=2R+2r$,因此 $2R+2r=\sqrt{3}a=2\sqrt{3}R$,解出 $r=(\sqrt{3}-1)R$,则半径比为

$$\frac{r}{R}=\frac{(\sqrt{3}-1)R}{R}=0.732$$

6.3 四面体空隙

在面心立方晶胞中,彼此相切的 4 个小球围成四面体空隙,在 1 个面心立方晶胞中有 8 个四面体空隙(图 3-1-29),四面体空隙的位置都在大立方体的体对角线上。亦可将面心立方晶胞中的大立方体切割为 8 个等大的小立方体,每个小立方体的体心都是四面体空隙(图 3-1-30)。

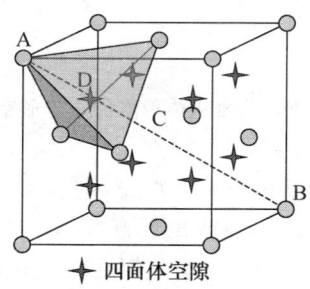

图 3-1-29　面心立方晶胞中四面体空隙示意

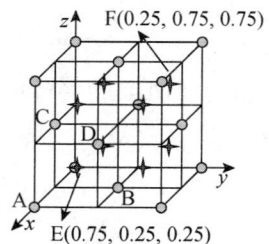

图 3-1-30　面心立方晶胞中 8 个四面体空隙位置示意

图 3-1-30 中 8 个四面体空隙的坐标可以通过观察得到,亦可通过计算获得:以四面体空隙 E 为例,E 处于 ABCD 四个小球围成的四面体正中心,这 4 个小球的坐标分别为 A(1, 0, 0),B(0.5, 0.5, 0),C(0.5, 0, 0.5),D(1, 0.5, 0.5),则四面体空隙所在的 E 点坐标可以通过如下方法计算:

$$x_E = \frac{x_A + x_B + x_C + x_D}{4} = \frac{1 + 0.5 + 0.5 + 1}{4} = 0.75$$

$$y_E = \frac{y_A + y_B + y_C + y_D}{4} = \frac{0 + 0.5 + 0 - 0.5}{4} = 0.25$$

$$z_E = \frac{z_A + z_B + z_C + z_D}{4} = \frac{0 + 0 + 0.5 + 0.5}{4} = 0.25$$

得到 E 点坐标为(0.75, 0.25, 0.25)。

假设堆积小球的半径为 R,面心立方晶胞的棱长为 a,相邻小球在立方体的面上相切(图 3-1-31),得到 $\sqrt{2}a = 4R$。

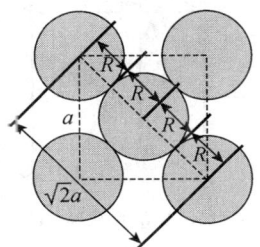

图 3-1-31　面心立方晶胞面上的几何关系

图 3-1-30 中四面体空隙在 E 点,空隙中可容纳最大小球的半径为 r。图 3-1-29 中立方体体对角线 $AB = \sqrt{3}a$,$AD = AB/4 = \sqrt{3}a/4$,又因为 $AD = R + r$,解出 $r = (\sqrt{6}-2)R/2$,则半径比为

$$\frac{r}{R} = \frac{(\sqrt{6}-2)R}{2R} = 0.225$$

6.4　八面体空隙

在面心立方晶胞中,处于面心的 6 个小球围成八面体空隙(图 3-1-32)。本质上,八面体空隙在一些维度上可看作正方形空隙。如图 3-1-32 中八面体空隙 O 处于正八面体 ABC-

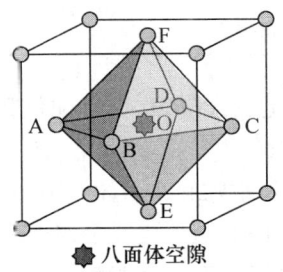

图 3-1-32　面心立方晶胞中八面体空隙示意

DEF 的体心，亦同时处于正方形 ABCD、BEDF 和 AECF 的中心，因此八面体空隙中 $\frac{r}{R}$ 与正方形空隙中相等，均为 0.414。

前文已阐明：小球的堆积方式是客观存在的，晶胞是抽象出来描述小球位置的几何结构，一种堆积方式可以对应多种晶胞。如图 3-1-33 中，细线晶胞和粗线晶胞都是面心立方晶胞，二者是等价的，又存在相互转化关系：小球 A 在细线晶胞中处于面心，在粗线晶胞中处于顶点；小球 B 的情况则恰好相反，在细线晶胞中处于顶点，在粗线晶胞中处于面心；八面体空隙 C 在细线晶胞中处于体心，在粗线晶胞中处于棱心；八面体空隙 D 的情况则恰好相反，在细线晶胞中处于棱心，在粗线晶胞中处于体心。因此面心立方晶胞中体心和棱心都是八面体空隙，均摊后 1 个晶胞中有 4 个八面体空隙。

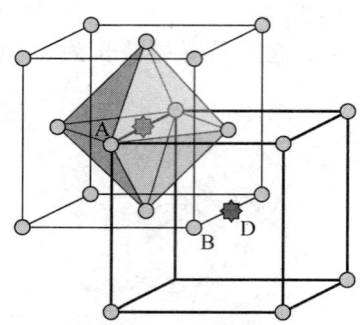

图 3-1-33　不同形式的面心立方晶胞中小球和空隙位置示意

6.5　常见空隙的性质总结对比

在研究空隙性质时，主要关注空隙的形状、位置、数目、配位数（即由几个小球围成）和半径比（体现空隙大小），以上几种空隙的性质总结见表 3-1-2。

表 3-1-2　常见空隙的性质总结对比

名称/形状	晶胞中位置	晶胞中空隙数目	围成空隙小球数	半径比
三角形空隙	—	—	3	0.155
正方形空隙	简单立方晶胞面心	3	4	0.414
立方体空隙	简单立方晶胞体心	1	8	0.732
四面体空隙	面心立方晶胞中小立方体体心	8	4	0.225
八面体空隙	面心立方晶胞体心和棱心	4	6	0.414

可以看出，无论是二维空隙还是三维空隙，都是配位数越大，半径比越大，即围成空隙的小球越多，空隙越大。

面心立方晶胞中同时存在四面体空隙和八面体空隙，四面体空隙由 4 个小球围成，八面体空隙由 6 个小球围成，每个小球都同时参与形成 8 个四面体空隙和 6 个八面体空隙（图 3-1-29 和图 3-1-32）。换个视角，每个小球都处于 8 个四面体空隙所围成立方体的体心，也都处于 6 个八面体空隙所围成八面体的体心（图 3-1-34）。

第一节　物质的聚集状态与晶体的常识

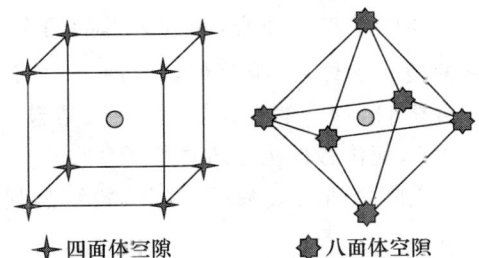

✦ 四面体空隙　✵ 八面体空隙

图 3-1-34　面心立方晶胞中每个小球周围四面体空隙和八面体空隙分布情况

❓ 问题讨论：晶胞的顶点一定有微粒吗？

教材中所展示晶胞的顶点都有微粒。那么晶胞的顶点上是否一定要有微粒呢？

（1）二维晶胞

以图 3-1-35 中微粒的排列方式为例，可以有晶胞Ⅰ、晶胞Ⅱ和晶胞Ⅲ等多种形式的晶胞，这些晶胞有两个特点：一是这些晶胞的形状和大小是完全相同的；二是这些晶胞进行无隙并置后得到的微粒排列方式相同。

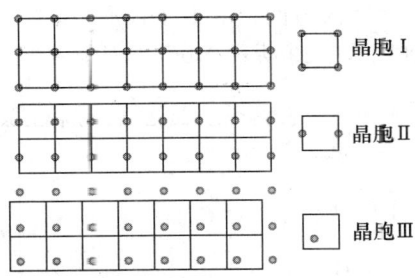

图 3-1-35　一种微粒排列方式的多种晶胞

可以看出，微粒的排列方式是客观存在的，而晶胞则是抽象得到的一个含有微粒的二维图形，可以随意移动和旋转。因此晶胞的顶点可以没有微粒，比如图 3-1-35 中的晶胞Ⅱ和晶胞Ⅲ。相比之下，通过顶点上有微粒的晶胞Ⅰ能够更直观地看到微粒周期性排列的方式，因此大部分情况下都选择顶点有微粒的晶胞。

（2）Cu 晶胞

以图 3-1-36 中的 Cu 晶胞为例，有晶胞Ⅰ和晶胞Ⅱ两种形式；大部分教材中均以晶胞Ⅰ

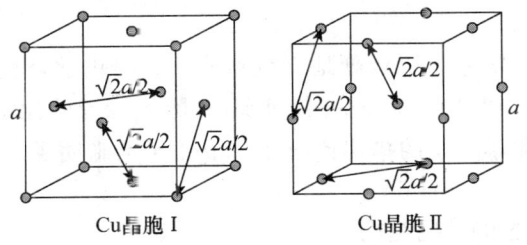

Cu 晶胞Ⅰ　　　Cu 晶胞Ⅱ

图 3-1-36　Cu 晶胞的两种表示方式

211

的形式展示，Cu 原子处于立方体的顶点和面心，距离最近的两个 Cu 原子间距为 $\sqrt{2}a/2$；晶胞Ⅱ中 Cu 原子处于立方体的棱心和体心，距离最近的两个 Cu 原子间距为 $\sqrt{2}a/2$。晶胞Ⅰ和晶胞Ⅱ是完全等价的。在分析 Cu 原子的配位数时，选用晶胞Ⅱ更为便捷：与体心 Cu 原子配位的是处于棱心的 Cu 原子，配位数即为立方体棱数 12。

图 3-1-37 展示了两种 Cu 晶胞之间的关系，晶胞Ⅱ（粗线晶胞）是由晶胞Ⅰ（细线晶胞）平移 1/2 个单位得到的。

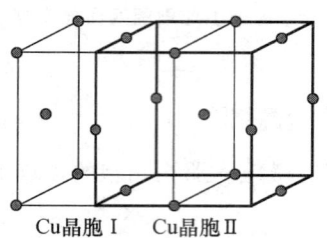

图 3-1-37　两种 Cu 晶胞之间的关系

（3）NbO 晶胞

以图 3-1-38 中的 NbO 晶胞结构为例，Nb 处于棱心，O 处于面心，晶胞的顶点和体心都没有微粒。通过平移可以得到图 3-1-39 所示 NbO 的晶胞结构。

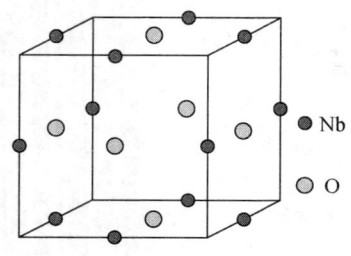

图 3-1-38　NbO 晶胞结构

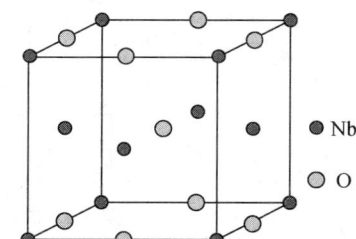

图 3-1-39　NbO 晶胞的另一种结构

在图 3-1-39 的 NbO 晶胞中，所有顶点都有 Nb，前后左右的面心有 Nb，总共 3 个 Nb；体心有 O，顶面和底面的棱心均有 O，总共有 3 个 O；8 个顶点的化学环境相同，12 个棱心的化学环境有 2 种，6 个面心的化学环境有 2 种。本质上，图 3-1-38 和图 3-1-39 的两种 NbO 晶胞是等价的，但是图 3-1-38 的 NbO 晶胞中 8 个顶点的化学环境相同、12 个棱心的化学环境相同、6 个面心的化学环境相同，对称性更高，因此以通常图 3-1-38 的晶胞表示 NbO 的结构。

需要注意：在图 3-1-38 中可以清晰地看到所有 Nb 的化学环境相同；图 3-1-39 中有一种 Nb 在顶点，另一种 Nb 处于前、后、左、右面心，实际上二者的化学环境是相同的，因此图 3-1-38 对各种微粒所处化学环境的描述比图 3-1-39 中更清晰明了。

知识拓展：常见晶胞的几何结构

根据晶胞的几何结构，可以将常见的晶胞分为立方晶胞、四方晶胞、六方晶胞、正交晶胞和其他晶胞。

(1) 立方晶胞

立方晶胞的外形是一个立方体，只有立方体棱长这1个晶胞参数（描述晶胞的形状和大小所需参数），记为 a。

(2) 四方晶胞

四方晶胞的外形是一个底面为正方形的长方体（图 3-1-40），有2个晶胞参数：底面正方形的边长 a 和长方体的高 c。

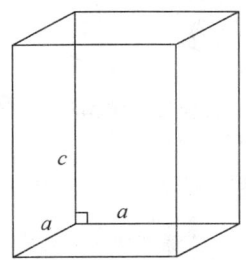

图 3-1-40　四方晶胞结构和晶胞参数示意

(3) 六方晶胞

六方晶胞的底面是一个内角为 60° 的菱形（图 3-1-41），有2个晶胞参数：菱形边长 a 和高 c，$a \neq c$。

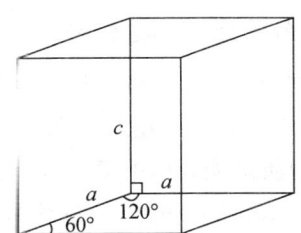

图 3-1-41　六方晶胞结构和晶胞参数示意

(4) 正交晶胞

正交晶胞的6个面都是长方形（图 3-1-42），有3个晶胞参数：长 a、宽 b 和高 c，$a \neq b \neq c$。

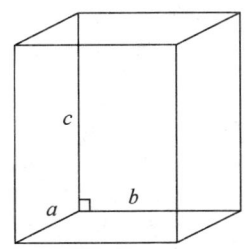

图 3-1-42　正交晶胞结构和晶胞参数示意

（5）三斜晶胞

三斜晶胞的 6 个面都不是长方形（图 3-1-43），有 6 个晶胞参数：长 a、宽 b 和高 c，互不相等；三条棱的夹角，分别记为 α、β 和 γ，均不等于 90°。

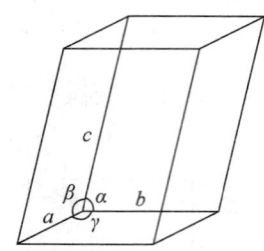

图 3-1-43　三斜晶胞结构和晶胞参数示意

立方晶胞、四方晶胞、六方晶胞和正交晶胞的体积与晶胞参数之间的关系见表 3-1-3。

表 3-1-3　立方晶胞、四方晶胞、六方晶胞和正交晶胞的体积与晶胞参数之间的关系

晶胞类型	立方晶胞	四方晶胞	六方晶胞	正交晶胞
底面积	a^2	a^2	$\sqrt{3}a^2/2$	ab
体积	a^3	a^2c	$\sqrt{3}a^2c/2$	abc

> 知识拓展：利用 X 射线测定分子结构和晶体结构

分子结构和晶体结构的尺度都为 10^{-10} m 数量级，肉眼、光学显微镜和电子显微镜都无法看清分子结构和晶体结构，只能选用波长更短的 X 射线研究该尺度的微观结构。

X 射线衍射是人类用来研究物质微观结构的第一种方法，其基本原理是：X 射线是一种波长很短（$0.06\times10^{-10}\sim20\times10^{-10}$ m）的电磁波，能量远高于可见光和紫外线，穿透能力强；由于 X 射线的波长和晶体中的原子面间距相近，X 射线通过晶体时将发生衍射，对衍射结果进行分析可获得晶胞的结构信息，包括晶胞的形状、大小、微粒排布的空间对称性和晶胞中原子的位置关系等，从而计算出键长和键角。晶态物质进行 X 射线衍射后可以得到尖锐的衍射峰，而非晶态物质则没有尖锐的衍射峰（图 3-1-44）。

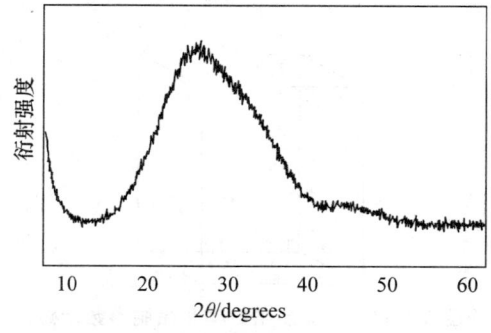

图 3-1-44　某种非晶态物质的 X 射线衍射结果

科学家汇总了常见晶体的 X 射线衍射图库（粉末衍射标准联合委员会，JCPDS）。在合成材料时只需将产物的 X 射线衍射结果与已有谱图库进行对比和匹配，就可获得产物的结构信息。比如将 Ni 与 S、P 一起加热反应，产物有多种可能：NiS、NiS_2、Ni_2P……或者是其他复杂的化合物。利用 X 射线衍射对产物进行分析，软件将衍射结果与衍射图库中的标准卡片进行对比，匹配结果表明产物是 $NiPS_3$（图 3-1-45）。

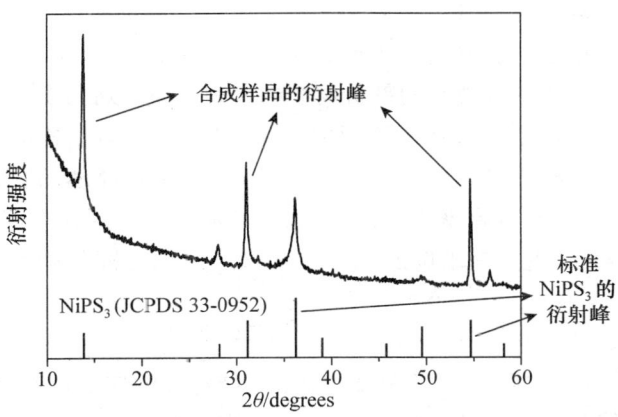

图 3-1-45　合成样品的衍射峰与标准 $NiPS_3$ 衍射峰对比

★ 专项研究五：培养素养、发展思维的"晶体的常识"教学实录

物质结构与性质模块包括原子结构与性质、分子结构与性质和晶体结构与性质 3 个版块。物质结构与性质模块的教学旨在进一步丰富学生物质结构的知识，提升学生对有关物质结构的基本认识。晶体的结构决定了晶体的熔点、密度、硬度、延展性、溶解性、热分解性、化学反应性、生物活性等诸多性质，因此晶体结构与性质既是本模块教学的重点和难点，又是培养学生化学核心素养和化学核心思维的重要教学素材。以下是对晶体的常识的教学内容分析、教学设计思路、教学实录和教学总结。

1　晶体的常识教学分析

1.1　新教材中晶体结构内容分析

晶体的常识是新教材第三章"晶体结构与性质"第一节"物质的聚集状态与晶体的常识"的内容，主要包括晶体与非晶体和晶胞两个版块的内容，是学习分子晶体、共价晶体、金属晶体、离子晶体等晶体结构的基础。

晶体与非晶体版块中，教材首先比较了晶体和非晶体在自范性和微观结构两个方面的差别，接着以实验的形式展示了三种获得晶体的途径，随后用晶体 SiO_2 和非晶体 SiO_2 的微观结构解释了晶体的自范性，最后引出并说明了晶体的各向异性和锐熔性。

晶胞版块中，教材直接给出晶胞的定义："描述晶体结构的基本单元"。随后直接说明"常规的晶胞都是平行六面体"，提出了"无隙并置"的概念和对晶胞几何外形的要求："总之，晶胞是 8 个顶角相同、三套各 4 根平行棱分别相同、三套各两个平行面分别相同的最小平行六面体"。

教材中,晶体的常识的介绍中主要存在两个不足:一是对晶体宏微性质之间的联系阐述不够深入,教材内容的编排阐明了晶体结构与晶体自范性之间的联系,但没有从微观层面对晶体的各向异性和锐熔性给出相应的解释;二是对基本结构单元相关的基本单元、无隙并置和平行六面体等概念的讲解不够透彻,导致师生对晶胞模型根本特征的认识停留在记忆概念的层面上。

1.2 培养核心素养价值分析

作为从原子、分子水平上研究物质的组成、结构、性质的基础学科,化学学科的核心思维是结构决定性质,即从物质的微观结构剖析物质的宏观性质,以证据推理的方式得出相关结论,最终以符号的形式构建联系宏观和微观的模型。因此,晶体结构的教学内容是发展"宏观辨识与微观探析"这一核心素养的重要知识载体,重点是从晶体的自范性、各向异性和锐熔性等认识到微粒的空间排布规律特点;并在解释和认识晶体性质的过程中培养"证据推理与模型认知"的核心素养,重点是理解宏观性质和微观结构之间的联系,建立晶胞模型并认识和应用晶胞模型。

1.3 晶体结构教学现状分析

晶体结构的教学重点主要受高考考查方向的引导。以 2021 年高考为例:全国甲卷考察了配位数、密度计算和晶体化学组成计算;全国乙卷考察了晶胞中微粒位置分析和空间利用率计算。受高考考向引导,目前与晶体结构相关的教学内容和教学研究集中在均摊法、晶胞中微粒位置、微粒坐标参数、微粒配位数、空隙类型和位置等方面,学生只是机械地记忆了一些简单晶胞的特征和均摊法等,而对于真正能够培养化学学科素养和化学学科思维的晶体宏微性质探索和晶胞模型建立等过程不够重视,即重应用而轻基础。

2 教学思路创新

晶体的常识教学主要包括两部分内容:一是从晶体的宏观性质出发认识晶体中微粒周期性有序排列的特点,二是理解基本结构单元并建立和应用晶胞模型。在此基础上设计的整体教学思路见图 3-1-46。

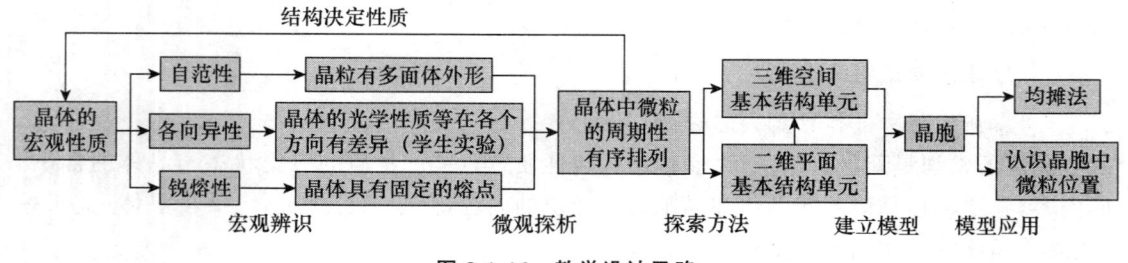

图 3-1-46 教学设计思路

2.1 从宏观到微观,充分认识晶体结构特征

通过图片和实物展示,引导学生认识晶体宏观层面的自范性、各向异性和锐熔性,经过深入的分析和探讨后从微观层面对晶体的三大宏观性质做出合理的解释,让学生理解晶体区别于非晶体的根本特征是晶体中微粒的排列具有周期性有序排列的特点。这样的教学思路更加清晰,宏微结合更加深入,更加充分地体现了结构决定性质的化学学科思维。

2.1.1 认识晶体的宏观性质

自范性是晶体最直观的特点,在教学中引入味精和食盐这两种常见的调味品,让学生真切感受到晶体的自范性,认识到不同晶体的晶粒具有不同的多面体外形。

晶体的各向异性是本节课最能激发学生学习和探究热情的教学内容。教材利用文字描述了各向异性的简单实验,学生难以真切感受到晶体的各向异性,很难培养学生的学习兴趣。本教学中巧妙地利用方解石光学性质的各向异性组织课堂活动,让学生亲身体验到晶体各向异性的神奇。

晶体的锐熔性是学生熟悉的晶体性质之一,在教学中将冰与玻璃熔化的过程进行对比,加深学生对锐熔性的认识和理解。

2.1.2 用晶体的微观结构解释宏观性质

教师引导学生根据结构决定性质的化学核心思维,认识晶体的根本特点——晶体中微粒的排列具有周期性有序排列的特点,并选择具有代表性的结构从微观层面解释晶体的三大性质,再次凸显结构决定性质的化学学科思维。

2.2 从二维到三维,深刻理解晶胞模型特点

认识到晶体中微粒周期性有序的排列方式后,亟须找到描述这些排列方式的方法。直接研究三维空间周期性有序排列难度较大,因此引导学生从二维平面开始认识和理解基本结构单元的概念和特点,在此基础上迁移和升华到三维空间,最终建立晶胞的模型。

在教学中首先展示二维平面上微粒有序排列的形式,引导学生找出其中的基本结构单元,在此过程中逐步渗透无隙并置的概念。通过多次对比和分析,最终学生认识到二维平面的基本结构单元必须是平行四边形,并在此基础上推演到三维空间的平行六面体。在充分理解无隙并置的概念后,学生认识到晶胞只是晶体微观空间里的一个基本结构单元,在它的上下左右前后无隙并置地排列着无数晶胞,自然想到晶胞边界上的微粒是被共享的,由此引出均摊法,进一步加深对晶胞模型的认识。

3 教学目标和教学重难点

3.1 教学目标

(1)了解晶体中微粒在微观上有序排列并存在周期性,能将晶体的宏观性质和微观结构联系起来。

(2)理解基本结构单元的内涵,认识简单的晶胞。

(3)能够描述晶胞中微粒的位置,能用均摊法计算简单晶胞的化学组成。

3.2 教学重点和难点

3.2.1 教学重点

晶体的自范性和各向异性,基本结构单元,晶胞的结构和特点。

3.2.2 教学难点

建立基本结构单元的概念和晶胞模型。

4 晶体的常识教学实录

4.1 认识晶体的宏观性质

4.1.1 晶体的自范性

【活动1】学生观看硫酸铜晶体、硫代硫酸钠晶体和醋酸钠晶体的形成过程视频。

【活动 2】学生观察二硫化亚铁、硫酸铜等晶体实物。

【提问】晶体的几何外形有什么特点？

【学生 A】晶粒有棱有角。

【学生 B】晶粒有多面体外形。

【教师】不同种类的晶体有不同的几何外形。我们将晶体能够自发地呈现多面体外形的性质称为晶体的自范性。

【展示】食盐和味精的图片（图 3-1-47）。

图 3-1-47　食盐和味精的晶粒外形对比

【提问】哪个是食盐，哪个是味精？

【学生】左边长条状是味精，右边小颗粒是食盐。

【教师】食盐和味精都具有自范性，二者晶粒的外形不一样，这是晶体自范性的一个典例。

4.1.2　晶体的各向异性

【活动】分别透过玻璃片和方解石观察学案上的图形，观察的同时不断旋转玻璃片和方解石（图 3-1-48）。

图 3-1-48　透过旋转的方解石观察图形

【学生】透过玻璃片看学案上的图形，在旋转过程中，透过玻璃看到的图形没有改变；透过方解石看学案上的图形时看到了重影,重影的相对位置随着方解石的旋转而不断改变。

【教师】玻璃在各个方向的光学性质是一致的,称为各向同性。

【教师】透过方解石能观察到重影,是因为方解石有双折射的光学性质,这种性质在各个方向上不一样,因此在旋转过程中重影的相对位置会改变。

【教师】晶体的强度、导热性、光学性质等在各个方向上有差别,这种性质被称为各向异性。

4.1.3 晶体的锐熔性

【展示】冰水混合物图片。

【提问】在1个标准大气压下,冰水混合物的温度是多少?

【学生】0℃。

【追问】这与冰水混合物中冰和水的比例有关吗?

【学生】只要是冰和水共存,不管冰和水的比例相对是多少,冰水混合物的温度都是0℃。

【追问】缓慢加热冰的过程中,温度如何变化?

【学生】加热时冰的温度逐渐升高;达到熔点时冰逐渐转化为水,温度保持在熔点不变;直到冰完全转化为水之后,温度继续上升。

【教师】加热时冰在熔点由固体转化为液体(图3-1-49);而玻璃在加热过程中是逐渐软化的,没有固定的熔点。

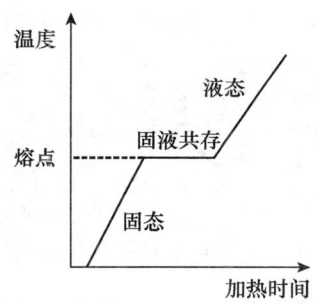

图 3-1-49 冰熔化过程的温度变化示意

【教师】晶体的这种具有固定熔点的性质称为锐熔性。

4.2 认识晶体的微观结构

【提问】晶体为什么会有自范性、各向异性和锐熔性?

【学生】结构决定性质!

【教师】结构决定性质,正是化学学科的核心思维。为了解释晶体的这些宏观性质,我们需要从微观层面对晶体结构进行探析。

4.2.1 晶体的自范性

【展示】NaCl的晶体外形图和微观离子排布示意图。

【教师】经过科学家的研究,人们发现晶体中的微粒在微观空间呈现周期性的有序排列。

【提问】如何从微观层面理解晶体的自范性?

【学生】晶体的自范性是晶体中微粒在微观空间呈现周期性有序排列的宏观表象。

4.2.2 晶体的各向异性

【展示】石墨的结构图片(图 3-1-50)。

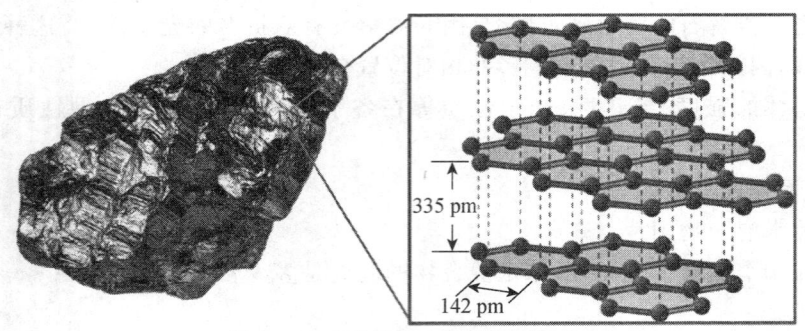

图 3-1-50 石墨的宏观和微观结构

【教师】石墨是生活中常见的具有各向异性的晶体。请从其微观结构分析为什么石墨容易裂解成层状结构。

【学生】微观上石墨就是层状结构：层内的碳原子之间距离短,形成了共价键,相互作用力较强；层间距离大,相互作用力较弱。因此石墨容易裂解成层状结构。

4.2.3 晶体的锐熔性

【提问】如何从微观解释晶体的锐熔性呢？

【展示】晶态 SiO_2 和非晶态 SiO_2 的微观结构(图 3-1-51)。

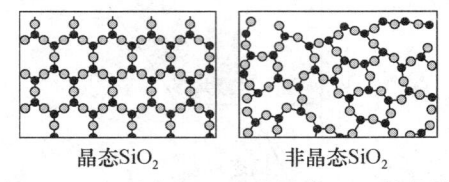

图 3-1-51 晶态 SiO_2 和非晶态 SiO_2 的投影

【提示】晶态 SiO_2 和非晶态 SiO_2 的熔化过程就是破坏其中共价键的过程。

【学生】晶态 SiO_2 中原子排列有序,所有 Si—O 键的键能都相等,当温度升高到熔点时断裂；非晶态 SiO_2 中原子排列无序,Si—O 键的键能有差别,断键所需的能量和温度不一样,因此在一个较宽的温度区间内逐渐软化,没有熔点。

4.3 认识二维基本结构单元

4.3.1 推导二维基本结构单元

【教师】经过刚才的学习,我们认识到晶体的宏观性质是其微粒在微观上周期性有序排列的结果,要研究晶体的宏观性质就要从其微观结构出发。

【展示】晶态 SiO_2 和非晶态 SiO_2 的微观结构(图 3-1-10)。

【提问】图中所示的是晶态 SiO_2 的微观结构,我们该如何去认识这种复杂的结构呢？

【学生】观察图片,小组讨论。

【提示】由于晶体中微粒的排列是周期性有序的,因此描述晶体中微粒的排列方式时,无须画出千千万万个原子,只需在晶体微观空间取出一个基本结构单元即可。基本结构单元按照一定的方式堆积,就可以得到巨大的有序结构,这就是我们认识晶体微观结构的核心思想。

【引导】要描述和认识晶体的微观结构,最迫切的任务就是要找到基本结构单元。直接寻找晶体所在的三维空间的基本结构单元较为困难,我们不妨从二维平面开始。

【活动】画出二维平面有序排列方式的基本结构单元。要求:① 通过连续的平移可以使基本结构单元铺满整个平面,即无隙并置;② 基本结构单元是满足条件①的最小图形。

【展示】学生在电子白板上画出二维基本结构单元(图 3-1-52)。

图 3-1-52　学生画出的二维基本结构单元

【提问】三角形可以是二维基本结构单元吗?

【学生】三角形平移后会在平面上留下未被填充的阴影部分,阴影部分的原子排列形式未知,不符合无隙并置的要求,因此三角形不是二维基本结构单元。

【提问】圆可以是二维基本结构单元吗?

【学生】圆无法实现无隙并置,会留下空隙,因此圆不是二维基本结构单元。

【提问】正方形可以是二维基本结构单元吗?菱形可以吗?

【学生】正方形和菱形都可以是二维基本结构单元。只要是平行四边形,就能实现无隙并置。

【总结】二维平面的基本结构单元必须是平行四边形。

4.3.2　认识二维基本结构单元

【活动】展示 8 种二维图形(图 3-1-53),学生小组讨论后分析哪些图形是符合要求的二维基本结构单元。

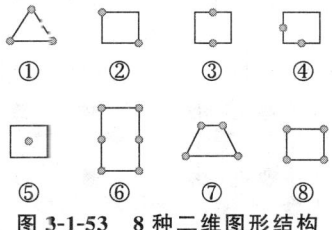

图 3-1-53　8 种二维图形结构

【学生】①和⑦不是平行四边形,肯定不是二维基本结构单元。

【提问】②是二维基本结构单元吗?

【学生】将②向右平移一个单位,就会在原先②的右上角添加一个原子,产生了矛盾。因此②不是二维基本结构单元。

【教师】也就是说平行四边形的对边上原子排布情况必须一致。

【追问】无隙并置对平行四边形的顶点有何要求？

【学生】平行四边形的 4 个顶点可以同时有原子，也可以同时没有原子，情况也必须一致，这样才能无隙并置。

【教师】其他几个图形是基本结构单元吗？

【学生 A】⑥是结构单元，由两个⑧拼合而成，因此⑥不是基本结构单元。

【学生 B】只有③、⑤和⑧符合基本结构单元的要求。

【总结】二维平面的基本结构单元是平行四边形，并且要求 4 个顶点上的原子分布情况相同，2 套各 2 条平行边上的原子分布情况相同。

4.4　认识晶胞的结构

4.4.1　引出三维基本结构单元

【提问】请同学们大胆地猜测，三维基本结构单元有什么要求和特征？

【学生】三维基本结构单元应该是一个封闭的多面体。

【追问】这个多面体应满足什么要求？

【学生】多面体的每个面都必须是平行四边形。

【追问】每个面都是平行四边形的多面体是什么？

【展示】6 个平行四边形拼合形成一个平行六面体（图 3-1-54）。

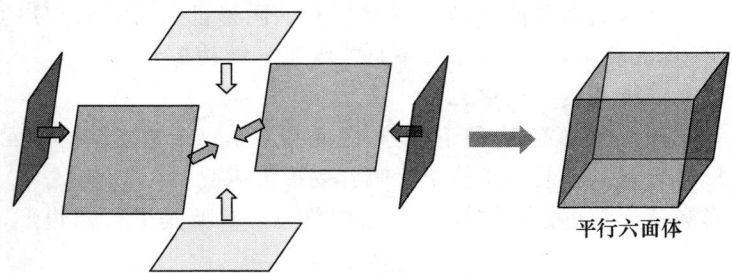

图 3-1-54　3 套各 2 个平行面拼合成平行六面体

【提问】要实现无隙并置，作为基本结构单元的平行六面体应该满足什么条件？

【提示】请类比对二维基本结构单元平行四边形的要求。

【学生】平行六面体应该有 8 个相同的顶点，3 套各 4 根相同的平行棱，3 套各 2 个相同的平行面。

【活动】分析以下立方体结构（图 3-1-55）是否为符合要求的三维基本结构单元。

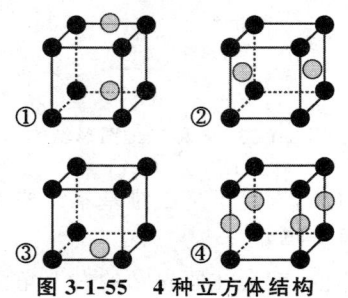

图 3-1-55　4 种立方体结构

【学生】①中4条平行棱上的原子分布情况不同,③中顶面和底面的原子分布情况不同,因此①和③都不是三维基本结构单元,②和④是符合要求的三维基本结构单元。

4.4.2 认识常见的简单晶胞和均摊法

【教师】利用刚刚建立的模型,我们找到了描述晶体结构的基本结构单元,将这种基本结构单元称为晶胞。这里展示的是 CsCl 的晶胞(图 3-1-56),其外形是一个立方体。

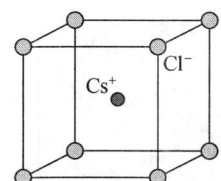

图 3-1-56 CsCl 晶胞结构

【教师】我们只要通过一个简单的晶胞就可以认识晶体纷繁复杂的结构,这正体现了晶胞的意义和价值:窥一斑而见全豹,观滴水可知沧海。

【教师】请描述 CsCl 晶胞中各离子的位置和组成。

【学生】8 个顶点都是 Cs^+,体心是 Cl^-,一共有 8 个 Cs^+,1 个 Cl^-。

【教师】所以该晶胞的化学组成为 Cs_8Cl。

【学生】不对!顶点上的离子并不是完全属于这个晶胞,而是由 8 个晶胞共用的,每个晶胞只能分摊到 1/8,因此该晶胞的化学组成为 CsCl。

【展示】播放 CsCl 晶胞视频:展示晶胞的每个顶点只有 1/8 个 Cs^+,然后将 8 个顶点上 1/8 的 Cs^+ 拼在一起形成一个完整的 Cs^+。

【教师】晶胞只是晶体微观结构的一个基本单元,其上下左右前后无隙并置着无数个晶胞,边界上的微粒是被多个晶胞共享的,在计算晶胞组成时需要进行均摊。

【活动】分析 NaCl 晶胞的结构和组成,完成表格(图 3-1-57)。

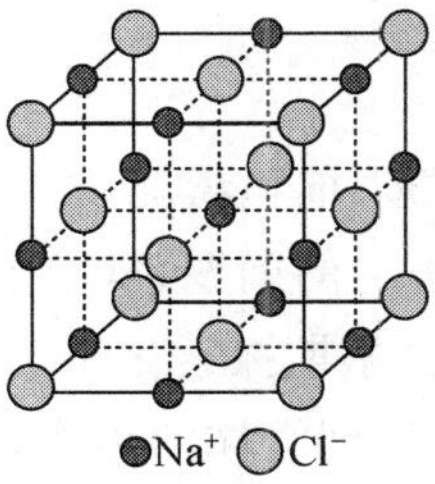

晶胞中位置	离子种类	离子数目	化学式
顶点			
棱心			
面心			
体心			

图 3-1-57 分析晶胞的结构和组成

【学生】顶点上的微粒被该晶胞占据 1/8,棱心的微粒被该晶胞占据 1/4,面心的微粒被该晶胞占据 1/2。整个晶胞中有 4 个 Na^+ 和 4 个 Cl^-,化学式为 NaCl。

4.5 理解晶胞结构与晶体外形的关系

【教师】让我们欣赏自然界最美的结晶现象。

【展示】播放视频:下雪时形成各种形状的雪花。

【教师】刚才观察到这么多雪花,它们的结构有何特点?

【学生】所有的雪花都是六瓣的!

【教师】在课本封面上我们看到了精美的雪花结构,仔细观察可以发现其中存在很多正六边形结构(图3-1-58)。科学家研究发现,通常条件下冰形成的都是这种六棱柱结构的晶胞,因此雪花都是六瓣的,晶体的自范性在雪花的结构中体现得淋漓尽致。

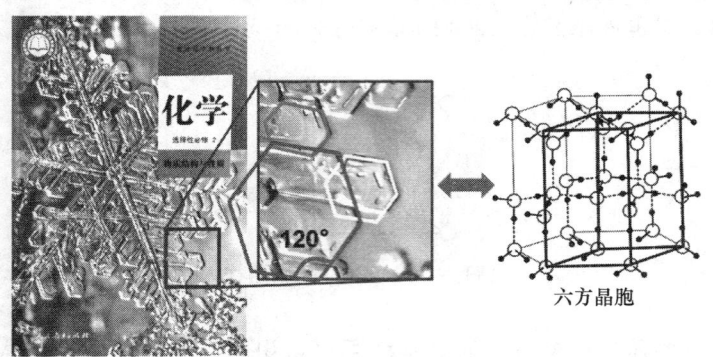

图 3-1-58　课本封面雪花结构与冰的六方晶胞对比

【教师】不仅如此,许多其他晶体的晶体外形和晶胞形状也都密切相关,如立方体的二硫化亚铁,菱面体外形的方解石,等等。

【总结】这正体现了结构决定性质的化学学科核心思维,也正是化学学科的魅力所在。

5　教学总结

5.1　化学学科核心素养的培养

教学中没有将晶体相关的知识直接灌输给学生,而是基于素养目标,引导学生从晶体宏观的三大性质到晶体的微观结构,再到晶胞模型的认识和理解,组织多次课堂活动,对晶体的结构与性质进行分析、推理,让学生一再产生思维的碰撞,在解决问题的过程中有效促进了学生认知方式的转变,深入而全面地培养了宏观辨识与微观探析和证据推理与模型认知两大核心素养。

5.2　化学学科空间思维的发展

化学的空间思维主要解决涉及微观层面的微粒空间分布/堆积情况以及宏观层面的晶体形状等问题。为解决涉及微观层面的微粒空间分布/堆积情况的问题,常常需要通过分析、模拟、转换、表征等活动建立模型。本节课的教学过程与科学家早期探索化学空间的思维过程相似:由宏观性质的归纳到微观结构的假设检验,从平面的维度到立体的维度,从雪花的六瓣到冰的六棱柱晶胞,这样的教学过程有效地降低了知识的理解难度,符合学生的认知发展过程。

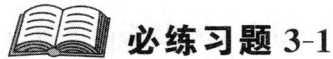

必练习题 3-1

一、判断题

1. 物质在不同聚集状态之间转化时总是伴随热量变化。(　　)
2. 固态中微粒在固定的位置上静止不动,液态中微粒可以在一定范围内移动。(　　)

3. 固态和液态中微粒间距较小,彼此之间存在相互作用力;而气态中微粒间距较大,彼此之间没有相互作用力。(   )

4. 等离子体存在于火焰、极光和闪电中,是一种特殊的气体。(   )

5. 液晶是介于液态和晶态之间的物质状态,具有液态的流动性和晶态的各向异性。(   )

6. 固态都是晶态,晶态都是固态。(   )

7. 晶体的熔点是固定的,不受外界因素影响。(   )

8. 将颗粒状 NaCl 晶粒粉碎为粉末的过程是将晶体转化为非晶体。(   )

9. 碳元素形成的单质都是晶体。(   )

10. 天然形成的水晶球外层是呈现晶体外形的水晶,内层是没有晶体外形的玛瑙。(   )

11. 可以用测熔点的方法鉴别水晶和玛瑙,水晶的熔点更高。(   )

12. 欲制备晶粒较大、晶型较好的硫酸铜晶体,应该将饱和硫酸铜溶液缓慢冷却。(   )

13. 聚乙烯不是晶体。(   )

14. 可以通过肉眼观察的方法区分食盐晶粒和味精晶粒。(   )

15. 具有各向异性的固体一定是晶体。(   )

16. 晶体具有自范性和各向异性的根本原因都是内部微粒呈周期性有序的排列。(   )

17. 缺角的 NaCl 晶粒在饱和 NaCl 溶液中慢慢变为完美的立方体,体现了晶体的自范性,该过程是能量驱动的。(   )

18. 雪花都是六瓣的,体现了晶体的自范性。(   )

19. 不能选圆柱体作为晶胞,因为圆柱体不能实现无隙并置。(   )

20. 所有的平行六面体都有 3 组 4 根平行且等长的棱,3 组 2 对平行且完全相同的面。(   )

21. 一个晶胞的 1 个顶点上有微粒,则其他 7 个顶点上都有相同微粒。(   )

22. 一个晶胞的 1 个面心上有微粒,则其他 5 个面心上都有相同微粒。(   )

23. 晶胞的顶点上可以没有微粒。(   )

24. X 射线通过晶体时能产生明锐的衍射峰,通过非晶体时不能产生明锐的衍射峰。(   )

二、选择题

1. 关于同一温度下的液态 Cu 和晶态 Cu 的说法中正确的是(   )

   A. 密度:液态 Cu<晶态 Cu

   B. 能量:晶态 Cu<液态 Cu

   C. X 射线衍射:晶态 Cu 产生明锐的衍射峰,液态 Cu 不能产生明锐的衍射峰

   D. 固态 Cu 中 Cu 原子处于基态,液态 Cu 中 Cu 原子处于激发态

2. 电脑和电视的液晶显示中,棒状液晶分子的排列方式会受外加电场影响而改变。下列关于液晶的说法中正确的是(   )

   A. 液晶是物质的一种聚集状态

B. 液晶同时具有固体和液体的所有性质

C. 固体在 T_1(熔点)熔化形成液晶,液晶在 T_2(澄清点)变为液体,$T_2 > T_1$

D. 在电场作用下一种液晶分子的形状可以在棒状、平板状、盘状之间转化

3. 地球表面各种形式的水体是不断地相互转化的,水以气态、液态和固态的形式在陆地、海洋和大气间不断循环的过程就是水循环。下列说法中正确的是(　　)

A. 液态水变为气态水的过程 $\Delta H > 0, \Delta S > 0$

B. 不同压强下形成冰的晶体结构不同

C. 冰熔化的过程中破坏了 H_2O 分子间所有的氢键

D. 大气压强越大,水的沸点越高

4. 下列关于平行六面体的说法中正确的是(　　)

A. 平行六面体所有的面都是平行四边形

B. 平行六面体的棱与棱夹角可以不是 90°

C. 平行六面体中最多有 4 种不同的棱长

D. 立方体是一种特殊的平行六面体

5. 下图是 Cu 晶胞,晶胞棱长为 a。下列说法中正确的是(　　)

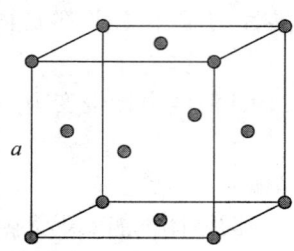

A. 距离最近的 2 个 Cu 原子间距为 $\sqrt{2}a/2$

B. 距离次近的 2 个 Cu 原子间距为 $\sqrt{2}a$

C. 1 个 Cu 原子周围距离最近的 Cu 原子有 8 个

D. 1 个 Cu 原子周围距离次近的 Cu 原子有 6 个

6. 铼(Re)和氧形成的一种晶体的结构见下图。下列说法中正确的是(　　)

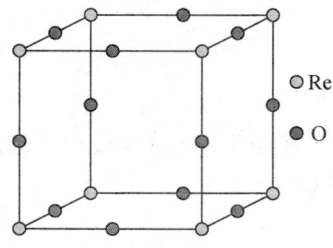

A. 该化合物的化学式为 Re_2O_3

B. 每个 O 周围距离最近的 Re 有 2 个

C. 每个 Re 周围距离最近的 O 有 8 个

D. Re 之间的最小距离是 O 之间的最小距离的 $\sqrt{2}$ 倍

7. 在如下面心立方晶胞中,用 A~G 标记了其中 7 个原子。下列说法中不正确的是
( )

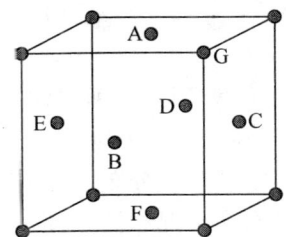

A. 原子之间距离：AB＝CD＝EF＝AG
B. ABCDEF 共 6 个原子围成了八面体空隙
C. 每个原子参与形成 4 个四面体空隙
D. 每个原子参与形成 8 个八面体空隙

8. Nb 和 O 形成的一种化合物晶胞结构如下图。下列说法中正确的是( )

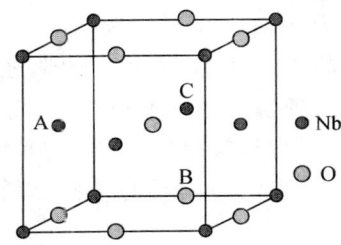

A. 该化合物化学式为 NbO_2
B. 若 A 的坐标为(0.5，0，0.5)，则 B 和 C 的坐标分别为(0，0.5，0)和(0，0.5，0.5)
C. 每个 Nb 周围距离最近的 O 有 4 个
D. 该晶胞中有 2 种化学环境的 Nb

9. 钛酸钙是一种具有优异介电特性、温度特性、机械特性以及光学特性的基础无机介电材料,下图是钛酸钙的晶胞。

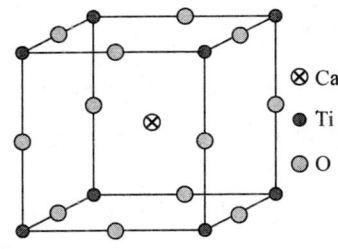

下列说法中正确的是( )
A. Ti 离子处于 O 离子围成的四面体空隙中
B. 在钛酸钙的另一种晶胞中,Ca 处于顶点,Ti 处于体心,O 处于棱心
C. 钛酸钙中无独立的钛酸根离子,钛酸根离子通过共用 O 离子形成立体网状结构
D. 钛酸钙不溶于水

10. 关于下图中 4 种立方体的说法中不正确的是( )

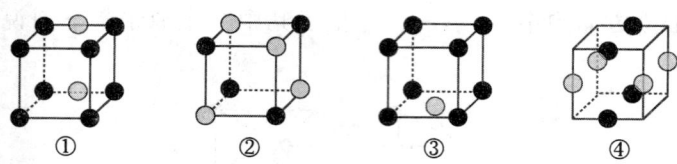

A. 因为只有 2 条棱的棱心有浅色原子,所以①不是晶胞
B. 因为 8 个顶点都有原子,所以②是晶胞
C. 因为底面面心和顶面面心的原子分布情况不同,所以③不是晶胞
D. 因为每组棱的棱心原子分布情况相同,所以④是晶胞

第二节 分子晶体与共价晶体

整体内容分析

在本章第一节学习了晶体的常识后,从本节开始学习四种基本的晶体类型。本节内容包括两大版块:分子晶体和共价晶体。通过本节内容的学习,学生应达到以下要求:

1. 知道分子晶体的结构特点,理解分子密堆积模型,能够基于范德华力和氢键分析分子晶体中微粒间的相互作用,特别是理解氢键对晶体结构和性质的影响。
2. 知道共价晶体的结构特点,熟悉金刚石的结构,理解共价晶体结构和性质之间的关系。
3. 能够分析影响分子晶体和共价晶体熔点和硬度的因素。
4. 深化对晶体结构和晶胞基本概念的理解,掌握计算配位数、原子/分子间距和坐标的方法。

高考试题分析

考题呈现

考点 1 分子晶体

1. (2020 山东,17 节选)Sn 为ⅣA 族元素,单质 Sn 与干燥 Cl_2 反应生成 $SnCl_4$。常温常压下 $SnCl_4$ 为无色液体,其固体的晶体类型为_____。

考点 2 共价晶体

2. (2021 全国甲,35 节选)单晶硅的晶体类型为_____。

3. (2021 湖南,18 节选)晶体硅和碳化硅熔点较高的是_____(填化学式)。

4. (2021 浙江 6 月,26 节选)已知 3 种共价晶体的熔点数据如下表:

	金刚石	碳化硅	晶体硅
熔点/℃	>3550	2600	1415

金刚石熔点比晶体硅熔点高的原因是_____。

考题分析

高考主要考查晶体类型的判断、晶体熔沸点的比较和影响晶体熔沸点的因素等知识点。

教材内容解读

1 分子晶体

只含分子的晶体称为分子晶体。常见的分子晶体有以下几类：

（1）所有非金属的氢化物，包括 H_2O、H_2O_2、H_2S、NH_3、N_2H_4、PH_3、$HX(X=F,Cl,Br,I)$和所有的烃（烷烃、烯烃、炔烃、芳香烃，与后面绝大多数有机物有重合）。

（2）大部分非金属单质，如 $X_2(X=F,Cl,Br,I)$、O_2、O_3、S_8、N_2、C_{60}、P_4、稀有气体等。需要注意：C 原子和 P 原子的成键情况复杂，可以形成分子晶体，如富勒烯（如 C_{60} 等）和白磷（P_4），亦可形成金刚石和红磷等不属于分子晶体的单质。

（3）部分非金属氧化物，如 CO、CO_2、NO、NO_2、P_4O_6、P_4O_{10}、Cl_2O 等。

（4）几乎所有的酸。

（5）绝大多数有机物，除去有机酸形成的盐，如乙酸钙、苯酚钠等。

分子晶体中的分子间作用主要是范德华力，一部分分子晶体中存在分子间氢键，因此大部分分子晶体的熔点较低，硬度较小。

需要注意：通常只能讨论晶体的熔点而不能讨论晶体的沸点，因为只有液体才能讨论沸点，而液体都不是晶体。

📖 知识拓展：C_{60} 的晶胞和分子密堆积

C_{60} 是最为简单的分子晶体之一，原因有二：一是因为 C_{60} 分子是球形的，高度对称；二是因为 C_{60} 分子之间只有范德华力，无氢键等其他作用力。以 C_{60} 为代表的绝大多数分子晶体中，以一个分子为中心，在其周围最多可以有 12 个紧邻的分子，将这一特征称为分子密堆积，在晶胞中表现为分子占据了立方体晶胞的顶点和面心。有两种理解分子密堆积的方法。

（1）移形换位法

如图 3-2-1 所示，在原晶胞中，以右面面心的分子为例，与其距离最近且相等的分子有 8 个：①～⑧。利用移形换位法，将晶胞整体向右平移 1/2 个单位，得到移位后的晶胞，研究对象处于移位后晶胞的体心，与其距离最近且相等的分子处于立方体晶胞的 12 条棱上，因此 1 个分子周围共有 12 个紧邻的分子。

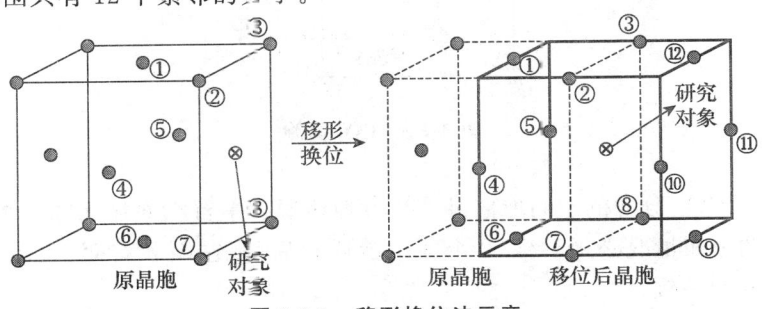

图 3-2-1　移形换位法示意

（2）空间坐标系法

建立如图 3-2-2 中的空间直角坐标系，以处于 O 点的分子为研究对象，晶胞中与其紧密相邻的分子包括①、②和③。取出 xOy 平面进行分析，容易看出在每个象限角平分线上等距的位置都有一个分子：①、④、⑤和⑥，可以想到 yOz 和 zOx 平面上的情况完全相同。因此每个平面上都有 4 个紧密相邻的分子，总共有 $4 \times 3 = 12$ 个紧密相邻的分子。

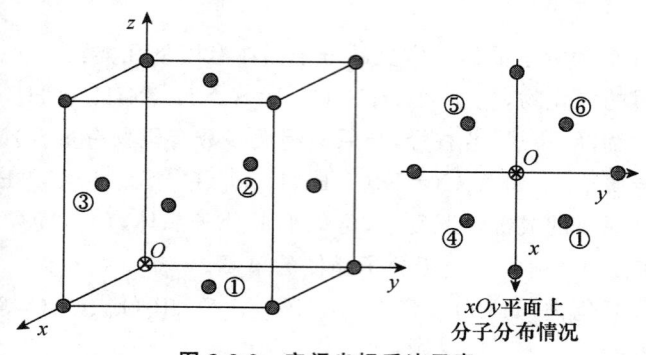

图 3-2-2　空间坐标系法示意

知识拓展：直线形分子在晶体中的空间取向

球形分子高度对称，在堆积时不存在空间取向问题。I_2 和 CO_2 是高中阶段常见的直线形分子，两种晶体中分子的空间取向分析如下。

（1）CO_2 晶体

CO_2 晶体中，CO_2 分子处于立方体晶胞的顶点和面心。作为直线形分子，CO_2 共有 4 种空间取向（图 3-2-3）：所有处于顶点的 CO_2 是第一种取向，处于前面面心和后面面心的 CO_2 是第二种取向，处于左面面心和右面面心的 CO_2 是第三种取向，处于顶面面心和底面面心的 CO_2 是第四种取向。根据均摊法，一个 CO_2 晶胞中共有 4 个 CO_2 分子，分别呈 4 种不同的空间取向。

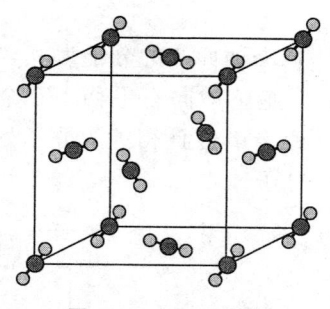

图 3-2-3　CO_2 晶胞

CO_2 晶胞中 CO_2 分子的空间取向淋漓尽致地体现了平行六面体无隙并置的结构特征：所有顶点分子的分布情况必须一致，6 个面中前面和后面、左面和右面、顶面和底面分子的分布情况必须分别一致。

(2) I_2 晶体

I_2 晶胞共有 3 种棱长（$a \neq b \neq c$，即正交晶胞）。I_2 分子处于晶胞的顶点和面心，作为直线形对称分子，I_2 共有 2 种空间取向（图 3-2-4）：处于顶点和左、右面心的浅色 I_2 分子取向相同，处于前、后、上、下面心的深色 I_2 分子取向相同。I_2 分子共有 2 种取向，2 种取向的分子数目相等。

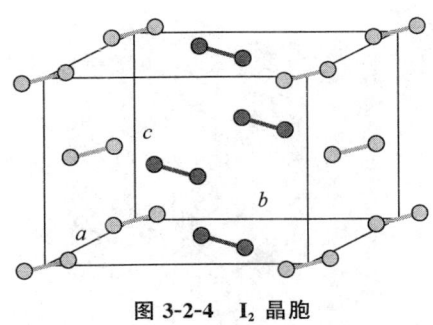

图 3-2-4　I_2 晶胞

除了 CO_2 和 I_2，Hg_2Cl_2 和 XeF_2 也是直线形分子，在晶体中 Hg_2Cl_2 分子和 XeF_2 分子都只有一种空间取向。

知识拓展：存在氢键的分子晶体

一些分子之间可以形成氢键，由于氢键具有方向性和饱和性，这些分子在固态时为了形成（尽可能多的）氢键而呈特殊的堆积方式。冰就是最典型的存在氢键的分子晶体，冰中每个 H_2O 分子与邻近的 4 个 H_2O 分子形成氢键（图 3-2-5），通过氢键构建了晶体结构。在晶体内部存在大量的空隙，因此冰的密度小于水。

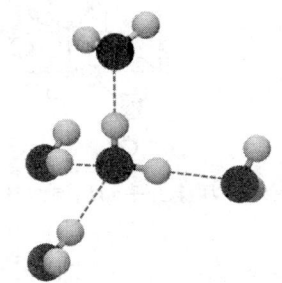

图 3-2-5　冰中 H_2O 之间形成的氢键

在冰融化成水后，一部分氢键被破坏，基于氢键构建的空间立体网状结构被破坏，原有的大量空隙不复存在，H_2O 分子间的空隙减小，密度增大。超过 4 ℃时，才由于热运动加剧，分子间距离增大，密度逐渐减小，总的结果是 H_2O 的密度在 4 ℃时达到最大值。

H_2S 分子与 H_2O 分子都是 V 形分子，但在 H_2S 晶体中，一个 H_2S 分子周围有 12 个紧邻分子（即形成了分子密堆积），冰中一个 H_2O 分子周围只有 4 个紧邻分子。这是因为 H_2S 分子间只有无方向性和饱和性的范德华力，而 H_2O 分子间的主导作用力是氢键，氢键具有方向性和饱和性。

尿素 $CO(NH_2)_2$ 是另一种典型的存在氢键的晶体,尿素分子中的羰基 O 原子作为氢键的受体与邻近的 3 个尿素分子中的 4 个 H 原子形成氢键,尿素分子的每个 H 原子(共 4 个)都与邻近的尿素分子中的羰基 O 原子形成氢键,总的结果是每个尿素分子都与周围的 4 个尿素分子总共形成了 8 个氢键(图 3-2-6)。不同于冰中,虽然为了形成氢键,尿素晶体中的尿素分子没有形成分子密堆积,但是也没有形成较大的空隙(图 3-2-7)。

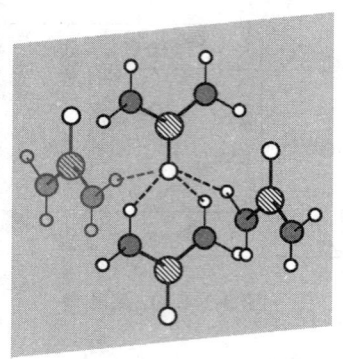

图 3-2-6 尿素晶体中的氢键结构

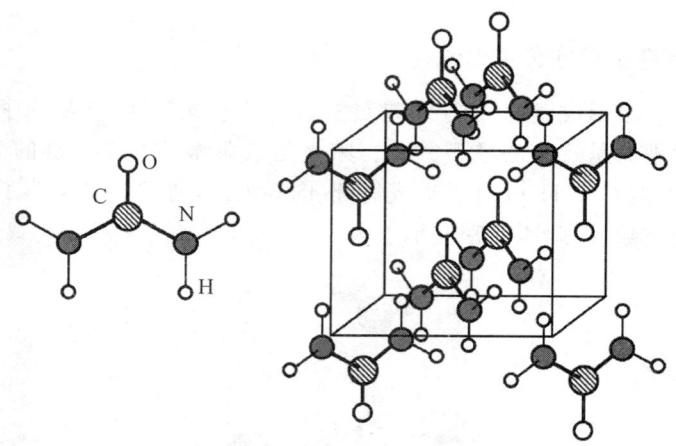

图 3-2-7 尿素分子和晶胞的结构

更多关于尿素晶体的介绍见"专题学习十三:几何模块微元法在复杂晶体结构研究中的应用"。

总之,存在分子间氢键的分子晶体中分子一般不采用分子密堆积的方式,每个分子周围紧邻的分子数目往往小于 12(即配位数小于 12)。

2 共价晶体

共价晶体,也称原子晶体,是由原子通过共价键形成的具有空间立体网状结构的无限大分子。很多共价晶体中都含有能形成 4 个共价键的原子,如 C 原子和 Si 原子等。金刚石是最典型的原子晶体,其中每个 C 原子都用 4 个 sp^3 杂化轨道分别与邻近的 4 个 C 原子的 sp^3 杂化轨道形成 C—C 键,所有的 $\angle CCC = 109°28'$(图 3-2-8)。

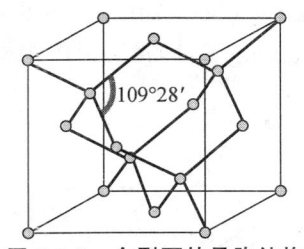

图 3-2-8　金刚石的晶胞结构

金刚石晶胞中，C 原子占据了所有的顶点和面心以及一半的四面体空隙（错位的四面体空隙），金刚石中 C—C 键的键长较短（154 pm），键能较大（348 kJ/mol）。金刚石在熔化或变形的过程中都需要破坏共价键，因此金刚石硬度很大，熔点很高。更多关于金刚石结构的研究见"专项研究六：立方金刚石和六方金刚石结构的认识和应用"。

常见的共价晶体有：

（1）第ⅣA 族和第ⅢA 族元素形成的一些单质，如金刚石（C）、硼（B）、硅（Si）、锗（Ge）和灰锡（Sn）等。

（2）一些由第ⅣA 族、第ⅢA 族和第ⅤA 族元素形成的化合物，如碳化硅（SiC）、Si_3N_4 等。

共价晶体中微粒需要形成多个共价键才能形成空间立体网状结构，因此碱金属、碱土金属、过渡金属和卤族元素通常不能形成典型的共价晶体。

问题讨论：如何用金刚石的晶体结构建立晶胞结构

虽然晶体结构示意图能在一定程度上反映原子之间的成键和空间分布关系，但是无法定量计算键长和密度。最佳的解决方式是将晶体结构装在一个立方体（或其他平行六面体）的晶胞中，从而更加清晰地展示原子之间的位置关系，为相关计算提供便利。

很难直接想象如何将图 3-2-9 中的金刚石晶体结构直接转化为晶胞结构，可以换个思维方式：晶体结构中，每个 C 原子都用 4 个 sp^3 杂化轨道与邻近的 4 个 C 原子形成 C—C 键，所有 ∠CCC=109°28′；在晶胞结构中，每个 C 原子都处于其他 4 个 C 原子围成的正四面体空隙的中心，所有 ∠CCC=109°28′。基于这些共同点，两种方式所表示的结构是等价的，是可以相互转化的。

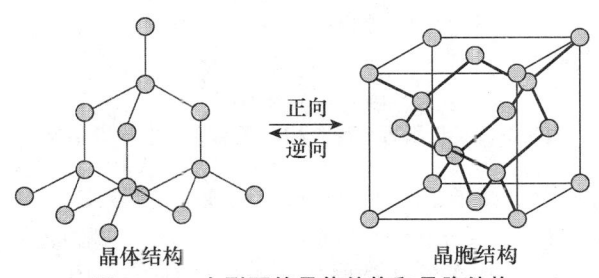

图 3-2-9　金刚石的晶体结构和晶胞结构

亦可从金刚石的晶体结构出发，直接构建晶胞结构（图 3-2-10）：第一步，与每个 C 原子成键的 4 个 C 原子都形成了正四面体结构，基于正四面体构建小立方体；第二步，4 个小立方体通过共棱的方式错位组合；第三步，勾勒出组合结构的大立方体结构模型；第四步，在大立方体中根据小立方体的位置补充 C 原子，即得到晶胞结构。

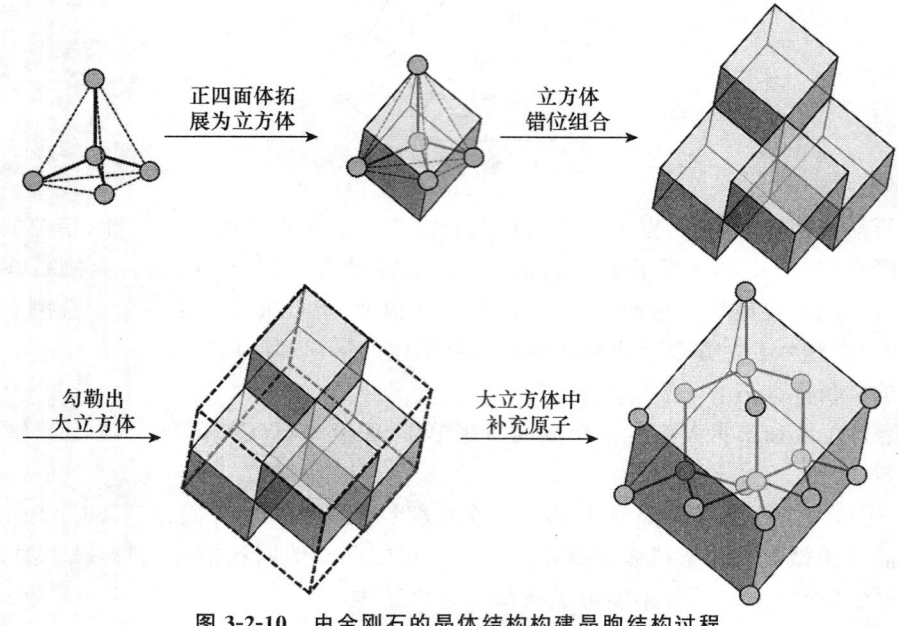

图 3-2-10　由金刚石的晶体结构构建晶胞结构过程

由图 3-2-10 所示构建晶胞的过程可以看出，金刚石中碳碳键的键长等于小立方体体对角线的 1/2，亦等于大立方体体对角线的 1/4。

问题讨论：为什么金刚石晶胞中存在"没有成键"的 C 原子？

观察图 3-2-11 中的金刚石晶胞，容易发现处于顶点上的 8 个 C 原子中，C1、C3、C6、C8 共 4 个 C 原子没有与紧邻的其他 C 原子成键，这是为什么呢？

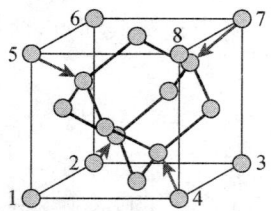

图 3-2-11　金刚石晶胞结构中顶点原子的成键情况

实际上，顶点上的 8 个 C 原子是 1 个 C 原子。虽然 C1、C3、C6、C8 这 4 个 C 原子没有参与成键，但是 C2、C4、C5、C7 这 4 个 C 原子都形成了 1 个共价键，最终的结果是处于顶点上的 C 原子形成 4 个共价键，与其他位置 C 原子的成键情况完全相同。

同样的道理，面心上的 C 原子看起来只形成了 2 个共价键（图 3-2-12），实际上顶面和底面的 C 原子化学环境是相同的，应该合二为一，最终的结果是处于面心上的 C 原子都形成了 4 个共价键，与其他位置 C 原子的成键情况完全相同。

第二节 分子晶体与共价晶体

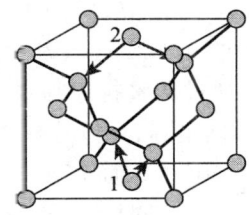

图 3-2-12 金刚石晶胞结构中面心原子的成键情况

知识拓展：金刚石中的原子坐标

金刚石晶胞有两种结构（图 3-2-13）：顶点和面心 C 原子的坐标是不变的，另一半的 C 原子填充了一半的四面体空隙，此时有两种选择（图 3-2-13 中金刚石晶胞 I 和金刚石晶胞 II），这些 C 原子的坐标见表 3-2-1。

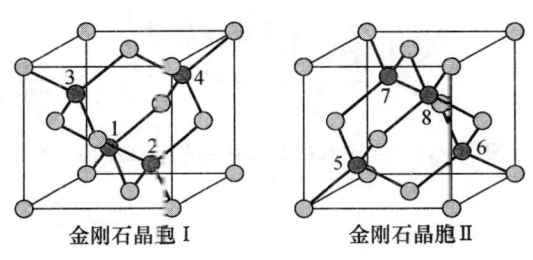

图 3-2-13 金刚石的两种晶胞结构

表 3-2-1 金刚石中的 C 原子坐标

位置	序号	坐标
顶点	—	(0, 0, 0)
面心	—	(0.5, 0.5, 0)
面心	—	(0.5, 0, 0.5)
面心	—	(0, 0.5, 0.5)
四面体空隙组合 I	1	(0.25, 0.25, 0.25)
四面体空隙组合 I	2	(0.75, 0.75, 0.25)
四面体空隙组合 I	3	(0.75, 0.25, 0.75)
四面体空隙组合 I	4	(0.25, 0.75, 0.75)
四面体空隙组合 II	5	(0.75, 0.25, 0.25)
四面体空隙组合 II	6	(0.25, 0.75, 0.25)
四面体空隙组合 II	7	(0.25, 0.25, 0.75)
四面体空隙组合 II	8	(0.75, 0.75, 0.75)

从表 3-2-1 中可以看出，8 个四面体空隙的坐标都是由 0.25 和 0.75 这样的数字组合形

成的：可以选择 3 个 0.25，形成(0.25，0.25，0.25)；可以选择 1 个 0.25 和 2 个 0.75，通过调整排序形成(0.75，0.75，0.25)、(0.75，0.25，0.75)和(0.25，0.75，0.75)共 3 个不同坐标；可以选择 2 个 0.25 和 1 个 0.75，通过调整排序形成(0.75，0.25，0.25)、(0.25，0.75，0.25)和(0.25，0.25，0.75)共 3 个不同坐标；可以选择 3 个 0.75，形成(0.75，0.75，0.75)。

实际上，图 3-2-14 中 1 号四面体空隙在平面 $\alpha(x+y+z=0.75)$ 上，2 号、3 号和 4 号四面体空隙都在平面 $\beta(x+y+z=1.75)$ 上。同样，5 号、6 号和 7 号四面体空隙在平面 $x+y+z=1.25$ 上，8 号四面体空隙在平面 $x+y+z=2.25$ 上，根据这种关系就能迅速写出空隙坐标。

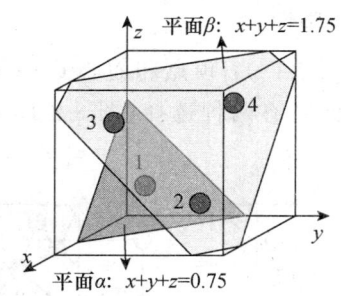

图 3-2-14　金刚石中四面体空隙所在平面方程

知识拓展：SiC 的结构

SiC 的结构可以看成将金刚石中一半的 C 原子替换为 Si 原子，或是将硅中一半的 Si 原子替换为 C 原子，即可得到 SiC(图 3-2-15)。需要注意：SiC 中只有 C—Si 键，没有 C—C 键和 Si—Si 键。

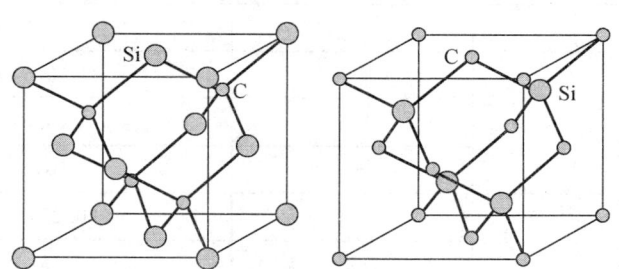

图 3-2-15　2 种形式的 SiC 晶胞结构

SiC 中 C 原子和 Si 原子的位置可以互换：既可以看作是 Si 原子占据顶点和面心，C 原子填充一半的四面体空隙，如图 3-2-15 中左侧的 SiC 晶胞；也可以看作是 C 原子占据顶点和面心，Si 原子填充一半的四面体空隙，如图 3-2-15 中右侧的 SiC 晶胞。

问题讨论：SiC 中原子距离的计算

设 SiC 晶胞棱长为 a(图 3-2-16)，距离最近的 2 个 Si 原子是处于顶点和面心的 Si 原子，距离为面对角线的一半,即 $\sqrt{2}a/2$。距离最近的 2 个 C 原子,如图 3-2-16 中 C1 和 C2 之间的距离如何计算?

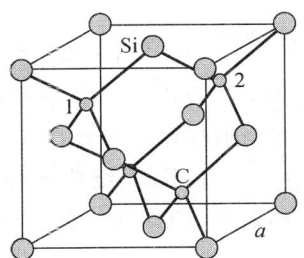

图 3-2-16　SiC 的晶胞结构

有 3 种常见的思路。

第一种思路是根据 SiC 中 Si 原子的位置与 C 原子的位置是等价的,因此 C 原子之间的最小距离与 Si 原子之间的最小距离是相等的,均为 $\sqrt{2}a/2$。

第二种思路是根据坐标进行计算。图 3-2-16 中 C1 和 C2 的坐标分别为 (0.75,0.25,0.75) 和 (0.25,0.75,0.75),向量 C1C2 = (0.50,-0.50,0),向量的模(长度) $|C1C2|$ = $\sqrt{2}/2$,晶胞棱长为 a,故对应距离为 $\sqrt{2}a/2$。

第三种思路如图 3-2-17 所示,取出 C1 和 C2 所在的对角面,是一个宽为 a、长为 $\sqrt{2}a$ 的长方形 MNQP。C1 和 C2 的距离为 EF,EF 是等腰三角形 MNO 的中位线,因此 EF = MN/2 = $\sqrt{2}a/2$,即 C1 和 C2 的距离为 $\sqrt{2}a/2$。

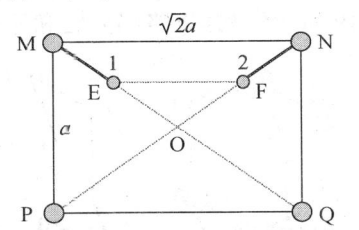

图 3-2-17　SiC 晶胞对角面上原子位置关系

📖 知识拓展:金刚石、碳化硅和硅的结构和性质对比

金刚石、碳化硅和硅的晶体结构高度相似,由于 C 原子和 Si 原子的半径不同,C—C 键、C—Si 键和 Si—Si 键的键长不相等,晶胞参数和晶体性质有差异(表 3-2-2)。

表 3-2-2　金刚石、碳化硅和硅的结构和性质对比

晶体	金刚石	碳化硅	硅
键长/pm	154	188	235
键能/(kJ/mol)	348	347	226
熔点/℃	>3500	2700	1410
摩氏硬度	10	9.5	6.5

可以看出,由于 C 原子半径小于 Si 原子半径,因此金刚石、碳化硅和硅中的键长依次增长,键能依次减小,熔点依次降低,硬度依次减小。

问题讨论:金刚石中的六元环数目

金刚石是经典的共价晶体,其中 sp^3 杂化的 C 原子通过共价单键相连形成了空间立体网状结构,见图 3-2-8(金刚石有立方金刚石和六方金刚石 2 种结构,仅讨论立方金刚石)。

在金刚石的立体网状结构中存在大小不同、结构各异的环状结构。最基本的环是由 6 个 sp^3 杂化 C 原子形成的六元环,环上∠CCC=109°28′,与环己烷中经典的椅式六元环结构高度相似(图 3-2-18)。

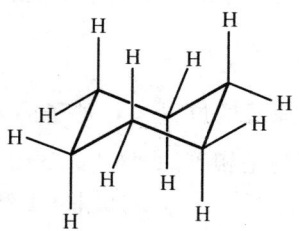

图 3-2-18 椅式环己烷中的六元环结构

常见的考查金刚石中环状结构的问题是:每个 C 原子参与形成多少个六元环?每个 C—C 键参与形成多少个六元环?(此类问题还有其他表述方式:每个 C 原子被多少个六元环共用?每个 C—C 键被多少个六元环共用?)

从金刚石中取出如图 3-2-19 所示结构(省略部分键和原子)。

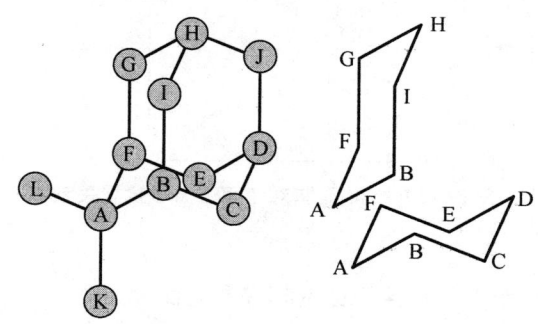

图 3-2-19 金刚石中六元环结构

图 3-2-19 中,以 A 原子为中心,A 与 B、F、K 和 L 共 4 个原子形成共价键。A 原子形成的所有六元环中都有 B、F、K 和 L 中的 2 个原子;若选择 B 和 F,观察发现 A、B、F 共同参与形成的六元环共有 2 个:ABCDEF 和 AFGHIB。由于从 B、F、K、L 共 4 个原子中选出 2 个的方式共有 $C_4^2=6$ 种,每一种选择方式都能产生 2 个六元环,因此 A 原子总共参与形成 12 个六元环。

A 原子参与形成的所有六元环必须恰好含 AB、AF、AK 和 AL 4 个键中的 2 个键(图 3-2-19)。以 AB 键为研究对象,可选择的键有 3 种:AF、AK、AL。同时选择 AB 和 AF 后,

A、B、F 共同形成参与的六元环共有 2 个：ABCDEF 和 AFGHIB。因此 AB 键总共参与形成 6 个六元环。

> **知识拓展：多面体视角下的化学结构**
>
> 一些化学结构中含多个原子,影响了对其空间结构的观察,在这种情况下可以使用多面体代替一些原子团的结构,从而使整体结构更加清晰明了。
>
> (1) H_3PO_4 和多聚磷酸体系
>
> 以 H_3PO_4 为例,P 原子周围的 4 个 O 原子呈四面体分布(忽略 H 原子),可将 H_3PO_4 的结构用四面体表示(图 3-2-20)。

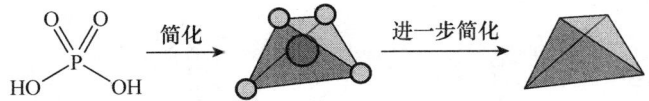

图 3-2-20　H_3PO_4 的四面体结构

可以看出,P 原子在四面体的中心,O 原子在四面体的顶点。在此基础上,多聚磷酸可视为多个[PO_4]四面体通过共用顶点 O 原子形成的长链状结构(图 3-2-21)。

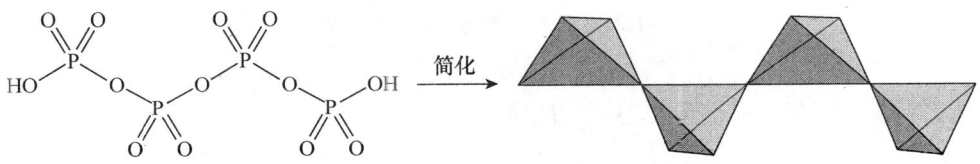

图 3-2-21　四聚磷酸的四面体结构

类似于多聚磷酸,焦硫酸(二聚硫酸)亦可看作两个[SO_4]四面体通过共用 1 个顶点相连形成的结构。

(2) SiO_2 体系

图 3-2-22 的 SiO_2 结构中,每个 Si 原子周围都有 4 个 O 原子,形成[SiO_4]四面体结构,Si 原子和 O 原子分别处于四面体的中心和顶点。由于每一个 O 原子都与 2 个 Si 原子成键,因此四面体的每个顶点都是被 2 个四面体共用的,四面体通过共用 4 个顶点的方式与其他四面体相连,进而向空间延伸,最终形成空间立体网状结构。

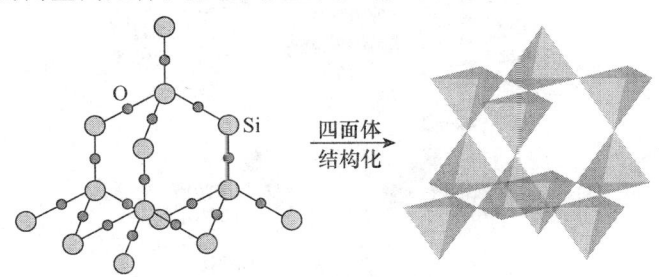

图 3-2-22　四面体视角下的 SiO_2 结构

环状$(SO_3)_3$的结构可看作由3个$[SO_4]$四面体通过共顶点的形式连接而形成的环状结构(图3-2-23)。

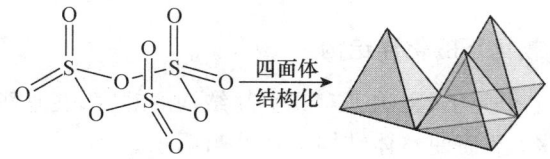

图 3-2-23 四面体视角下$(SO_3)_3$结构

P_4O_{10}的结构亦可看作由4个$[PO_4]$四面体通过共顶点的形式连接而形成的立体结构(图 3-2-24)。

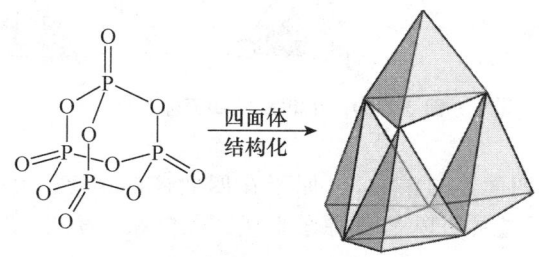

图 3-2-24 四面体视角下的P_4O_{10}结构

问题讨论：酸溶被压缩弹簧过程的能量变化问题

在知乎上有这样一个问题：

"如果把一根压紧的弹簧放进酸里溶解,它的弹性势能到哪里去了？"

截至2022年5月5日,该问题被5963人关注,被浏览282万次,共有212个回答。很有必要对此问题从化学的角度进行分析,阐述物质结构与能量的基本关系,构建全新的能量观。

酸溶被压缩弹簧的问题可表示为图3-2-25:起始是处于自然状态的弹簧,第一种是被直接溶解,第二种是被压缩后再溶解,最终都得到$FeCl_2$溶液。两个过程的起始状态和最终状态都一样,那么两个酸溶过程的热效应ΔH_1与ΔH_2是否相等？

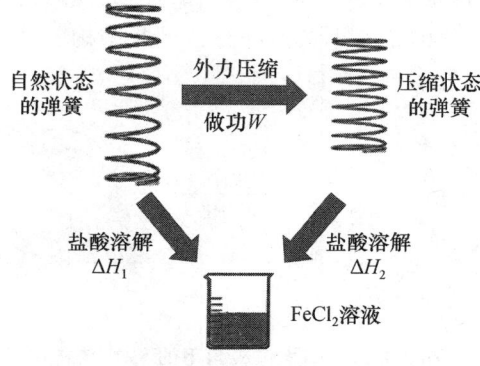

图 3-2-25 酸溶被压缩弹簧示意

要解决此问题,需要从微观状态理解弹性势能。假设弹簧由纯铁构成,未受外力压缩时各个原子处于周围原子共同作用的平衡位置,原子排布示意图如图 3-2-26(a)。在缓慢压缩的过程中,受外力作用原子之间发生了微小的位移,各原子偏离了平衡位置,见图 3-2-26(b)。

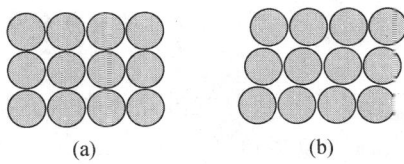

图 3-2-26　压缩弹簧过程中铁原子排布变化

因此自然状态的弹簧和压缩状态的弹簧组成原子一样,只是原子排布方式有差别。这与中学常见的石墨和金刚石的关系非常相似:二者由相同原子组成,而原子排布形式不同(图 3-2-27),故能量不同:$\Delta_f H_m^{\ominus}$(石墨)$=0$ kJ/mol,$\Delta_f H_m^{\ominus}$(金刚石)$=1.9$ kJ/mol。

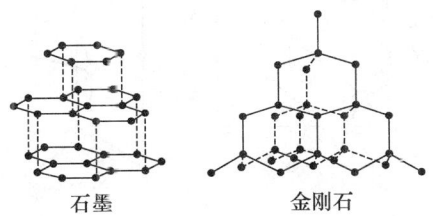

图 3-2-27　石墨和金刚石的晶体结构

由于石墨的能量比金刚石低,故将石墨类比为自然状态的弹簧,将金刚石类比为压缩状态的弹簧。因此压缩弹簧的过程可以类比为石墨转化为金刚石:

$$C(石墨) = C(金刚石)$$

$$\Delta_f H_m^{\ominus}(转化) = \Delta_f H_m^{\ominus}(金刚石) - \Delta_f H_m^{\ominus}(石墨) = 1.9 \text{ kJ/mol}$$

不同状态的弹簧在酸中的溶解都可以类比石墨和金刚石在 O_2 中的燃烧:

$$C(石墨) + O_2(g) = CO_2(g)$$

$$\Delta_f H_m^{\ominus}(石墨燃烧) = \Delta_f H_m^{\ominus}(CO_2) - \Delta_f H_m^{\ominus}(石墨) - \Delta_f H_m^{\ominus}(O_2) = -393.5 \text{ kJ/mol}$$

$$C(金刚石) + O_2(g) = CO_2(g)$$

$$\Delta_f H_m^{\ominus}(金刚石燃烧) = \Delta_f H_m^{\ominus}(CO_2) - \Delta_f H_m^{\ominus}(金刚石) - \Delta_f H_m^{\ominus}(O_2) = -395.4 \text{ kJ/mol}$$

可以清楚地看到,金刚石燃烧产生的热量比石墨燃烧产生的热量更多,两个反应的热效应之间的关系为

$$\Delta_f H_m^{\ominus}(转化) = \Delta_f H_m^{\ominus}(石墨燃烧) - \Delta_f H_m^{\ominus}(金刚石燃烧)$$

即石墨向金刚石转化的过程中消耗的能量以化学能的形式存在于金刚石中(可类比为储存的"弹性势能"),这部分能量恰好等于燃烧过程中金刚石比石墨多释放的那部分能量。

类比到压缩弹簧的溶解过程,被压缩的弹簧在酸溶过程中能放出更多的热量,这部分热量恰好等于压缩过程做的功,也等于被压缩弹簧的弹性势能。这个结论也是能量守恒定律的一种体现。

⭐ 专项研究六：立方金刚石和六方金刚石结构的认识和应用

金刚石是自然界中天然存在的最坚硬的物质，其结构和性质是中学化学、化学竞赛和大学化学的重要教学内容。高中化学选择性必修 2 中介绍了立方金刚石的结构，教材和文献对金刚石结构的研究主要集中在立方金刚石上，而对六方金刚石结构以及两种金刚石结构深层次对比的研究很少。

立方金刚石和六方金刚石的结构不仅是立方晶体和六方晶体的典型结构代表，还是一系列重要结构的模板，值得进行全方位多角度的分析、对比、研究和应用。

1 基本结构对比

在立方金刚石和六方金刚石中，所有 C 原子都是 sp^3 杂化，每个 C 原子都与邻近的 4 个 C 原子分别形成 sp^3-sp^3 σ 键，所有 C 原子都是四面体型四配位，晶胞结构见图 3-2-28。

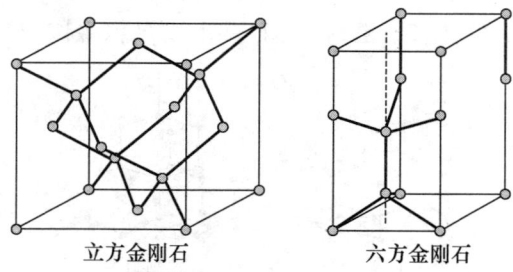

立方金刚石　　　　六方金刚石

图 3-2-28　立方金刚石和六方金刚石的晶胞结构

1.1　C 原子堆积形式对比

在立方金刚石中，一半的 C 原子按照立方最密堆积的形式排列，而在六方金刚石中一半的 C 原子按照六方最密堆积的形式排列，这两种排列形式中相邻碳原子均未相切，留有较大的空隙。两种结构中剩下的另一半 C 原子都错位填充了堆积结构中一半的四面体空隙。堆积原子和填隙原子的位置是等价的，可以互换。图 3-2-29 是立方金刚石的三方晶胞，可与图 3-2-28 中六方金刚石进行对比。

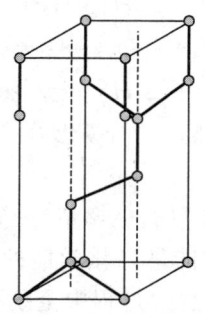

图 3-2-29　立方金刚石的三方晶胞

1.2 碳碳单键的构型对比

以乙烷为例,由于碳碳单键可以自由旋转,乙烷有多种构象,两种极限结构是重叠型和交叉型。金刚石中碳碳单键的构型只有重叠型和交叉型(图 3-2-30):在立方金刚石中所有的碳碳单键都是交叉型,在六方金刚石中碳碳单键既有交叉型又有重叠型。在图 3-2-28 所示的六方金刚石结构中,与 c 轴方向平行的碳碳单键都是重叠型构象,其余的都是交叉型构象。因此立方金刚石比六方金刚石更稳定,立方金刚石以宝石的形式存在于自然界,而六方金刚石则是天外来客——陨石金刚石。

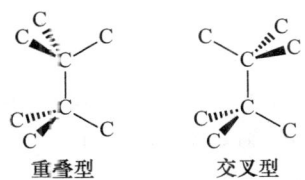

图 3-2-30　重叠型碳碳单键和交叉型碳碳单键

1.3 碳碳单键的键长对比

立方金刚石晶胞参数 $a=356.7$ pm,碳碳单键的键长为 154.4 pm。此碳碳单键键长的一半即为常用的 C 原子共价半径(77 pm)。

六方金刚石晶胞参数 $a=251$ pm,$c=412$ pm。$c/a=1.64$,略大于六方晶胞 c/a 的理论值 1.63。这是因为平行于 c 轴的碳碳单键都是重叠型构象,导致晶胞参数 c 变大,使六方金刚石晶胞发生了微小的变形。

2　结构单元和构建过程对比

2.1 基本结构单元对比

立方金刚石中的基本结构单元见图 3-2-31,记为 α-碳笼,该结构与金刚烷($C_{10}H_{16}$)中 C 骨架结构相同。α-碳笼共有 4 个完全相同的面(折面而非平面),均是由椅式六元环形成的。α-碳笼有 4 个 C_3 轴、3 个 C_2 轴和 6 个 σ_v,属于 T_d 点群(高中阶段不要求对称性和点群)。

六方金刚石中 C 原子形成的基本结构单元见图 3-2-32,记为 β-碳笼。β-碳笼共有 5 个六元环面:与 c 轴方向平行的位置有 3 个船式六元环面,与 c 轴垂直方向的上下位置各有 1 个椅式六元环面。β-碳笼有 1 个 C_3 轴、3 个 C_2 轴、1 个 σ_h 和 3 个 σ_v,属于 D_{3h} 点群。

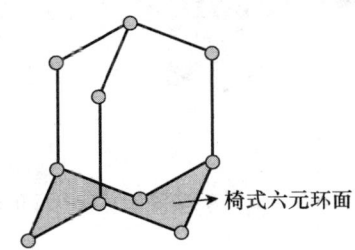

→椅式六元环面

图 3-2-31　立方金刚石中 α-碳笼结构

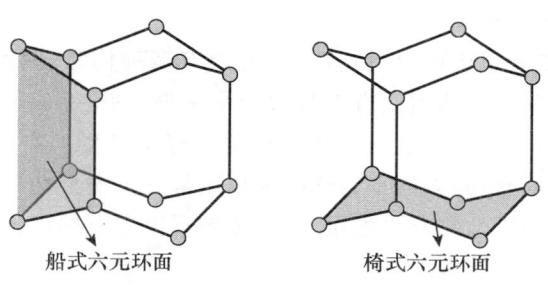

船式六元环面　　　　　椅式六元环面

图 3-2-32　六方金刚石中 β-碳笼结构

2.2　基本结构单元拼接对比

由基本结构单元形成金刚石的过程可以分为两步：第一步是碳笼通过拼接形成二维碳笼层，第二步是二维碳笼层通过拼接形成三维金刚石。

2.2.1　碳笼拼接形成碳笼层

每个 α-碳笼（金刚烷）都可以通过共用椅式六元环面与 4 个 α-碳笼拼接。多个 α-碳笼在二维方向拼接得到 nα-碳笼层（图 3-2-33），观察可知 nα-碳笼层的顶面和底面都是椅式六元环。从 c 轴方向观察到的 α-碳笼的拼接过程见图 3-2-34，其中实线六元环是 nα-碳笼层顶面的椅式六元环，虚线是底面的椅式六元环，二者在 c 轴方向的投影不重合，这与立方金刚石中 C 原子 AbBcCaA 的堆积方式相符（高中阶段不要求）。

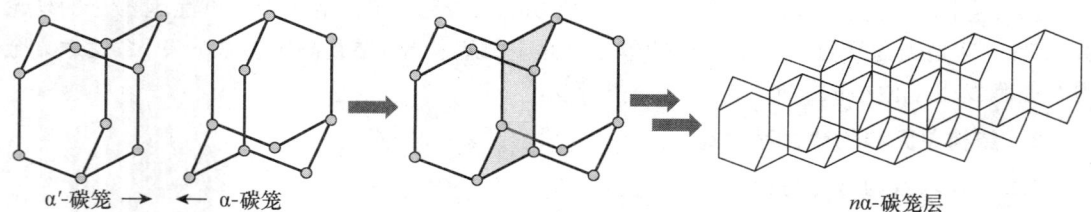

α′-碳笼　→　←　α-碳笼　　　　　　　　　　　　nα-碳笼层

图 3-2-33　α-碳笼拼接形成 nα-碳笼层示意

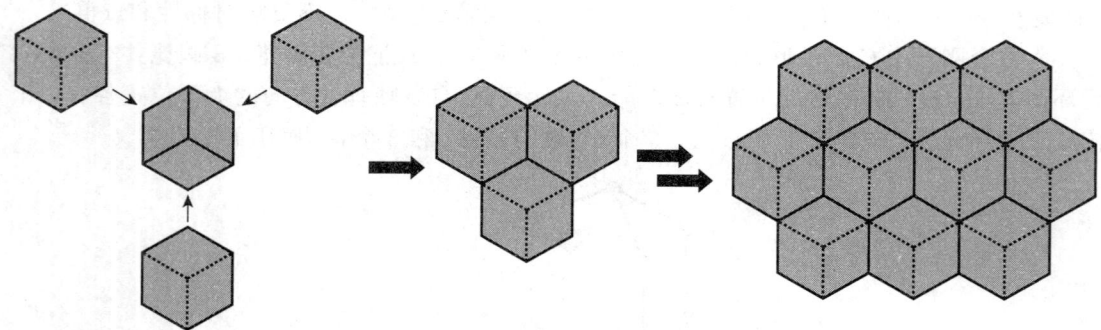

图 3-2-34　nα-碳笼层形成过程在 c 轴方向的投影示意

β-碳笼之间有两种拼接方式：一种是共用船式六元环中的等腰梯形面与 6 个其他 β-碳笼进行拼接；另一种是共用椅式六元环面在 c 轴方向与 2 个其他 β-碳笼进行拼接。如

图 3-2-35 所示,通过船式六元环上等腰梯形面的拼接,多个 β-碳笼在二维方向可形成 $n\beta$-碳笼层,其顶面和底面都是椅式六元环。在 c 轴方向观察到 β-碳笼的拼接过程见图 3-2-36,其中顶面的椅式六元环和底面的椅式六元环在 c 轴方向的投影重合,符合六方晶胞的特征。

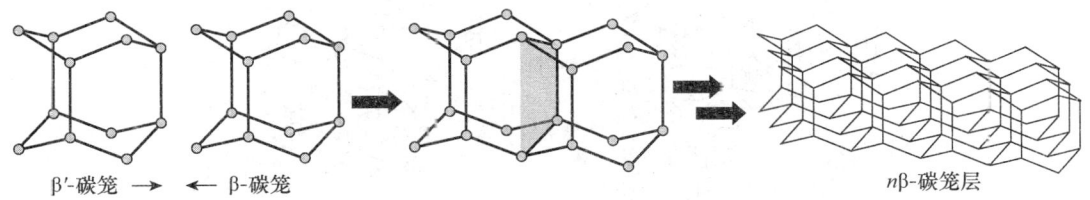

图 3-2-35　β-碳笼拼接形成 $n\beta$-碳笼层示意

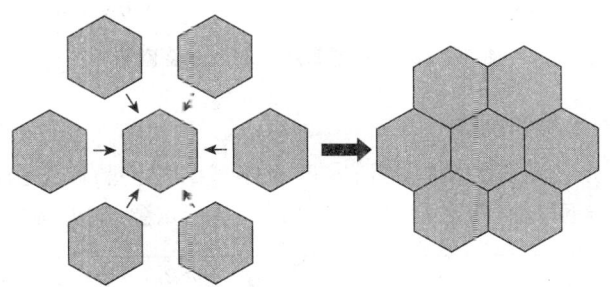

图 3-2-36　$n\beta$-碳笼层形成过程在 c 轴方向的投影示意

2.2.2　碳笼层拼接形成金刚石

$n\alpha$-碳笼层和 $n\beta$-碳笼层的顶面和底面都是椅式六元环,因此层间通过共用椅式六元环进行无限拼接,最终分别得到立方金刚石和六方金刚石(图 3-2-37 和图 3-2-38)。

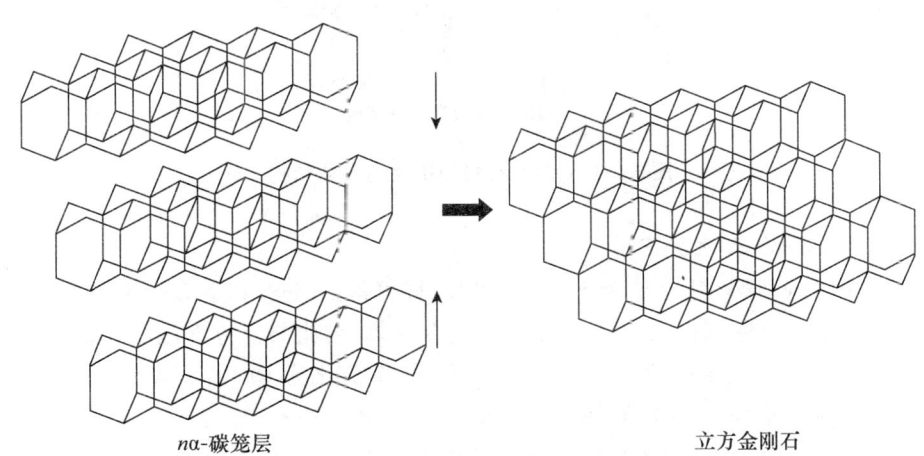

图 3-2-37　$n\alpha$-碳笼层形成立方金刚石

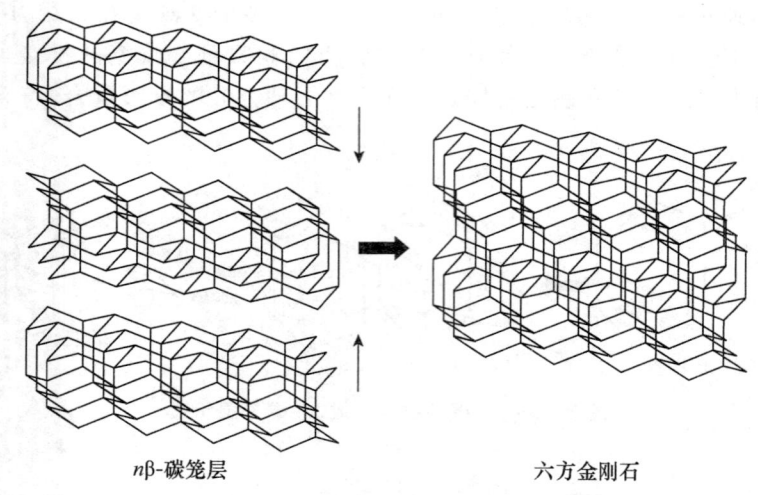

图 3-2-38　$n\beta$-碳笼层形成六方金刚石

3　金刚石结构的应用和推广

立方金刚石和六方金刚石的结构是研究四面体型四配位晶体结构的重要模板,利用其他四配位的微粒替换金刚石中的 C 原子即可得到一系列重要结构,见图 3-2-39。

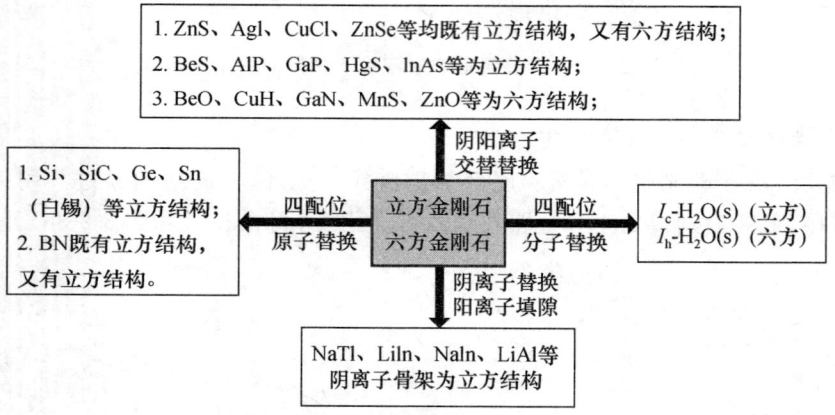

图 3-2-39　金刚石模板衍生的晶体结构

3.1　立方 ZnS 和六方 ZnS

将金刚石中的 C 原子用 Zn^{2+} 和 S^{2-} 交叉替换,即可得到 ZnS,其中 Zn^{2+} 和 S^{2-} 的配位数均为 4。ZnS 的结构有两种(图 3-2-40):β-ZnS 为立方晶体,结构与立方金刚石相似;α-ZnS 为六方晶体,结构与六方金刚石相似。很多 AB 型的离子化合物,若阳阴离子半径比介于 0.225～0.414,则具有和 ZnS 相似的结构。如 AgI、CuCl、ZnSe 等与 ZnS 相似,都既有立方结构,又有六方结构;BeS、AlP、GaP、HgS、InAs 等为立方结构;BeO、CuH、GaN、MnS、ZnO 等为六方结构。

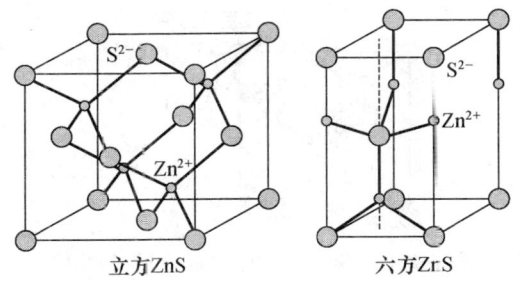

图 3-2-40　立方 ZnS 和六方 ZnS 晶胞结构

3.2　I_c-$H_2O(s)$ 和 I_h-$H_2O(s)$

在冰中，每个 H_2O 分子都可与周围的 4 个 H_2O 分子形成氢键，夹角接近 109.5°，即为四面体型四配位分子，故可以形成类似金刚石结构的晶体。冰有包括立方 I_c 和六方 I_h 等多种结构，其中 I_c 对应立方金刚石结构，I_h 对应六方金刚石结构。

3.3　碳族元素单质

Si、Ge、Sn 的单质及衍生的化合物，如 SiC 等都具有类似金刚石的结构。

3.4　立方 BN 和六方 BN

BN 与碳族元素单质互为等电子体，其结构主要分为立方 c-BN 和六方 h-BN，分别对应立方金刚石和六方金刚石。

3.5　含类金刚石骨架阴离子的化合物

NaTl 中 Tl^- 有 4 个价电子，与 C 原子互为等电子体，可以形成立方金刚石结构的骨架，Na^+ 填充了所有的八面体空隙和剩余的四面体空隙（图 3-2-41）。LiIn、LiCa 和 Li_2AlSi 等结构中都存在类似金刚石结构的骨架。

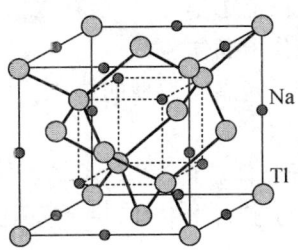

图 3-2-41　NaTl 晶胞结构

3.6　金刚石衍生结构：四面体型四配位耦合直线型二配位

SiO_2 和 Cu_2O 的结构都是立方金刚石的衍生结构，见图 3-2-42。

SiO_2 是在 Si 单质中硅硅单键中间插入 O 原子，即利用直线型二配位的 O 原子将四面体型四配位的 Si 原子连接，结构骨架与立方金刚石一致。

Cu_2O 结构与 SiO_2 既有相似又有不同，相似之处是该结构也是四面体型四配位＋直线型二配位的耦合结构，不同之处是 Cu_2O 中 O 原子为四面体型四配位，Cu 原子为直线型二配位。

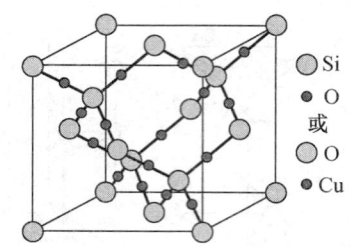

图 3-2-42　SiO_2 和 Cu_2O（部分）晶胞结构

4　总结

对比分析和归纳总结是科学研究中常用的逻辑思维方法。如在分子结构的学习中,利用等电子体在结构上的共同点可以帮助初学者迅速掌握多种微粒的结构特征。同样,纷繁复杂的晶体结构彼此之间也存在着千丝万缕的联系,金刚石结构就是重要的四面体型四配位晶体结构的模板。在教学和学习中充分理解和使用"模板",不仅能培养空间想象和思维能力,提升对模板结构的应用能力,大大提高学习效率,而且可以提升思维的灵活性、广阔性和深刻性,激发学生学习结构化学的兴趣。其他晶体结构的模板,如 NaCl、TiO_2、NiAs 等,都值得进一步分析研究、归纳总结和推广应用。

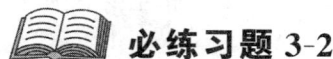　必练习题 3-2

一、判断题

1. 室温下是液态的物质在固态时都是分子晶体。（　　）
2. 分子晶体中分子间一定存在范德华力,可能存在氢键。（　　）
3. 卤族元素形成的单质都是分子晶体。（　　）
4. 同一种元素可以形成多种不同晶体类型的单质。（　　）
5. O_2、O_3、S_8 都是分子晶体。（　　）
6. C_{60}、C_{70}、C_{84}、C_{240} 都是分子晶体。（　　）
7. 分子密堆积是指在大部分分子晶体中,以一个分子为中心,其周围最多可以有 12 个紧邻的分子。（　　）
8. 一个 C_{60} 晶胞中有 4 个 C_{60} 分子。（　　）
9. 干冰晶体中 CO_2 分子有 4 种不同取向。（　　）
10. 干冰容易升华,是因为 CO_2 分子间作用力较弱。（　　）
11. 分子晶体溶于 H_2O 时可能会有共价键断裂。（　　）
12. 1 mol H_2O(s)中有 $4N_A$ 个氢键。（　　）
13. 冰中每个 H_2O 分子周围都有 4 个紧邻的 H_2O 分子。（　　）
14. 分子晶体都容易升华。（　　）
15. 共价晶体中不存在单个分子。（　　）
16. 共价晶体中不含氧族元素和卤族元素。（　　）

17. 共价晶体中一定有共价键,分子晶体中可能没有共价键。(　　)
18. 金刚石中所有共价键都是非极性键,因此金刚石是非极性分子。(　　)
19. 分子晶体和共价晶体中都只含非金属元素。(　　)
20. 分子晶体熔化时只破坏范德华力,共价晶体熔化时只破坏共价键。(　　)
21. 金刚石、碳化硅和硅都是共价晶体,其中所有的键角都是109°28′。(　　)
22. 共价晶体都不溶于水。(　　)
23. 只能讨论晶体的熔点而不能讨论晶体的沸点。(　　)

二、选择题

1. 一些分子晶体的熔点见下表。

分子晶体	O_2	N_2	CH_4	H_2S	H_2O
熔点/℃	−218	−210	−182	−86	0

下列说法中不正确的是(　　)

A. 没有氢键的分子晶体,相对分子质量越大,熔点越高
B. 分子间能形成氢键时,熔点显著升高
C. 分子晶体熔化时,破坏所有范德华力和氢键
D. 大部分分子晶体熔点较低的主要原因是分子间范德华力比较弱

2. I_2 的晶胞结构如下:

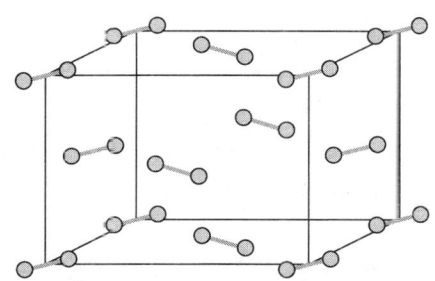

下列说法中不正确的是(　　)

A. I_2 晶体中存在共价键和范德华力
B. 每个 I_2 分子周围有 12 个紧邻的 I_2 分子,其中有 4 个 I_2 分子与中心 I_2 分子空间取向相同
C. 处于面心的 I_2 分子取向都相同
D. 处于顶点的 I_2 分子取向都相同

3. C_{60} 晶胞中 C_{60} 分子处于立方体晶胞的顶点和面心。下列说法中不正确的是(　　)

A. C_{60} 晶体是分子密堆积模型
B. C_{60} 晶体中分子间只存在范德华力,不存在氢键
C. 一个晶胞中有 480 个 C 原子

D. C_{60} 在甲苯中的溶解度大于在水中的溶解度

4. 在气温逐渐升高的春天,一些河流上游河冰先融,流量增大,而下游河道仍被冰层覆盖,尚未解冻,河道排水量受到限制,进而导致堤防溃决,洪水泛滥成灾,发生凌汛。我国北方的河流,如黄河、黑龙江、松花江,都有可能发生凌汛。下列说法中不正确的是( )

   A. 冰中每个 H_2O 分子周围有 12 个紧邻的 H_2O 分子
   B. 河水和湖水结冰时从顶层开始封冻
   C. 假如水结冰后密度增大,则生活在寒带地区湖泊中的鱼类无法过冬
   D. 长江流域不会发生凌汛是因为长江下游冬季不封冻

5. $BeCl_2$ 和 $AlCl_3$ 有共性:熔点较低,易升华。下列说法中不正确的是( )

   A. 二者都是分子晶体
   B. 二者熔融状态都不导电
   C. 二者水溶液均呈酸性
   D. $BeCl_2$ 和 $AlCl_3$ 中所有原子都达到 8 电子稳定结构

6. 关于 Si 晶体和 SiO_2 晶体结构的说法中正确的是( )

   A. Si 是共价晶体,SiO_2 是分子晶体
   B. Si 晶体中只含非极性共价键,SiO_2 晶体中只含极性共价键
   C. 两种晶体中的 Si 原子都是 sp^3 杂化
   D. 两种晶体均不溶于水,可溶于 NaOH 溶液

7. 硼酸(H_3BO_3)晶体具有层状结构,一层的结构如图:

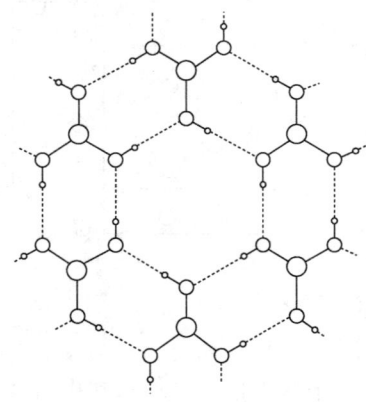

下列说法中不正确的是( )

   A. 所有硼酸分子都参与形成 6 个氢键
   B. 硼酸分子中 B 原子采用 sp^2 杂化
   C. 酸性:硼酸>碳酸
   D. 硼酸溶于水的过程中只有氢键被破坏,没有氢键形成

8. 硼单质属于共价晶体,其中存在 B_{12} 结构单元,具有正二十面体的结构:

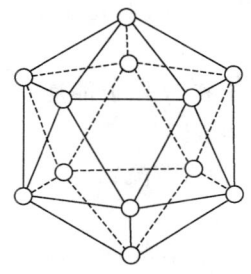

下列说法中不正确的是( )

A. 所有 B 原子都形成了 5 根共价键

B. B_{12} 结构单元最多有 5 个 B 原子共平面,这样的平面有 12 个

C. B_{12} 结构单元之间利用共价键形成空间立体网状结构

D. B_{12} 是非极性分子,因此硼单质可溶于 CCl_4

9. 磷的卤化物的一些物理性质见下表:

化学式	熔点/K	沸点/K
PF_3	121.5	171.5
PCl_3	?	348.5
PBr_3	233	445
PF_5	190	198
PCl_5	—	435(升华)

下列说法中不正确的是( )

A. PCl_3 的熔点范围是 121.5～233 K

B. 范德华力:$PF_5 > PF_3$

C. 表中磷的卤化物中 P 原子都是 sp^3 杂化

D. PCl_3 和 PCl_5 与水反应的产物都是强酸

10. 立方氮化硼是 20 世纪 50 年代发展起来的一种人工合成的新型材料,其硬度高,耐磨性好,在机械加工行业有着广泛的应用。立方氮化硼的晶胞结构如下:

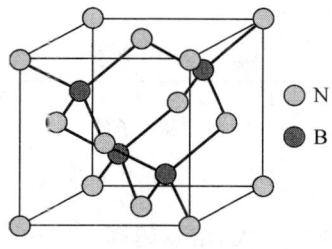

下列说法中不正确的是( )

A. B—N 键是极性键,因此立方氮化硼可溶于 H_2O 等极性溶剂

B. 立方氮化硼中只有σ键而无π键,每个N原子形成的4个σ键中有1个是配位键
C. 立方氮化硼中所有B原子和N原子都是sp³杂化
D. 立方氮化硼熔化时破坏共价键

11. 苯酚在一定条件下能被氧化为对苯醌:

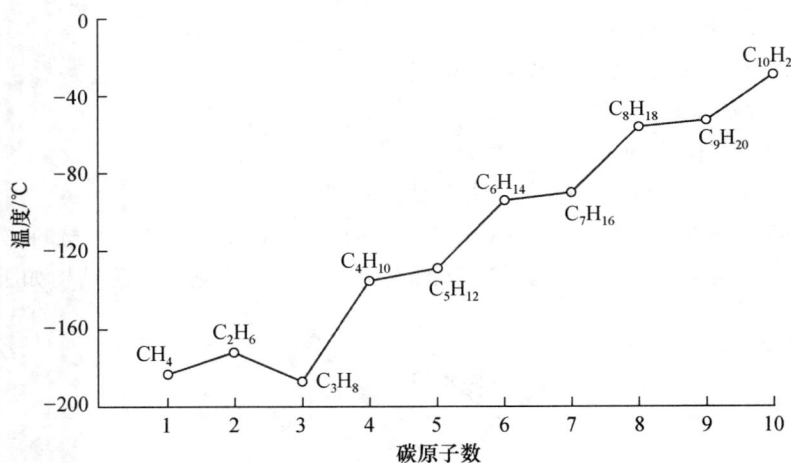

下列说法中不正确的是( )
A. 苯酚和对苯醌中所有C原子都是sp²杂化
B. 对苯醌中所有原子都处于同一平面
C. 苯酚晶体和对苯醌晶体中都可能存在氢键
D. 对苯醌晶体中可能存在多种空间取向的分子

12. Hg_2Cl_2是一种直线形非极性分子,Hg_2Cl_2晶体中所有分子的取向相同,每个Hg_2Cl_2分子周围都有8个紧邻的Hg_2Cl_2分子。下列说法中不正确的是( )
A. Hg_2Cl_2中极性键和非极性键的数目比是1∶2
B. Hg_2Cl_2是分子晶体
C. Hg_2Cl_2晶胞外形不可能是立方体
D. Hg_2Cl_2中Hg呈+1价

13. 甲烷、乙烷、丙烷、正丁烷、正戊烷等正烷烃的熔点与C原子数的关系如图所示:

下列说法中正确的是( )
A. 正烷烃的相对分子质量越大,熔点越高
B. 正烷烃的熔点受到其中C原子数奇偶的影响
C. 正烷烃的熔点受到分子结构和晶体中分子排列方式影响

D. 可以推测沸点高低顺序为：C_2H_6＞CH_4＞C_3H_8

14. 四乙基铅 $Pb(C_2H_5)_4$ 是一种曾经广泛使用的汽油抗震添加剂。四乙基铅在室温下是无色油状液体，极易挥发，遇光可分解产生三乙基铅，不溶于水，易溶于有机溶剂。下列说法中不正确的是（　　）

    A. 固态四乙基铅是分子晶体
    B. 四乙基铅分子间只有范德华力，没有氢键
    C. 在汽油中添加四乙基铅会造成环境污染
    D. 四乙基铅中 Pb 原子可能是 sp^2 杂化

15. 汽车都需要使用冷却液发动机进行冷却，水是最常见的冷却液。由于水在寒冷冬季结冰而胀裂散热器和发动机，因此现在的汽车都使用防冻冷却液，简称防冻液。一种防冻液的成分是：纯净水、甲醇、色素、防腐剂和除垢剂。下列说法中不正确的是（　　）

    A. 水结冰时体积膨胀与冰中 H_2O 分子之间的氢键结构有关
    B. 防冻液的凝固点高于水的凝固点
    C. 加入色素的目的是方便观察防冻液是否泄露
    D. 生成水垢会影响冷却效果

16. 卤素互化物是指不同卤素形成的化合物，常见卤素互化物和卤素单质的熔沸点见下表：

化学式	熔点/K	沸点/K
F_2	53.4	84.9
ClF	117.5	173
Cl_2	172	238
IBr	309	389
ClF_3	197	285
BrF_3	282	401
IF_5	282.5	377.6

下列说法中不正确的是（　　）

A. ClF 的熔沸点高于 F_2 是因为 ClF 是极性分子，而 F_2 是非极性分子
B. ClF_3 和 BrF_3 的中心原子都是 sp^3 杂化
C. 稳定性：IF_5＞BrF_5＞ClF_5
D. IBr 晶体中 IBr 分子可能存在多种空间取向

第三节　金属晶体与离子晶体

整体内容分析

在本章第二节学习分子晶体和共价晶体后,本节学习金属晶体、离子晶体、过渡晶体与混合型晶体。通过本节内容的学习,学生应达到以下要求:

1. 知道金属晶体的结构特点和堆积模型,能解释金属晶体的导热性、导电性和延展性。
2. 知道以 NaCl 和 CsCl 为代表的离子晶体结构特点,理解离子键的内涵和特点,能用离子键解释离子化合物的性质。
3. 认识到晶体结构的复杂性,掌握过渡晶体和混合型晶体的特点。

高考试题分析

考题呈现

考点　晶体结构分析

1. (2022 全国甲,35 节选)萤石(CaF_2)是自然界中常见的含氟矿物,其晶胞结构如图所示,X 代表的离子是＿＿＿＿＿；若该立方晶胞参数为 a pm,正负离子的核间距最小为＿＿＿＿＿ pm。

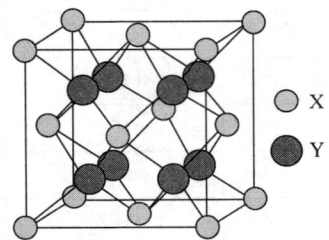

2. (2022 全国乙,35 节选)①α-AgI 晶体中离子作体心立方堆积(如图所示),Ag^+ 主要分布在由 I^- 构成的四面体、八面体等空隙中。在电场作用下,Ag^+ 不需要克服太大的阻力即可发生迁移。因此,α-AgI 晶体在电池中可作为＿＿＿＿＿＿＿＿＿＿。

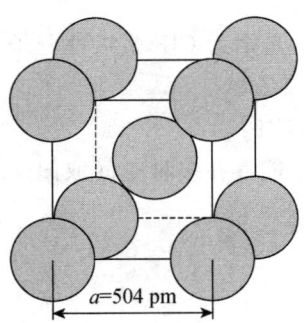

已知阿伏伽德罗常数为 N_A,则 α-AgI 晶体的摩尔体积 $V_m=$＿＿＿＿＿ $m^3 \cdot mol^{-1}$(列出

算式)。

② 卤化物 $CsICl_2$ 受热发生非氧化还原反应,生成无色晶体 X 和红棕色液体 Y。X 为_____。解释 X 的熔点比 Y 高的原因_____。

3.（2022 湖南,18 节选）钾、铁、硒可以形成一种超导材料,其晶胞在 xz、yz 和 xy 平面的投影分别如图所示：

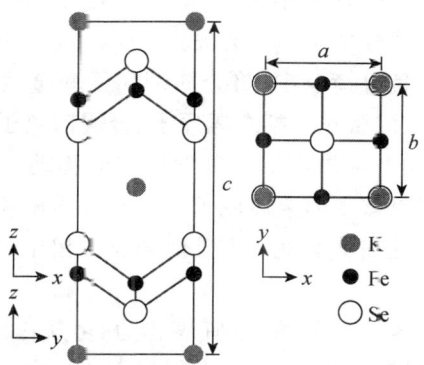

① 该超导材料的最简化学式为_____；
② Fe 原子的配位数为_____；
③ 该晶胞参数 $a=b=0.4$ nm, $c=1.4$ nm。阿伏伽德罗常数的值为 N_A,则该晶体的密度为_____ $g·cm^{-3}$（列出计算式）。

4.（2022 广东,20 节选）我国科学家发展了一种理论计算方法,可利用材料的晶体结构数据预测其热电性能,该方法有助于加速新型热电材料的研发进程。化合物 X 是通过该方法筛选出的潜在热电材料之一,其晶胞结构如图 1,沿 x、y、z 轴方向的投影均为图 2。

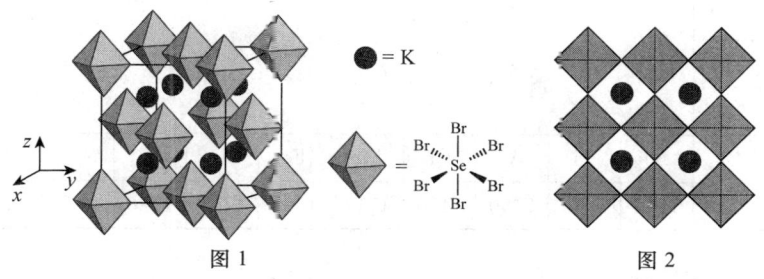

图 1　　　　　　　　　　图 2

① X 的化学式为_____。
② 设 X 的最简式的式量为 M_r,晶体密度为 ρ g/cm³,则 X 中相邻 K 之间的最短距离为_____ nm（列出计算式,N_A 为阿伏伽德罗常数的值）。

考题分析

高考试题主要考查对晶胞结构的认识,分析微粒在晶胞中的位置和配位数,计算晶胞中微粒之间的距离以及晶体密度。2022 年高考题中多次考查晶胞投影图,要求利用投影图认识和分析晶胞结构。

教材内容解读

1 金属键和金属晶体

化学研究的微粒间相互作用的本质都是静电相互作用,在金属中亦是如此。可将金属晶体中的金属原子看成刚性小球,这些小球通过各种形式的堆积形成了金属晶体。金属原子的第一电离能一般较小,一部分金属原子会失去电子形成金属阳离子,同时失去的电子会在整个金属晶体中运动,形成负电荷氛围,将金属阳离子和金属原子维系在一起,这种作用就是金属键。金属晶体中存在的微粒包括金属原子、金属阳离子和自由电子。

金属晶体中的自由电子在电场作用下可以发生定向移动,因此金属材料具有较好的导电性。随着温度的上升,金属晶体中的金属原子和金属离子振动加剧,不利于自由电子的定向移动,因此金属材料的导电性随着温度的上升而减弱。相比之下,电解质溶液的导电能力随温度的上升而增强。

金属键是一种化学键,金属键的强弱(不宜表述为"金属键的键能")主要由金属的价层电子数和原子半径决定,金属键的强弱会影响金属的熔点、硬度等性质。

合金的熔点通常低于组分金属,硬度大于组分金属。

知识拓展:金属键的强弱与金属的性质

金属键的强弱直接影响金属的熔点,金属键越强,熔点越高。前 36 号金属元素形成晶体的熔点见表 3-3-1。

表 3-3-1　前 36 号金属元素形成晶体的熔点

金属	Li	Be											
熔点/K	454	1551											
金属	Na	Mg										Al	
熔点/K	371	922										934	
金属	K	Ca	Sc	Ti	V	Cr	Mn	Fe	Co	Ni	Cu	Zn	Ga	Ge
熔点/K	337	1112	1814	1933	2160	2130	1517	1808	1768	1726	1357	639	303	1211

表中数据有以下规律。

(1) 以 Li、Na、K 为例,可知同一主族金属,从上往下,熔点逐渐降低。这是因为同一主族元素的原子最外层电子数相等,从上往下原子半径逐渐增大,导致金属键逐渐减弱(静电相互作用随距离的增加而迅速减小),熔点逐渐降低。

(2) 以 Na、Mg、Al 为例,可知同一周期金属,从左往右,熔点逐渐升高。这是因为同一周期从左往右,价电子数增大,原子半径减小,导致金属键逐渐增强,熔点逐渐升高。

(3) 第四周期 d 区元素形成的金属熔点变化的规律性不强,比较明显的特点是 d 区元素的价电子较多(一般在 3 个及以上),导致这些金属的熔点普遍较高,主要集中在 1700~2100 K 的范围内。

📖 知识拓展：金属材料的延展性

延展性是物质的一种机械性质，表示材料在受力而产生破裂之前，其塑性变形的能力。金属晶体中金属原子是通过金属键维系在一起的，晶体中原子发生相对位移时并不会破坏金属键，因此金属材料一般具有延展性，可以加工锻造成各种形状。

延展性包括延性和展性两个方面：延性，是指金属可以抽成细丝，例如最细的铂丝直径不过 1/5000 mm；展性，是指金属可以压成薄片，例如最薄的金箔只有 1/10000 mm 厚。

大部分金属具有良好的延展性，也有少数金属，如锑、铋、锰等，较脆，延展性差。

2 离子晶体

由阳离子和阴离子相互作用形成的晶体称为离子晶体，如 $NaCl$、KNO_3、$CaSO_4$、$(NH_4)_2SO_4$ 等。一些离子晶体中还存在如 H_2O、NH_3 等中性分子，如 $CuSO_4 \cdot 5H_2O$、$Cu(NH_3)_4SO_4 \cdot H_2O$ 等。

离子晶体中离子间的相互作用包括静电引力和斥力，被称为离子键。

离子晶体的硬度较大，难以压缩，受到外力容易破碎，没有延展性。

📖 知识拓展：离子键的强弱

不同于共价键的键能，离子键的键能较为复杂，包含了晶体中所有阳离子和所有阴离子之间静电相互作用产生的电势能总和，用晶格能表示。影响晶格能的因素与影响离子间静电相互作用的因素一致，主要包括离子半径、离子电荷以及离子的电子层构型等。一般来说，所带电荷数目多、半径小的离子形成的离子晶体晶格能大。一些离子晶体的晶格能见表 3-3-2。

表 3-3-2　一些离子晶体的晶格能

化学式	晶格能/(kJ/mol)	化学式	晶格能/(kJ/mol)	化学式	晶格能/(kJ/mol)
LiCl	853	NaF	923	MgO	3791
NaCl	786	NaCl	786	CaO	3401
KCl	715	NaBr	747	SrO	3223
RbCl	659	NaI	704	BaO	3054

📖 知识拓展：碳酸盐的热稳定性

在初中化学中已经学习了 $CaCO_3$ 在高温下分解为 CaO 和 CO_2 的反应。金属（二价）碳酸盐分解的一般规律是

$$MCO_3 = MO + CO_2 \uparrow$$

第ⅡA族金属碳酸盐的分解温度见表 3-3-3。

表 3-3-3　第ⅡA族金属碳酸盐的分解温度

碳酸盐	$MgCO_3$	$CaCO_3$	$SrCO_3$	$BaCO_3$
热分解温度/℃	402	900	1172	1360
阳离子半径/pm	66	99	112	135

碳酸盐的分解过程可以看作 M^{2+} 吸引 CO_3^{2-} 中的一个 O，随着温度的升高，原子的振动加剧，CO_3^{2-} 中 C—O 键断裂形成 CO_2 和 O^{2-}（图 3-3-1）。

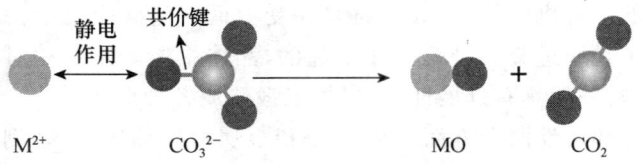

图 3-3-1　MCO_3 分解示意

从图 3-3-1 中可以看出，MCO_3 受热分解的难易程度取决于两个因素：一是 CO_3^{2-} 中 C 原子与 O 原子之间共价键的强弱，二是 M^{2+} 与 CO_3^{2-} 中带负电 O 静电作用的强弱。对于不同的 MCO_3，第一个因素是相同的，第二个因素是不同的。对于第ⅡA族金属阳离子 M^{2+}，所带电荷数目相等，从第三周期到第六周期，M^{2+} 半径增大，对 CO_3^{2-} 中带负电 O 的静电作用逐渐减弱，分解温度逐渐升高。

其他金属含氧酸盐、碱的热分解规律与碳酸盐的热分解规律相似。需要注意：阴阳离子之间的静电作用强弱不仅受离子所带电荷数目、离子间距离（离子半径）影响，还受离子的电子构型影响，比如 Na^+ 是 8 电子（s+p）构型的离子，Ag^+ 是 18 电子（s+p+d）构型的离子，二者对同种阴离子的静电作用强弱是不同的。

📖 知识拓展：铵盐的热稳定性

铵盐的热分解原理与碳酸盐的热分解原理相似（图 3-3-2）。以 NH_4X（X＝F、Cl、Br、I）为例，分解过程是 X^- 吸引 NH_4^+ 中呈正电性的 H，随着温度的升高，原子振动加剧，NH_4^+ 中 N—H 键断裂，H^+ 与 X^- 结合形成 HX。

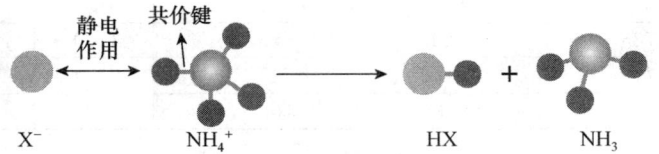

图 3-3-2　NH_4X 分解过程示意

同理，X^- 与 H^+ 结合的能力越强，NH_4X 越容易分解。铵盐分解难易程度的规律是：X^- 半径越小，碱性（吸引 H^+ 的能力）越强，NH_4X 越容易分解。X^- 半径 $I^->Br^->Cl^->F^-$，碱性顺序 $F^->Cl^->Br^->I^-$，热稳定性 $NH_4I>NH_4Br>NH_4Cl>NH_4F$。

📖 知识拓展：离子晶体溶解过程的热力学分析

NaCl 溶于水的过程见图 3-3-3。

在 NaCl 固体中，Na^+ 和 Cl^- 之间通过离子键形成较为稳定的结构，破坏离子键需要吸热，热效应记为 ΔH_1，ΔH_1 主要与离子键强弱相关。由于 H_2O 是极性分子，其中 O 原子带

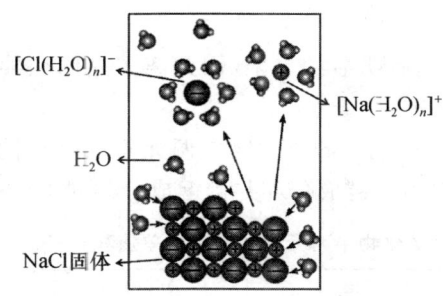

图 3-3-3　NaCl 溶于水的过程示意

负电而 H 原子带正电,因此 H_2O 可与 Na^+、Cl^- 之间发生静电相互作用,形成水合离子$[Na(H_2O)_n]^+$、$[Cl(H_2O)_n]^-$,该过程被称为溶剂化,是放热过程,热效应记为 ΔH_2。

整个溶解过程 $\Delta H = \Delta H_1 + \Delta H_2$。对于 NaCl 的溶解过程,由于 ΔH_1 和 ΔH_2 的绝对值比较接近,热效应不明显。其他离子化合物,如 NH_4Cl 的溶解过程吸热,NaOH 的溶解过程放热。

离子晶体溶解后形成的离子可以自由移动,混乱程度增大,因此溶解过程熵变 $\Delta S > 0$。综合考虑 ΔH 和 ΔS 的影响,大部分离子化合物的溶解过程 $\Delta G < 0$,是自发过程。

知识拓展:溶剂化过程

溶液中的阴阳离子会形成电场,能与极性溶剂分子发生静电相互作用,形成溶剂化离子(图 3-3-4)。

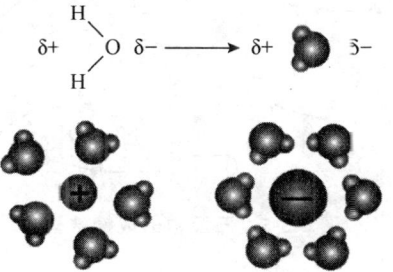

图 3-3-4　H_2O 的极性和水合阳离子、水合阴离子结构

图 3-3-4 所示的水合阳离子和水合阴离子结构中 H_2O 分子的取向是相反的:水合阳离子中 H_2O 分子带负电的 O 原子端靠近阳离子,水合阴离子中 H_2O 分子带正电的 H 原子端靠近阴离子。

一般来说,离子晶体只能溶于极性溶剂,因为阴阳离子与极性溶剂分子发生溶剂化时 $\Delta H < 0$,对于溶解过程是有利的。相反,以 NaCl 为代表的离子晶体不能溶于苯和 CCl_4 等非极性溶剂,这是因为 Na^+、Cl^- 很难与苯分子、CCl_4 分子发生溶剂化过程。

除了离子晶体溶解时会发生溶剂化,由极性分子形成的晶体溶于极性溶剂时也会发生溶剂化。

3　过渡晶体

由于离子键和共价键并没有明显的界限,因此离子晶体和共价晶体之间也存在一些过渡晶体。

表 3-3-4 是第三周期前四种元素的氧化物中两元素的电负性差值与氧化物中离子键成分的百分数(认为这些键是由离子键成分和共价键成分共同组成的)。

表 3-3-4　一些氧化物中两元素的电负性差值和离子键成分的百分数

氧化物	Na_2O	MgO	Al_2O_3	SiO_2
电负性差值	2.6	2.3	2.0	1.7
离子键的百分数/(%)	62	50	41	33
变化规律	随着电负性差值减小,离子键成分减少,共价键成分增多			

可以看出,成键两元素的电负性差值越大,得失电子能力相差越多,越倾向于通过得失电子的方式形成化合物而不是共用电子对的方式形成化合物,即成键中离子键成分更多而共价键成分更少。

第三周期元素的氧化物中,通常将 Na_2O 和 MgO 看作离子晶体处理,将 Al_2O_3 和 SiO_2 看作共价晶体处理,而 P_4O_{10}、SO_3 和 Cl_2O_7 则都是典型的分子晶体。

4　混合型晶体

石墨是典型的混合型晶体。

不同于金刚石的空间立体网状结构,石墨具有层状结构,见图 3-3-5。

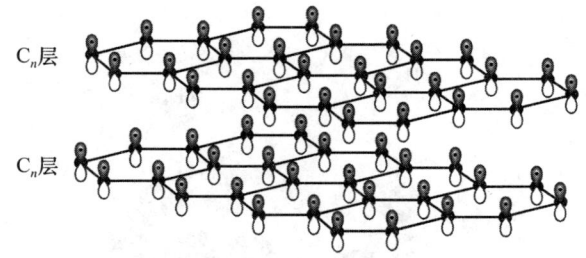

图 3-3-5　石墨中的成键结构

在层内,每个 C 原子都是 sp^2 杂化,与邻近的 3 个其他 C 原子形成 3 个 sp^2-sp^2 σ 键,同时利用未杂化的 p 轨道形成无限大的大 π 键(Π_n^n)。即石墨中的碳碳键是介于单键和双键之间的特殊键,相关键长比较见表 3-3-5。

表 3-3-5　一些碳碳键的键长比较

化合物	乙烷	石墨	苯	乙烯
碳碳键长/pm	154	142	139	134

由于大 π 键(Π_n^n)中的电子可在整个层状结构中运动,石墨具有导电性。需要注意:石墨 C 原子层中的电子很难从一个原子层跳跃到另一个原子层,因此石墨的导电性具有明显的各向异性,即平行于 C 原子层方向的导电性强于垂直于 C 原子层方向的导电性。

石墨中的 C 原子层可以看作二维无限大分子(即石墨烯),这是共价晶体的特征;C 原子层和 C 原子层之间存在范德华力,这是分子晶体的特征;在一定程度上可将石墨 C 原子层中的大 π 键(Π_n^m)看作二维平面状的金属键,这是金属晶体的特征。因此,石墨是同时具有共价晶体、分子晶体和金属晶体特征的混合型晶体。

📖 **知识拓展:硒和红磷的结构**

硒(Se)是第四周期第ⅥA族元素,化学性质与硫相似,容易形成 2 个单键,形成—Se—Se—的长链状结构。不同于—S—S—结构主要形成闭合环状结构的 S_8 分子,—Se—Se—结构形成长螺旋链(—S—S—结构亦能形成长螺旋链),如图 3-3-6。

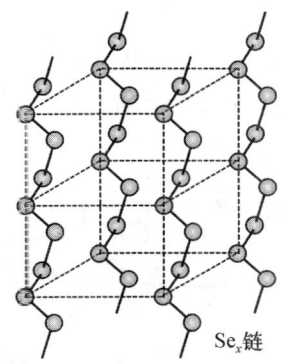

图 3-3-6　硒晶体结构及其中的 Se_x 链

很多很长的 Se_x 分子按照一定方式排列形成 Se 晶体。Se_x 分子内 Se 原子之间形成共价键,Se_x 分子间存在范德华力。

与硒的结构类似,红磷中也存在长链结构(图 3-3-7)。不同的是红磷中的长链是由白磷四面体打开其中一个键向外相连形成的,可以表示为$(P_4)_x$,所有 P 原子仍然是 sp^3 杂化。红磷中正四面体结构的部分打开使得红磷比白磷更稳定。

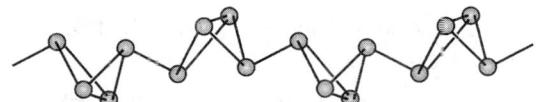

图 3-3-7　红磷结构中的 $(P_4)_x$ 长链结构

红磷中长链和长链之间存在范德华力。

📖 **知识拓展:MgB_2 的结构**

二硼化镁(MgB_2)的结构见图 3-3-8。

在六棱柱中,Mg^{2+}(白色大球)占据了六棱柱的顶点和顶面、底面面心。每个(六棱柱)顶点均摊到 1/6 个 Mg^{2+},顶点上共有 12×1/6=2 个 Mg^{2+},加上面心后一个六棱柱中总共有 3 个 Mg^{2+}。所有的 B 原子(黑色小球)都处于六棱柱内部,1 个六棱柱中有 6 个 B 原子。因此化学式为 MgB_2。

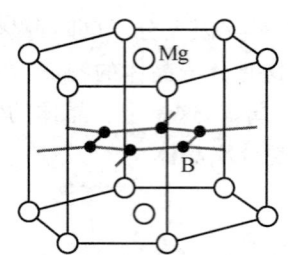

图 3-3-8　二硼化镁(MgB_2)的晶胞结构

MgB_2 中每个 Mg 都处于 12 个 B 围成的正六棱柱的体心,配位数为 12;每个 B 都处于 6 个 Mg 围成的正三棱柱的体心,配位数为 6。

MgB_2 中 Mg 是 +2 价,B 是 -1 价。每个 B^- 都是 sp^2 杂化,价层共有 4 个电子,因此 3 个 sp^2 杂化轨道和未杂化 p 轨道中都有 1 个未成对电子。如图 3-3-9 所示,B^- 与紧邻的 3 个 B^- 形成 3 个 sp^2-sp^2 σ 键,同时利用未杂化的 p 轨道形成无限大的大 π 键 Π_n^n。B_n^{n-} 层与单层石墨 C_n 互为等电子体。

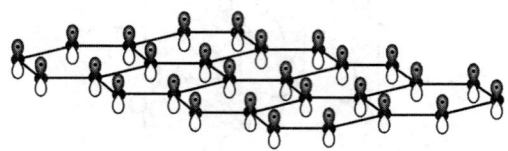

图 3-3-9　二硼化镁中 B_n^{n-} 结构

问题讨论:$FeCl_2$ 和 $FeCl_3$ 熔点比较

直接比较 $FeCl_2$ 和 $FeCl_3$ 的熔点,通常会比较离子所带的电荷数目,如 $FeCl_2$ 和 $FeCl_3$ 中阴离子均为 Cl^-,阳离子分别为 Fe^{2+} 和 Fe^{3+},得出 $FeCl_3$ 熔点高于 $FeCl_2$ 熔点的结论。

查数据得 $FeCl_2$ 熔点为 670~674℃,$FeCl_3$ 熔点为 306℃,与上述结论矛盾。

出现这种错误结论的原因是把 $FeCl_2$ 和 $FeCl_3$ 都当作离子晶体处理,实际上 $FeCl_2$ 是离子晶体,而 $FeCl_3$ 是分子晶体,离子晶体中的离子键通常强于分子晶体中的范德华力,因此 $FeCl_2$ 熔点高于 $FeCl_3$ 熔点。

与此类似,变价金属与卤素形成的化合物,通常都是低价态呈离子性而高价态呈共价性(原因之一是同一原子/离子在不同价态情况下电负性不同,导致成键性质有差别)。另一个典例是 $SnCl_2$ 和 $SnCl_4$,二者的性质对比见表 3-3-6,可以看出 $SnCl_2$ 具有明显的离子性,而 $SnCl_4$ 具有明显的共价性。

表 3-3-6　$SnCl_2$ 和 $SnCl_4$ 的性质对比

化学式	$SnCl_2$	$SnCl_4$
外观	白色结晶性粉末	无色发烟液体
熔点/℃	247	-33
沸点/℃	623	114
溶解性	易溶于浓盐酸	溶于乙醇、四氯化碳等

需要说明：比较离子化合物的熔点时不仅要比较离子所带电荷数目，还要比较具体的晶体类型。以 KCl 和 $CaCl_2$ 为例，相比于 K^+，Ca^{2+} 所带电荷更多，半径更小，形成的离子键更强，熔点应该更高，然而 KCl 和 $CaCl_2$ 的熔点（770℃和772℃）非常接近，这是因为二者的晶体结构不同，不能做简单比较。

📖 知识拓展：四种类型晶体的延展性

本质上，延展性要求晶体中微粒在发生一定限度内的相对位移时，微粒间仍能保持较强的相互作用，从而保证晶体结构的完整性。

延展性是金属材料（金属晶体）的突出性质，金属可以锻造成各种形状的工具，还可以用金属材料制作弹簧。相比之下，其他几种类型晶体的延展性都较差。

分子晶体中，分子间作用力主要是范德华力和氢键（部分分子晶体）。分子晶体中分子发生相对位移时，分子密堆积结构被破坏，范德华力迅速减弱，分子晶体结构被破坏；在有氢键的分子晶体中，由于氢键具有方向性，分子间的相对位移也会破坏氢键，进而导致分子晶体结构被破坏。因此，分子晶体的延展性较差。

共价晶体中，原子通过共价键形成无限大的空间立体网状结构。由于共价键具有方向性，原子发生相对位移必定会破坏共价键，因此共价晶体不具有延展性。比如虽然金刚石是天然存在最硬的物质，但是在锤击时容易破碎。

离子晶体中，阴离子处于阳离子形成的多面体空隙中，阳离子处于阴离子形成的多面体空隙中。阴阳离子一旦发生相对位移，离子晶体结构即被破坏，因此离子晶体不具有延展性。

📖 知识拓展：原子计数——均摊法在复杂晶体计算中的应用

分子晶体、离子晶体和金属晶体的组成计算较为简单，主要用到均摊法。在共价晶体和混合型晶体中，晶体的组成较为复杂，常常涉及此类问题：1 mol 金刚石中有多少个 C—C 键？12 g 石墨中有多少个六元环？可用原子计数——均摊法分析此类问题，具体计算过程如下。

以"1 mol 金刚石中有多少个 C—C 键"为例，1 mol 金刚石中有 N_A 个 C 原子，每个 C 原子形成 4 个 C—C 键，每个 C—C 键都是 2 个 C 原子共同形成的，每个 C 原子均摊到 1/2，因此 1 mol 金刚石中 C—C 键的数目为 $N_A \times 4 \times 1/2 = 2N_A$。

再以"12 g 石墨中有多少个六元环"为例，12 g 石墨中有 N_A 个 C 原子，每个 C 原子参与形成 3 个六元环，每个六元环都是 6 个 C 原子共同形成的，每个 C 原子均摊到 1/6，因此 12 g 石墨中六元环的数目为 $N_A \times 3 \times 1/6 = N_A/2$。

再以"1 mol 金刚石型 BN 中有多少个 B—N 键"为例，此时只需对 B 原子或 N 原子单独计数，1 mol BN 中有 N_A 个 B 原子，每个 B 原子形成 4 个 B—N 键，这里 B—N 键不需要与其他 B 原子均摊，因此 1 mol 金刚石型 BN 中 B—N 键的数目为 $N_A \times 4 \times 1 = 4N_A$。

类似地，以"1 mol SiO_2 中有多少个 Si—O 键"为例，1 mol SiO_2 中有 N_A 个 Si 原子，每个 Si 原子都形成 4 个 Si—O 键，这里 Si—O 键不需要与其他 Si 原子均摊，因此 1 mol SiO_2

中 Si—O 键的数目为 $N_A \times 4 \times 1 = 4N_A$。

知识拓展：纳米材料

纳米材料是指在三维空间中至少有一维处于纳米尺寸（1～100 nm）或由它们作为基本单元构成的材料，这相当于 10～1000 个原子紧密排列在一起的尺度。在材料中，处于表面的原子具有较高的能量。纳米材料的表面积相对增大，更多原子处于表面，使纳米材料的性质不同于颗粒物质的性质。

图 3-3-10 所示的 10×10×10 立方体大颗粒中，共有 1000 个原子，其中有 8×8×8＝512 个原子处于颗粒内部，即有 48.8% 的原子处于表面；将 10×10×10 的立方体大颗粒切割成 8 个 5×5×5 的立方体小颗粒，每个小颗粒有 125 个原子，其中 3×3×3＝27 个原子处于颗粒内部，即有 78.4% 的原子处于表面。

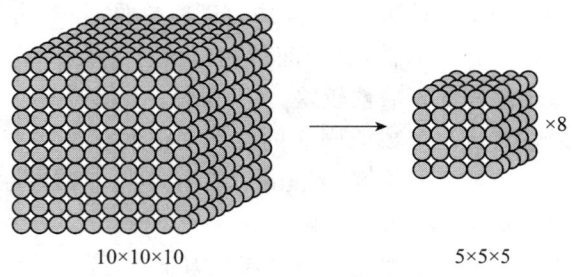

图 3-3-10　大块材料切割过程

由图 3-3-10 的切割过程可知，切割前 10×10×10 的大颗粒中有 48.8% 的原子处于表面，切割后 5×5×5 的小颗粒中有 78.4% 的原子处于表面，处于表面的原子比例明显增加。由于表面原子具有较高的能量（表面上处于顶点、棱、面等位置的原子能量亦有差别），因此较小尺寸的纳米颗粒整体具有更高的能量。以铅晶粒为例，晶粒尺寸越小，熔点越低（图 3-3-11）。这是因为晶粒越小，处于表面的原子所占比例越大，晶粒能量越高，熔化所需温度越低。纳米铁粉比普通铁粉更易燃烧，也是类似的原理。

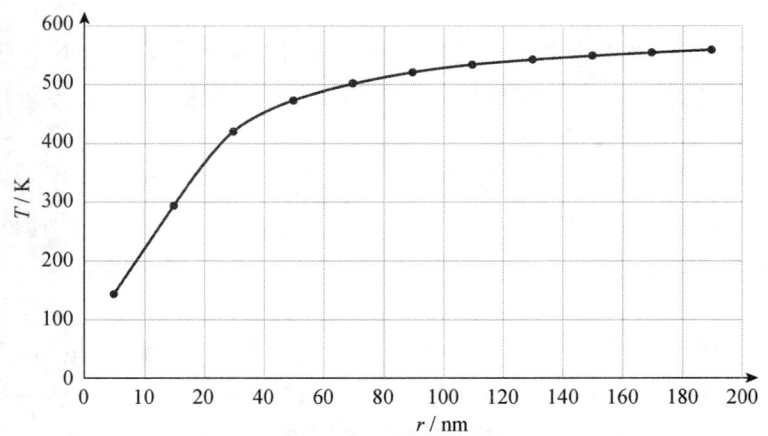

图 3-3-11　铅的晶粒大小与熔点的关系

专题学习十一：常见离子晶体的结构

阳离子和阴离子是组成离子晶体的基本微粒，可以根据阳离子和阴离子的电荷数、半径比对离子晶体进行分类。

1 AB 型离子晶体

AB 型离子晶体是指阳离子和阴离子数目相等的离子晶体，AB 型离子晶体的代表有 NaCl、CsCl、ZnS 等，这些晶胞外形都是立方体。阳离子和阴离子半径比的不同导致晶胞中离子分布情况有所不同。

1.1 NaCl 结构

NaCl 的晶体结构只有一种，而晶胞结构有两种常见呈现方式（图 3-3-12）：一种是 Cl^- 占据晶胞的顶点和面心，Na^+ 占据晶胞的棱心和体心；另一种是 Na^+ 占据晶胞的顶点和面心，Cl^- 占据晶胞的棱心和体心。这两种呈现方式是等价的。

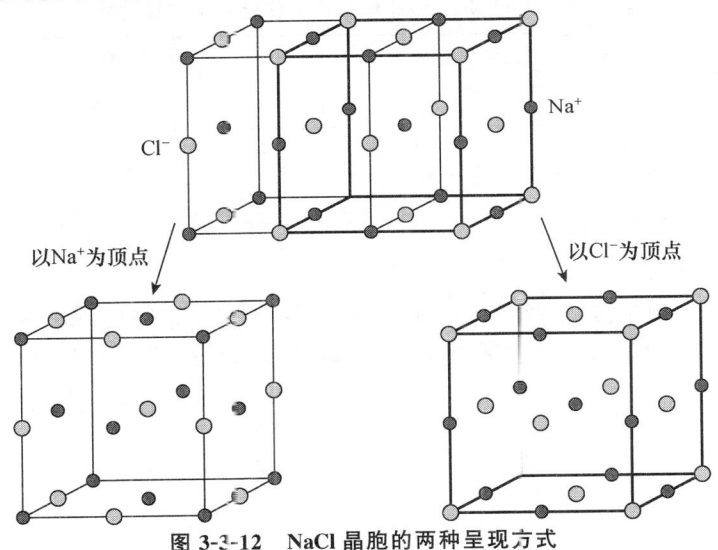

图 3-3-12 NaCl 晶胞的两种呈现方式

NaCl 中，Na^+ 占据了 6 个 Cl^- 围成的正八面体空隙，Cl^- 占据了 6 个 Na^+ 围成的正八面体空隙，所有离子都在紧邻的 6 个带相反电荷离子围成的正八面体空隙中，体心、面心、棱心和顶点都是正八面体空隙（图 3-3-13 和图 3-3-14）。

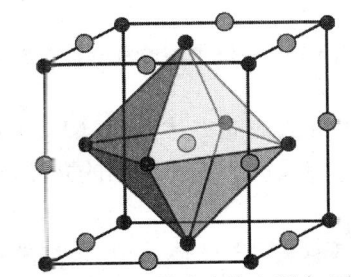

图 3-3-13 NaCl 晶胞中体心所在八面体

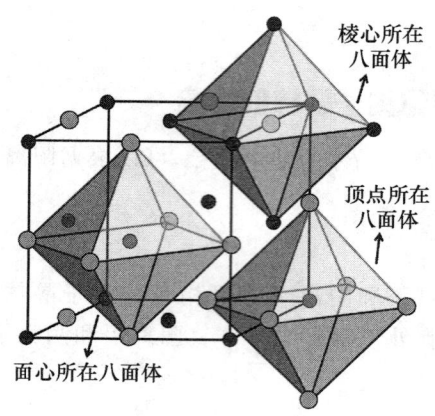

图 3-3-14 NaCl 晶胞中面心、棱心和顶点所在八面体

很多 AB 型离子化合物都具有 NaCl 型的晶体结构，只是晶胞参数不同，见表 3-3-7。

表 3-3-7 具有 NaCl 型晶体结构的化合物及其晶胞参数

化合物	a/pm	化合物	a/pm	化合物	a/pm
NaCl	564	LiH	408	NiO	417
CaO	481	MgO	421	NaH	488
KI	707	PbS	594	AgCl	555

1.2 CsCl 结构

与 NaCl 类似，CsCl 的晶胞结构亦有两种呈现方式（图 3-3-15）：第一种是 Cl^- 占据晶胞的顶点，Cs^+ 占据晶胞的体心；第二种是 Cs^+ 占据晶胞的顶点，Cl^- 占据晶胞的体心。这两种呈现方式是等价的。

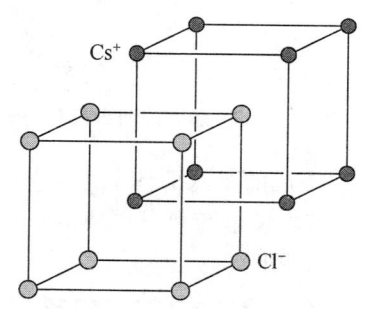

图 3-3-15 CsCl 晶胞的两种呈现方式

CsCl 中，Cs^+ 占据了 8 个 Cl^- 围成的立方体空隙，Cl^- 占据了 8 个 Cs^+ 围成的立方体空隙，即所有离子都在紧邻的 8 个带相反电荷离子围成的立方体空隙中，体心和顶点都是立方体空隙。

一些 AB 型离子化合物具有 CsCl 型的晶体结构，只是晶胞参数不同，见表 3-3-8。

表 3-3-8　具有 CsCl 型晶体结构的化合物及其晶胞参数

化合物	a/pm	化合物	a/pm	化合物	a/pm
CsCl	412	CuZn	295	NH_4Cl	386
CsBr	429	LiAg	317	NH_4Br	405
CsI	457	NiAl	288	NH_4I	437

1.3　ZnS 结构

ZnS 的晶胞结构亦有两种呈现方式：第一种是 S^{2-} 占据晶胞的顶点和面心，Zn^{2+} 错位地占据一半的正四面体空隙（图 3-3-16）；第二种是 Zn^{2+} 占据晶胞的顶点和面心，S^{2-} 错位地占据一半的正四面体空隙。这两种呈现方式是等价的，一般习惯半径较大的阴离子做最密堆积（即占据顶点和面心），半径较小的阳离子填入正四面体空隙。

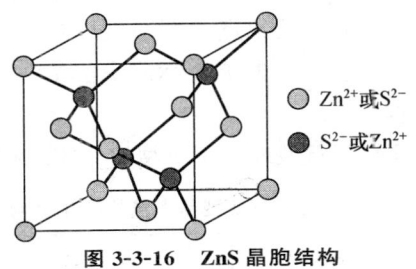

图 3-3-16　ZnS 晶胞结构

ZnS 结构与金刚石高度相似，更多相关内容见"专项研究六：立方金刚石和六方金刚石结构的认识和应用"。

还有很多晶体具有 ZnS 型的晶体结构，只是晶胞参数不同，见表 3-3-9。

表 3-3-9　具有 ZnS 型晶体结构的化合物及其晶胞参数

化合物	a/pm	化合物	a/pm	化合物	a/pm
ZnS	541	BP	454	HgS	585
AlP	545	CuF	426	SiC	435
BN	362	CuCl	541	ZnSe	567

2　AB_2 型离子晶体

AB_2 型离子晶体主要是指如 CaF_2（萤石）或 Na_2O 类的离子晶体。

CaF_2 结构中，Ca^{2+} 占据立方体晶胞的顶点和面心，F^- 占据所有的四面体空隙，一个晶胞中有 4 个 Ca^{2+} 和 8 个 F^-（图 3-3-17），这种结构称为萤石结构。

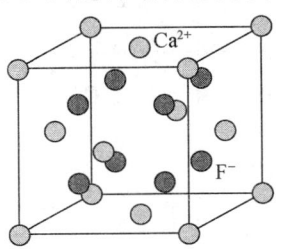

图 3-3-17　CaF_2 晶胞结构

CaF_2 的结构也可以看作 F^- 形成简单立方堆积，Ca^{2+} 填入一半的立方体空隙（图 3-3-18）。

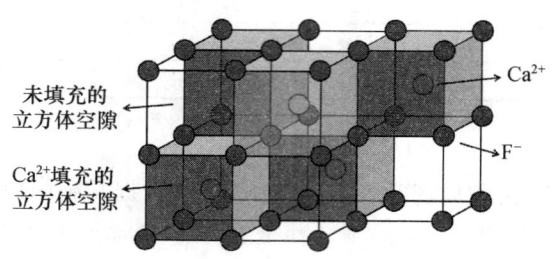

图 3-3-18　立方体空隙视角下的 CaF_2 结构

在 Na_2O 中，O^{2-} 占据立方体晶胞的顶点和面心（也称为立方最密堆积），Na^+ 占据所有的正四面体空隙，一个晶胞中有 4 个 O^{2-} 和 8 个 Na^+，恰与 CaF_2 中阴阳离子的位置关系相反，这种结构被称为反萤石结构。

许多 AB_2 型离子化合物具有萤石型或反萤石型的晶体结构，见表 3-3-10。

表 3-3-10　具有萤石型或反萤石型晶体结构的化合物及其晶胞参数

化合物	a/pm	化合物	a/pm
CaF_2	546	Na_2O	555
BaF_2	620	Na_2S	653
$BaCl_2$	734	K_2O	644

3　AB_3 型离子晶体

最常见的 AB_3 型离子晶体是 Li_3N，晶体结构见图 3-3-19。该晶胞不是立方体，其底面是有 1 个内角为 60°的菱形。更多对 Li_3N 结构的介绍见"专题学习十三：几何模块微元法在复杂晶体结构中的应用"。

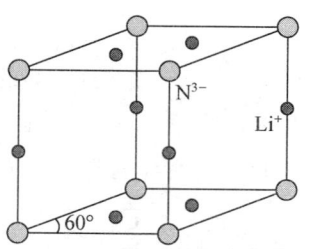

图 3-3-19　Li_3N 晶胞结构

4　离子晶体结构总结

常见离子晶体的结构特征总结见表 3-3-11。

第三节 金属晶体与离子晶体

表 3-3-11 常见离子晶体的结构特征

化合物	阳离子				阴离子			
	晶胞中位置	晶胞中数目	堆积方式	配位数	晶胞中位置	晶胞中数目	堆积方式	配位数
NaCl	顶点＋面心	4	立方最密堆积	6	棱心＋体心	4	立方最密堆积	6
CsCl	顶点	1	简单立方	8	体心	1	简单立方	8
ZnS	一半的四面体空隙	4	立方最密堆积	4	顶点＋面心	4	立方最密堆积	4
CaF_2	顶点＋面心	4	立方最密堆积	8	所有四面体空隙	8	简单立方	4

> **知识拓展：多面体的连接方式**

在离子晶体中，与一个阴离子/阳离子配位的多个阳离子/阴离子通常围成多面体结构。晶体的整体结构可以看作由这些多面体连接而成。

多面体之间基本的连接方式包括共顶点、共棱和共面。以立方体为例，三种连接方式见图 3-3-20。在 CsCl 中，每个 Cs^+ 都处于 8 个 Cl^- 围成的立方体空隙中，形成$[CsCl_8]$立方体（亦可认为形成了$[Cs_8Cl]$立方体）。每个立方体都与 8 个立方体共顶点，与 12 个立方体共棱，与 6 个立方体共面。

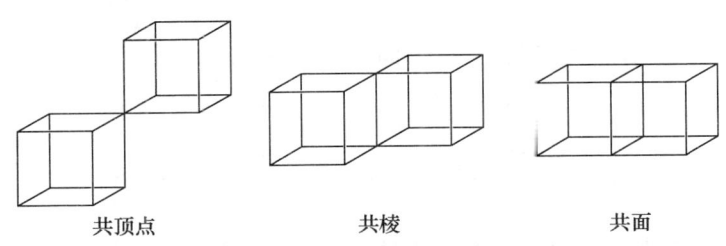

共顶点　　　　　共棱　　　　　共面

图 3-3-20 通过共顶点、共棱和共面三种方式连接的立方体

> **知识拓展：离子晶体中立方最密堆积的填隙方式**

NaCl、ZnS 和 CaF_2 可看作一种离子立方最密堆积，另一种离子填入空隙。在立方最密堆积中，微粒数：八面体空隙数：四面体空隙数＝1：1：2。

当堆积离子和填隙离子数目相等时有两种常见的情况：一是填隙离子填入所有的八面体空隙，如 NaCl；二是填隙离子填充一半的四面体空隙，如 ZnS。具体选择填入哪种空隙主要与阴阳离子的半径比相关。

当填隙离子数目是堆积离子数目的 2 倍时，一种常见的情况是填隙离子填入所有的四面体空隙，如 CaF_2。

当填隙离子数目是堆积离子数目的 3 倍时，一种常见的情况是填隙离子填入所有的八面体空隙和四面体空隙，如 K_3C_{60}，这种情况要求堆积离子尺寸显著大于填隙离子，如 $r(C_{60}^{3-}) \gg r(K^+)$。

★ 专题学习十二：常见晶体结构中的相关计算

晶体结构用数学的方法描述了物质的微观组成和结构，在此基础上需要进一步的计算从而获得更多的晶体结构信息。

1 Cu 晶胞的相关计算

Cu 晶体中 Cu 原子做立方最密堆积，占据了立方体晶胞的顶点和面心（图 3-3-21）。Ag、Au 等金属具有与 Cu 相似的结构。

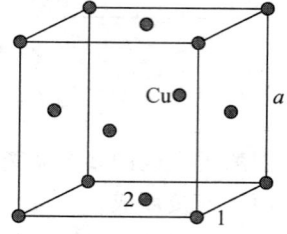

图 3-3-21 Cu 晶胞结构

1.1 距离计算

Cu 晶胞的晶胞参数（即立方体棱长）记为 a（单位：pm，后同）。Cu 原子之间的最小距离（Cu1 与 Cu2）为立方体面对角线的一半，即 $d_{Min} = \dfrac{\sqrt{2}}{2} a$。

1.2 密度计算

晶体密度 $\rho = \dfrac{m_{cell}}{V_{cell}}$，其中 cell 表示晶胞。下一步只需计算 m_{cell} 和 V_{cell}。

$m_{cell} = \dfrac{M}{N_A} \times 4$，其中 M 为 Cu 的摩尔质量，$\dfrac{M}{N_A}$ 表示 1 个 Cu 原子的质量，4 表示 1 个晶胞中有 4 个 Cu 原子。

$V_{cell} = a^3$，即立方体的体积等于棱长的三次方。

将 m_{cell} 和 V_{cell} 带入 $\rho = \dfrac{m_{cell}}{V_{cell}}$ 的计算式，得到

$$\rho = \dfrac{m_{cell}}{V_{cell}} = \dfrac{\dfrac{M}{N_A} \times 4}{a^3} = \dfrac{4M}{a^3 \times N_A}$$

在计算密度时需要注意单位，一般情况下晶胞参数 a 的单位为 pm，密度 ρ 的单位为 g/cm³，因此需要进行换算（1 m = 10^2 cm = 10^9 nm = 10^{10} Å = 10^{12} pm），所以考虑到单位换算后

$$\rho = \dfrac{m_{cell}}{V_{cell}} = \dfrac{\dfrac{M}{N_A} \times 4}{a^3} = \dfrac{4M \times 10^{30}}{a^3 \times N_A}$$

2　Na 晶胞的相关计算

Na 晶体中 Na 原子占据了立方体晶胞的顶点和体心(图 3-3-22)。K、Fe 等金属具有与 Na 相似的结构。

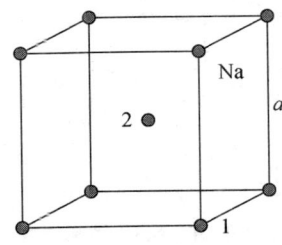

图 3-3-22　Na 晶胞结构

2.1　距离计算

Na 晶胞的晶胞参数记为 a。Na 原子之间的最小距离(Na1 与 Na2)为立方体体对角线的一半,即 $d_{Min}=\dfrac{\sqrt{3}}{2}a$。

2.2　密度计算

与 Cu 的密度计算过程相似,Na 的密度为

$$\rho=\frac{m_{cell}}{V_{cell}}=\frac{2M\times 10^{30}}{a^3\times N_A}$$

3　金刚石晶胞的相关计算

金刚石晶胞结构见图 3-3-23。

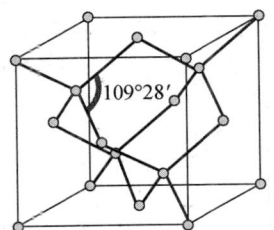

图 3-3-23　金刚石晶胞结构

3.1　距离计算

金刚石晶胞的晶胞参数记为 a。C 原子之间的最小距离立方体体对角线的 1/4,即 $d_{Min}=\dfrac{\sqrt{3}}{4}a$。

3.2　密度计算

金刚石晶胞中含有 8 个 C 原子,其密度为

$$\rho=\frac{m_{cell}}{V_{cell}}=\frac{8M\times 10^{30}}{a^3\times N_A}$$

4　NaCl 晶胞的相关计算

NaCl 晶胞结构见图 3-3-24。

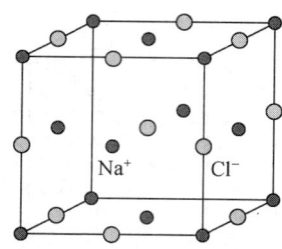

图 3-3-24　NaCl 晶胞结构

4.1　距离计算

NaCl 晶胞的晶胞参数记为 a。阴离子之间的最小距离和阳离子之间的最小距离均为立方体面对角线的一半，即 $d_{\min\text{同种离子}}=\dfrac{\sqrt{2}}{2}a$。阳离子和阴离子之间的最小距离为立方体棱长的一半，即 $d_{\min\text{异种离子}}=\dfrac{a}{2}$。

4.2　密度计算

NaCl 晶胞中含有 4 个 NaCl，其密度为

$$\rho=\dfrac{m_{\text{cell}}}{V_{\text{cell}}}=\dfrac{4M\times 10^{30}}{a^3\times N_{\text{A}}}$$

5　CsCl 晶胞的相关计算

CsCl 晶胞结构见图 3-3-25。

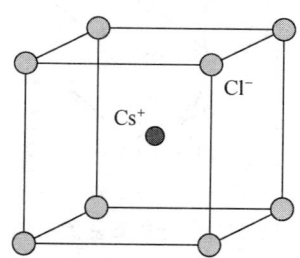

图 3-3-25　CsCl 晶胞结构

5.1　距离计算

CsCl 晶胞的晶胞参数记为 a。阴离子之间的最小距离和阳离子之间的最小距离均为立方体的棱长，即 $d_{\min\text{同种离子}}=a$。阳离子和阴离子之间的最小距离为立方体体对角线的一半，即 $d_{\min\text{异种离子}}=\dfrac{\sqrt{3}a}{2}$。

5.2　密度计算

CsCl 晶胞中含有 1 个 CsCl，其密度为

$$\rho = \frac{m_{cell}}{V_{cell}} = \frac{M \times 10^{30}}{a^3 \times N_A}$$

6 CaF₂ 晶胞的相关计算

CaF₂ 晶胞结构见图 3-3-26。

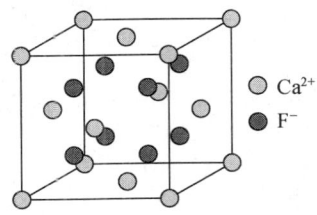

图 3-3-26 CaF₂ 晶胞结构

6.1 距离计算

CaF₂ 晶胞的晶胞参数记为 a。F⁻ 之间的最小距离为立方体棱长的一半,即 $d_{min阴离子} = \frac{a}{2}$;Ca²⁺ 之间的最小距离为立方体面对角线的一半,即 $d_{min阳离子} = \frac{\sqrt{2}}{2}a$。阳离子和阴离子之间的最小距离为立方体体对角线的 1/4,即 $d_{min异种离子} = \frac{\sqrt{3}a}{4}$。

6.2 密度计算

CaF₂ 晶胞中含有 4 个 CaF₂,其密度为

$$\rho = \frac{m_{cell}}{V_{cell}} = \frac{4M \times 10^{30}}{a^3 \times N_A}$$

📖 知识拓展:不同视角下的密度计算方法

可以通过不同的视角认识晶体结构,因此可以用多种方式计算晶体密度。

例 1. NaCl 中阴阳离子之间的最小距离为 d(单位:pm),计算 NaCl 密度。相对原子质量:Na 23,Cl 35.5。

解析: NaCl 密度计算公式为 $\rho = \frac{m_{cell}}{V_{cell}} = \frac{4M \times 10^{30}}{a^3 \times N_A}$,其中 a 是立方晶胞棱长。

根据晶胞结构特点,d 与 a 之间的关系为 $a = 2d$,密度可表示为

$$\rho = \frac{(23+35.5) \times 10^{30}}{2d^3 \times N_A} \text{ g/cm}^3$$

例 2. CaF₂ 中 Ca²⁺ 之间的最小距离为 d(单位:pm),计算 CaF₂ 密度。相对原子质量:Ca 40,F 19。

解析: CaF₂ 密度计算公式为 $\rho = \frac{m_{cell}}{V_{cell}} = \frac{4M \times 10^{30}}{a^3 \times N_A}$,其中 a 是立方晶胞棱长。

根据晶胞结构特点,d 与 a 之间的关系为 $a = \sqrt{2}d$,密度可表示为

$$\rho = \frac{(40+19\times2)\times\sqrt{2}\times10^{30}}{d^3\times N_A}\ \text{g/cm}^3$$

例 3. 金刚石中 C 原子之间的最小距离为 d（单位：pm），计算金刚石密度。相对原子质量：C 12。

解析：金刚石密度计算公式为 $\rho=\dfrac{m_{\text{cell}}}{V_{\text{cell}}}=\dfrac{8M\times10^{30}}{a^3\times N_A}$，其中 a 是立方晶胞棱长。

根据晶胞结构特点，d 与 a 之间的关系为 $a=\dfrac{4}{\sqrt{3}}d$，密度可表示为

$$\rho=\frac{9\sqrt{3}\times10^{30}}{2d^3\times N_A}\ \text{g/cm}^3$$

专题学习十三：几何模块微元法在复杂晶体结构中的应用

1　几何模块微元法的提出

晶体结构是结构化学的重要内容，对学生的空间想象能力有较高要求。常用的研究晶体结构的方法是将晶体分割为完全相同且无隙并置的平行六面体，将这种平行六面体称为晶胞。晶胞法在本质上是使用了化整为零的微元思想，研究微元个体即可认识和理解整个晶体的结构。对于一些复杂晶体，其晶胞中原子（或离子、分子）数目较多，位置和配位关系复杂，给晶体结构的分析带来了困难。

几何模块微元法的具体思路是：先根据晶体的结构特点找到代表晶体基本结构的元几何模块，然后通过元几何模块逐步地多级多维度拼接和组合，最终构建元几何模块视角下的晶体结构（图 3-3-27）。该方法能够更加清晰、直观、形象地展示晶体中原子（或离子、分子）的排列方式和配位关系等，有利于更加深刻地理解晶体的结构特点。

图 3-3-27　几何模块微元法的基本步骤

2　几何模块微元法的应用实例

2.1　氮化锂结构分析

Li_3N 是一种较复杂的离子晶体，晶胞结构见图 3-3-28。

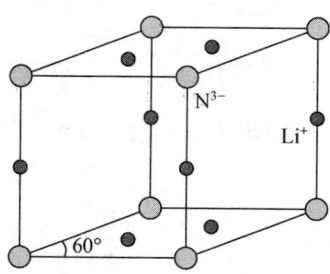

图 3-3-28　Li_3N 的晶胞结构

根据 Li_3N 晶胞的结构特点,可按照以下三步认识 Li_3N 晶体的结构。

第一步,Li_3N 中 N^{3-} 数目较少,因此先研究 N^{3-} 离子的排列方式。通过观察图 3-3-28,发现 N^{3-} 处于六方晶胞的顶点,可知 N^{3-} 按照简单六方的形式排列。

第二步,分析 N^{3-} 周围 Li^+ 的分布:同层有 6 个 Li^+ 围成正六边形,N^{3-} 处于正六边形的中心;在垂直于 c 轴方向,N^{3-} 的上方和下方距离为 $c/2$ 处均有 1 个 Li^+。N^{3-} 周围的这 8 个 Li^+ 围成了六角双锥的结构(图 3-3-29),N^{3-} 在六角双锥的中心,并且所有 Li^+ 和 N^{3-} 都在六角双锥的结构中,因此 $[Li_8N]$ 六角双锥就是 Li_3N 结构的元几何模块。

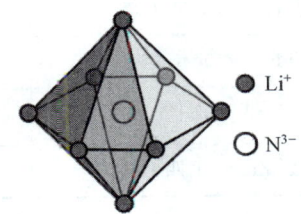

图 3-3-29　Li_3N 中 $[Li_8N]$ 六角双锥的结构

第三步,由图 3-3-28 可知元几何模块有两种连接方式:一是沿 c 轴方向通过共用顶点相连,每个六角双锥都通过这种方式与上下 2 个六角双锥相连,形成长链结构(图 3-3-30 左);二是垂直 c 轴方向通过共用正六边形的棱相连,每个六角双锥都通过这种方式与周围 6 个六角双锥相连,形成二维层状结构(图 3-3-30 右)。元几何模块同时用这两种连接方式向三维空间进行无限延伸即得到 Li_3N 的结构(图 3-3-31)。

图 3-3-30　Li_3N 中元几何模块 $[Li_8N]$ 六角双锥的两种连接方式

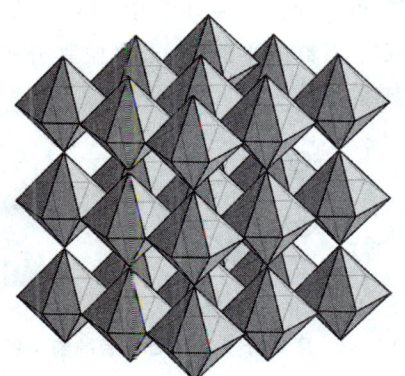

图 3-3-31　多面体视角下的 Li_3N 结构

图 3-3-31 为多面体视角下的 Li_3N 结构，Li^+ 和 N^{3-} 的位置关系、排列方式和配位情况一目了然。大部分离子晶体都可看作多面体连接得到（表 3-3-12），这些多面体都是离子晶体中的元几何模块，这为研究离子晶体的结构提供了独特的新方法。

表 3-3-12　常见离子晶体中的元几何模块及其连接方式

离子晶体	多面体/元几何模块	连接方式
NaCl	$[NaCl_6]$ 或 $[Na_6Cl]$ 正八面体	共顶点、共棱
CsCl	$[CsCl_8]$ 或 $[Cs_8Cl]$ 立方体	共顶点、共棱、共面
CaF_2	$[CaF_8]$ 立方体	共棱
	$[Ca_4F]$ 正四面体	共顶点、共棱
立方 ZnS	$[ZnS_4]$ 或 $[Zn_4S]$ 正四面体	共顶点

2.2　尿素结构分析

尿素是一种重要的分子晶体，其分子结构和晶胞结构见图 3-3-32。

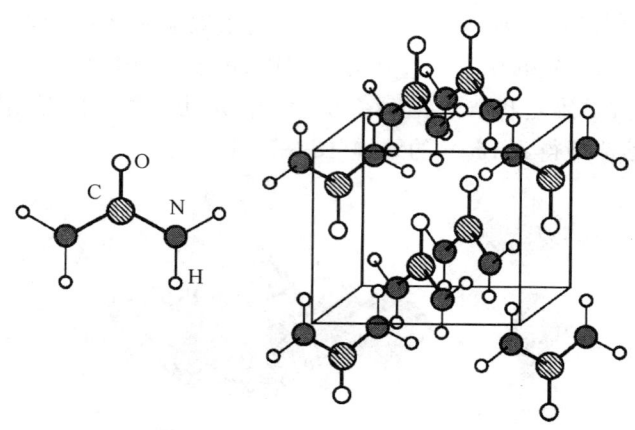

图 3-3-32　尿素分子和晶胞的结构

根据尿素分子的结构特点，可按照以下三步认识尿素晶体的结构。

第一步，尿素分子是属于 C_{2v} 点群的平面分子，将尿素分子简化为有一定宽度的平面箭头（图 3-3-33），这个箭头就是尿素晶体中的元几何模块。

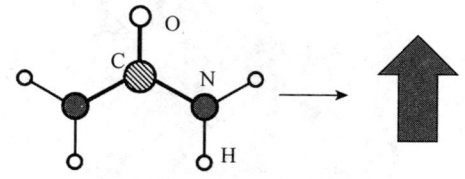

图 3-3-33　尿素分子及其简化后的箭头模型

第二步，尿素中所有分子均有次序地首尾排列，形成分子链的结构（图 3-3-34 左）。对应的元几何模块也有次序地排列（图 3-3-34 右）。该结构中所有尿素分子的化学环境均相同，一个分子（箭头）就是一个重复单元。

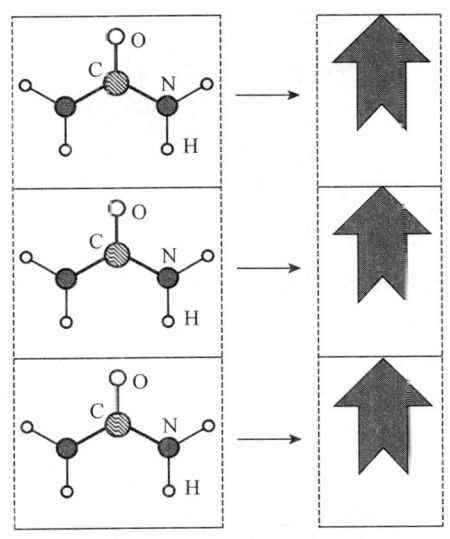

图 3-3-34　尿素晶体中分子链的结构和简化后的箭头模型

第三步，进一步观察图 3-3-32 可以发现晶胞中尿素分子只有两种取向：一种沿 c 轴方向向上，另一种沿 c 轴方向向下，并且按这两种方式排列的分子链所在平面相互垂直。图 3-3-35 表示 c 轴方向观察到的分子链排布结构，虚线框是晶胞轮廓。这种方法类似于物理中用"·"和"×"表示磁场线方向。

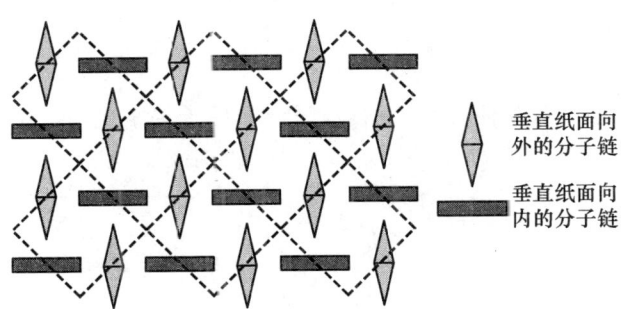

图 3-3-35　尿素晶体中分子链在 c 轴方向排列形式

第四步，确定分子链结构之间的相位差。如图 3-3-36 所示，尿素晶体中每个尿素分子中的羰基氧原子都与其他 3 个尿素分子形成 4 个氢键（图 3-3-36 中虚线）。为了保证所有尿素分子都能形成氢键，分子链之间应满足一定的相位差。

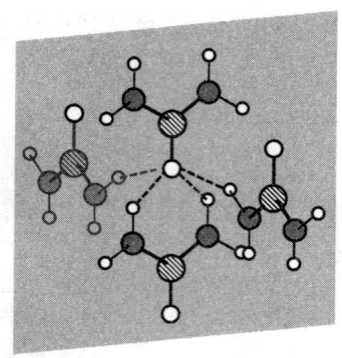

图 3-3-36　尿素晶体中分子间形成的氢键

几何模块化前后尿素晶胞的结构对比见图 3-3-37。通过对比发现，几何模块微元法化繁为简，可以更加清晰直观地认识尿素晶体中分子的排列方式和位置关系。

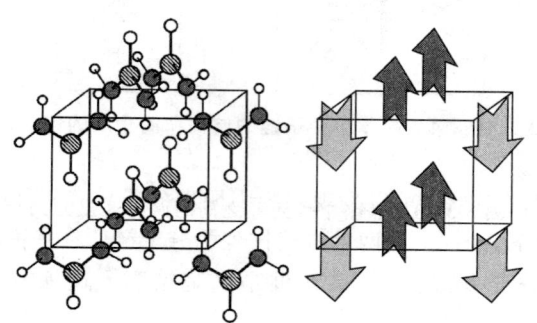

图 3-3-37　尿素晶胞几何模块化前后结构对比

2.3　黑磷结构分析

黑磷是一种混合型层状晶体（图 3-3-38），每个 P 原子都是 sp^3 杂化，与其他 3 个 P 原子形成 3 个 P—P 单键，这 4 个 P 原子共同形成三角锥的结构。

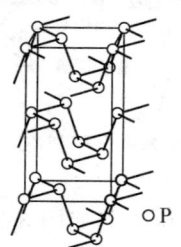

图 3-3-38　黑磷晶胞结构

根据黑磷晶体中原子成键的结构特点，可按照以下三步认识黑磷晶体的结构。

第一步，分析 P 原子的成键特点发现所有 P 原子都参与形成了 P_6 椅式六元环结构，如

图 3-3-39 所示,这就是黑磷结构中的元几何模块。其中深色三角形平面和浅色三角形平面相互平行但不共面,中间的矩形连接了两个三角形。

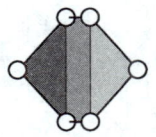

图 3-3-39　黑磷中的非平面六元环结构

第二步,元几何模块 P_6 椅式六元环之间通过两种共边的方式连接:一是共用矩形边(图 3-3-40 左);二是共用三角形边(图 3-3-40 右)。通过这两种连接方式,P_6 椅式六元环向四周延伸,形成图 3-3-41 左所示的层状结构。这种层状结构中的原子不在同一平面上,而是由凸起条带和凹陷条带交替形成的折层状结构(图 3-3-41 右)。

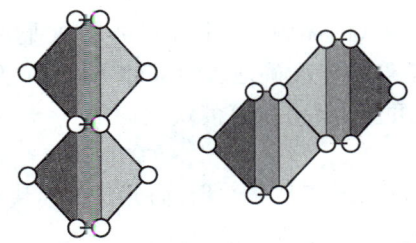

图 3-3-40　黑磷中六元环之间的两种连接方式

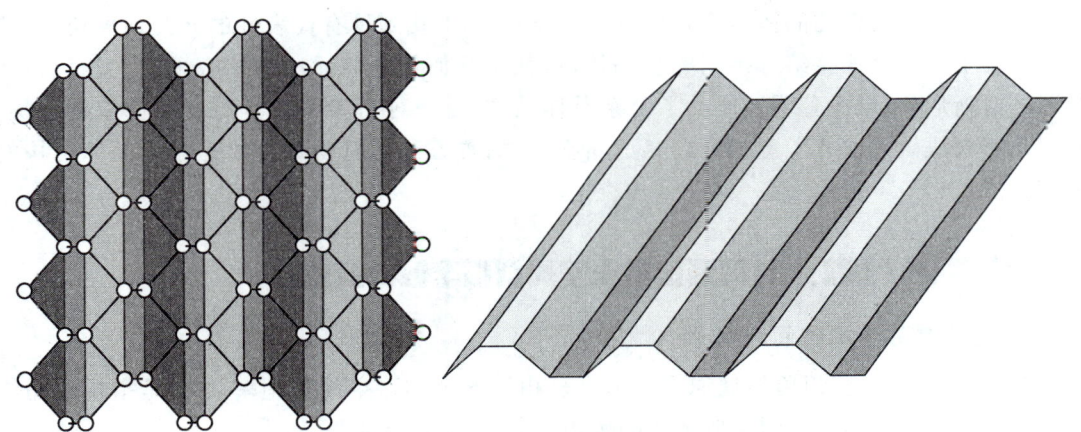

图 3-3-41　黑磷中的层状结构

第三步,图 3-3-41 所示的层状结构在 c 轴方向进行堆积,相邻层之间进行了错位排布,如图 3-3-42 所示。相邻 2 层在 a 轴方向的相位差为 $a/2$,b 轴方向的相位差为 0,因此可看成 ABA 的方式堆积。

利用元几何模块法分析黑磷结构,可清晰直观地看到 P 原子的排列、成键和配位方式。

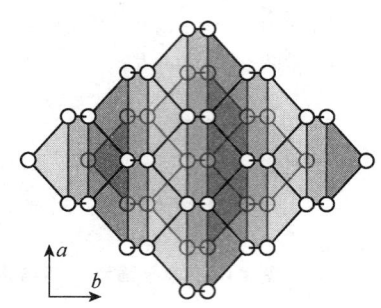

图 3-3-42　黑磷中的相邻 2 层在 c 轴方向投影

3　几何模块微元法与晶胞法的比较

传统的利用晶胞研究晶体结构的方法(晶胞法)本质上也是一种微元法,本文提出的几何模块微元法与晶胞法既有相似又有不同。

首先,相比于平行六面体形状的晶胞,元几何模块是灵活多样的,可以是多面体、箭头、椅式六元环……元几何模块能够清晰准确地表示晶体中原子(或离子、分子)的排布特点。

其次,晶胞之间必须无隙并置,而元几何模块之间的连接方式是多种多样的,可以是共顶点、共棱、共面等。

第三,晶胞通过无隙并置可以形成晶体结构,而元几何模块在连接后形成的可能是多级结构,多级结构进一步组合最终形成晶体结构。

4　总结

从看似纷繁复杂的晶体结构表象中通过分析、归纳找到具有代表性的元几何模块,元几何模块逐个逐级地连接组合得到完整晶体,这就是几何模块微元法的核心思想。几何模块微元法清晰形象、层次分明地展示了复杂晶体结构,是一种可参考的具有实用价值的方法。使用几何模块微元法并不意味着放弃了晶胞法,两种方法的有机结合才是学习晶体结构的最佳方法。

★ 专题学习十四：计算最密堆积空间利用率的新方法

1　金属晶体中的空间利用率

在金属晶体中,可以将金属原子看成直径相等的球体。空间利用率(P_o)是指构成晶体的金属原子在整个晶体空间中所占有的体积百分数,计算公式为

$$P_o = \frac{N \times V_{atom}}{V_{cell}} \times 100\%$$

其中 N 为一个晶胞内所含原子数,V_{atom} 为原子体积,V_{cell} 为晶胞体积。计算原子空间利用率的步骤如下。

第一步,观察原子堆积方式后选择一个合适的晶胞,通常选择立方体或者长方体晶胞,以方便计算晶胞体积;

第二步,计算晶胞中原子的个数 N,注意需要使用均摊法;

第三步,通过分析堆积方式和晶胞关系,找到晶胞参数与原子半径的几何关系,代入计算式进行计算。

2　面心立方最密堆积空间利用率的计算

面心立方最密堆积(FCC)中,晶胞是一个立方体,一个晶胞中有 4 个原子,原子在面对角线方向相切(图 3-3-43)。

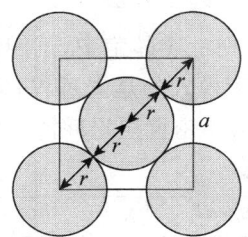

图 3-3-43　面心立方晶胞面上原子位置和距离关系

得到立方晶胞棱长 a 和原子半径 r 的关系:$\sqrt{2}=4r$。因此面心立方最密堆积的空间利用率为

$$P_\circ(\text{FCC}) = \frac{4 \times \frac{4}{3}\pi r^3}{(2\sqrt{2}r)^3} \frac{\pi}{3\sqrt{2}} \times 100\% = 74\%$$

3　计算六方最密堆积空间利用率的传统方法

在六方最密堆积(HCP)中找不到合适的立方体或长方体作为晶胞。图 3-3-44 所示的是六方最密堆积的晶胞,晶胞底面是一个边长为 a、一个内角为 60°的菱形,底面积 $S=a^2 \times \sin60°$。

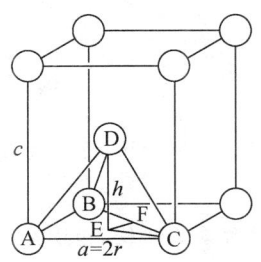

图 3-3-44　六方最密堆积晶胞结构

计算图 3-3-44 中晶胞体积的难点在于计算晶胞的高 c,c 与原子半径 r 之间无明显的几何关系,只能观察到 $c=2h$,$h=$DE 为正四面体 ABCD 的高,其计算过程非常烦琐。在正四面体 ABCD 中,点 E 为正△ABC 的中心,EF⊥BC,∠ECF=30°,根据三角函数可知 $CE=\frac{\sqrt{3}}{3}a$,而 DE⊥EC,利用勾股定理得到

$$h = \sqrt{DC^2 - CE^2} = \sqrt{a^2 - \left(\frac{\sqrt{3}}{3}a\right)^2} = \frac{\sqrt{6}}{3}a = \frac{2\sqrt{6}}{3}r$$

即可求出晶胞体积和空间占有率

$$V = S \times c = (2r)^2 \times \sin 60° \times 2 \times \frac{2\sqrt{6}}{3} r = 8\sqrt{2} r^3$$

$$P_o(\text{HCP}) = \frac{2 \times \frac{4}{3}\pi r^3}{8\sqrt{2} r^3} = \frac{\pi}{3\sqrt{2}} \times 100\% = 74\%$$

4　计算六方最密堆积空间利用率的新方法

相比于复杂的几何运算,我们发现上述晶胞中,正四面体的高 h 即为六方最密堆积中相邻两层的距离。根据图 3-3-45 中堆积模式的建立过程,可知六方最密堆积(|AB|)中密置层层间距和面心立方最密堆积(|ABC|)中密置层层间距相等,均记为 h。

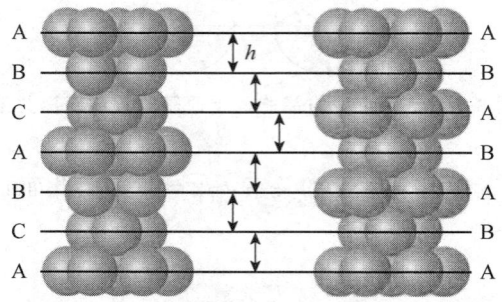

图 3-3-45　面心立方最密堆积模式和六方最密堆积模式层间距对比

可利用面心立方最密堆积模式巧妙地计算 h：在图 3-3-46 所示立方体中,处于对角线上的两点(A 和 A′)距离为相邻三层之间的距离,即 $AA' = 3h$。

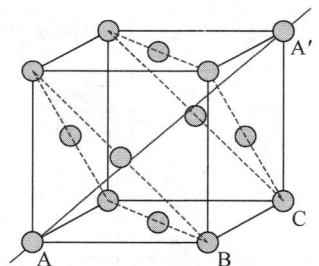

图 3-3-46　面心立方最密堆积体对角线 AA′ 与层间距 h 的关系

立方体体对角线与棱长的关系是 $AA' = \sqrt{3} a$,而此晶胞中棱长与原子半径的关系是 $a = 2\sqrt{2} r$,得到 $h = \frac{2\sqrt{6}}{3} r$,此 h 即图 3-3-44 中正四面体 ABCD 的高 h,与复杂的几何方法计算结果一致。

5　计算面心立方最密堆积空间利用率的新方法

如前文所述,在|ABC|堆积模式中取立方体形状的晶胞可以简化空间利用率的计算过程,当然|ABC|堆积模式也可以取和|AB|堆积模式中形状类似的晶胞,如图 3-3-47 所示。

图 3-3-47 所示的晶胞中含有 3 个原子,晶胞的高 $c = 3h = 2\sqrt{6} r$(h 为前文中的密置层间距),空间利用率为

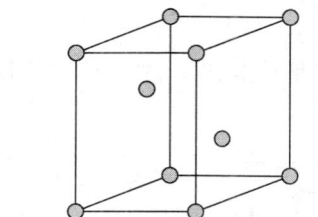

图 3-3-47　|ABC|堆积模式的一种晶胞

$$P_o(FCC') = \frac{3 \times V_{atom}}{V_{cell}} = \frac{3 \times \frac{4}{3}\pi r^3}{(2r)^2 \times \sin 60° \times 2\sqrt{6}r} = \frac{\pi}{3\sqrt{2}} \times 100\% = 74\%$$

对于同一种堆积模式,采用不同的晶胞计算时,原子的空间利用率必定相等,上述计算结果证明了这一点。对于|ABC|堆积模式,可以取图 3-3-46 和图 3-3-47 两种形式的晶胞,优先选择图 3-3-46 中的立方体晶胞方便计算。对于|AB|堆积模式,无法取到立方体形状的晶胞,只能选择图 3-3-44 中的晶胞。将此方法推广到其他形式的最密堆积,如|ABCAB|、|ABAC|和|ABCB|等,都可以取类似图 3-3-44 和图 3-3-47 的晶胞,假设 N 层为一个重复单元,则一个晶胞中有 N 个原子,晶胞的高为 Nh,它们的空间利用率计算通式为

$$P_o = \frac{N \times V_{atom}}{V_{cell}} = \frac{N \times \frac{4}{3}\pi r^3}{(2r)^2 \times \sin 60° \times N \times \frac{2\sqrt{6}r}{3}} = \frac{\pi}{3\sqrt{2}} \times 100\% = 74\%$$

此计算结果表明各种形式最密堆积的空间利用率均为 74%。

★ 专题学习十五：晶胞透视图

晶胞是描述晶体结构的基本单元,全方位、多角度地学习晶胞是认识晶体结构的重要内容。透视图是从一些特定角度观察到的晶胞结构,本专题将介绍一些立方晶胞的正视图、面对角线视图和体对角线视图。

1　简单立方晶胞的透视图

简单立方晶胞中,微粒处于立方体的顶点,透视图较为简单。

1.1　正视图

正视图是指沿立方体某条棱的视线观察到的晶胞透视图。立方晶胞的正视图轮廓都是正方形。由于立方晶胞都是高度对称的,其正视图、左视图和俯视图均相同,只研究正视图即可。简单立方晶胞的透视图见图 3-3-48。

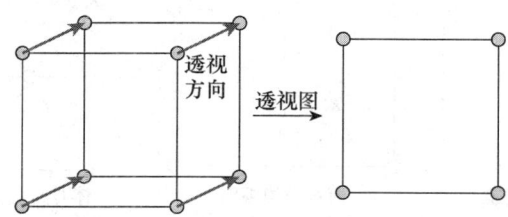

图 3-3-48　简单立方晶胞的正视图

1.2 面对角线视图

立方晶胞的面对角线视图轮廓是长宽比为 $\sqrt{2}:1$ 的矩形,简单立方晶胞的面对角线视图见图 3-3-49。

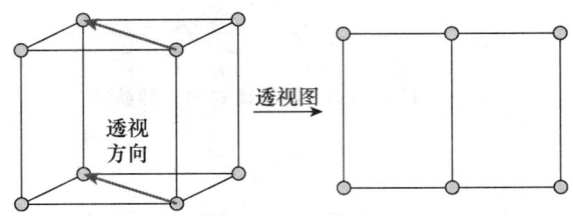

图 3-3-49　简单立方晶胞的面对角线视图

1.3 体对角线视图

立方晶胞的体对角线视图轮廓是正六边形,实际结构是由立方体中 6 条棱(图 3-3-50 中加粗的 6 条棱)组成的椅式六元环。简单立方晶胞的体对角线视图见图 3-3-50。

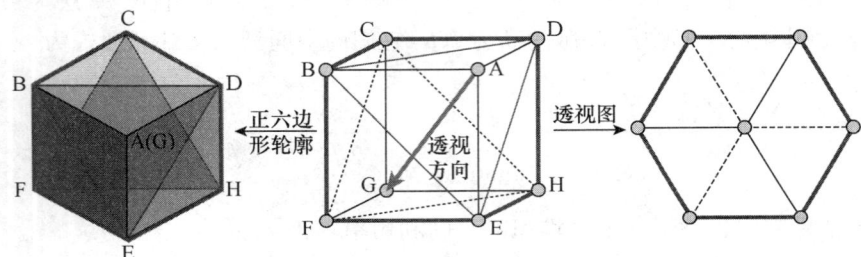

图 3-3-50　简单立方晶胞的体对角线视图

为什么立方晶胞的体对角线视图轮廓是正六边形呢？图 3-3-50 中垂直于向量 AG 的方向有等边三角形 BDE 和等边三角形 CFH,这两个错位交叉的等边三角形的 6 个顶点相连后形成椅式六元环 BCDHEF,从向量 AG 方向观察为正六边形(该视角下立方体的正方形面变为有一个内角为 120°的菱形)。

2　体心立方晶胞的透视图

相比于简单立方晶胞,体心立方晶胞在体心多了一个微粒,其正视图和面对角线视图与简单立方晶胞不同,而其体对角线视图与简单立方晶胞相同,因为体心的微粒处于体对角线上,被顶点微粒遮挡。不同视角下体心立方晶胞的透视图见图 3-3-51。

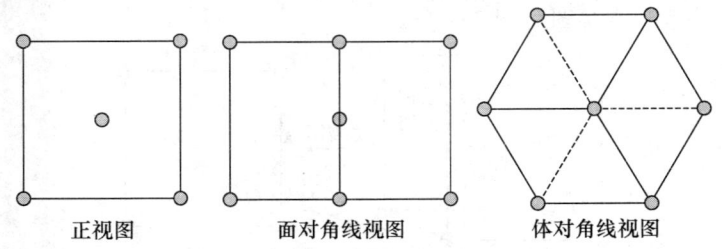

正视图　　　　面对角线视图　　　　体对角线视图

图 3-3-51　不同视角下体心立方晶胞的透视图

3 面心立方晶胞的透视图

3.1 正视图

在正视图中,面心的微粒处于正方形的中心和边的中点。面心立方晶胞的正视图见图 3-3-52。

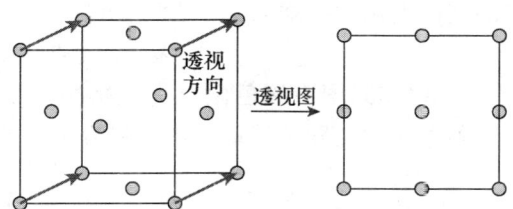

图 3-3-52 面心立方晶胞的正视图

晶胞中有 14 个微粒(不考虑均摊),透视图中能直接观察到 9 个微粒,这是因为有 4 个顶点的微粒与其他 4 个顶点重合,还有 2 个面心的微粒重合。

3.2 面对角线视图

面心立方晶胞的面对角线视图见图 3-3-53。A、B、C 这 3 个微粒刚好在透视方向上(即向量 AC 上),在透视图中这 3 个微粒在同一位置。同样地,因为向量 DE∥向量 AC,因此向量 DE 方向也是透视方向,在透视图中 D 和 E 处于同一位置。

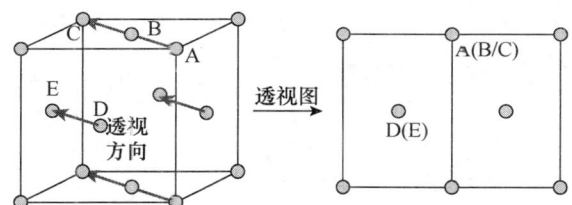

图 3-3-53 面心立方晶胞的面对角线视图

晶胞中有 14 个微粒(不考虑均摊),透视图中能直接观察到 8 个微粒,这是因为 B、C、E 等 6 个微粒与 A、D 等微粒重合。

3.3 体对角线视图

面心立方晶胞的体对角线视图见图 3-3-54。在简单立方晶胞的体对角线视图中,C、D 等微粒处于正六边形的顶点。在晶胞中 B 是 AC 的中点,在透视图中 B 仍然是 AC 的中点。同理,E 是 DF 的中点,在透视图中 F 与 A 重合,因此 E 在透视图中是 AD 的中点。

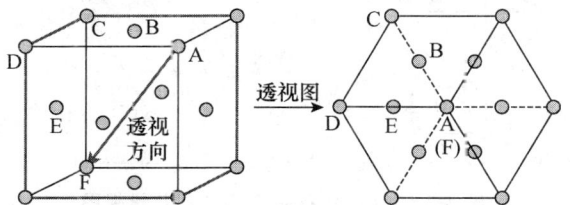

图 3-3-54 面心立方晶胞的体对角线视图

晶胞中有 14 个微粒（不考虑均摊），透视图中能直接观察到 13 个微粒，这是因为 F 与 A 重合，其他微粒均无重合。

4 金刚石晶胞的透视图

金刚石晶胞是在面心立方晶胞的基础上错位地选择一半的四面体空隙填入 C 原子，其透视图是在面心立方晶胞的基础上添加新增 C 原子的投影。

4.1 正视图

金刚石晶胞的正视图见图 3-3-55（图中深色微粒代表相比于面心立方晶胞新增的 C 原子）。在正视图中，四面体空隙对应的位置是将正方形分割为 4 个等大的小正方形的中心。

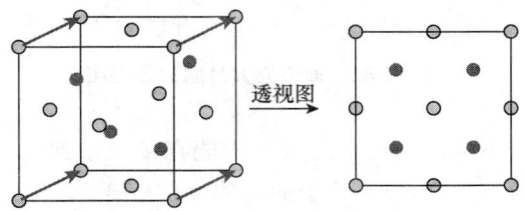

图 3-3-55 金刚石晶胞的正视图

4.2 面对角线视图

金刚石晶胞的面对角线视图见图 3-3-56。透视方向为向量 AB，向量 CD∥向量 AB，在透视图中 C 和 D 处于同一位置。

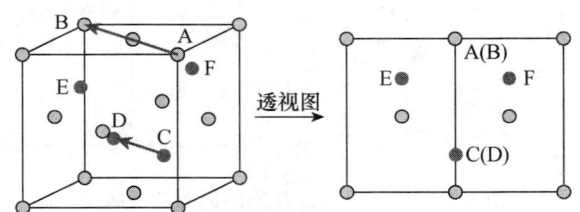

图 3-3-56 金刚石晶胞的面对角线视图

4.3 体对角线视图

金刚石晶胞的体对角线视图见图 3-3-57。透视方向为向量 AC，其中 B 是线段 AC 的四分之一分点。由于向量 DE∥向量 FG∥向量 HI∥向量 AC，透视图中 B、C 与 A 重合，E 与 D 重合，G 与 F 重合，I 与 H 重合。

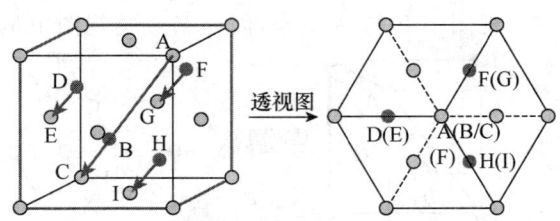

图 3-3-57 金刚石晶胞的体对角线视图

5 总结

透视图是一种认识晶胞结构的方法。在构建透视图时,首先应该明确透视图的外形,然后确定关键微粒在透视图中的位置,最后根据一些几何原理确定其他微粒的位置。

必练习题 3-3

一、判断题

1. 金属晶体都是导体。(   )
2. 金属晶体中只有阳离子,没有阴离子,因此金属晶体带正电。(   )
3. 金属晶体中金属键越强,金属的熔点越高,硬度越大。(   )
4. 金属具有良好的导电性是因为自由电子在电场作用下可以定向移动。(   )
5. 合金的硬度大于组成合金的纯金属。(   )
6. 合金中可能含有非金属元素。(   )
7. 共价晶体中只有共价键,没有离子键。(   )
8. 离子晶体中只有离子键,没有共价键。(   )
9. 共价晶体和离子晶体都只有化学式,没有分子式。(   )
10. 离子晶体中离子间只有引力,没有斥力。(   )
11. 金属晶体的延展性较好,离子晶体和共价晶体延展性较差。(   )
12. 金属单质形成的晶体中,配位数越高,空间利用率越高。(   )
13. 共价晶体的熔点取决于共价键键能。(   )
14. 一般来说,共价晶体的熔点高于分子晶体。(   )
15. NaCl 晶体中,单独看 Na^+ 或 Cl^- 的堆积方式,都与分子密堆积高度相似。(   )
16. CsCl 晶体中每个 Cs^+ 周围距离最近的 6 个 Cl^- 围成正八面体结构。(   )
17. 离子晶体溶于水的过程中离子键被破坏。(   )
18. 离子晶体中只有阴阳离子而没有中性分子。(   )
19. $MgSO_4$、$CaSO_4$、$SrSO_4$、$BaSO_4$ 在水中的溶解度逐渐增大。(   )
20. 硬度:NaF>NaCl>NaBr。(   )
21. 离子晶体的熔点都比较高,在室温下都是固体。(   )
22. 熔点:CaO>SrO>NaCl。(   )
23. 熔点:NaF>NaCl>NaBr>NaI。(   )
24. Al_2O_3 是介于离子晶体和共价晶体之间的混合型晶体。(   )
25. 石墨中 C 原子形成的最小环是六元环,每个 C 原子参与形成 3 个六元环,每个六元环均摊到 2 个 C 原子。(   )
26. 石墨层与层之间存在范德华力。(   )
27. 石墨的导电性具有各向异性:垂直于层的方向导电性优于平行于层的方向。(   )
28. 所有的晶体都能被归类为分子晶体、共价晶体、金属晶体和离子晶体。(   )

29. Fe 的两种晶体结构分别对应面心立方晶胞和体心立方晶胞,前者空间利用率约为 74%,后者空间利用率约为 68%,晶体密度后者大于前者。(   )

二、选择题

1. 银单质、NaCl 溶液、Fe(OH)$_3$ 胶体都能导电。下列说法中不正确的是(   )

  A. 银单质中自由电子能够在电场作用下定向移动

  B. NaCl 溶液通电后 Na$^+$ 和 Cl$^-$ 朝相反的方向移动

  C. Fe(OH)$_3$ 胶体带正电,通电后向负极移动

  D. 在一定范围内升高温度,银单质的导电能力减弱,NaCl 溶液的导电能力增强

2. 一种 Cu 和 O 形成的离子化合物结构如图所示:

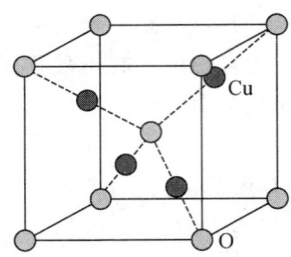

  下列说法中不正确的是(   )

  A. 该化合物中铜元素为 +1 价

  B. 阳离子配位数为 4,阴离子配位数为 2

  C. 2 个阴离子的坐标分别为 (0,0,0) 和 (0.5,0.5,0.5)

  D. 2 个阳离子之间最小距离与两个阴离子之间最小距离相等

3. NbO 的晶胞结构如下:

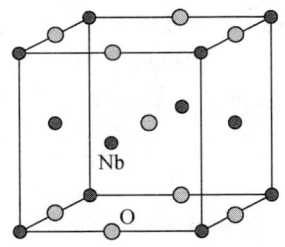

  下列说法中正确的是(   )

  A. NbO 是离子晶体

  B. 每个 O 周围有 4 个紧邻的 Nb

  C. 每个 Nb 周围距离最近且相等的 Nb 有 12 个

  D. 每个晶胞中有 3 个 O 和 3 个 Nb

4. 可以从金刚石的晶体结构建立金刚石晶胞结构:

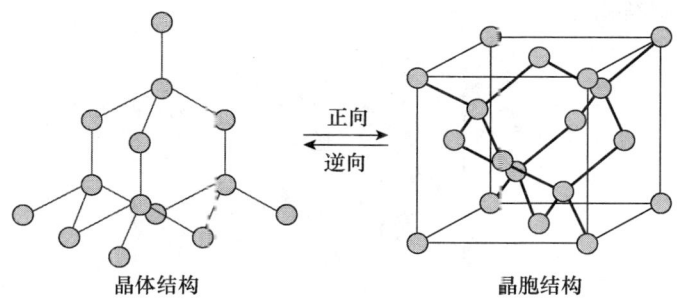

晶体结构　　　　　　　　晶胞结构

下列说法中正确的是(　　)

A. 晶体结构和晶胞结构是金刚石结构的两种呈现方式
B. 晶体结构中的最小环是12元环,晶胞结构中的最小环是6元环
C. 晶体结构中所有的C原子都参与成键,晶胞结构中部分C原子没有成键
D. 晶体结构中∠CCC=109°28′,晶胞结构中∠CCC=120°

5. CsCl 的晶胞结构如下:

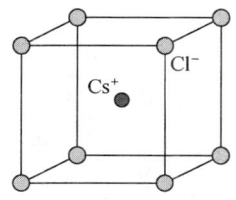

下列说法中不正确的是(　　)

A. 晶胞结构中 Cs^+ 和 Cl^- 位置互换后表示的是同一结构
B. Cs^+ 间最小距离与 Cl^- 间最小距离相等
C. 阴离子和阳离子的配位数均为 8
D. 记晶胞棱长为 a,则阴阳离子之间最小距离为 $\sqrt{2}a/2$

6. CaO 的晶胞结构如下:

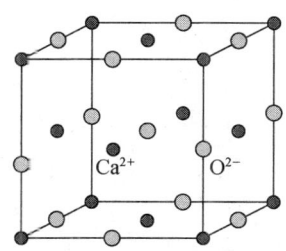

晶胞棱长为 a。下列说法中不正确的是(　　)

A. Ca^{2+} 与 O^{2-} 之间的最小距离为 $a/2$
B. Ca^{2+} 的配位数为 6,O^{2-} 的配位数为 4
C. 1 个晶胞中有 4 个 Ca^{2+} 和 4 个 O^{2-}
D. 与每个 O^{2-} 紧邻的 O^{2-} 有 12 个

7. CaF_2 的晶胞结构如下：

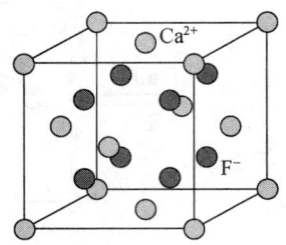

立方体晶胞棱长为 a。下列说法中不正确的是（　　）

A. 与 Ca^{2+} 距离最近的多个 F^- 围成立方体

B. 与 F^- 距离最近的多个 Ca^{2+} 围成正四面体

C. 坐标为 $(0.25，0.25，0.25)$ 的 F^- 与坐标为 $(0.75，0.75，0.75)$ 的 F^- 之间距离为 $a/2$

D. 立方体晶胞的体心是一个由 F^- 围成的立方体空隙

8. Li_2O 的晶胞结构如下：

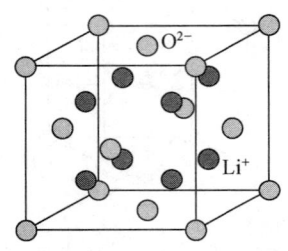

立方体晶胞棱长为 a。下列说法中不正确的是（　　）

A. Li^+ 的配位数为 4

B. O^{2-} 的配位数为 8

C. Li^+ 之间的最小距离为 $a/2$

D. O^{2-} 之间的最小距离为 $a/2$

9. MgH_2 的晶胞结构如下：

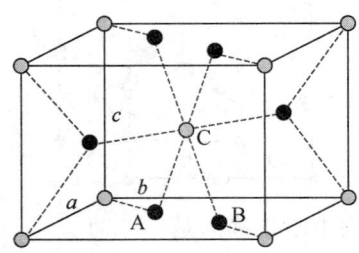

下列说法中不正确的是（　　）

A. 若 A 球的坐标是 $(m，n，0)$，则 B 球的坐标是 $(1-m，1-n，0)$

B. 体心浅色小球配位数为 6，顶点浅色小球配位数为 4

C. 浅色小球代表 Mg^{2+}，深色小球代表 H^-

D. 体内深色小球配位数为3,面上深色小球配位数为2

10. La、Cu 和 O 形成的一种化合物的晶胞结构如下:

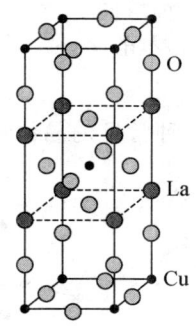

下列说法中不正确的是(　　)
A. 该化合物的化学式为 La_2CuO_4
B. Cu 的坐标为(0,0,0)和(0.5,0.5,0.5)
C. 所有 Cu 都处于 O 围成的八面体空隙中
D. 一个晶胞中有 4 个 O

11. Re 和 O 形成的一种化合物的立方晶胞结构如下:

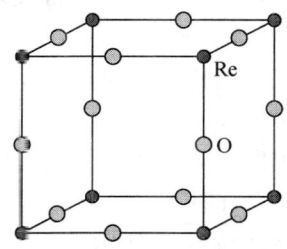

下列说法中不正确的是(　　)
A. 每个 Re 周围紧邻的 O 有 8 个
B. 该化合物的化学式为 Re_2O
C. 在另一种形式的晶胞中,Re 在晶胞的体心,O 在晶胞的棱心
D. Re 之间的最小距离是 O 之间最小距离的$\sqrt{2}$倍

12. XeF_2 的晶胞结构如下:

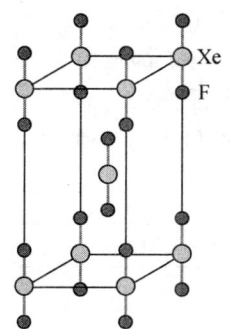

下列说法中不正确的是( )

A. XeF_2 是分子晶体

B. 该晶体中 XeF_2 分子只有一种取向

C. XeF_2 中 Xe 原子的价层有 6 个电子对

D. XeF_2 是非极性分子

13. 石墨有六方石墨和三方石墨两种常见的晶体结构：

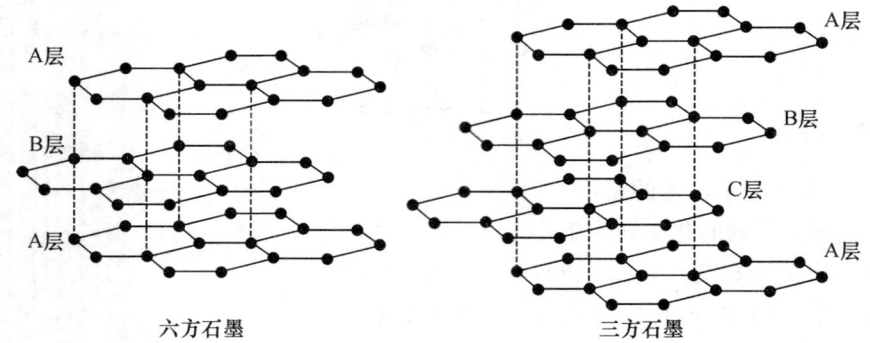

六方石墨　　　　　　　　　三方石墨

六方石墨和三方石墨都是由相同的石墨单分子堆积形成的，只是堆积方式有差别，层与层之间距离均为 335 pm，层内 C—C 键键长均为 142 pm。下列说法中不正确的是( )

A. 可将六方石墨和三方石墨看作同素异形体

B. 密度：六方石墨＞三方石墨

C. 六方石墨和三方石墨中所有 C 原子都是 sp^2 杂化

D. 导电性：六方石墨＞三方石墨

14. 石墨和石墨型 BN 的单层结构如下图所示：

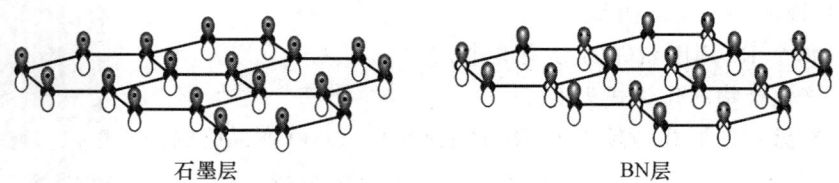

石墨层　　　　　　　　　　BN层

下列说法中不正确的是( )

A. 石墨和石墨型 BN 的单层结构都存在大 π 键

B. 石墨型 BN 的大 π 键中 π 电子都是由 N 原子提供

C. 石墨型 BN 的导电能力比石墨强

D. 石墨型 BN 中所有 B 原子和 N 原子都是 sp^2 杂化

15. 一些离子晶体的熔点如下：

离子晶体	熔点/℃	离子晶体	熔点/℃
NaCl	801	Na_2O	1132
NaBr	750	MgO	2800

下列说法中不正确的是(　　)

A. 阳离子相同的条件下,阴离子半径越大,熔点越高
B. 阴离子相同的条件下,阳离子电荷数越少,熔点越低
C. 可以预测 NaF 熔点范围是 750～801℃
D. 可以预测 $MgCl_2$ 熔点低于 2800℃

16. 将石墨置于熔融的钾或气态钾中,石墨会吸收钾而形成称为钾石墨的物质,其组成是 C_8K、$C_{24}K$、$C_{36}K$、$C_{48}K$ 和 $C_{60}K$。在钾石墨中,K 原子失去价电子形成 K^+,K^+ 处于石墨层中间,因而石墨层之间被胀大,层间的距离增加。下列对钾石墨的叙述中正确的是(　　)

A. 钾石墨中石墨层带负电
B. 钾石墨中存在离子键和共价键
C. 钾石墨中石墨层和石墨层之间相互吸引
D. 钾石墨中 C 原子都是 sp^3 杂化

17. Al 和 Cr 形成 $AlCr_2$ 合金材料的晶胞结构如下图

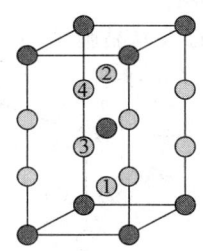

下列叙述中正确的是(　　)

A. 深色小球代表 Al 原子,浅色小球代表 Cr 原子
B. 若 1 号原子的坐标为 (0.5, 0.5, c),则 2 号原子的坐标为 (0.5, 0.5, 0.5+c)
C. 若 3 号原子的坐标为 (0, 0, c),则 4 号原子的坐标为 (0, 0, 1−c)
D. 每个 Al 原子周围都有 8 个紧邻的 Cr 原子

18. NH_4F 的晶胞结构如图所示:

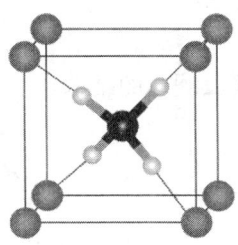

已知 F^- 与 NH_4^+ 之间形成了氢键。立方体晶胞棱长为 a。下列说法中不正确的是(　　)

A. 1 mol NH_4F 中有 $4N_A$ 个氢键
B. N—H⋯F 氢键键长为 $\sqrt{2}a/2$

C. 每个 NH_4^+ 都参与形成 4 个氢键

D. 每个 F^- 都参与形成 8 个氢键

19. 可用 S 与 Na_2SO_3 溶液的反应制备 $Na_2S_2O_3$：

$$S + Na_2SO_3 \rightleftharpoons Na_2S_2O_3$$

下列说法中不正确的是（ ）

A. S(s)是分子晶体，Na_2SO_3(s)和 $Na_2S_2O_3$(s)是离子晶体

B. 上述反应中 S 没有发生共价键断裂

C. 严格来说，$Na_2S_2O_3$ 中硫硫键是极性共价键

D. $S_2O_3^{2-}$ 是 SO_4^{2-} 的等电子体，二者均为正四面体结构

20. X 射线研究表明，固态 PCl_5 中含两种单中心离子：一种离子具有正四面体结构，另一种具有正八面体结构。下列说法中正确的是（ ）

A. 固态 PCl_5 是离子晶体

B. 正四面体离子是阳离子，正八面体离子是阴离子

C. 两种离子的中心原子都是 sp^3 杂化

D. 固体中两种离子的数目相等

21. Ni 和 As 形成的一种化合物的六方晶胞结构如下：

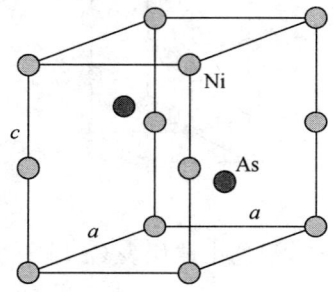

下列说法中不正确的是（ ）

A. 与每个 As 紧邻的 6 个 Ni 围成正三棱柱结构

B. 与每个 Ni 紧邻的 As 有 6 个

C. 该化合物的化学式为 Ni_2As

D. 该晶胞体积为 a^2c

22. 科学家用如下方法合成了碳[18]环的结构：

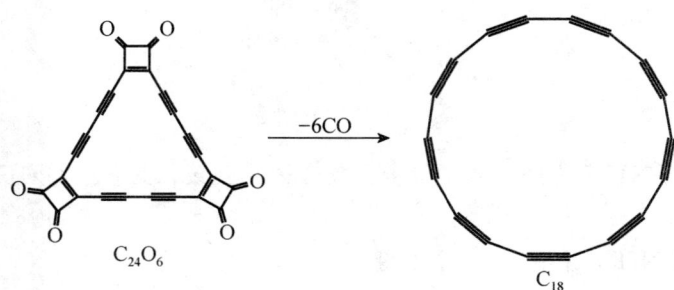

下列说法中不正确的是(　　)

A. $C_{24}O_6$是一种碳的氧化物,C_{18}是一种碳单质

B. $C_{24}O_6$中sp^2杂化的C原子数目大于sp杂化的C原子数目

C. C_{18}中所有C原子都是sp杂化

D. 类似于碳[18]环结构的碳[16]环比碳[20]环更稳定

23. 下图是一种由La、O和F三种元素形成的晶体。

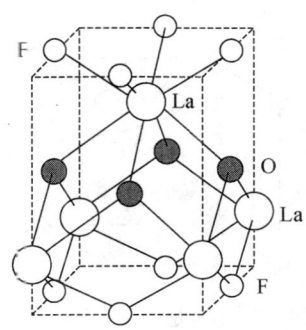

下列说法中不正确的是(　　)

A. 每个O周围距离相等且最近的La有4个

B. 该化合物的化学式为$LaOF_2$

C. 一个晶胞中有2个La

D. 每个La都处在4个O和4个F围成的长方体中

24. 有两种结构的石墨炔结构(仅表示部分结构)如下:

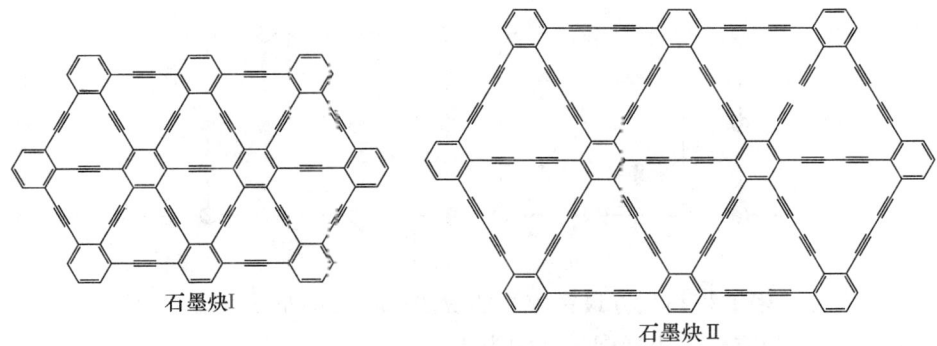

石墨炔Ⅰ　　　　　石墨炔Ⅱ

下列说法中不正确的是(　　)

A. 石墨炔Ⅰ是石墨炔Ⅱ的同分异构体

B. 石墨炔Ⅰ中sp^2杂化的C原子占C原子总数的1/2

C. 石墨炔Ⅱ中sp杂化的C原子占C原子总数的2/3

D. 石墨炔Ⅰ和石墨炔Ⅱ的结构中都有大π键

25. 以下是CsCl晶胞在某个角度透视图的是(　　)

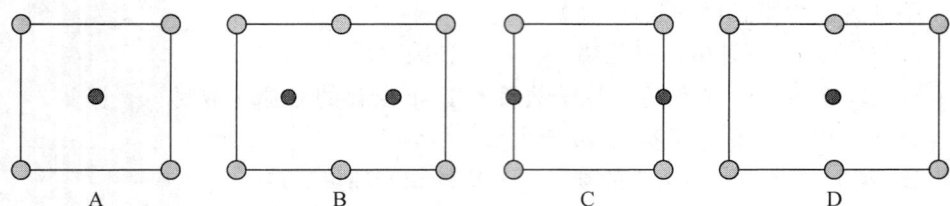

26. CaF_2 晶胞结构如下:

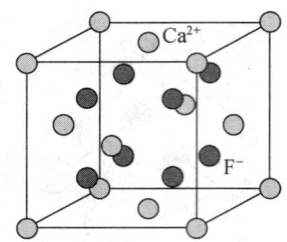

以下不是 CaF_2 晶胞中部分结构的是(　　)

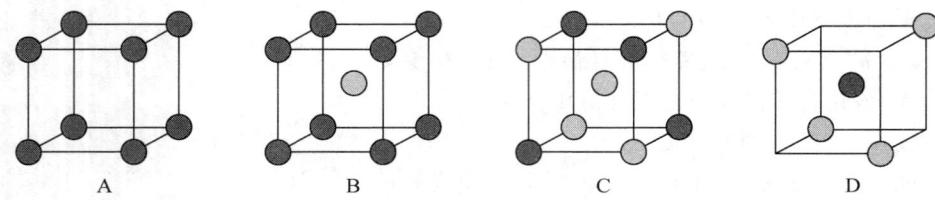

27. 以下结构中是 NaCl 晶胞某一视角透视图的是(　　)

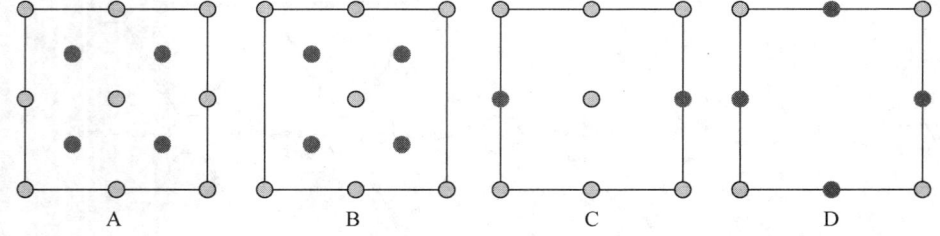

28. 关于立方最密堆积和六方最密堆积的说法中正确的是(　　)

    A. 两种堆积方式中小球配位数均为 12

    B. 两种堆积方式的空间利用率均为 74%

    C. 同种金属原子堆积后材料密度:立方最密堆积＞六方最密堆积

    D. 立方最密堆积中只形成八面体空隙,六方最密堆积中只形成四面体空隙

29. 下列关于 CaF_2 和 CsCl 晶体结构的说法中正确的是(　　)

    A. 两种晶体中阳离子的配位数相等

    B. 两种晶体中阴离子的配位数相等

    C. 两种晶体中阴离子的堆积方式相同

    D. 两种晶体中阳离子的堆积方式相同

第四节　配合物与超分子

整体内容分析

配合物的性质是元素化学和化学反应原理的重要内容，从成键的结构角度认识配位键，有利于深刻理解配合物的性质。超分子是新课标新增内容，是化学研究的前沿内容，是认识物质结构的全新维度。通过本节内容的学习，学生应达到以下要求：

1. 理解配位键与普通共价键的区别和联系，认识常见配合物中的配离子的成键特征。
2. 利用配位键理论解释配合物的颜色变化、沉淀溶解和氧化还原等反应。
3. 理解超分子的概念，认识经典的超分子结构。

高考试题分析

考题呈现

考点　配位键

1. （2021 全国乙，35 节选）三价铬离子能形成多种配位化合物。$[Cr(NH_3)_3(H_2O)_2Cl]^{2+}$ 中提供电子对形成配位键的原子是_____，中心离子的配位数为_____。

2. （2021 湖南，18 节选）$SiCl_4$ 与 N-甲基咪唑（H_3C-◯）反应可以得到 M^{2+}，其结构如图所示：

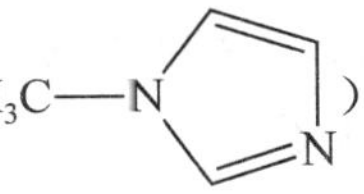

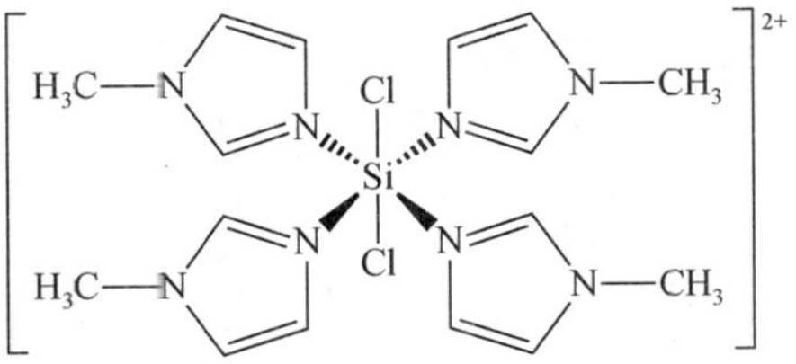

N-甲基咪唑分子中碳原子的杂化轨道类型为_____，1 个 M^{2+} 中含有_____个 σ 键。

3. （2020 山东，17 节选）(3)含有多个配位原子的配体与同一中心离子（或原子）通过螯合配位成环而形成的配合物为螯合物。一种 Cd^{2+} 配合物的结构如下图所示，1 mol 该配合物中通过螯合作用形成的配位键有_____ mol，该螯合物中 N 的杂化方式有_____种。

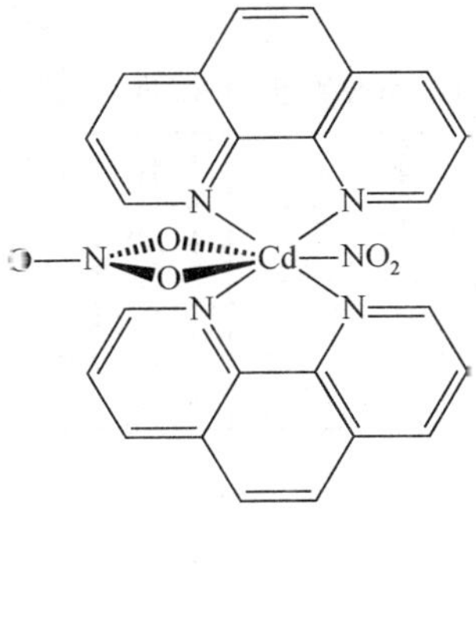

4. (2020 课标Ⅲ,35 节选)氨硼烷(NH_3BH_3)含氢量高、热稳定性好,是一种具有潜力的固体储氢材料。NH_3BH_3 分子中,N—B 化学键称为_____键,其电子对由_____提供。

考题分析

主要考查对配位键结构的理解和对一些复杂配合物中的配位键的分析。

教材内容解读

1 配位键和配合物的内涵

配位键是特殊的共价键,是从共用电子对来源的角度对共价键的一种描述。普通的共价键中,2 个键合原子各提供 1 个电子形成共用电子对;而在配位键中,键合 2 个原子中的 1 个原子提供 1 对电子,另 1 个原子只提供空轨道。通常将这种"电子对给予—接受"形成的共价键称为配位键。

中心离子或原子与某些分子或离子以配位键结合形成的化合物称为配位化合物,简称配合物。

需要注意:虽然 NH_4Cl 中含有配位键,但是通常不将 NH_4Cl 归入配合物。

知识拓展:常见的配位键和配合物

初高中化学中最常见的 NH_4^+ 和 H_3O^+ 中均存在配位键(图 3-4-1)。在 NH_3、H_2O 与 H^+ 反应时,由 N 原子、O 原子提供孤电子对(孤电子对都在 sp^3 杂化轨道中),H^+ 提供空轨道(s 轨道),形成 sp^3-s σ 键。

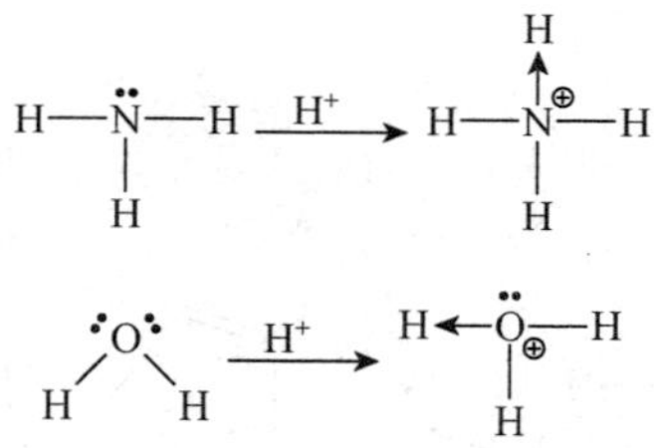

图 3-4-1 NH_4^+ 和 H_3O^+ 中的配位键

金属离子或原子,特别是过渡金属离子或原子,价层往往有空轨道,容易与 NH_3、H_2O、Cl^- 等含有孤电子对的分子或离子(称为配体)形成配位键,这类化合物被称为配合物。高中阶段常见配合物/配离子的结构分析见表 3-4-1。

表 3-4-1 常见配合物/配离子的结构分析

配合物/配离子	名称	中心原子/离子	配体	配位原子	配位数	说明
$[Cu(H_2O)_4]^{2+}$	四水合铜离子	Cu^{2+}	H_2O	O	4	蓝色离子
$[Cu(NH_3)_4]^{2+}$	四氨合铜离子	Cu^{2+}	NH_3	N	4	深蓝色离子
$[Ag(NH_3)_2]^+$	二氨合银离子	Ag^+	NH_3	N	2	银氨溶液阳离子

续表

配合物/配离子	名称	中心原子/离子	配体	配位原子	配位数	说明
$[Fe(SCN)_n]^{(3-n)-}$	硫氰化铁($n=3$)	Fe^{3+}	SCN^-	S	1~6	用 KSCN 检测 Fe^{3+} 时形成的血红色物质
$[AlF_6]^{3-}$	六氟合铝酸根	Al^{3+}	F^-	F	6	电解 Al_2O_3 时所使用助熔剂冰晶石($Na_3[AlF_6]$)的阴离子
$[Fe(CN)_6]^{3-}$	六氰合铁酸根	Fe^{3+}	CN^-	C	6	铁氰化钾的阴离子,用于检验 Fe^{2+}(生成深蓝色沉淀)
$[AuCl_4]^-$	四氯合金酸根	Au^{3+}	Cl^-	Cl	4	王水溶解 Au 的产物
$[Ni(CO)_4]$	四羰基合镍	Ni	CO	C	4	分子晶体,沸点为 43℃,用于制备高纯镍粉

很多含结晶水或氨分子的过渡金属化合物都是配合物,比如 $CuSO_4 \cdot 5H_2O$、$[Cu(NH_3)_4](OH)_2$ 等。

问题讨论:配位键是 σ 键还是 π 键

共价键有多种分类方法:一是从原子轨道重叠方式,可以分为头碰头重叠的 σ 键和肩并肩重叠的 π 键;二是从共用电子对的来源,如果两个键合原子各提供 1 个电子形成的共价键,可称为普通共价键,如果是由其中一个键合原子单方面提供 2 个电子形成的共价键则称为配位键。

因此,配位键可以是 σ 键,也可以是 π 键;σ 键和 π 键可以是配位键,也可以不是配位键。比如 NH_4^+、H_3O^+、$[Cu(H_2O)_4]^{2+}$、$[Ag(NH_3)_2]^+$ 等物质中的配位键都是 σ 键。1 个 $[Cu(H_2O)_4]^{2+}$ 中有 12 个 σ 键,其中有 4 个配位键。

再如 CO 中有 1 个 σ 键和 2 个 π 键,其中 1 个 π 键是配位键。

知识拓展:BH_4^-、CH_4 和 NH_4^+ 的结构分析

BH_4^-、CH_4 和 NH_4^+ 互为等电子体:中心原子都是 sp^3 杂化,都是正四面体构型,成键结构的差别在于 BH_4^- 和 NH_4^+ 中均有配位键,而 CH_4 中没有配位键(图 3-4-2)。

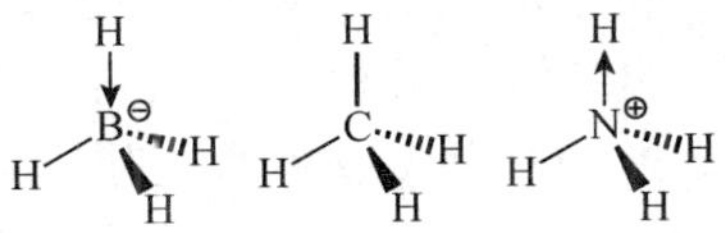

图 3-4-2 BH_4^-、CH_4 和 NH_4^+ 的结构

一般来说，B原子和N原子容易形成配位键，因为B原子具有空轨道而N原子具有孤电子对。图3-4-2中，BH_4^-中H^-的孤电子对填入B原子空的sp^3杂化轨道，配位键箭头由H指向B（此处认为BH_4^-是由BH_3和H^-反应生成的）；NH_4^+中N原子sp^3杂化轨道中的孤电子对填入H^+空的s轨道中，配位键箭头由N指向H（此处认为NH_4^+是由NH_3和H^+反应生成的）。

知识拓展：BN中的配位键

BN分为金刚石型BN和石墨型BN。

金刚石型BN（图3-4-3）中，所有B原子和N原子都是sp^3杂化，都参与形成4个σ键。由于B原子价层有3个电子，N原子价层有5个电子，因此每4个σ键中，有3个σ键是普通共价键，有1个σ键是配位键。

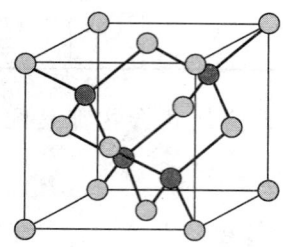

图 3-4-3　金刚石型 BN 结构（N 原子和 B 原子可以互换）

图3-4-4所示的石墨型BN中，所有B原子和N原子都是sp^2杂化，都参与形成3个σ键，都是普通共价键。B原子未杂化的p轨道中没有电子，N原子未杂化的p轨道中有2个电子，B原子和N原子形成的π键（实际上是大π键）是配位键。

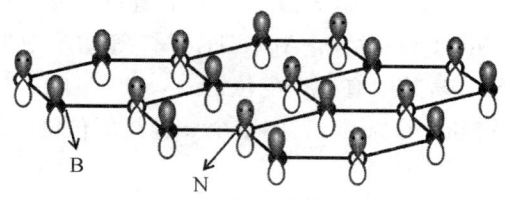

图 3-4-4　石墨型 BN 结构

知识拓展：金属羰基化合物

CO中存在配位键（O原子p轨道的孤电子对填入C原子空的p轨道），C原子呈负电性，同时由于C原子电负性较小，容易给出孤电子对，使得CO成为一种重要的配体。

在CO与金属原子形成的配合物中，将CO称为羰基。$Ni(CO)_4$和$Fe(CO)_5$是两种常见的金属羰基化合物，结构见图3-4-5，相关结构和性质说明见表3-4-2。$Ni(CO)_4$中的Ni—C键，以及$Fe(CO)_5$中Fe—C键，都既是σ键，又是配位键。

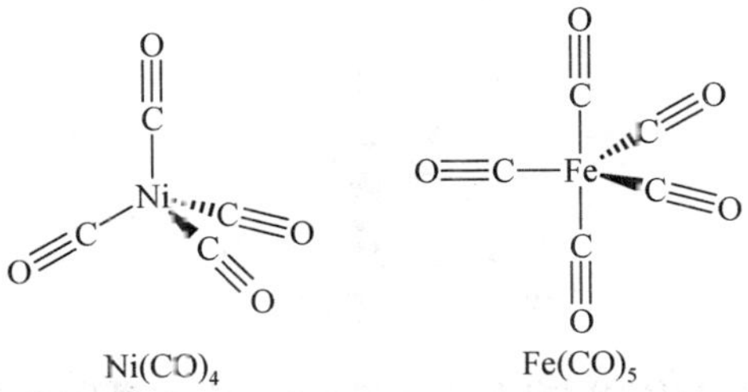

第四节 配合物与超分子

图 3-4-5 Ni(CO)₄ 和 Fe(CO)₅ 的结构

表 3-4-2 Ni(CO)₄ 和 Fe(CO)₅ 的结构和性质

化合物	空间结构	中心原子杂化类型	颜色及状态	熔点/℃	沸点/℃	晶体类型
Ni(CO)₄	正四面体	sp^3	无色液体	−25	43	分子晶体
Fe(CO)₅	三角双锥	dsp^3	浅黄色液体	−20	103	分子晶体

Ni(CO)₄ 和 Fe(CO)₅ 都是分子晶体,分子间只有范德华力,因此熔沸点较低。

📖 知识拓展:Ni(CO)₄ 和 Fe(CO)₅ 中金属原子的杂化方式

Ni 和 Fe 的基态价电子排布分别是 $3d^84s^2$ 和 $3d^64s^2$,在 Ni(CO)₄ 和 Fe(CO)₅ 中,受到强配体 CO 的影响,Ni 和 Fe 的电子重新排布:Ni 的 4s 电子进入 3d 轨道,形成 $3d^{10}4s^0$ 的电子构型;Fe 的 4s 电子也进入 3d 轨道,形成 $3d^84s^0$ 的电子构型(图 3-4-6)。

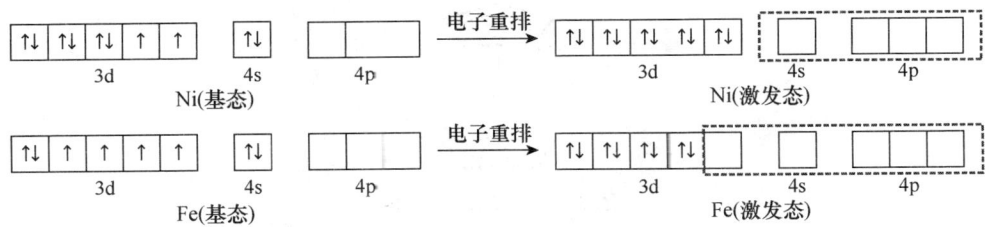

图 3-4-6 Ni(CO)₄ 和 Fe(CO)₅ 中金属原子的电子重排过程

电子重排后的 Ni(激发态)中,1 个 4s 轨道和 3 个 4p 轨道全空,进行 sp^3 杂化,4 个 sp^3 杂化轨道填入由 CO 提供的电子对,形成正四面体结构(图 3-4-7)。类似地,激发态 Fe 中的 1 个 3d 轨道、1 个 4s 轨道和 3 个 4p 轨道全空,进行 dsp^3 杂化,5 个 dsp^3 杂化轨道填入由 CO 提供的电子对,形成三角双锥结构(图 3-4-8)。

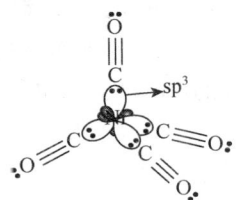

图 3-4-7 Ni(CO)₄ 中 Ni 原子的 sp^3 杂化轨道及配位键结构

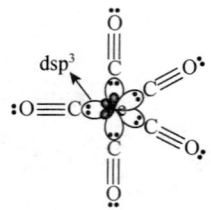

图 3-4-8　Fe(CO)₅ 中 Fe 原子的 dsp³ 杂化轨道及配位键结构

📖 知识拓展：二茂铁及其夹心结构

与 σ 轨道相似，充满电子的 π 轨道亦能和金属原子或离子的空轨道（往往是 d 轨道）作用，形成配位键。二茂铁是最典型的案例。茂，指环戊二烯，容易失去一个 H^+ 形成 $C_5H_5^-$，$C_5H_5^-$ 中存在 Π_5^6（图 3-4-9），结构较为稳定，可以利用大 π 键中的 π 电子与金属原子或离子进行配位，比如 2 个 $C_5H_5^-$ 与 1 个 Fe^{2+} 配位，可以形成夹心结构的配合物二茂铁（图 3-4-10）。

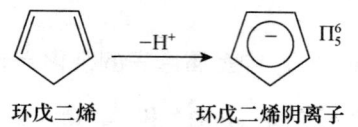

环戊二烯　　　　环戊二烯阴离子

图 3-4-9　环戊二烯和环戊二烯阴离子结构

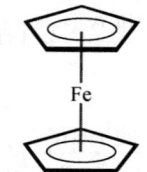

图 3-4-10　二茂铁结构

二茂铁，化学式为 $Fe(C_5H_5)_2$，常温下为橙黄色粉末，熔点为 172～174℃，沸点为 249℃，100℃ 以上能升华，不溶于水，易溶于苯、乙醚等有机溶剂，是典型的分子晶体。

📖 知识拓展：醋酸铜及其灯笼结构

一水合醋酸铜，具有灯笼式的结构（图 3-4-11）：4 个醋酸根中每个 O 原子都与一个 Cu^{2+} 形成配位键（需注意醋酸根中 2 个 O 的化学环境相同），Cu—O 键的键长为 197 pm，1 个灯笼结构中共有 8 个这样的配位键；2 个水分子作为配体分占上下，形成的 Cu—O(OH₂) 配位键的键长为 220 pm。2 个五配位的 Cu 原子之间的距离为 265 pm，与金属铜中 Cu—Cu 距离（255 pm）相近。

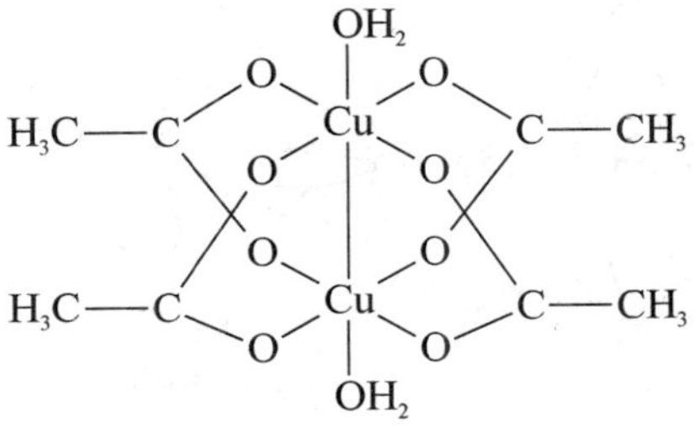

图 3-4-11 醋酸铜的灯笼式结构

知识拓展：配合物中的异构现象

化学组成相同的配合物可能有多种结构，这种异构现象可以分为组成异构和立体异构。

（1）组成异构

化学组成相同的配合物，可能会形成不同结构的配离子。比如$[Co(NH_3)_6][Cr(CN)_6]$和$[Cr(NH_3)_6][Co(CN)_6]$，中心离子是Co^{3+}和Cr^{3+}，配体是NH_3和CN^-，中心离子与配体的配位组合情况不同。再如$CoBr(NH_3)_5SO_4$有两种结构，二者在溶液中的电离方式不同：

$$CoBr(NH_3)_5SO_4 \Longrightarrow [CoBr(NH_3)_5]^{2+} + SO_4^{2-}$$
$$CoBr(NH_3)_5SO_4 \Longrightarrow [Co(SO_4)(NH_3)_5]^+ + Br^-$$

（2）立体异构

以最常见的$[Co(NH_3)_3Cl_3]$为例，Co^{3+}的配位数为6，6个配体呈八面体分布（图3-4-12，如同SF_6中S原子周围的6个F原子，NaCl中Na^+周围的6个Cl^-）。图3-4-12所示结构（1）中3个相同的配体处于八面体的一个三角形面上，将这种结构称为面式结构；结构（2）中3个相同的配体处于一个切割八面体的平面上，将这种结构称为经式结构（如同地球的经线）。

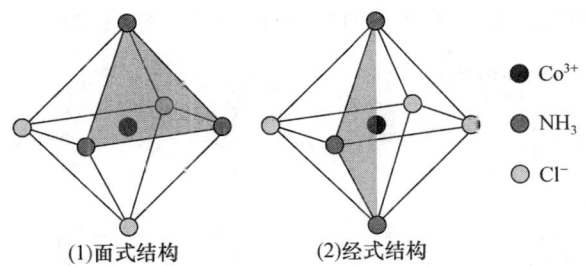

图 3-4-12　$[Co(NH_3)_3Cl_3]$的面式结构和经式结构

再以$[Co(H_2O)_4Cl_2]\cdot 2H_2O$为例，$[Co(H_2O)_4Cl_2]$中的2个$Cl^-$可以处于八面体的邻位，也可以处于八面体的对位，即$[Co(H_2O)_4Cl_2]$共有2种结构（图3-4-13）。

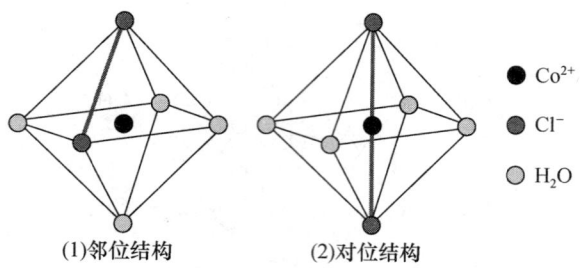

(1) 邻位结构　　(2) 对位结构

图 3-4-13　$[Co(H_2O)_4Cl_2]$ 的邻位结构和对位结构

知识拓展：配离子的颜色

离子的颜色，主要取决于离子内部不同能级之间的能量差。在形成配离子的过程中，配体电子填入中心离子的空轨道，对离子中能级的能量产生影响，特别是不同配体的配位能力不同，对离子中能级产生的影响不同，因此同一中心离子与不同配体形成的配离子颜色不同。

比如无水 $CuCl_2$ 呈棕黄色，很浓的 $CuCl_2$ 溶液呈黄绿色，浓溶液中呈绿色，稀溶液呈蓝色。黄绿色是 $[CuCl_4]^{2-}$ 配离子的存在，蓝色是 $[Cu(H_2O)_4]^{2+}$ 配离子的存在，二者共存时呈绿色。

知识拓展：配合物的存在和应用

配合物在自然界中广泛存在，以下是几类具有代表性的配合物。

（1）金属离子（特别是过渡金属离子）在水溶液中通常与 H_2O 形成配离子（不考虑其他配体）；大部分含过渡金属离子和结晶水的晶体中，H_2O 与金属离子之间形成了配位键。

（2）叶绿素、血红素、维生素 B_{12} 都是配合物，分别是 Mg^{2+}、Fe^{2+}、Co^{3+} 和环状配体卟啉形成的复杂配合物，卟啉中有 4 个 N 原子与金属离子配位（图 3-4-14，图中省略叶绿素中其他结构）。需要注意与 Mg^{2+} 成键的 4 个 N 原子的成键结构完全相同：均是 sp^2 杂化，p 轨道中电子均参与形成大 π 键，sp^2 杂化轨道中的孤电子对均填入 Mg^{2+} 的空轨道（图 3-4-14 右图卟啉体系中的单双键结构类似苯环中的单双键，只是一种表示形式，不能具体区分）。

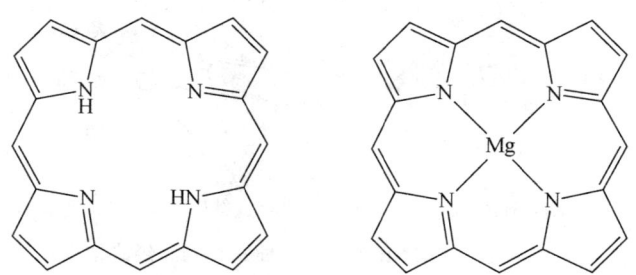

图 3-4-14　卟啉结构（左）和叶绿素中卟啉与 Mg^{2+} 的配位结构（右）

（3）血红素中 Fe^{2+} 可与 O_2 形成弱的配位键，从而在 O_2 浓度较高的肺泡中"装载"O_2，在消耗 O_2 的肌肉等组织中"卸载"O_2。

> 知识拓展：形成配位键对键角的影响

游离的 NH_3 中 $\angle HNH=107.3°$，$[Zn(NH_3)_4]^{2+}$ 中 $\angle HNH=109.5°$。

这是因为 NH_3 与 Zn^{2+} 形成配位键后，NH_3 的孤电子对填入 Zn^{2+} 的空轨道，原孤电子对与成键电子对之间的排斥作用变为成键电子对之间的排斥作用，斥力减小，故 $\angle HNH$ 从 107.3°增大到 109.5°。

2 配合物与化学反应原理

配位反应中存在的化学平衡叫配位平衡，配位平衡常数大小与配合物的稳定性相关。

> 知识拓展：配合物中配体之间的置换平衡

同一金属原子/离子与不同配体的配位能力是不同的，配位能力强的配体可以把配位能力弱的配体从配离子中置换出来。比如向 $FeCl_3$ 溶液中加入 KSCN，发生如下反应

$$[FeCl_4]^- + 6SCN^- \rightleftharpoons [Fe(SCN)_6]^{3-} + 4Cl^-$$

溶液由 $[FeCl_4]^-$ 的黄色变为 $[Fe(SCN)_6]^{3-}$ 的血红色。

> 知识拓展：配位反应与沉淀溶解平衡

$Cu(OH)_2$ 难溶于水，可溶于氨水，溶解过程包括两个平衡

$$Cu(OH)_2 \rightleftharpoons Cu^{2+} + 2OH^-$$
$$Cu^{2+} + 4NH_3 \cdot H_2O \rightleftharpoons [Cu(NH_3)_4]^{2+} + 4H_2O$$

AgCl 和 $BaSO_4$ 都是难溶于酸的沉淀，AgCl 可溶于氨水而 $BaSO_4$ 不溶于氨水，因为 Ag^+ 是过渡金属离子，容易形成配合物，而 Ba^{2+} 是主族元素离子，不易形成配合物。
AgBr 不溶于氨水，但可溶于配位能力更强配体的溶液，如 $Na_2S_2O_3$ 溶液。

> 知识拓展：配位反应与氧化还原反应

Au 和 Pt 等极不活泼的金属不能与浓 HNO_3 和浓 HCl 反应，但是可溶于王水（浓盐酸和浓硝酸按体积比为 3∶1 混合得到的酸溶液），这是因为高浓度 Cl^- 与氧化产物 Au^{3+} 和 Pt^{4+} 形成配离子 $[AuCl_4]^-$ 和 $[PtCl_6]^{2-}$，可以理解为 Cl^- 增强了 Au 和 Pt 的还原性，从而促进了氧化反应的进行。反应方程式如下

$$Au + HNO_3 + 4HCl \rightleftharpoons H[AuCl_4] + NO\uparrow + 2H_2O$$
$$3Pt + 4HNO_3 + 18HCl \rightleftharpoons 3H_2[PtCl_6] + 4NO\uparrow + 8H_2O$$

★ 专题学习十六："配位数"概念辨析

配位数是晶体结构和配合物中的重要概念，在不同类型的晶体和配合物中具有不同的内涵。

1 分子晶体中的配位数

在 CO_2、I_2、C_{60} 等分子晶体中，形成了分子密堆积模型，每个分子周围有 12 个紧邻的分

子,配位数为12。

在冰等以分子间氢键为主导作用的分子晶体中,由于氢键具有饱和性和方向性,配位数较小,冰中1个H_2O分子与4个紧邻的H_2O分子形成氢键,配位数为4。

尿素是另一种以分子间氢键为主导作用的分子晶体(图3-4-15),每个尿素分子都与紧邻的6个尿素分子形成氢键,因此尿素晶体中尿素分子的配位数为6。

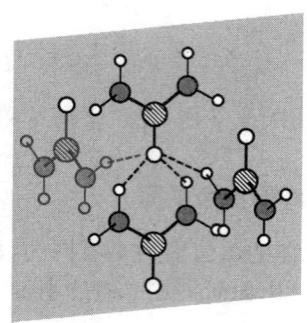

图3-4-15 尿素晶体中尿素分子的配位情况

2 共价晶体中的配位数

共价晶体中原子与其紧邻原子之间形成了共价键,一个原子形成共价键的数目即其配位数。常见的原子晶体,如金刚石、单晶硅、SiC、金刚石型BN等,其中各原子的配位数均为4。

3 金属晶体中的配位数

金属晶体中原子的堆积可看作刚性小球密堆积,与一个原子紧邻且相切的原子数目就是该原子的配位数。

常见的金属晶体中原子有3种堆积形式:简单立方,体心立方和面心立方。简单立方中配位数为6,体心立方中配位数为8,面心立方中配位数为12。

4 离子晶体中的配位数

离子晶体中的配位数是指与一个离子紧邻的距离相等的带异种电荷离子的数目。在AB型离子化合物(如NaCl)中,阴阳离子的配位数相等;在AB_2型离子化合物(如CaF_2)中,阳离子A^{2+}的配位数是阴离子B^-的2倍;在A_2B型离子化合物(如Na_2O)中,阴离子B^{2-}的配位数是阳离子A^+的2倍。

常见离子晶体中离子的配位数见表3-4-3。这些离子晶体中阳离子和阴离子配位数之比等于化学式中计量数之比的反比。

表3-4-3 常见离子晶体中离子的配位数

化学式	阳离子配位数	阴离子配位数
NaCl	6	6
CsCl	8	8
ZnS	4	4
CaF_2	8	4
Na_2O	4	8

5 配合物中的配位数

配合物中的配位数指中心原子(或离子)形成配位键的数目。比如$[Cu(H_2O)_4]^{2+}$，$[Cu(NH_3)_4]^{2+}$，$[Fe(SCN)_n]^{(3-n)-}$，$[Fe(CN)_6]^{3-}$，$[Ag(NH_3)_2]^+$ 和 $[AlF_6]^{3-}$ 的配位数分别为 4，4，n，6，2 和 6。一般来说，金属原子(或离子)的配位数具有特征性，比如 Ag^+ 通常是 2 配位的，Fe^{3+} 通常是 6 配位的。

一些具有多个配位原子的配体，如乙二胺($H_2NCH_2CH_2NH_2$)中 2 个 N 原子都与金属原子(或离子)形成配位键。如 1 个 $[Cu(H_2NCH_2CH_2NH_2)_2]^{2+}$(图 3-4-16)中配体数为 2，$Cu^{2+}$ 的配位数为 4。

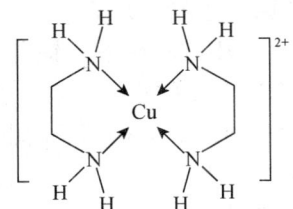

图 3-4-16　$[Cu(H_2NCH_2CH_2NH_2)_2]^{2-}$ 结构

★ 教学设计片段

1 配位键的形成

【课堂活动一】已知 NH_3 与 HCl 反应生成 NH_4Cl。写出 NH_3 和 NH_4^+ 的电子式，用"·"表示 N 原子提供的电子，用"×"表示 H 原子提供的电子。

【展示】图 3-4-17。

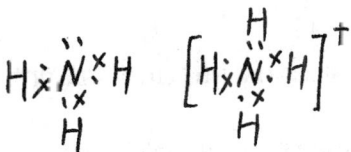

图 3-4-17　学生画出的 NH_3 和 NH_4^+ 的电子式

【提问】NH_4^+ 中 4 个共价键的成键方式相同吗？

【学生】其中 3 个共价键是成键的 N 原子和 H 原子各提供一个电子形成的，另 1 个共价键是由 N 原子单方面提供 2 个电子形成的。

【提问】这个共价键中 H 原子没有提供电子，那它如何参与成键？

【学生】H^+ 有空轨道，NH_3 中 N 原子上的孤电子对填入 H^+ 的空轨道。

【总结】一些共价键中的共用电子对是由成键两原子中的一个原子单独提供电子对，另一原子只提供空轨道形成的，将这种共价键称为配位键。

2 认识配合物

【教师】通常把金属离子或原子与某些分子或离子以配位键形成的化合物称为配位化合物，简称配合物。配合物中含有配位键的离子称为配离子。

【课堂活动五】阅读课本和表 3-4-1，认识常见的配合物/配离子。

【教师】过渡金属离子，如 Cu^{2+}、Zn^{2+}、Fe^{3+}、Cr^{3+} 等，在水溶液中都以配离子的形式存在：金属离子是中心离子，H_2O 分子是配体，二者之间形成了配位键。

【教师】NH_3 是一种常见的配体，能与很多金属离子形成配离子，比如 $[Cu(NH_3)_4]^{2+}$、$[Ag(NH_3)_2]^+$ 等。

【教师】一些金属原子可与 CO 形成配合物，如 $[Ni(CO)_4]$。

【学生】为什么 $[Ni(CO)_4]$ 中 C 原子做配位原子？

【教师】CO 与 N_2 是等电子体，CO 中具有碳氧三键的结构，包括 1 个 σ 键和 2 个 π 键。其中 1 个 π 键是由 O 原子提供电子对填入 C 原子的空 p 轨道形成的配位键，这导致 CO 中 C 原子呈负电性而 O 原子呈正电性；同时，由于 C 原子的电负性更小，更容易给出电子，因此 C 原子做配位原子。

【教师】通常把金属离子或原子与配体分子或离子以配位键结合形成的化合物称为配位化合物，简称配合物。已知配合物的品种超过数百万种，配合物是一类重要的化合物。

3 配位键的表示

【课堂活动三】配位键用"→"表示，由提供孤电子对的原子指向提供空轨道的原子，画出 NH_4^+、H_3O^+ 的结构式。

【展示】图 3-4-18。

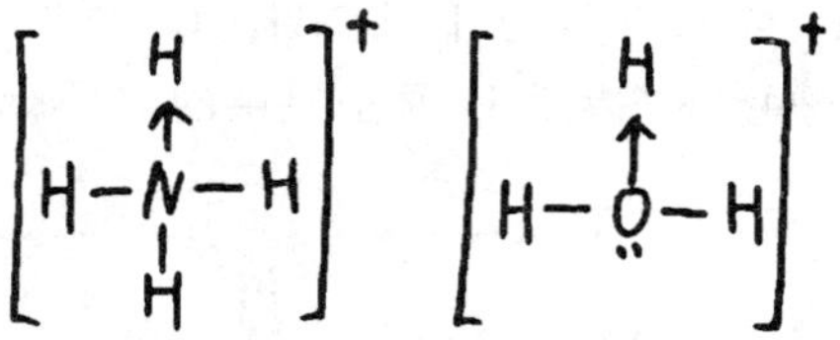

图 3-4-18 NH_4^+、H_3O^+ 的结构式

【教师】配位键是从共价键成键过程中电子的来源研究共价键。配位键与普通共价键的性质一样，比如 NH_4^+ 是正四面体结构，所有 N—H 键等长。

【课堂拓展活动】画出 C_2H_6、BNH_6 和 $N_2H_6^{2+}$ 的结构式并进行分析。

【展示】图 3-4-19。

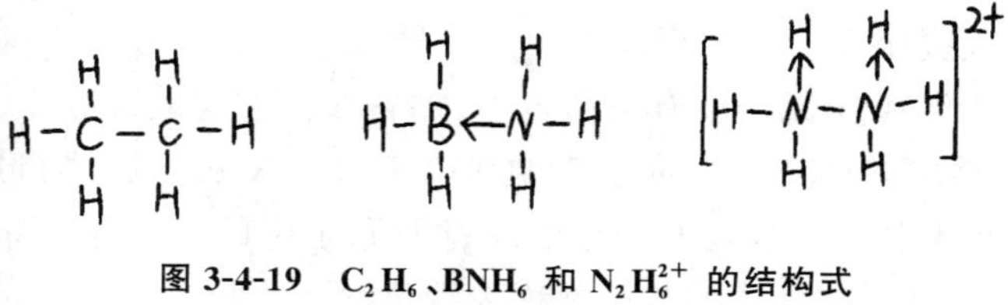

图 3-4-19 C_2H_6、BNH_6 和 $N_2H_6^{2+}$ 的结构式

【学生 A】C_2H_6 中没有配位键，BNH_6 中有 1 个 B←N 配位键，$N_2H_6^{2+}$ 中有 2 个 N→H 配位键。

【学生 B】C_2H_6、BNH_6 和 $N_2H_6^{2+}$ 的结构高度相似，互为等电子体。

4 形成配位键的能力

【教师】$CuSO_4$ 是白色粉末，溶于水形成的 $CuSO_4$ 溶液呈蓝色，Cu^{2+} 到底是什么颜色？

【学生】有 H_2O 时 Cu^{2+} 呈蓝色，无 H_2O 时单独的 Cu^{2+} 无色。

【教师】H_2O 可与 Cu^{2+} 形成蓝色的 $[Cu(H_2O)_4]^{2+}$。

【实验】演示实验 3-3：向 $CuSO_4$ 溶液中滴加氨水，首先生成蓝色沉淀，继续滴加沉淀溶解；加入弱极性溶剂（乙醇）后析出深蓝色晶体。

【教师】刚开始生成的蓝色沉淀是什么？

【学生】是 $Cu(OH)_2$。

【追问】继续滴加氨水，沉淀为什么会溶解？溶解后形成溶液的蓝色为什么比之前更深？

【学生】氨水中 NH_3 与 Cu^{2+} 反应，促使 $Cu(OH)_2$ 的沉淀溶解平衡右移。

【教师】NH_3 与 Cu^{2+} 反应形成 $[Cu(NH_3)_4]^{2+}$，$[Cu(NH_3)_4]^{2+}$ 的蓝色比 $[Cu(H_2O)_4]^{2+}$ 深。

【课堂活动四】写出实验 3-3 中发生的总反应方程式。

【展示】$[Cu(H_2O)_4]^{2+} + 4NH_3·H_2O = [Cu(NH_3)_4]^{2+} + 8H_2O$

【提问】所滴加溶液中 $c(NH_3) = 1$ mol/L，混合后 $c(NH_3)$ 远小于 $c(H_2O)$，为什么可以实现上面的转化？

【学生】因为 NH_3 与 Cu^{2+} 的配位能力强于 H_2O，发生了配体的置换反应。

【教师】NH_3 中 N 原子的电负性小于 H_2O 中 O 原子的电负性，N 原子对孤电子对的吸引能力更弱，因此 NH_3 更容易提供孤电子对形成配位键，即 NH_3 的配位能力强于 H_2O。

【教师】配体给出孤电子对的能力有差异，金属离子接受孤电子对的能力也有差异。比如 Cu^{2+} 比 Mg^{2+} 更容易形成配合物，主要原因是 Cu^{2+} 吸引孤电子对的能力更强。通常来说，过渡金属离子比主族金属离子更容易形成配位键。

按照教材编排进行实验 3-2、3-3、3-4、3-5。

★ 专项研究七：新教材中超分子、分子识别和自组装的解读和拓展

2017 年颁布的《普通高中化学课程标准》提到对超分子的要求："了解人类探索物质结构的过程，认同'物质结构的探索是无止境的'观点，了解从原子、分子、超分子等不同尺度认识物质结构的意义"，并要求学生能举例说明物质在原子、分子、超分子、聚集态等不同尺度上的结构特点对物质性质的影响，能举例说明结构研究对于发现、制备新物质的作用。随后，人民教育出版社于 2020 年出版的教材《物质结构与性质》（后文中简称"新教材"）中第三章"晶体结构与性质"的第四节标题为配合物和超分子，其中阐述了超分子的定义，介绍了杯芳烃＋C_{60} 和冠醚＋碱金属离子两种类型的超分子，并指出了超分子的两个重要特征：分子识别和自组装。以上是在我国中学化学课程标准和教材中首次介绍超分子、分子识别和自组装。

本节从超分子化学的诞生、超分子相关概念的内涵介绍、几类重要的超分子和超分子的应用和发展等方面对超分子进行全面介绍，作为师生学习和理解超分子的补充素材，以期充分发挥超分子的教学价值和意义，开拓学生科学视野，培养学生学习兴趣，同时进一步落实微观探析的化学学科核心素养，强化结构决定性质的化学学科核心思想。

1 超分子化学的诞生

现代超分子化学的研究是从二十世纪六七十年代开始的。数十年后，1987年的诺贝尔化学奖颁发给了创造性地提出超分子化学概念的Jean-Marie Lehn，发现冠醚的Charles J. Pedersen和提出主客体化学的Donald James Cram。超分子化学的诞生在化学发展史上具有里程碑意义，是化学发展的必然：化学早期研究的对象常为天然存在的混合物，随着实验方法，特别是分离提纯技术的进步，研究对象逐渐演变为纯净物，具体到保持物质化学性质的最小微粒——分子，然而这种研究过程往往没有考虑分子间的非共价键的相互作用对物质结构和性质的影响。超分子化学还原了分子所处的真实环境，使化学研究更加接近真实的情况。超分子化学的研究表明，很多情况下体现物质性质和功能的最小基本单位是超分子而不是分子，物质的一些特定功能往往产生于超分子组装体之中，这些新的观点给人们研究微观世界带来了质的飞跃和升华。徐光宪院士认为，二十一世纪的化学是研究泛分子的科学，是研究分子层次以及以超分子为代表的分子以上层次的化学物质的组成、结构、性质和变化及其内在联系和外界变化条件的科学。

2 超分子相关概念的内涵

新教材对超分子的定义是："超分子是由两种或两种以上的分子通过相互作用形成的分子聚集体。"要理解超分子的定义，需要把握三个概念：一是超分子定义中的分子是广义的，可以是分子，也可以是离子；二是分子间相互作用尚无统一的标准，有人概括为非共价键，有人限定为分子间作用力；三是形成分子聚集体，两个分子将形成有限的聚集体，足够多分子则会形成无限的聚集体。

北京大学本科生教材《中级无机化学》中对超分子的定义是："超分子通常是指两种或两种以上的物种依靠分子间作用力结合在一起，组成复杂的、有明确微观结构和宏观结构、比分子更高层次的聚集体"，这里强调了超分子明确的微观结构和宏观性质，同时强调了超分子的形成过程是"由分子间的识别和组装，形成超分子的结构物质"。北京大学周公度老师认为："由分子到超分子和分子间相互作用的关系，正如由原子到分子和共价键的关系一样"。这样的描述阐明了"原子→分子→超分子"的结构层次关系和"共价键→分子间相互作用"的相互作用层次关系。

下面从组成超分子的分子、超分子内分子间的相互作用和分子识别和自组装三个方面对超分子的内涵进行详细介绍。

2.1 组成超分子的分子

根据超分子中组分分子的结构地位差别，可以将超分子分为两种类型。

第一种类型是组分分子有明显结构地位差异，如在冠醚-金属离子组成的超分子中，冠醚是超分子结构的主体，金属离子嵌入冠醚空穴，前者是主，后者是客，这种结构也被称为主客结构（也有文献称为"主宾结构"）。在主客结构中主体分子通常具有环状或桶装结构，如冠醚、环糊精、杯芳烃、葫芦脲等；客体分子往往是具有发散键合位点的阴阳离子，如 K^+、NO_3^- 等，或是有特殊结构的分子，如富勒烯、金刚烷等。

第二种类型是组分分子无明显结构地位差异，如 DNA 双螺旋结构中的单螺旋链，两根地位相同的单螺旋链通过氢键形成双螺旋结构，再如形成索烃的两个大环分子等。组成这类超分子的分子通常具有相似的特殊结构，或是能够形成氢键，或是有特殊拓扑结构等，一般简单的分子或离子较难通过这种方式形成此类超分子。

2.2 超分子内分子间的相互作用

超分子内分子间的非共价键相互作用通常包括库仑力、范德华力、氢键、疏水作用力、π-π 堆积作用力等。这类相互作用通常较弱，约为 2~20 kJ/mol，比经典的共价作用小 1~2 个数量级。尽管如此，由于超分子体系中分子结构特殊，多位点多方向的非共价键相互作用往往呈现出加和性与协同性，使得分子间的结合力往往不亚于化学键，最终形成较为稳定的高级有序分子组装体。

分子间非共价键的相互作用是普遍存在的，通常条件下往往只影响物质的聚集状态等。如分子间范德华力大小的不同导致卤素单质呈现不同的聚集状态（如气、液、固三态），而超分子中非共价键的相互作用则会产生一些特殊的结构和功能。

2.3 分子识别和自组装

分子间的识别和组装是形成超分子的基础，也是超分子的重要特征。以分子识别为基础、分子自组装为手段、组装体功能为目标，构建了超分子科学研究体系。

2.3.1 分子识别

分子识别是指主体分子对客体分子的选择过程，是组装及组装体功能的基础。人和动物对各种气味的感知过程就是最常见的分子识别之一，在生理过程中 Na^+ 和 K^+ 等离子可以选择性地穿过细胞膜也是分子识别的结果。分子识别对象的范围很广，可以是阳离子、阴离子和中性分子，也可以是有机、无机和生物微粒。

分子识别的原理是主体分子与客体分子之间因为尺寸、电荷、氢键配对、疏水作用等因素而产生强弱不同的相互作用，对客体分子进行选择，从而达到识别的目的。经典的例子是冠醚与金属离子形成超分子时，随着环尺寸的增大，最佳的金属离子半径也在增大：12-冠-4 与 Li^+，15-冠-5 与 Na^+，18-冠-6 与 K^+（表 3-4-4）。

表 3-4-4 部分冠醚空腔直径与其适合的碱金属离子直径对比

冠醚	冠醚空腔直径/nm	适合的离子（直径/nm）
12-冠-4	0.12~0.15	Li^+ (0.152)
15-冠-5	0.17~0.22	Na^+ (0.204)
18-冠-6	0.26~0.32	K^+ (0.276)

2.3.2 自组装

自组装是指结构相对较简单或较小的分子从无序状态出发，在没有外界干预的条件下，通过相互作用自行聚集、组织成规则结构的现象，是形成超分子结构的重要方式。比如新教材介绍的水与甲烷在特定条件自组装形成各种结构的天然气水合物（图 3-4-20），又称可燃冰,在海底和冰川底部储量巨大,是一种潜在能源;再如在冠醚环中嵌入合适的金属离子形成超分子,这些都是常见的通过自组装得到的经典结构。

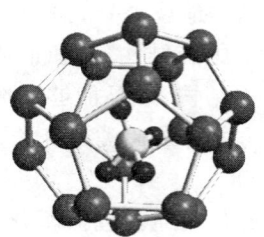

图 3-4-20　一种天然气水合物的结构(H_2O 中的 H 原子未画出)

超分子体系的自组装过程往往还具有内部调整能力以便进行错误校正,比如在 DNA 复制过程中对错配碱基进行识别并剔除,这是纯粹的共价体系通常无法实现的,因为共价作用通常较强,一旦形成就难修正。

2.3.3　分子识别和自组装的关系

分子识别和自组装的关系可简单总结为:分子之间先进行识别,识别后如果发现是"正确"的分子,则进行自组装形成超分子;反之则无法进行自组装。即分子识别是自组装的前提,而自组装是分子识别的结果。

3　几类重要的超分子

新教材中介绍了杯芳烃+C_{60} 和冠醚+碱金属离子两种类型的超分子,都是大环状分子+小分子的主客体系超分子。除杯芳烃和冠醚外,经典的大环状结构还包括环糊精、葫芦脲等结构;客体分子范围更加广泛,从阴阳离子到中性分子,从无机微粒到有机、生物分子,都可与这些环状结构发生相互作用,形成丰富多彩的超分子。现从形成超分子的分子间相互作用进行分类,选择其中具有代表性的超分子进行介绍。需要注意的是,一些复杂的超分子中往往涉及多种不同的相互作用,如 DNA 中包括氢键、疏水作用、π-π 堆积作用和静电作用等,是多种非共价键共同作用形成的复杂超分子结构,其中碱基配对形成氢键极具代表性,故将其分类到"通过氢键形成的超分子"。其他超分子的分类亦有相似的情况,本文按照其中主要的或具有代表性的相互作用归类。

3.1　通过静电作用形成的超分子

静电作用是化学微粒之间最广泛存在的相互作用之一。冠醚是由多个—氧—亚乙基—(—O—CH_2CH_2—)结构单元形成的大环多醚,常见的冠醚有 12-冠-4、15-冠-5、18-冠-6 的结构等(图 3-4-21)。这类分子具有类似皇冠的结构,因此被称为冠醚。

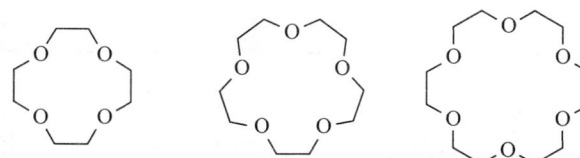

图 3-4-21　12-冠-4、15-冠-5、18-冠-6 的结构

以 18-冠-6 为例,冠醚的命名规则是:"18"表示冠醚成环原子数,"冠"是描述冠醚分子结构如同皇冠(图 3-4-22),"6"表示冠醚环上的氧原子数。冠醚中的氧原子带负电,可与金属离子产生静电相互作用,从而组装形成超分子(图 3-4-23)。

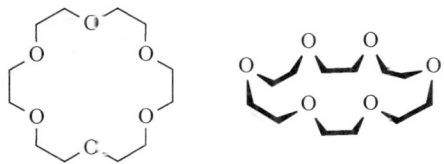

图 3-4-22　18-冠-6 结构与其对应的皇冠结构

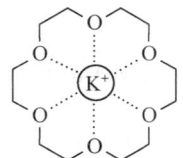

图 3-4-23　K$^+$@18-冠-6 超分子结构

冠醚的分子结构特点是既有亲水的氧原子,又有亲油的亚乙基,因此冠醚的极性可以在亲油和亲水之间进行翻转(图 3-4-24),这是冠醚具有普遍可溶性的原因。基于此,冠醚成为有机合成中重要的相转移催化剂,可以加速水相-油相反应的速率。

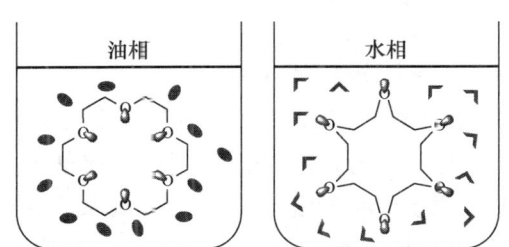

图 3-4-24　18-冠-6 在油相和水相中呈现不同的结构

3.2　通过氢键形成的超分子

氢键是超分子中最重要的分子间作用之一,其作用较强,涉及范围很广,是生命科学和材料科学研究的重要内容。通过氢键形成的超分子种类繁多、结构特殊,功能性强。

3.2.1　DNA 和蛋白质

DNA 是自然界中最常见最典型的超分子之一:DNA 的双螺旋结构由 2 个聚合缠绕链通过互补碱基对之间的氢键结合在一起(图 3-4-25)。腺嘌呤(A)-胸腺嘧啶(T)碱基对间形成 2 组氢键,鸟嘌呤(G)-胞嘧啶(C)碱基对间形成 3 组氢键。这些氢键的取向和距离能使碱基间相互匹配,产生相当强的相互作用,使之具有几何上的固定能力。

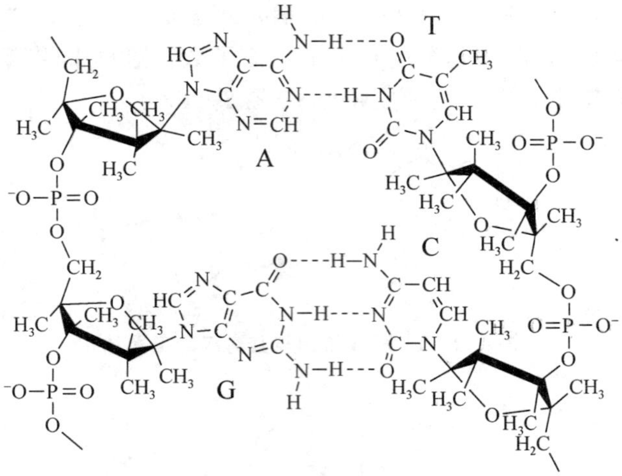

图 3-4-25 DNA 双螺旋结构中的碱基配对情况

由此可见，正是由于嘌呤碱基和嘧啶碱基之间的相互识别、相互配对，两条单链按照一定方式组装成双螺旋的超分子结构，这是分子识别在生物体系中最精髓的实例之一，氢键在碱基的识别中起到关键作用。此外，DNA 链骨架上带负电的磷酸基和 Na^+、K^+、Mg^{2+} 等金属阳离子间存在静电相互作用，也在一定程度上稳定了 DNA 的结构。

蛋白质中，多个特定的三级结构通过非共价键排列组装，形成蛋白质的四级结构，因此蛋白质通常都是超分子。由于蛋白质中三级结构体积较大，彼此之间往往能在多个位点发生非共价键的相互作用，这些相互作用的加和与协同使得蛋白质的四级结构相对稳定，保证了正常的生理功能。

3.2.2 三聚氰胺和三聚氰酸形成的超分子

三聚氰胺和三聚氰酸都是具有 C_3 轴的平面分子：每个三聚氰胺中有 6 个氨基氢原子作为氢键的给体，环上 3 个氮原子作为氢键的受体；每个三聚氰酸中有 3 个亚氨基氢原子作为氢键的给体，有 3 个羰基氧原子作为氢键的受体（每个氧原子可与 2 个氢原子形成氢键）。最终两种分子完美地通过氢键形成二维超分子（图 3-4-26），其中相邻的三聚氰胺和三聚氰酸之间形成 3 个氢键，这种二维超分子是经典的氢键自组装体系。该体系具有稳定性强、合

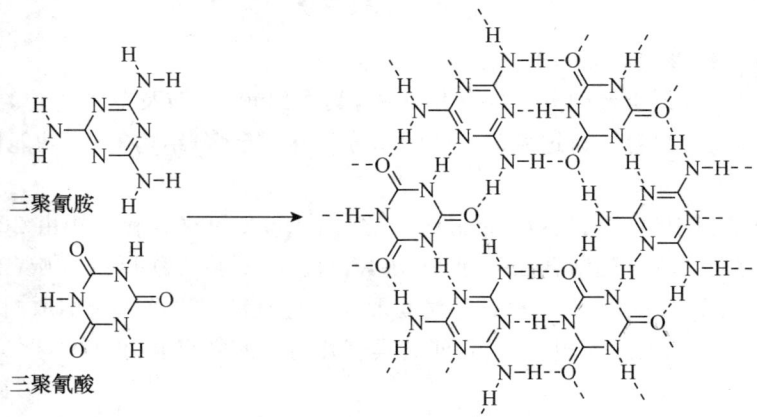

图 3-4-26 三聚氰胺和三聚氰酸通过自组装形成超分子

成简单、结构丰富、可识别性强的优点,成为制备功能材料、催化剂等特殊材料的模板。

3.3 通过疏水作用形成的超分子

疏水作用是指在水溶液中的疏水基团彼此靠近聚集以避开水的现象。疏水作用在自然界中普遍存在,最典型的是在蛋白质折叠过程中,疏水相互作用提供了重要的推动力,使大部分疏水残基处在蛋白质分子的内部,在一定程度上提高了这类蛋白质在水溶液中的稳定性和溶解性。

3.3.1 环糊精与多种分子

环糊精是一类由葡萄糖单元相连形成的闭环低聚糖分子,常见的是 α-环糊精、β-环糊精、γ-环糊精(图 3-4-27),分别含有 6 个、7 个、8 个葡萄糖单元。环糊精具有类似截锥状的结构,开口较大一段称为次面,开口较小一端称为主面(图 3-4-28)。同时,特殊的基团分布使得截锥结构的主面和内壁为疏水性区域,次面和外壁为亲水性区域。

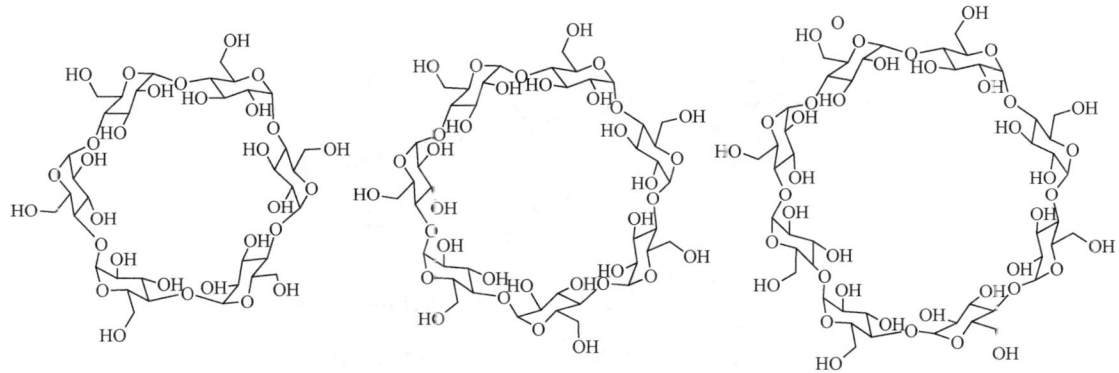

图 3-4-27　α-环糊精(左)、β-环糊精(中)和 γ-环糊精(右)的结构

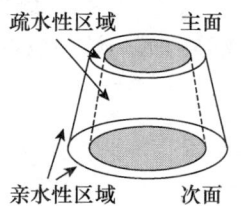

图 3-4-28　环糊精的截锥结构

环糊精可从淀粉的降解中获得,不仅化学性质稳定,可修饰性强,而且内腔具有手性的微环境,可以选择性地与各种无机分子(如 Cl_2、Br_2、I_2、ClO_4^-、SCN^- 等)、有机分子(如烃类、醇类、羧酸类等)、生物分子(各种氨基酸等)形成主客体或超分子。特别是在色谱中环糊精可用于拆分对映异构体的混合物,因而受到越来越多科学工作者的关注。

3.3.2 葫芦脲与多种分子

葫芦脲是一类由甘脲(尿素和乙二醛的缩合产物)与甲醛通过简单反应制备的大环化合物,根据结构单元数目不同命名为葫芦[n]脲($n \geqslant 5$),葫芦[6]脲结构见图 3-4-29。该类大环化合物因形状与葫芦非常相似而得名。葫芦[6]脲的内腔直径约为 0.55 nm,端口直径约为

0.39 nm,高度为 0.91 nm,空腔尺寸与 α-环糊精接近。与环糊精一样,葫芦脲的空腔也是疏水的,可以包容多种疏水的有机分子。相比于环糊精等其他大环化合物,葫芦脲结构的刚性更强,很难改变自身形状去适应客体分子,因此其识别和组装过程具有高度的专一性。比如对位取代的苯的衍生物可以进入葫芦[6]脲的空腔,而邻位取代或间位取代的苯的衍生物则无法进入(图 3-4-30)。

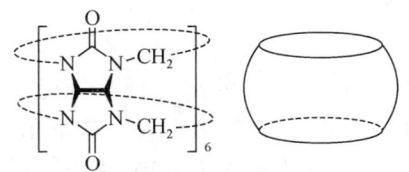

图 3-4-29　葫芦[6]脲结构及其简化模型

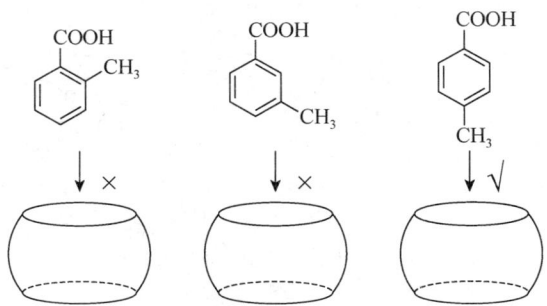

图 3-4-30　邻/间/对甲基苯甲酸与葫芦脲作用示意

3.3.3　胶束和单/双分子膜

烷基磺酸根离子(图 3-4-31)是一类重要的表面活性剂,这类分子一般呈长直链状,一端为有极性的亲水基团(含氮、磷、硫、氧等),另一端为没有极性的疏水基团(通常为烃基链)。

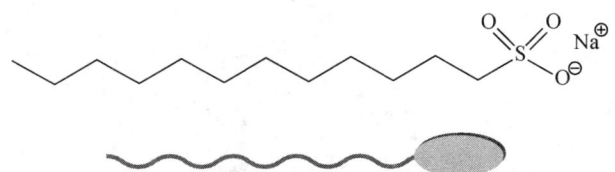

图 3-4-31　十二烷基磺酸钠结构(上)和其简化模型(下)

表面活性剂在水中会因为疏水作用形成表面亲水内部疏水的胶束结构(图 3-4-32 左),其疏水空腔可以包裹油渍等不溶于水的污垢,达到去污的目的。

在水溶液表面,表面活性剂则会自组装形成单分子层,其疏水非极性的一端朝向空气,以减小水的表面张力(图 3-4-32 右),这就是肥皂水比纯水更容易形成泡沫的原因。动植物细胞和细胞器的膜是由磷脂分子(结构与烷基磺酸根离子相似)自组装形成的双分子膜,这些分子中疏水的长烃基链因疏水作用自发向内排列,最终形成两侧亲水的双分子膜。

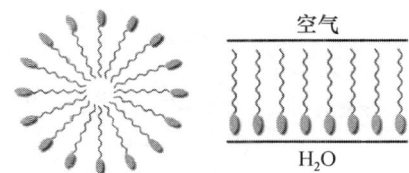

图 3-4-32 表面活性剂形成的胶束(左)和单分子层(右)结构示意

3.4 通过 π-π 堆积作用形成的超分子

π-π 堆积作用是一种存在于具有特定空间结构关系的两个芳香环之间的弱相互作用,其本质是原子间的静电作用和分子间的范德华力共同作用。π-π 堆积作用在自然界中普遍存在,比如在 DNA 双螺旋结构中,相邻碱基在旋进中彼此堆积在一起相互吸引形成 π-π 堆积作用,在一定程度上稳定了 DNA 的双螺旋结构。

杯芳烃是由苯酚单元通过亚甲基在酚羟基邻位连接而构成的一类环状低聚物(图 3-4-33),由于该类分子的结构模型与希腊式酒杯相似,故被称为杯芳烃,即新教材中介绍的杯酚。图 3-4-33 中是叔丁基杯[4]芳烃的结构,其中"4"表示的是聚合单元个数为 4。

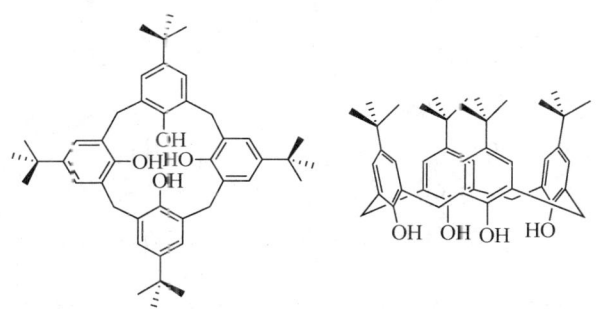

图 3-4-33 叔丁基杯[4]芳烃的结构

1992 年有科学家报道对叔丁基杯[8]芳烃能与 C_{60} 组装形成超分子,C_{70} 因体积大而无法与对叔丁基杯[8]芳烃形成类似结构(图 3-4-34)。利用这种原理可对 C_{60} 和 C_{70} 进行分离,实现大批量、低成本的 C_{60} 和 C_{70} 的制备。研究表明 C_{60} 中的 π 电子体系与杯芳烃的苯环之间发生了电荷转移,即形成了 π-π 堆积作用(图 3-4-35)。

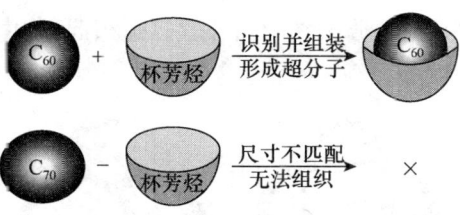

图 3-4-34 杯芳烃与 C_{60}、C_{70} 反应示意

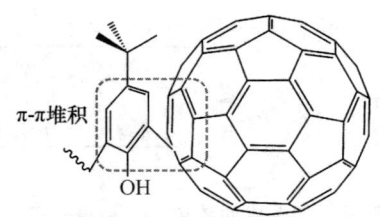

图 3-4-35 杯芳烃与 C_{60} 之间 π-π 堆积作用示意

3.5 通过机械键形成的超分子

索烃是由两个或两个以上分立的环组成的内锁式结构,分立的环之间的作用力不同于经典的化学键或是分子间作用力,常将这种环之间特殊的内聚力称为机械键或者拓扑键。最简单的索烃是[2]索烃,[2]代表由 2 个环状结构组成,最早合成[2]索烃的方法如图 3-4-36 所示,该结构的主体是由多个—CH_2—结构单元形成的环状结构。需要注意的是索烃往往不是烃。

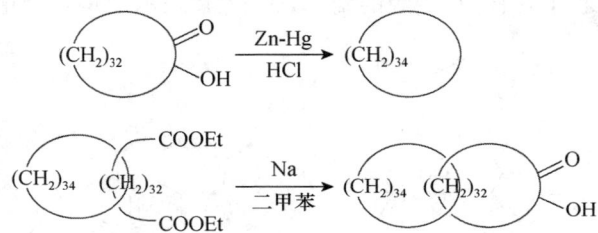

图 3-4-36 最早合成[2]索烃的方法

轮烷是与索烃非常相似的一类机械互锁结构,最简单的轮烷是由一个环状分子套在一个哑铃状的线型分子上形成的(图 3-4-37),其中环状分子被称为轮,线型分子被称为轴。

图 3-4-37 轮烷结构示意

以索烃和轮烷的研究为起点,分子纳米拓扑学迅速兴起,其中很多拓扑分子都是通过机械键形成的超分子(图 3-4-38)。

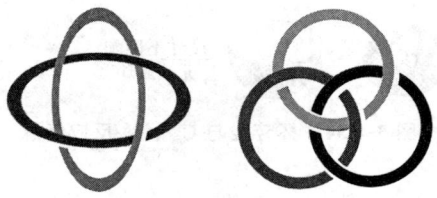

图 3-4-38 两类复杂的拓扑分子结构示意

4 超分子的应用和发展

以 DNA 和蛋白质等为代表的超分子在自然界广泛存在,是生理活动的基础。本章中已经提到,科学家利用冠醚作为相转移催化剂,利用杯芳烃—C_{60} 形成超分子实现 C_{60} 和其他富勒烯的分离,利用环糊精内的手性环境在色谱中拆分对映异构体的混合物等超分子的应用。此外,科学家还模拟生命中的分子识别和分子自组装,创造出很多结构新颖、性质奇特的超分子物质。可以看出,超分子是化学及相关学科未来发展和研究的重要方向。现选择最具代表性的超分子药物和分子机器进行介绍。

4.1 超分子药物

以环糊精、葫芦脲及它们的衍生物为代表的有机大环化合物,具有内疏水外亲水的特殊分子结构,能与疏水药物形成超分子,可以改善药物的溶解性、控制药物的释放速度、消除药物异味,应用前景广阔。在众多有机大环化合物中,由于环糊精具有廉价易得、生物相容性好、几乎无毒副作用、化学性质稳定等特点,成为现代制药中的一种重要辅料。如抗癌药阿霉素与环糊精在水溶液中形成超分子包合物(见图 3-4-39),增大了阿霉素的水溶性,控制了阿霉素的释放速度,从而提高了其药效。

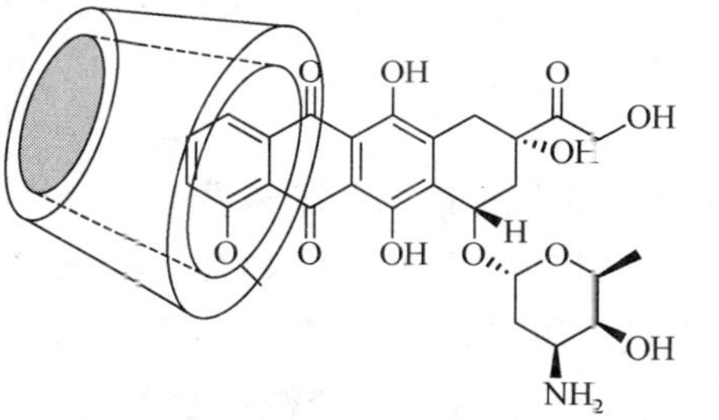

图 3-4-39　阿霉素与环糊精形成的超分子结构示意

4.2 分子机器

2016 年度诺贝尔化学奖授予了在分子机器设计和合成领域做出重大贡献的三位科学家。分子机器是一个新兴的研究领域,其研究目的是构建分子水平上的机器,超分子在分子机器的构建中起到至关重要的作用。早在 1959 年,著名科学家 Richard Feynman 就展望了极小尺度操作和控制物体的相关问题,这是对分子机器最早的设想。分子机器经历了一个从简单的机械互锁结构(索烃、轮烷等)的设计与合成到功能探索的过程。

2016 年诺贝尔化学奖获得者 Fraser Stoddart 在 20 世纪 90 年代基于轮烷结构设计合成了一系列运动可控的分子梭。其中一种分子梭以带正电的紫精环番大环为轮,以含有联苯二酚和联苯二胺的线型分子为轴(图 3-4-40)。由于联苯二胺相比联苯二酚更富电子,在近中性环境下紫精环番受静电吸引在联苯二胺上;当加入酸后联苯二胺被质子化变成缺电子基团,紫精环番将移动到联苯二酚上。即可通过调节体系 pH 使得大环分子进行定向移动,这是早期经典的人造分子机器。

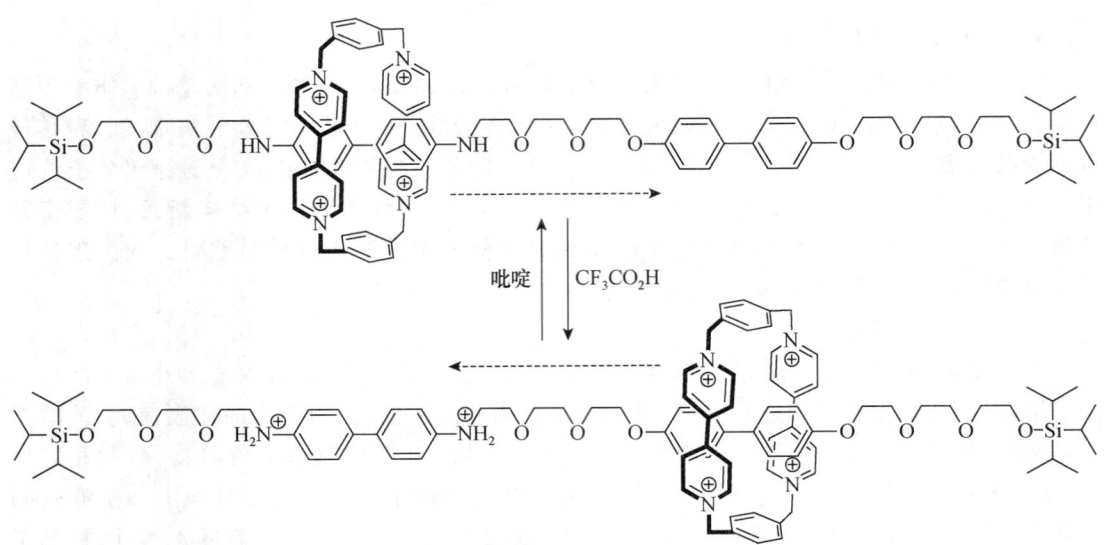

图 3-4-40 酸碱调控下分子梭上环的移动

在此基础上,科学家们研制了更加复杂的分子机器,分子马达和分子开关就是其中具有代表性的例子。

4.2.1 分子马达

分子马达是指将化学能转化为机械能的分子机器。新教材第二章"分子结构与性质"前言部分介绍了"分子工厂"——ATP 合成酶:ATP 合成酶像一个会旋转的泵,细胞膜内外 H^+ 浓度的差别推动了这个泵的旋转,每秒钟旋转 100 圈,每转一圈,抽入合成 ATP 的原料分子,生产出 3 个 ATP 分子。ATP 合成酶的结构示意图见图 3-4-41,是由多个亚基组成的具有特殊功能的蛋白质,是自然界中最典型的分子马达之一。自然界生物体系精准和高效的运行离不开包括 ATP 合成酶(转动马达)和肌球蛋白(平动马达)等生物分子机器,同时,这些生物分子机器运转的基本原理为设计人工分子机器提供了灵感和思路。

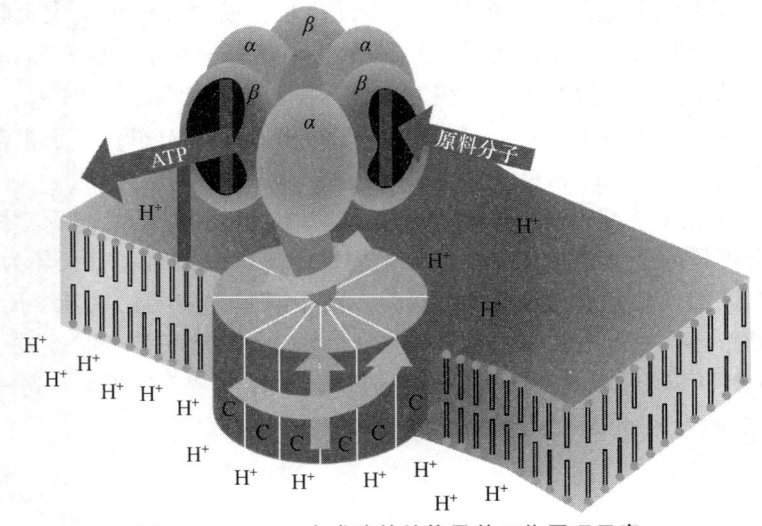

图 3-4-41 ATP 合成酶的结构及其工作原理示意

2016年诺贝尔化学奖获得者B. Feringa设计合成了一系列有趣的分子马达,并利用分子马达构建了可以在平面上移动的分子汽车。

4.2.2 分子开关

分子开关是另一类经典的分子机器。图3-4-42中是一种分子开关的工作原理:不能产生荧光的分子(1)在Na^+和H^+的共同作用下转化为分子(2),分子(2)在光照射下可以产生荧光。若除去分子(2)中的Na^+和H^+使其转化为分子(1),则在光照射下不再产生荧光。通过控制溶液中Na^+和H^+浓度即可实现(1)和(2)之间的可逆转化,进而控制分子是否发光,故被称为"分子开关"。

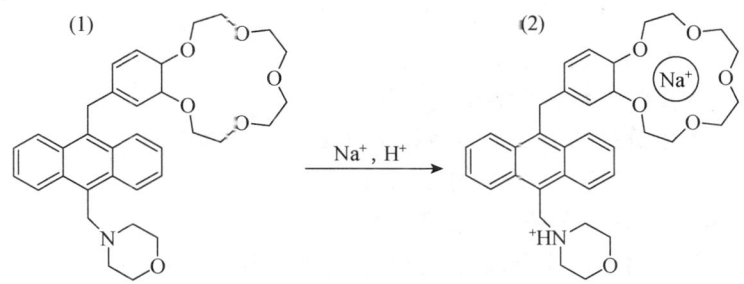

图3-4-42 非荧光分子(1)和荧光分子(2)之间的转化

各种人造分子机器的制备,展现了合成化学的魅力,体现了人类在分子层面精细的微操控能力,该领域的发展具有不可限量的应用前景。

5 总结

超分子的研究获得1987年诺贝尔化学奖,2016年诺贝尔化学奖再次青睐以超分子为基础的分子机器,是对超分子研究价值的充分肯定。从自然界中的超分子到人工合成超分子,从超分子药物到分子机器,超分子已经走进人类生产生活的方方面面,并且引领着前沿科学的发展。在此背景下,新颁布的课程标准要求学生"了解从原子、分子、超分子等不同尺度认识物质结构的意义"显得非常及时且必要。因此,超分子进入高中教材,正如超分子进入科学家研究范围一样,是化学科研和化学教育共同进步的必然结果。

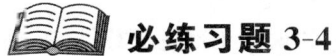

必练习题 3-4

一、判断题

1. 配位键是介于共价键和离子键之间特殊的化学键。( )
2. $CuSO_4$、$CuCl_2$、$CuBr_2$溶于水的过程中形成了配位键。( )
3. 1个$[Cu(H_2O)_4]^{2+}$中有12个σ键,其中有4个是配位键。( )
4. 一种金属原子或离子可与多种配体形成配合物。( )
5. 配位键具有饱和性和方向性。( )
6. 配位键都是极性共价键。( )

第三章 晶体结构与性质

7. NH_4^+ 中配位键的键长略大于其他3个普通共价键的键长。（　　）
8. Cu^{2+} 通常与4个 H_2O 或4个 NH_3 形成配离子。（　　）
9. $Al(OH)_3$ 溶于 NaOH 形成的 $Na[Al(OH)_4]$ 中有配位键。（　　）
10. 形成配位键的能力：过渡金属离子＞主族金属离子。（　　）
11. 向 $Cu(OH)_2$ 沉淀中滴加氨水，沉淀溶解，该过程涉及配位键的断裂。（　　）
12. 含有配位键的化合物就是配合物，因此 NH_4Cl 和 $NaBH_4$ 都是配合物。（　　）
13. 1个 $N_2H_6^{2+}$ 中有2个配位键。（　　）
14. $(NH_4)_2[PtCl_6]$ 的阴阳离子中均含有配位键。（　　）
15. $[ZnCl_4]^{2-}$ 的空间结构是正四面体形。（　　）
16. CN^- 作为配体时 C 原子是配位原子。（　　）
17. 超分子是人类认识物质世界的新层面。（　　）
18. 超分子可以由分子和离子等多种微粒组成。（　　）
19. C_{60} 和 C_{70} 都可与尺寸匹配的杯酚形成超分子。（　　）
20. C_{60} 与杯酚形成超分子的过程是可逆的。（　　）
21. 冠醚可以基于离子尺寸而识别不同的碱金属离子。（　　）
22. $NaHCO_3$ 溶液中2个 HCO_3^- 通过氢键形成二聚体 $(HCO_3)_2^{2-}$ 是一种超分子。（　　）
23. C_{60}@杯酚中 C_{60} 与苯酚之间的作用主要是范德华力，Na^+@15-冠-5 中 Na^+ 与15-冠-5之间的作用主要是静电作用。（　　）
24. 鼻子能识别各种气味，与超分子分子识别的功能相关。（　　）
25. 细胞中双分子膜的结构体现了超分子自组装的特点。（　　）

二、选择题

1. HF 是弱酸，与 BF_3 反应后生成的 HBF_4 是强酸。下列说法中不正确的是（　　）
   A. 反应的化学方程式是 $HF+BF_3 \rlap{=}= HBF_4$
   B. 反应中 B 原子的杂化类型不变
   C. HBF_4 的电离方程式为 $HBF_4 \rlap{=}= H^+ + BF_4^-$
   D. HBF_4 的阴离子中有配位键

2. 关于 $[Cd(NH_3)_4](OH)_2$ 的说法正确的是（　　）
   A. 中心离子是 Cd^{2+}，配位原子是 N
   B. 一个 $[Cd(NH_3)_4]^{2+}$ 中有4个配位键，12个共价键
   C. ∠HNH 大小关系：NH_3（即游离氨分子）＞$[Cd(NH_3)_4]^{2+}$
   D. 与足量盐酸反应后可能形成新的配离子 $[CdCl_4]^{2-}$

3. H_3BO_3 是一种弱酸，在水中按照如下方式电离：
$$H_3BO_3 + 2H_2O \rightleftharpoons [B(OH)_4]^- + H_3O^+$$
下列说法中不正确的是（　　）
   A. 1个 H_3BO_3 分子发生电离的同时形成2个配位键
   B. 电离过程中 B 原子由 sp^3 杂化变为 sp^2 杂化

C. H_3BO_3 晶体中 1 个 H_3BO_3 分子可以形成多个分子间氢键

D. $[B(OH)_4]^-$ 中所有 B 原子和 O 原子都达到 8 电子稳定结构

4. 向 $AgNO_3$ 溶液中滴加氨水,先生成沉淀,继续滴加氨水沉淀溶解形成澄清溶液。接着向澄清溶液中滴加盐酸,又生成沉淀。下列说法中不正确的是(　　)

A. 前后 2 次生成的沉淀组成相同

B. 澄清溶液中的阳离子是 $[Ag(NH_3)_2]^+$,1 个该离子中含有 2 个配位键

C. 滴加盐酸时发生反应离子方程式:$[Ag(NH_3)_2]^+ + Cl^- = AgCl\downarrow + 2NH_3$

D. $1\ mol\ [Ag(NH_3)_2]^+$ 中有 $8N_A$ 个 σ 键

5. 向 $FeCl_3$ 溶液中滴加 KSCN,黄色溶液迅速变成血红色。下列说法中不正确的是(　　)

A. 黄色是 $[FeCl_4]^-$ 的颜色

B. 血红色是 $[Fe(SCN)_n]^{(n-3)-}$ 的颜色

C. 反应过程中只有配位键的断裂,没有配位键的形成

D. SCN^- 中键角是 180°

6. 铁氰化钾($K_3[Fe(CN)_6]$)可用于检验 Fe^{2+}。下列说法中不正确的是(　　)

A. $K_3[Fe(CN)_6]$ 中存在离子键、σ 键和 π 键

B. $1\ mol\ K_3[Fe(CN)_6]$ 中有 $6N_A$ 个配位键

C. $1\ mol\ K_3[Fe(CN)_6]$ 中有 $6N_A$ 个 σ 键

D. $K_3[Fe(CN)_6]$ 溶于水电离时只破坏离子键而不破坏共价键

7. 盐酸羟胺($H_2N-OH\cdot HCl$)是一种无色晶体,可用作还原剂和显像剂,熔点为 152℃。下列说法中正确的是(　　)

A. 盐酸羟胺是含有配位键的共价化合物

B. 盐酸羟胺中阳离子结构可以表示为 $[H_2N-OH_2]^+$

C. 盐酸羟胺水溶液呈酸性

D. 羟胺与盐酸反应生成盐酸羟胺的过程中各原子杂化类型不变

8. 四羰基合镍,化学式为 $Ni(CO)_4$,结构如下:

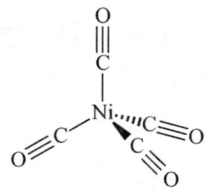

中心 Ni 原子为 sp^3 杂化,易燃烧,带有黄色火焰,可用于制高纯镍粉。下列说法中正确的是(　　)

A. 1 个 $Ni(CO)_4$ 分子中有 8 个 σ 键和 8 个 π 键分子

B. 1 个 $Ni(CO)_4$ 分子中有 4 个配位键

C. $Ni(CO)_4$ 分子中 C 原子采用 sp^2 杂化

D. $Ni(CO)_4$ 是非极性分子

9. 氢化锂铝($LiAlH_4$)是有机合成中重要的还原剂。结构如下：

   $Li^\oplus$ $[AlH_4]^\ominus$

   下列说法中不正确的是(　　)
   A. $LiAlH_4$ 可能具有与 CaF_2 类似的晶体结构
   B. $LiAlH_4$ 中的共价键都是配位键
   C. 不宜在水溶液中将 $LiAlH_4$ 作为还原剂使用
   D. $LiAlH_4$ 的阴离子中心原子采用 sp^3 杂化

10. 常用含 $Na_2S_2O_3$ 的定影液溶解照相底片上未曝光的 $AgBr$(不溶于浓氨水)，生成可溶于水的 $Na_3[Ag(S_2O_3)_2]$；随后加入 Na_2S，生成 Ag_2S 沉淀；最后在高温下将 Ag_2S 转化为 Ag。下列说法中不正确的是(　　)
    A. $Na_3[Ag(S_2O_3)_2]$ 中的配体是 $S_2O_3^{2-}$
    B. 加入 Na_2S 时反应的离子方程式：$2[Ag(S_2O_3)_2]^{3-}+S^{2-}=\!=\!=Ag_2S\downarrow+2S_2O_3^{2-}$
    C. 向 Ag_2S 沉淀中加入浓氨水，可以得到澄清溶液
    D. Ag_2S 中 Ag^+ 与 S^{2-} 之间离子键有较多共价键的成分

11. 科学家用 $LiBH_4$ 和 NH_4Cl 的反应合成了氨硼烷(H_3BNH_3)
    $$LiBH_4+NH_4Cl=\!=\!=H_3BNH_3+H_2$$
    研究表明氨硼烷受热按照如下方式分解
    $$H_3BNH_3=\!=\!=BN(金刚石型)+3H_2$$
    下列说法中不正确的是(　　)
    A. $LiBH_4$ 和 NH_4Cl 都是离子晶体，H_3BNH_3 是分子晶体
    B. 合成 H_3BNH_3 的反应中 B 原子和 N 原子的杂化方式不变
    C. 1 个 H_3BNH_3 中有 7 个 σ 键，其中 1 个是配位键
    D. BN(金刚石型)中所有共价键都是配位键

12. 一种新型可逆电池放电时正负极反应如下：
    $$正极：3C_n[AlCl_4]+3e^-=\!=\!=3C_n+3[AlCl_4]^-$$
    $$负极：Al-3e^-+7[AlCl_4]^-=\!=\!=4[Al_2Cl_7]^-$$
    其中 $[Al_2Cl_7]^-$ 的结构如下

    $$\begin{bmatrix} & Cl & Cl & & Cl & Cl \\ & \diagdown & \diagup & & \diagdown & \diagup \\ & Al & - & Cl & - & Al \\ & \diagup & \diagdown & & \diagup & \diagdown \\ & Cl & Cl & & Cl & Cl \end{bmatrix}^-$$

    下列说法中不正确的是(　　)
    A. $[AlCl_4]^-$ 具有正四面体结构
    B. 1 个 $[Al_2Cl_7]^-$ 中有 2 个配位键
    C. $[AlCl_4]^-$ 和 $[Al_2Cl_7]^-$ 中 Al 都是 sp^3 杂化

D. 电池放电时总反应：$Al+4[AlCl_4]^-+3C_n[AlCl_4] \rightleftharpoons 3C_n+4[Al_2Cl_7]^-$

13. 硼氮苯($B_3N_3H_6$)，俗称无机苯，结构与苯高度相似：

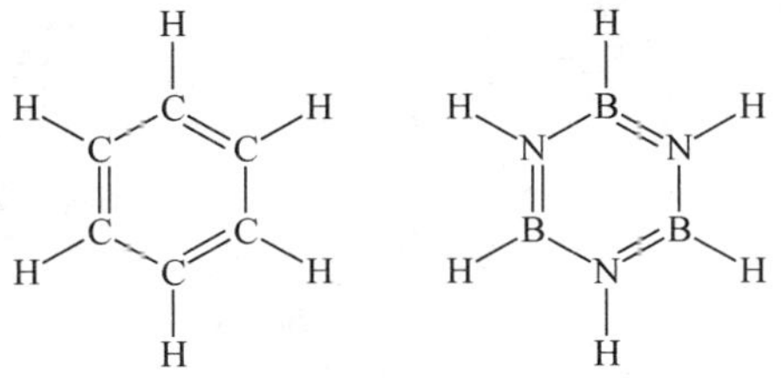

硼氮苯熔点$-58℃$，沸点$55℃$，液体密度$0.81\ g/cm^3$($55℃$)。硼氮苯遇水会发生水解反应，水解产物为氢气与硼酸(H_3BO_3)。下列说法中不正确的是（ ）

A. 苯和硼氮苯中都有大π键

B. 苯和硼氮苯都是分子晶体

C. 苯是非极性分子，硼氮苯是极性分子

D. 硼氮苯水解过程中B原子和N原子的杂化类型都发生了变化

14. BF_3可与乙醚$(C_2H_5)_2O$反应：

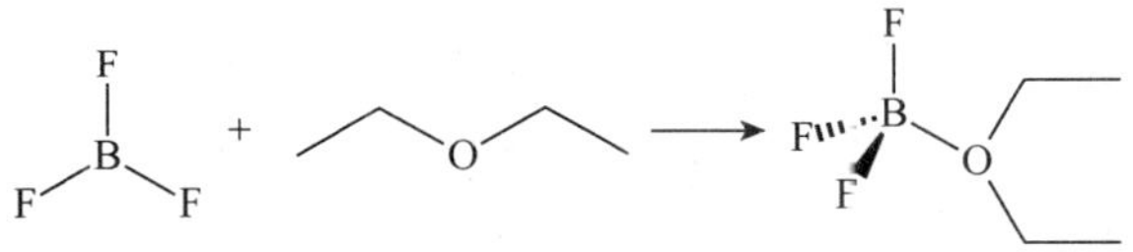

BF_3中B—F键键长$130\ pm$，产物中B—F键键长$141\ pm$。下列说法中正确的是（ ）

A. BF_3中B—F键是介于单键和双键之间特殊的键

B. 反应过程中B原子从sp^2杂化变为sp^3杂化，O原子从sp^3杂化变为sp^2杂化

C. 产物结构可以表示为$F_3B \rightarrow O(C_2H_5)_2$

D. 产物分子中只有σ键而无π键

15. 化合物Ⅰ可以发生分子内反应生成化合物Ⅱ：

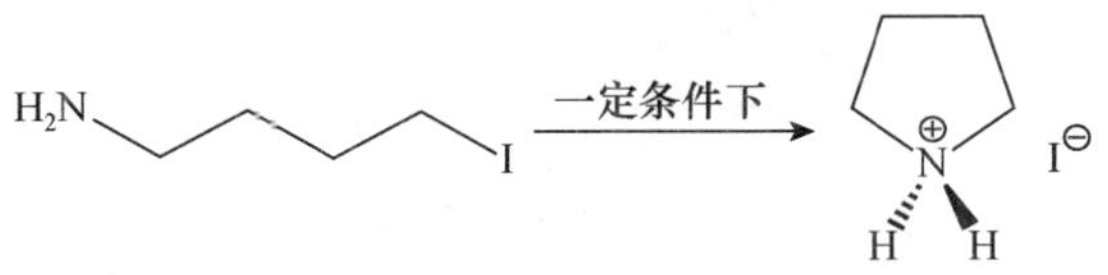

化合物Ⅰ   化合物Ⅱ

下列说法中不正确的是（ ）

A. 化合物Ⅰ是共价化合物，化合物Ⅱ是离子化合物

B. 化合物Ⅰ和化合物Ⅱ中N原子都是sp^3杂化

C. $1\ mol$化合物Ⅱ中有$3N_A$个配位键

D. 化合物Ⅰ生成化合物Ⅱ的反应中只有极性共价键的断裂和形成

16. 超分子K^+@18-冠-6的合成过程如下图所示：

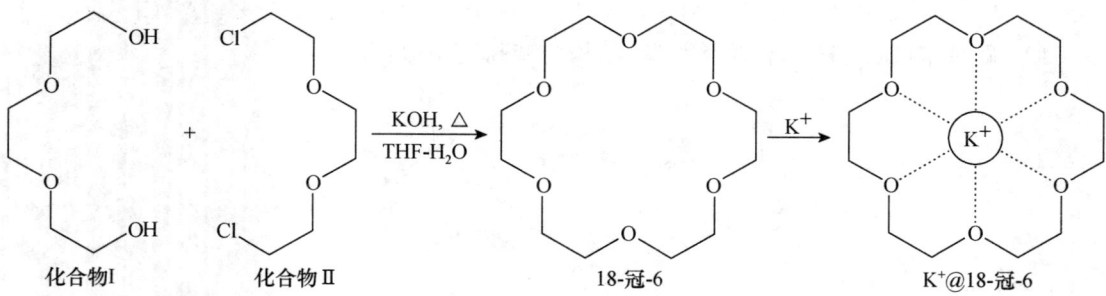

下列说法中不正确的是(　　)

A. 水中溶解性：化合物Ⅰ＞化合物Ⅱ

B. 18-冠-6 亦可与 Na^+、Rb^+ 形成稳定的超分子

C. K^+@18-冠-6 中 K^+ 与 18-冠-6 中呈负电性 O 原子之间有静电相互作用

D. 超分子可以是分子，也可是离子

17. 索烃中含有多个互扣的大环分子，但每个环之间不被任何价键力连接。一种索烃的结构示意图如下：

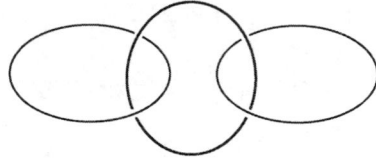

下列说法中不正确的是(　　)

A. 索烃中环之间存在非共价键的作用

B. 索烃属于超分子

C. 索烃中相邻大环分子之间不存在范德华力

D. 若要将索烃拆分为一个个独立的大环分子，需要破坏共价键

18. $Al(BH_4)_3$ 的结构如图所示：

下列关于 $Al(BH_4)_3$ 的说法中不正确的是(　　)

A. Al^{3+} 的配位数是 6

B. Al^{3+} 与 3 个 B^{3+} 处于同一平面

C. $Al(BH_4)_3$ 中有 2 种化学环境的 H^-

D. $Al(BH_4)_3$ 是离子晶体

必练习题部分参考答案和解析

必练习题 1-1

一、判断题

1	2	3	4	5	6	7	8	9	10
√	√	×	×	√	√	×	×	×	√
11	12	13	14	15	16	17	18	19	20
×	×	×	√	×	√	√	×	×	×
21	22	23							
√	√	×							

解析(部分)：

4．基态 H 原子和 He 原子电子均在 K 能层上，但不代表没有 L、M 等能层，当电子跃迁时也会出现填充 L 等能层的激发态 H 和 He 原子。

7．当一个物质是透明的，只能说明该物质难以吸收可见光发生电子跃迁。对于玻璃，它可以吸收紫外光发生电子跃迁，普通玻璃可以阻挡大多数紫外线。

9．构造原理是以光谱学事实为基础得到的。

11．该电子排布可能为激发态 C 原子。

13．电子出现在轨道轮廓内的概率为 90%，还有 10% 的可能出现在轨道轮廓外。

15．所有 p 能级都是由 3 个简并轨道组成的，与能层无关。

16．P 原子的未成对电子为 $3p^3$，为三个自旋平行，分别处于 $3p_x$、$3p_y$、$3p_z$ 轨道的电子，其电子云伸展方向相互垂直。

18. 简并轨道,即原子中能量相同的一组轨道。如 N 原子中的 $2p_x$、$2p_y$、$2p_z$ 为一组简并轨道,而 2s 和 2p 轨道属于不同能级,不是简并轨道。

21. 电子填入 5 个轨道,按照构造原理填入的应为 1s,2s,2p,3s,3p 能级,由于 3p 能级上有电子填入,所以 1s,2s,2p,3s 均已充满,3p 能级一共可填充 6 个电子,所以有 6 种元素。

22. 基态原子填充 $4s^1$ 的有 K、Cr、Cu 三种,其中 Cr 和 Cu 是由于 $3d^5$ 和 $3d^{10}$ 半充满和全充满的特殊稳定性导致 $4s^1$ 可存在。

23. M 能层中最多容纳 18 个电子,因此在 18 号元素后仍然会向其中填入电子。比如第 26 号 Fe 元素,M 层只有 14 个电子。从 29 号 Cu 元素开始,M 层填满。

二、选择题

1	2	3	4	5	6	7
B	BC	B	BC	A	AC	B

解析(部分):

1. 各能层电子均达到 $2n^2$ 的粒子可以分为如下几类。

(1) 核外电子构型为 He 或 Ne 型,阳离子阴离子皆可,比如 H^-、Li^+、O^{2-}、Al^{3+} 等;

(2) 第四周期的 Cu^+、Zn^{2+}、Ga^{3+}、Ge^{4+}(如 GeO_2);

(3) 化合价为 +5 价的 As(Na_3AsO_4 或 As_2S_5 中的 As)、+6 价 Se(H_2SeO_4 中的 Se)、+7 价的 Br($NaBrO_4$ 中的 Br)(注意,它们不能以 As^{5+}、Se^{6+}、Br^{7+} 的形式单独存在)。

题目中符合条件的为 A 中的 Ne、B 中的 F^- 和 Mg^{2+}、C 中的 O^{2-}。

2. B:根据电子云模型,在一些时刻,1s 电子离核距离可以大于 2s 电子离核距离。

C:影响电子能量的首要因素是能层,其次才是能级,比如 3s 电子能量高于 2p 电子。

3. 要判断一个原子是否为激发态,首先看该原子的电子排布是否符合构造原理,比如 $2s^12p^2$ 肯定属于激发态,该题中四个选项均符合构造原理,那么再看该电子排布是否有可能不满足洪特规则。B 选项中 $3d^3$ 可能为三个自旋平行的电子,此时为基态;也可能为一对电子加一个单电子等其他情况,此类情况均为激发态。

4. B:该原子核外电子填充了 4 个能层,7 个能级。

C:3d 共 5 个轨道,可填充自旋平行的 5 个电子,$3d^5$ 排布方式中单电子数为 5。

D:M 能层包含 3s、3p、3d 能级,共有 2+6+5=13 个电子。

5. 根据元素知识:A 选项中为 N 元素,单电子数为 3;B 选项为 C 元素,单电子数为 2;C 选项为 Be 或 Ar,单电子数为 2 或 0;D 选项为 Al 元素,单电子数为 1。

6. A:道尔顿原子论模型中原子是化学变化中的最小单位,是不可再分的,因此也不存在正负电荷。

B:汤姆逊原子结构模型又称枣糕模型或者葡萄干面包模型,认为带正电的介质像果冻一样均匀分布在原子内,原子中的电子散布在正电荷介质中,题目中 B 选项的说法是卢瑟福通过 α 粒子散射实验得到的结论。

C:玻尔模型中认为核外电子只能在有确定半径和能量的特定轨道上运动。

D:电子云描述电子在原子核外空间某处出现机会(概率)的大小,并不是说电子像云。

7. A:在绘制电子云轮廓图时,把电子在核外空间出现概率 $P=90\%$ 的空间圈出来,即电子还有10%的概率出现在电子云轮廓图外。

C：2s电子云轮廓图包含了1s电子云轮廓图,因此2s电子有相当概率出现在1s电子云轮廓图中。

必练习题 1-2

一、判断题

1	2	3	4	5	6	7	8	9	10
×	×	√	√	×	×	√	√	×	√
11	12	13	14	15	16	17	18	19	20
√	×	×	×	×	×	×	×	×	×
21	22	23	24	25					
×	×	×	√	×					

解析（部分）：

1. 原子序数是核内质子数,决定元素相对原子质量的因素包括每一种核素的质子数和中子数,以及各种核素的丰度。比如18号元素Ar的相对原子质量为39.95,19号元素K的相对原子质量为39.10;再如27号元素Co的相对原子质量58.93,28号元素Ni的相对原子质量58.69。

2. 该结论是1913年由英国物理学家莫斯莱发现的。

6. p区元素(He除外)最外层电子排布为 $ns^2np^{1\sim6}$,单电子只会出现在p能级上,而p能级有3个轨道,单电子数范围是0~3。

8. 前36号元素中最外层电子只能填充 ns、np 轨道,有3个单电子必然填入 np 轨道,因此一定是p区主族元素。

9. 价层电子排布式为 $3d^{10}4s^1$ 的元素是Cu,位于第四周期第IB族,是ds区元素。

12. 对角线规则为左上到右下的对角线元素性质接近,因此与Al性质类似的元素为Be。

13. H原子半径常指共价半径,即 H_2 中两个H原子核间距的一半。H原子间成键时 1s轨道会有一定的重叠,所以H原子半径小于1s轨道电子云轮廓的半径。

14. 同族元素第三周期半径大于第二周期,不同族无法比较,比如Li原子半径大于Cl原子半径。

15. N原子比C原子多1个电子,同时N原子核电荷数比C原子大1,原子核吸引电子能力增强使得N原子半径更小。

16. 前三周期元素,原子半径最小的是H。

17. 原子一定存在基态和激发态,但离子不一定,因为离子可能不含电子,比如 H^+,由于没有电子存在所以只有基态。

18. 半充满和全充满结构特有的稳定性导致第一电离能的变化并不是单调递增的。

19. 同周期Be(金属)的第一电离能大于B(非金属),所以非金属元素第一电离能不一定大于金属。

20. 稀有气体原子既难失去电子,也难得到电子。

21. 第一电离能 Mg>Al。

22. 同周期元素中处于 0 族稀有气体元素的第一电离能最大。

23. 见本节"知识拓展：元素性质与单质性质之间的关系"。

25. 同一周期（第二、三周期）的主族元素，从左往右，电负性单调递增，但第一电离能并不是单调递增的，因此电负性和第一电离能之间并无简单的相关性。

二、选择题

1	2	3	4	5	6	7	8	9	10
A	C	C	C	AB	A	C	B	AD	D

解析（部分）：

1. 只有①正确。

2. A、B、C 三种元素可以分别是 S、Na、F，也可以是 O、Li、H。两种情况下原子序数大小顺序 A＞B＞C，原子半径 B＞A＞C，最外层电子数 C＞A＞B 或 A＞B＝C，只有 C 选项正确。

3. 四种元素分别是 P、Al、O、N，其中单质氧化性最强的为 O。

4. 四种元素分别为 A：Na 或 Mg（最高能级为 3s）；B：Li（单电子数 1，总电子数 3）或 C（单电子数 2，总电子数 6）；C 为 O；D 为 Be、Mg、Fe、Zn 等，其中电负性最大的元素是 O。

5. D 中基态原子中未成对电子数最少的是 Be 和 Mg，未成对电子数为 0。

6. $113=2+8+8+18+18+32+27$，则电子排布式为 $[Rn]7s^25f^{14}6d^{10}7p^1$，处于 p 区，最外层电子数为 3，其上方元素原子序数为 $113-32=81$（即 Tl 元素），最高正价为 +3 价。

7. A：H 电负性为 2.1＞1.8。

B：碱土金属均可显 +2 价，位于 s 区。

C：s 区元素未成对电子数最多为 1，所以一定不在 s 区。

D：Li 的最外层电子数是次外层的一半，位于 s 区。

8. A：可能为 Be($1s^22s^2$) 或者 C($1s^22s^22p^2$)。

B：只能为 Be。

C：可能为碱土金属，过渡金属等。

D：Li（电子对数 1，单电子数 1）、C（电子对数 2，单电子数 2）。

9. A：第二周期第一电离能最小的元素是 Li，处于 s 区。

B：第三周期电负性最小的元素是 Na，处于 s 区。

C：第四周期原子半径最大的元素是 K，处于 s 区

D：d 区、ds 区与 f 区的元素都是金属元素。

必练习题 2-1

一、判断题

1	2	3	4	5	6	7	8	9	10
×	√	×	√	√	√	√	×	√	×
11	12	13	14	15	16	17	18	19	20
√	√	√	×	×	×	√	×	√	√

解析(部分):

1. H_2O_2 的不稳定性来自其中不稳定的 O—O 键。H_2O_2 中的共价键是饱和的,O 原子形成 2 个共价单键,H 原子形成 1 个共价单键。

3. 金属原子和非金属原子之间也可以形成共价键(主要是配位键,见第三章第四节),如 $AlCl_3$(Al_2Cl_6)、$Ni(CO)_4$ 都是共价化合物。需注意一些金属性不是很强的过渡金属元素原子之间也能形成共价键。

5. HCl 中 σ 键是由 H 的 1s 轨道和 Cl 的 3p 轨道头碰头重叠形成的,其电子云有 2 个波瓣,不具有中心对称性;Cl_2 中 σ 键是由 2 个 Cl 原子的 3p 轨道头碰头重叠形成的,其电子云有三个波瓣,具有中心对称性。

7. H 原子电子位于 1s 轨道,只能形成 σ 键。

8. σ 键电子云的形状是多样的,由 2 个 s 轨道形成的 σ 键电子云只有 1 个波瓣,由 s 轨道和 p 轨道形成的 σ 键电子云有 2 个波瓣,由 2 个 p 轨道形成的 σ 键电子云有 3 个波瓣。

9. CO 和 N_2 为等电子体,存在碳氧三键,由于 σ 键只有一个,所以存在 1 个 σ 键和 2 个 π 键。

10. C_4H_8 有两类结构:一类结构是烯烃,必然存在 π 键;另一类结构是环烷烃,如环丁烷和甲基环丙烷,都只存在 σ 键。

12. $(CN)_2$ 结构由 3 个 σ 键和 4 个 π 键组成。

13. 由于乙烯中 C—C 键长更短,导致形成 σ 键的两个轨道重叠程度更大,所以键能更大。

14. 乙烯可以与高锰酸钾反应是因为 C═C 中有 1 个相对较弱的 π 键,并不是因为 C═C 的键能小。

15. 碳碳双键是 1 个 σ 键和 1 个 π 键,键能不能与 1 个 σ 键的 2 倍直接等同。

17. 一般来说,键长越短,原子轨道重叠程度越大,键能越大,在 H—F 键中不存在类似 F—F 键中负电荷相互排斥的特殊情况。

18. 一般情况下共价半径之和等于单键的键长,但是多重键的存在会使键长小于共价半径之和。

二、选择题

1	2	3	4	5	6	7	8	9
B	C	C	C	CD	A	ABD	D	BC

解析(部分):

1. 题中 4 个分子中键的数目分析如下:

	C_2H_4	N_2	Cl_2	HCN
σ 键数目	5	1	1	2
π 键数目	1	2	0	2

注意:任意两个键合原子间一定存在 σ 键,所以由 x 个原子组成的分子,σ 键数目最少

为 $x-1$(不存在环状结构,每增加一个环状结构 σ 键数目加 1)。

2. 该反应过程中断裂一个 C—C π 键和一个 H—H σ 键,形成两个 C—H σ 键。

3. A:电离前 σ 键数目为 3(1 个 H—Cl 和 2 个 O—H),电离后 σ 键数目为 3(3 个 O—H)。

B:H 原子无法形成 π 键,所以这些微粒中均无 π 键。

C:共价键的饱和性是指每个原子的成键总数或以单键相连的原子数目是一定的。对于有孤电子对的原子如 O、N 等,可以利用孤电子对形成配位键,比如 H_3O^+、NH_4^+,不影响共价键的饱和性。

4. A:H^+ 不能在任何物质中单独存在,在溶液中以溶剂合氢离子的形式存在,比如在水中即为 H_3O^+,在液态 HF 中即为 H_2F^+。一般情况下,我们只把 H_3O^+ 简写为 H^+。

B:$NaHSO_4$ 为 Na^+ 和 HSO_4^- 组成的离子晶体,存在离子键,而 HSO_4^- 中存在共价键。

C:$NaHSO_4$ 溶于水断裂 H—O σ 键,所有的 S—O 键都没有断裂。

D:$NaHSO_4$ 热解为 $Na_2S_2O_7$ 和 H_2O,该过程断裂一个 O—H 键($H—OSO_3^-$)和一个 S—O 键($HO—SO_3^-$),形成一个 O—H 键(H—OH)和一个 S—O 键($SO_3^-—OSO_3^-$)。

5. A:所有 σ 键都是轴对称的,存在 $C_∞$ 旋转轴。

BC:由于 N_2 中 N 原子之间存在的是氮氮三键,所以 2 个 N 原子距离更近,键长更短,σ 键由于重叠程度更大键能更大。这个问题亦可从 N_2H_4 中 2 个 N 原子存在孤电子对的排斥而使氮氮键长变长、键能变小来分析。

6. A:乙烯中有 5 个 σ 键和 1 个 π 键。

BC:反应过程中断裂了 C—H 键、C=C 键和 O=O 键,形成了 C=O 键和 O—H 键。

D:反应方程式为:$C_2H_4+3O_2 \xrightarrow{\quad} 2CO_2+2H_2O$,反应前 σ 键数目为 $5+3×1=8$,反应后 σ 键数目为 $2×2+2×2=8$,因此反应前后 σ 键数目不变。

8. A:根据题目信息,乙烯醇容易转化为乙醛,所以平衡时乙醛浓度应该大于乙烯醇,所以 $K>1$。

BC:乙烯醇和乙醛中 σ 键数目(6 个)和 π 键数目(1 个)以及键总数(7 个)都相等。

D:该反应 $K>1$,则 $\Delta G<0$,由于该反应分子数无变化,$\Delta S≈0$,所以 $\Delta H<0$。

必练习题 2-2

一、判断题

1	2	3	4	5	6	7	8	9	10
×	√	√	×	√	×	×	√	√	√
11	12	13	14	15	16	17	18	19	20
×	√	√	×	√	×	√	√	√	×
21	22	23	24	25					
×	×	√	√	√					

解析(部分):

1. 红外光谱属于分子光谱,原理是分子能选择性地吸收某些波长的红外线而引起分子中振动能级和转动能级的跃迁。由于红外光谱需要波长范围较宽的光,所以不能使用激光作为光源。

4. 直线形分子键角一定是180°,但V形分子有两种可能。根据VSEPR理论,V型分子可能是sp^2杂化的AB_2E型(如SO_2,E表示孤电子对),也可能是sp^3杂化的AB_2E_2型(如H_2O),前者键角小于120°,后者键角小于109.5°。

5. CH_4为等性sp^3杂化,C原子所形成的四根键完全一致,所以键角相等。而CH_2Cl_2中有两种σ键,彼此排斥不同,这导致CH_2Cl_2中存在三种键角(∠H—C—H,∠H—C—Cl,∠Cl—C—Cl,其中键角最大的是∠Cl—C—Cl,因为Cl原子更大并且有很多孤对电子,彼此之间排斥较大)。

6. 四原子分子有很多可能的空间结构。针对VSEPR模型,若限制该分子只有一个中心原子(只有中心原子杂化,其他端位原子不杂化),则四原子分子有三种可能的空间结构:平面三角形(AB_3型,sp^2杂化,如BF_3和SO_3)、三角锥形(AB_3E型,sp^3杂化,如NH_3)和T形(AB_3E_2型,sp^3d杂化,如ClF_3)。如果考虑非单中心原子的四原子分子,还有C_2H_2、H_2O_2、N_2F_2和P_4等多种结构。

7. 同系物是指结构相似、分子式相差n个CH_2原子团的化合物,如CH_4和C_2H_6属于同系物。而椅式环己烷(C_6H_{12})和船式环己烷(C_6H_{12})属于立体异构体,可以互相转化。

8. 当孤电子对占据杂化轨道时,VSEPR模型与微粒空间结构不同;当中心原子没有孤电子对时,VSEPR模型与微粒空间结构一致。

11. 炔烃结构中,虽然碳碳三键不能自由旋转,但是碳链为直线形,因此不会出现顺反异构。

12. C原子为中心原子的分子一定不存在孤对电子,所以VSEPR模型一定与空间结构一致。但一些阴离子中的C原子可能有孤电子对,如甲基锂($LiCH_3$)中的甲基负离子CH_3^-,其孤电子对的存在会使VSEPR模型与空间结构不一致。

14. 根据VSEPR模型,NOCl的结构为V形,∠ONCl≈120°,N_2O为CO_2的等电子体,结构为直线形,键角为180°。

16. 杂化轨道除了容纳形成σ键的成键电子对外,还可以容纳孤电子对。

17. 在离子化合物中Al只能显+3价,因此阴离子中C显-4价,C^{4-}已经满足8电子稳定结构,无须再形成共价键。

18. CH_3COOH中甲基C原子形成4个σ键,为sp^3杂化,羧基C原子形成3个σ键,为sp^2杂化。

19. 双键电子云密度更大,斥力更大,因此∠O=C—H>120°>∠H—C—H。

20. 与上题同理,键角大小应为∠O=S—Cl>∠Cl—S—Cl,但要注意,$SOCl_2$中S原子为sp^3杂化,所以键角都应小于120°。

21. 只要轨道的能量接近,就能够发生杂化。对于第三周期的过渡金属来说,同时存在有未填充满的3d轨道和4d轨道,其4s轨道既可以与3d轨道杂化,也可以与4d轨道杂化,比如$[Fe(CN)_6]^{2-}$中Fe为d^2sp^3杂化,$[FeF_6]^{3-}$中Fe为sp^3d^2杂化。对于第四周期p区元素,3d轨道填满,4s轨道只能和4p、4d轨道杂化,比如AsF_5中As为sp^3d杂化。

22. 在$HClO_4$、ClO_2等化合物中,Cl原子形成的共价键数目大于1。

24. 根据 VSEPR，SF_6 为正八面体结构，S 原子形成了 6 个完全相同的 S—F 键，因此 S 原子为 sp^3d^2 杂化。

二、选择题

1	2	3	4	5	6	7	8	9	10
C	AC	A	ACD	ACD	B	C	C	AC	A
11	12	13	14	15	16	17	18	19	20
ABC	B	BC	ACD	BD	B	BD	CD	C	C
21	22	23	24	25	26	27	28	29	
D	BCD	C	AC	D	A	B	CD	CD	

解析（部分）：

1. C_{60} 和 C_{70} 的唯一明显区别在于分子质量相差较大，因此可以通过质谱中分子离子峰的数值来区分。

2. A：C_{60} 是球形结构，球面上五元环和六元环形成曲面结构。

B：每个 C 原子都形成 3 个 C—C σ 键，所有 σ 键都是由 2 个 C 原子形成的，因此 σ 键数目为 $60 \times 3 \div 2 = 90$。

C：根据欧拉定理（面数＋顶点数＝棱数＋2），C_{60} 的顶点数为 60，棱数为 90（即 σ 键数目），则面数（五元环数＋六元环数）为 $90+2-60=32$，故六元环数目为 $32-12=20$ 个。

D：C_{60} 与 H_2 的加成反应不能破坏 C—C σ 键，每个 C 原子都已经形成了 3 个 C—C σ 键，只能与 1 个 H 原子成键，因此产物为 $C_{60}H_{60}$。

3. A：HN_3 中两个氮氮键不等长，连有 H 原子的 N 和不连 H 原子的 N 化学环境不同，因此所形成的键不同。而 N_3^- 是 CO_2 的等电子体，两个氮氮键等长。

B：HN_3 和 N_3^- 的中心 N 原子均为 sp 杂化。

C：H_3O^+ 和 H_2O 的中心 O 原子均为 sp^3 杂化，但 H_3O^+ 中只有一对孤电子对，对成键电子对的排斥小于有两对孤电子对的 H_2O，所以 ∠HOH 大小：$H_3O^+ > H_2O$。

D：由于 HN_3 的酸性与醋酸相当，因此酸性 $HN_3 > H_2CO_3 > HCO_3^-$，H_2CO_3 不能制取 HN_3，因此方程式错误。

4. A：$SO_3(g)$ 中 S 为 sp^2 杂化，构型为平面三角形；而 $SO_3(s)$ 中 S 为 sp^3 杂化，构型为四面体。

B：成键电子对之间的斥力为双键＞单键，在 $SO_3(s)$ 中有三种键角，且大小排序为 ∠O＝S＝O＞∠O＝S—O＞∠O—S—O。

C：$SO_3(s)$ 中所有 S 原子均为 sp^3 杂化，没有可用于形成大 π 键的 p 轨道，因此该结构中没有大 π 键。

D：$SO_3(s)$ 转化为 $SO_3(g)$ 会断裂 S—O σ 键，形成新的 S—O π 键。

5. B：S 原子与 6 个 F 原子形成 6 个相同的键，因此是 sp^3d^2 杂化。

C：SF_6 中最多有 5 个原子共平面，这样的平面有 3 个，彼此相互垂直。

D：填充 SF_6 的作用是避免被高压电击穿，所以 SF_6 一定具有优良的绝缘性能。

6. CH_3^+ 的价层电子对数为 3，C 为 sp^2 杂化，键角 120°；CH_4 的价层电子对数为 4，C 为

sp³ 杂化,键角 109.5°;CH_3^- 的价层电子对数为 4,C 为 sp³ 杂化,有一对孤电子对,键角< 109.5°。

7. A:$N_2H_5^+$ 具有两性,$N_2H_5^+ + H^+ \rightleftharpoons N_2H_6^{2+}$;$N_2H_5^- + OH^- \rightleftharpoons N_2H_4 + H_2O$。

B:根据题目信息,$N_2H_6^{2+}$ 仅存在于强酸性溶液中,说明其酸性很强,可以与 $NaHCO_3$ 反应放出 CO_2。

C:孤电子对与成键电子对之间有较大排斥,会使键能减小。随着 H 的增多,微粒中孤电子对的数目减少,会使键能增大,即 N—N 键键能 $N_2H_6^{2+} > N_2H_5^+ > N_2H_4$。

D:N_2H_4 与 H^+ 形成配位键不会改变价层电子对数,所以三者杂化类型一致,均为 sp³ 杂化。

8. A:异构体的转化平衡中能量较低的结构浓度更大,因此 $c(1) > c(2)$。

B:两种结构的电离产物均为 $HCOO^-$ 和 H^+,能量较高的结构更容易电离,因此结构(2)酸性更强。

C:$HCOO^-$ 只有一种结构,没有异构体。

D:羧基中羟基 O 原子为 sp² 杂化,形成了 Π_3^4 大 π 键。

9. BC:吡啶和质子化吡啶离子中 N 原子均为 sp² 杂化,N 原子未杂化的 p 轨道中有一个未成对电子参与大 π 键(Π_6^6)的形成。

D:不管是吡啶分子还是质子化吡啶离子,其六元环中都既含有 C—C 键也含有 C—N 键,由于 C 和 N 的半径不一致,所以一定不是等边六元环。

10. B:与三个乙炔分子相比,苯形成了 3 个新的 C—C σ 键,在形式上保留了 3 个 C—C π 键,但是在苯中实质形成的是大 π 键(Π_6^6),没有单独的 π 键。

C:乙炔中的碳碳键为三键,苯中的碳碳键介于单键和双键之间,因此乙炔中的碳碳键更短。

D:苯非常不活泼的主要原因是大 π 键(Π_6^6)的特殊稳定性。π 键数目多并不一定活泼,比如含有 2 个 π 键的 N_2 很不活泼。

11. A:N、P、Q 中 π 键数均为 2。

C:M 分子中所有 C 原子均为 sp³ 杂化。

D:N 分子的中间 C 原子为 sp³ 杂化,为四面体构型,不对称,是极性分子。

12. A:对于烃类,C 原子数相同时,H 原子数越少,含碳量越大。在没有限定是直链烷烃、直链单烯烃、直链单炔烃的条件下不能直接比较碳元素的质量分数。

B:烷烃的根本特征之一是所有 C 原子均为 sp³ 杂化,分子中只有 σ 键而无 π 键。

C:烯烃中只有形成双键的 C 原子为 sp² 杂化(如果一个 C 原子同时形成 2 个碳碳双键,那么这个 C 原子为 sp 杂化,比如丙二烯 $H_2C=C=CH_2$ 的中心 C 原子为 sp 杂化),烯烃中其他没有形成双键的 C 原子仍为 sp³ 杂化。

D:所有烃类化合物中的 C 原子都发生了杂化。

13. A:两种离子中 C 原子均为 sp² 杂化。

BC:$C^{18}O_3^{2-}$ 可以水解生成 $H_2C^{18}O_3$,后者存在平衡 $H_2C^{18}O_3 \rightleftharpoons H_2^{18}O + C^{18}O_2$,与溶液中的水存在平衡 $C^{18}O_2 + H_2^{16}O \rightleftharpoons H_2C^{16}O^{18}O_2$,按照这种方式反复电离水解,最终可以产生 3 种 CO_2,$C^{16}O_2$、$C^{16}O^{18}O$ 和 $C^{18}O_2$。

D：CO_2 中碳氧键是介于三键和双键之间的特殊键，CO_3^{2-} 中碳氧键是介于双键和单键之间的特殊键，因此碳氧键键长 $CO_3^{2-}>CO_2$。

14. AD：$N_2O_5(s)$ 中阴离子为 NO_3^-，阳离子为 NO_2^+（CO_2 的等电子体），N 原子分别为 sp^2 和 sp 杂化，阳离子和阴离子数目相等。

B：阳离子 NO_2^+ 和阴离子 NO_3^- 中 N 元素均为 +5 价。

C：$N_2O_5+H_2O=\!=\!=2HNO_3$，因此水解产物只有一种。

15. A：C_5H_6 结构左右对称，可以根据对称性把碳碳键分为三类。第一类是碳碳双键，第二类是由 2 个 sp^2 杂化 C 原子形成的单键，第三类是由 sp^2 杂化 C 原子与 sp^3 杂化 C 原子形成的单键，键长依次增大。

B：根据题目信息，$C_5H_5^-$ 为正五边形碳环，所有 C 原子均为 sp^2 杂化，形成平面结构。

C：$C_5H_5^-$ 中大 π 键为 Π_5^6。从形式上来说，两个双键的四个 C 原子的 p 轨道中各有一个未成对电子，带负电荷的 C 原子的 p 轨道上有一对孤电子对，共有 6 个 π 电子；实际上，负电荷是分散在整个大 π 键中的(即离域的)，而不是被某个 C 原子单独占有的。

D：由于分子为平面形结构，因此 ∠CCC+2∠HCC=360°，由于碳环为正五边形，∠CCC=108°，∠HCC=(360−108)÷2=126°。

16. B：C1—C2 键为三键，C2—C3 为 sp 杂化 C 原子与 sp^3 杂化 C 原子形成的单键，C3—C4 为 2 个 sp^3 杂化 C 原子形成的单键，三者均不等长，键长依次增加（形成杂化轨道的 p 轨道越少，杂化轨道越短，形成的单键越短）。

C：该分子中有 15 个 σ 键和 2 个 π 键。

D：3 个甲基上的 9 个 H 原子不可能共平面。实际上这 9 个 H 原子中最多有 6 个 H 原子共平面。

17. A：丙烯腈的中心 C 原子是 sp^2 杂化，因此 3 个 C 原子无法共直线。

B：碳氮三键中两个 π 键互相垂直，只有一个能与 C=C 的 π 键共轭形成大 π 键（Π_4^4）。

C：己二腈中氰基的碳原子仍为 sp 杂化，没有发生改变。

D：丙烯腈发生的是得电子还原反应，发生在阴极室。

18. A：C1 只与 2 个原子成键，为 sp 杂化；C2 和 C3 都与 4 个原子成键，为 sp^3 杂化。

B：2 个 N 原子的价层电子对数为 3，形成 2 个 σ 键和 1 个 π 键，为 sp^2 杂化。

C：该分子中不存在大 π 键，中心 C 原子形成的两个 π 键彼此垂直，无法形成大 π 键。

D：C1 形成的两个 π 键彼此垂直，因此这 5 个原子不在同一平面。

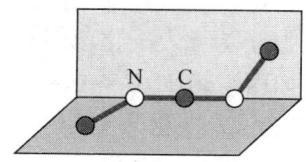

19. A：N2 原子的价层电子对数为 3，是 sp^2 杂化，因此这 4 个原子一定共平面。

B：参与形成了 Π_4^6 大 π 键。

C：硝基中的两个 O 原子化学环境一致，形成的 N→O 键可以通过大 π 键共轭，因此两个键完全一致，键长相等，只是表示形式不同，正如 CH_3COO^- 中两个 C—O 键等长。

20. A：N_5^- 与 15 题中的 $C_5H_5^-$ 互为等电子体（N 与 CH 互为等电子体），每个 N 原子的价层电子对数均为 3，都是 sp^2 杂化。

B：N_5^+ 中的 N2 和 N4 为直线形结构，都是 sp 杂化；N3 有 2 对孤电子对，其中一对占据未杂化 p 轨道，并与相连的 2 个 NN 三键中的 π 键形成大 π 键，另一对占据 1 个 sp^2 杂化轨道，剩下的 2 个 sp^2 杂化轨道中无电子，分别接受 N2 和 N4 提供的孤电子对形成配位键，因此 N3 为 sp^2 杂化。

C：N_5^- 中形成 Π_5^6 大 π 键。

D：N_5^+ 中心 N3 原子未杂化 p 轨道中的 2 个电子与两侧氮氮三键中的 π 键一起形成大 π 键，$p^2+π+π=\Pi_5^6$。

21. A：平衡时能量低、更稳定的结构浓度更高，因此反式结构更稳定。从另一个角度来分析，相比于顺式结构，反式结构中 2 个甲基距离更远，斥力更小，更稳定。

B：转化过程中碳碳双键的 π 键断裂，单键旋转后再形成 π 键，没有发生 σ 键的断裂。

D：压缩体积过程中平衡不移动，物质的量不变，浓度同时增大。

22. A：反应③=反应②-反应①，$K_3=K_2/K_1=0.078$。

B：反应过程中既有 C—C 键断裂，又有 C—H 键断裂。

C：平衡后 $n(n-C_5H_{12})=1×\dfrac{1}{1.8+1+0.14}=0.34\ mol$。

D：新戊烷中与中心 C 原子成键的 4 个 C 原子形成正四面体结构，这 5 个 C 原子中最多有 3 个 C 原子共平面。

23. C：立方烷中最多有 8 个原子共平面，其中包括 4 个 C 原子和 4 个 H 原子，在下图中已标出。

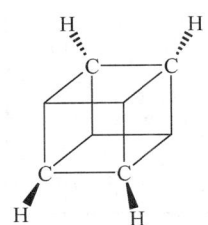

24. A. 石墨炔是碳元素形成的一种单质，与 C_{60}、石墨、金刚石互为同素异形体。

C. 石墨炔中不仅有典型的碳碳单键和三键，还有苯环中的碳碳键，因此键长不相等。

D. 该石墨炔中只存在 2 种大小的键角，分别是 180° 和 120°。

25. A：二亚胺中 2 个 N 原子之间形成双键，不能自由旋转，二亚胺存在顺反异构。

B：肼中 2 个 N 原子都是 sp^3 杂化，氮氮单键可以旋转，4 个原子共平面的情况分为两种：第一种是 4 个 H 原子共平面；第二种是 HNNH 4 个原子共平面。

D：肼失去氢被氧化为二亚胺，二亚胺是氧化产物；过氧化氢失去氧被还原成水。

26. A：二亚胺中氮氮键是双键，N_2 中氮氮键是三键，N_2 中键长更短。

B：1,2-二甲基环己烯是氧化剂，有 sp^3 和 sp^2 两种杂化类型的 C 原子。

D：注意 N_2 中有 1 个 σ 键和 2 个 π 键，因此反应前后 σ 键和 π 键总数都不变。

27. 根据题意可以写出重氮甲烷结构

A：2个N原子之间除了经典的π键外，还与sp^2杂化的C原子一起形成大π键(Π_3^4)。

B：2个N原子之间形成的是介于双键和三键之间的特殊键，键长比N_2中经典的氮氮三键要长。

C：重氮甲烷的中心N原子参与形成2个π键，需要2个未杂化的p轨道，因此是sp杂化，3个原子共线。亦可通过VSEPR判断中心N原子的空间构型，见"专题学习四：价层电子对互斥理论(VSEPR)"。

D：重氮甲烷中2个N原子的化学环境不同，氮氮键是极性共价键。

28. AC：[10]-轮烯Ⅰ中所有的碳碳双键都是顺式结构，[10]-轮烯Ⅱ中有2个反式结构的碳碳双键和3个顺式结构的碳碳双键。

B：[10]-轮烯Ⅰ和[10]-轮烯Ⅱ的沸点不同。

29. A：二氯甲醛中C为sp^2杂化，水解产物CO_2中C为sp杂化，氨解产物仍为sp^2杂化。

B：由于双键对单键的排斥作用更大，因此∠OCCl>120°>∠ClCCl。

C：根据水解和氨解的反应规律，醇解反应的产物应为碳酸二乙酯$CO(OC_2H_5)_2$。

必练习题2-3

一、判断题

1	2	3	4	5	6	7	8	9	10
×	×	√	√	√	√	×	√	×	√
11	12	13	14	15	16	17	18	19	20
√	×	×	×	×	×	√	√	√	√
21	22	23	24	25	26	27	28	29	30
×	×	√	×	×	×	×	×	√	√

解析(部分)：

1. 处于不同化学环境中同种元素的原子形成的共价键也是极性共价键，比如O_3中氧氧键是极性键。当然更多的是不同价态的同种元素形成的共价键，一定有极性，比如$S_2O_3^{2-}$中的S—S键，极性较强。

2. 乙醇中两个碳原子化学环境不同，C—C键有极性；而乙烷可视为两个甲基相连的结构，C—C键为非极性键。

4. 单键旋转对分子极性有着较大影响。比如丁二烯(C_4H_6)，顺-丁二烯为极性分子，反-丁二烯为非极性分子，顺式和反式结构的不同是由C—C单键的旋转形成的，更多内容见"专题学习七：顺反异构现象"。

5. XY_2Z_2单中心分子常见的结构有2种：一是四面体形，必定为极性分子，如CCl_2Br_2；二是平面四边形，这种情况下分为顺式结构和反式结构，其中反式结构为非极性分子。

6. H_2O 的等电子体为 V 形结构,一定是极性分子。

7. CCl_4 是非极性溶剂,H_2O 是极性溶剂,O_3 是极性分子。O_3 在 CCl_4 中的溶解度大于水中的溶解度说明 O_3 极性较弱。

8. 表面活性剂的亲水端与水分子之间有很强的分子间作用力,这种作用力主要是氢键,比如十二烷基磺酸钠中的—SO_3^- 基团与水形成氢键。

9. 表面活性剂除了在水中可以形成胶束外,在汽油等非极性溶剂中可以形成疏水端(亲油端)朝外、亲水端(疏油端)朝内的反向胶束。

11. S_8 和 O_2 均为非极性分子,其分子间作用力只有范德华力(以色散力为主),相对分子质量越大,范德华力越大。

12. 汽油更容易汽化说明汽油分子间的分子间作用力更小,汽油和柴油中的分子主要是非极性分子,范德华力以色散力为主,汽油分子间作用力小说明它的平均相对分子质量更小。汽油的主要成分是含 C 原子数为 5～12 的脂肪烃和环烷烃,柴油的主要成分是含 C 原子数为 10～22 的复杂烃类混合物。

13. 在相对分子质量接近时,极性分子间范德华力更大。当相对分子质量相差过大时,相对分子质量大小起主导作用,而极性成为次要因素。如 S_8 是非极性分子,相对分子质量为 256,常温常压下是固体;HCl 是强极性分子,相对分子质量为 36.5,常温常压下是气体。

14. 气体分子间也有范德华力,只是气体分子距离较远,范德华力较小。需要注意:理想气体分子之间没有范德华力,因此对理想气体进行压缩和降温都不能使其液化。

15. NCl_3 和 NH_3 均为极性分子,NCl_3 由于相对分子质量更大,范德华力远强于 NH_3,所以 NCl_3 在常温下为油状液体。

16. 液态水中水分子间存在氢键和范德华力,气态水中水分子间距显著增加,范德华力大大减弱,大部分氢键被破坏。

17. 范德华力受分子极性影响:顺-2-丁烯为极性分子,反-2-丁烯为非极性分子,顺-2-丁烯沸点更高。

21. 氢键不只存在于分子间,离子间也可以形成氢键。比如 NH_4F 晶体中存在 N—H…F 氢键。

22. CH_4 中的 C—H 键极性很弱,H 原子呈现出的正电性不足,无法与水形成氢键。可燃冰是由 CH_4 填入 H_2O 通过氢键形成的笼状结构中形成的。

23. 戊醇中碳链较长,碳链的疏水作用影响大于羟基与水形成的氢键,因此在水中微溶,在汽油中溶解度更大。

24. CCl_4 虽然可以与苯互溶,但是由于 CCl_4 密度大于 H_2O,苯密度小于 H_2O,依次加入后分为三层。振荡后 CCl_4 与苯互溶,与 H_2O 分为两层。

25. 浓硫酸中存在 H_2SO_4 分子间的氢键,在加水稀释的过程中既有 H_2O 分子间氢键的断裂,又有 H_2SO_4 分子间氢键的断裂。

26. 一些分子质量较大的分子间范德华力可以强于氢键。

27. 手性是由对称性决定的,与有无 C 原子无关。

28. 顺-2-丁烯与反-2-丁烯互为顺反异构体,并不互为镜像,二者都不是手性分子。

29. 拥有手性的最小链状烷烃为一个 C 原子上连有的四个基团为—H、—CH₃、—C₂H₅、—C₃H₇，分子式为 C_7H_{16}，相对分子质量为 100。

二、选择题

1	2	3	4	5	6	7	8	9	10
AB	BC	AC	BD	ABD	ACD	CD	B	BD	AD
11	12	13	14	15	16	17	18	19	20
B	D	AC	A	BCD	ACD	ABC	BC	AD	AC
21	22	23	24	25	26	27	28	29	30
C	D	ABC	AD	CD	ABD	AC	A	ACD	ABC
31	32	33	34	35	36	37	38	39	40
ABD	CD	AB	B	B	B	A	ABC	C	C
41	42	43	44	45	46	47	48	49	50
C	C	AD	ACD	AB	B	ABD	AD	BC	B
51	52	53	54	55	56	57	58	59	60
A	AD	ABD	ACD	C	C	BD	D	A	A

解析（部分）：

1. A：由于 H_2O 和 H_2O_2 都既可以作为氢键的给体，又可以作为氢键的受体，二者之间能形成多种形式的氢键。

B：大部分情况下，由于两个 O 原子上孤电子对之间的排斥，H_2O_2 中 4 个原子不在同一平面。O—O 单键的旋转可以使 4 个原子共平面，但这种构象占比极小。

D：H_2O_2 分解的方程式为 $2H_2O_2 = 2H_2O + O_2\uparrow$，此过程中 O—H 键和 O—O 键都有断裂。

2. A：S_8 为非极性分子，所含共价键均为非极性共价键。

B：S_8 为非极性分子，在非极性和弱极性溶剂中溶解度较大，由此可推测三种溶剂的极性强弱顺序为：H_2O＞酒精＞CS_2。

D：SO_3^{2-} 中 S 原子的价层电子对数为 4，为 sp^3 杂化。S_8 中 S 的价层电子对数为 4，也为 sp^3 杂化。

3. A：IF_5 中 I 的价层电子对数为 6，有一个孤电子对。

B：IF_7 为非极性分子，IF_5 为极性分子，上下不对称。

C：IF_7 五边形平面的 I—F 键与轴向的两个 I—F 键不相同（参考 PCl_5 的 sp^3d 杂化）。

D：Br 原子半径远大于 F，IBr_7 中 Br 原子之间斥力较大，导致 IBr_7 非常不稳定。

4. A：丙二烯和丙炔的中间 C 原子均为 sp 杂化，两种分子均为直线形结构。

B：根据题意丙二烯极易转化为丙炔，由于反应 $\Delta S \approx 0$，所以 $\Delta H < 0$。

C：丙二烯为非极性分子，根据相似相溶原理，不溶于水，可溶于苯。

D：丙二烯中 C 原子的杂化方式为 sp（中间 C）和 sp^2（双键 C），丙炔中 C 原子的杂化方式为 sp(三键 C)和 sp³(甲基 C)。

5. A：C 与 H 的电负性相近，但 HCN 可以电离出 H⁺，这是 N 原子的电负性较大、吸电子能力较强导致的。

B：HCN 中 C 原子的价层电子对数为 2，为 sp 杂化，形成了 2 个碳氮 π 键。

C：根据 K_a，酸性排序为 $H_2CO_3 > HCN > HCO_3^-$，因此 HCN 不能与 Na_2CO_3 反应产生 CO_2。

D：NO^+ 与 CN^- 的价电子数均为 10，都是 N_2 的等电子体。

6. A：氰中碳氮键为极性键，碳碳键为非极性键，直线形分子左右对称，为非极性分子。

B：氰中含有 3 个 σ 键与 4 个 π 键。

C：OCN^- 与 CO_2 原子总数相等，价电子数均为 16，互为等电子体。

D：氰与 NaOH 反应前后氮元素的化合价都是 -3 价，没有发生变化，而碳元素则由 +3 价歧化为 +2 价和 +4 价。

7. A：N_2O 的等电子体是 CO_2、NO_2^+、SCN^- 等。

B：N_2O 是 CO_2 的等电子体，为直线形结构，中心原子是 N 原子。

C：N_2O 中心 N 原子的价层电子对数为 2，无孤电子对。

D：N_2O 中两个 N 原子的化合价为 0 价(端头 N 原子)与 +2 价(中心 N 原子)。

8. A：I^- 和 I_3^- 都没有极性，作为离子在非极性溶剂中溶解度小(见第三章第三节"知识拓展：溶剂化过程")，在水中溶解度大。

B：I_3^- 的中心 I 原子的价层电子对数为 5，为 sp³d 杂化，其中 3 对孤电子对占据三角双锥结构的赤道面，2 个 I—I 键分别占据南北极，∠III = 180°。

C：KOH 会使水层的 I_2 歧化为 I^- 与 IO_3^-，水层颜色变浅。

D：加入 KI 溶液后，平衡正向移动，导致 I_2 从 CCl_4 层进入水层，CCl_4 层紫色变浅而水层黄色加深。

9. A：1-丁炔中只有 3 个 C 原子处于同一直线上，2-丁炔中的 4 个 C 原子共直线。

B：该转化过程断裂 2 个碳碳 π 键和 2 个碳氢 σ 键，形成 2 个碳碳 π 键和 2 个碳氢 σ 键。

C：相同相对分子质量下极性分子间作用力一般强于非极性分子。这里出现反例，是因为 1-丁炔为弱极性分子，极性对分子间作用力的影响较小；相比之下，1-丁炔为 V 形分子，2-丁炔为直线形分子，前者分子占据体积增大，分子间距增大导致分子间作用力变小。

10. A：环上的 6 个 C 原子和双键 C 上的 4 个 H 原子共 10 个原子处于同一平面。

B：该分子中有 2 个 sp³ 杂化 C 原子，2 个小 π 键无法形成大 π 键。

11. A：1-戊烯-4-炔中的 5 个 C 原子，2 个为 sp 杂化，2 个为 sp² 杂化，1 个为 sp³ 杂化。

C：由于碳碳三键键长更短，2 个 p 轨道肩并肩重叠程度较大，其中 π 键键能更大，反应活性不及碳碳双键中的 π 键。

12. A：环氧乙烷中不存在 π 键，C 原子和 O 原子均为 sp³ 杂化。

B：环氧乙烷中氧原子暴露在外，并且带有部分负电荷，容易与水形成氢键，易溶于水。

C：三元环是一种有张力的结构，键角接近 60°，导致夹角为 109.5° 的 sp³ 杂化轨道成键时重叠程度较小，化学性质不稳定。

D：三元环中 C 原子和 O 原子的半径和成键情况均不同，不是正三角形。

13. A：O_2 为非极性分子，在水中的溶解度与极性无关。

B：I_2 为非极性分子，易溶于非极性溶剂 CCl_4。

C：Cl_2 为非极性分子，在 H_2O（极性溶剂）中溶解度较小，但可用 NaOH 溶液吸收 Cl_2，这是因为 Cl_2 可以与 NaOH 反应。

D：乙酸乙酯和油漆均为弱极性分子，因此容易溶解。

14. A：蔗糖中有 3 个亚甲基—CH_2—，这 3 个 C 原子都不是手性 C 原子。

B：蔗糖水解是分子中 C—O—C 醚键的断裂，不会断裂 C—C 键（可以从结构中看出蔗糖由左右两个均含 6 个 C 原子的结构通过醚键连接而成，一般情况下水解过程无法断裂键能较大的 C—C 键）。

C：蔗糖分子中有大量—OH，可以作为氢键的给体和受体，可以形成分子内氢键。

D：蔗糖中所有 C 原子和 O 原子均为 sp^3 杂化。

15. A：乙二醇和乙醇分子中均存在氢键的受体和氢键的给体，因此都可以形成分子间氢键，乙二醇沸点高是因为乙二醇分子间形成的氢键数目更多，而不是乙醇无法形成分子间氢键。

C：乙二醇中的 C—C 键是非极性共价键。

D：二者都能与水形成氢键，都可以与水混溶。

16. A：$(HF)_2$ 缔合分子中 HF 分子间作用力主要是氢键。

B：水难以分解是因为 O—H 键的键能较大。

C：冰的密度小于水是因为冰中存在氢键，由于氢键具有方向性和饱和性，冰中出现笼状结构，密度减小。

D：PH_3 分子量远大于 NH_3，范德华力更大，但是沸点反而更低，这是因为 NH_3 可以形成分子间氢键，而 PH_3 由于 P—H 键极性太小无法形成氢键。

17. A：蛋白质分子中有大量酰胺基、氨基、羟基等，可以与水形成氢键增加水溶性。

B：DNA 的双螺旋结构是由碱基互补配对导致的，而碱基互补配对的核心作用就是氢键。

C：温度升高会破坏氢键，导致蛋白质的二级结构被破坏，从而变性。

D：A（腺嘌呤）—T（胸腺嘧啶）之间形成 2 个氢键，C（鸟嘌呤）—G（胞嘧啶）之间形成 3 个氢键。

18. A：三甲胺为三角锥形的极性分子。

B：3 种分子中的 N 原子均为 sp^3 杂化。

C：三甲胺分子中没有与 N 原子成键的 H 原子，因此只能作为氢键的受体而不能作为氢键的给体，三甲胺分子间不能形成氢键。

D：三个分子的 N 原子均有一对孤电子对，都可以与 HCl 反应形成铵盐。

19. A：三苯基氯甲烷是卤代烃，极性较弱，根据相似相溶原理，其在 CCl_4 中的溶解度大于在水中的溶解度。

B：连接 3 个苯基的 C 原子是 sp^3 杂化的 C 原子，这 3 个苯环平面中最多有 2 个苯环平面与中心 C 原子处于同一平面，即该分子中最多有 13 个 C 原子共平面。

20. AB：顺式结构为极性键组成的极性分子，反式结构为极性键组成的非极性分子，顺式结构在水(极性溶剂)中溶解性大。

CD：N 原子的价层电子对数为 4，为 sp³ 杂化，具有四面体结构，每个 NH₃ 中最多有 1 个 H 原子与 Pt、Cl、N 等原子共平面。

21. A：CH_2Cl_2 和 CH_2F_2 都是含有极性键的极性分子，这是因为四面体结构中键的极性无法完全抵消。

B：C—H 键的极性较小，H 原子没有呈现出明显的正电性，因此二者都不能形成分子间氢键。

D：卤代烃的极性较弱，在水中的溶解性较差。

22. A：下图中用"＊"标出的 10 个 C 原子处于同一平面：

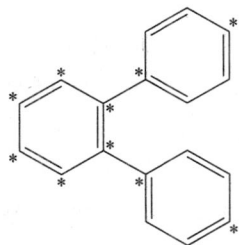

D：对三联苯沸点为 389℃，邻三联苯沸点为 332℃。虽然邻三联苯为极性分子，但是极性很弱，对范德华力的影响不明显。相比于邻三联苯，对三联苯的结构更有利于分子之间相互靠近，范德华力更大，沸点更高。

23. AB：十八烷基磺酸钠中含有疏水基团—$CH_3(CH_2)_{17}$，在水中会形成胶束的结构。

D：表面活性剂有很大的疏水基团，可溶于非极性溶剂。

24. AB：顺式结构是含极性键的极性分子，反式结构是含极性键的非极性分子。

CD：范德华力不只受相对分子质量影响，相对分子质量(特别是一些同分异构体)相等时，极性分子间范德华力更大。

25. A：该分子对称性与 H_2O 一致，是极性分子。

B：该分子是 1 个 O 原子上连有 2 个苯环的结构。由于单键的旋转，2 个苯环不一定处于同一平面，因此分子中所有 C 原子不一定处于同一平面。

26. A：不存在 sp³ 杂化 C 原子，因此没有手性 C 原子。

B：如果把 C＝C＝C 看作一个原子，那么 H、F、Cl、Br 组成四面体结构，C＝C＝C 直线形相当于把四面体拉长。

C：与足量氢气加成后的产物为 CH_2Br—CH_2—$CHClF$，只有一个手性 C 原子。

D：与足量氯化氢加成后手性 C 原子最多的产物为 CH_2BrCl—$CHCl$—$CHClF$，其中有 3 个手性 C 原子。

27. B：SO_4^{2-} 和 $S_2O_8^{2-}$ 中 S 元素都是＋6 价。

C：$S_2O_8^{2-}$ 的结构为 ⁻O_3S—O—O—SO_3^-，其中的 O—O 键为非极性共价键。

D：1 mol $S_2O_8^{2-}$ 发生水解时有 2 mol H—O 键断裂。

29. B：反应后 C2 连有—OH，因此三元环打开时断裂的是 C1—O 键。

C：与 OH⁻ 反应的产物是 $CH_3CH(OH)CH_2OH$，含有 2 个羟基

D：1,2-环氧丙烷受到三元环结构限制,原子轨道(杂化轨道)重叠程度较小,键能较小。

30. A：制备乙基溴化镁时 C_2H_5—Br 中的 C—Br 键断裂。

B：乙基溴化镁中有 3 种离子,$C_2H_5^-$,Mg^{2+},Br^-。

C：乙基溴化镁与水反应 $C_2H_5MgBr+H_2O$ ══ $C_2H_6\uparrow+Mg(OH)Br$,其中 C_2H_6 是含有极性键的非极性分子。由于格氏试剂能与水剧烈反应,因此需要在无水条件下制备和使用格氏试剂。

D：乙基溴化镁中乙基负离子($C_2H_5^-$)中的 2 个 C 原子都是 sp^3 杂化。

31. B：CO_2 转化为 RCOOH 时发生了 π 键的断裂。

C：RMgBr 能与 H_2O 反应,亦可与 R′COOH 反应,即 RMgBr+R′COOH ══ RH+R′COOMgBr。

D：羧基是亲水基团,羧酸在水中的溶解性优于卤代烃。

32. B：所有 P 原子都形成了 8 电子稳定结构,说明 P 原子形成 3 个单键或形成 2 个单键并带 1 个单位负电荷。(a)和(b)中分别有 4 个和 3 个只形成 2 个单键的 P 原子,因此所带电荷数为 −4 和 −3。

D：(d)的结构中有 6 个五元环,本质上(d)的结构是立方体结构中 3 条棱加长得到的结构,立方体有 6 个面(四元环),因此(d)中有 6 个五元环。

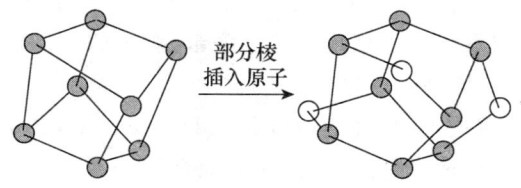

33. A：甘氨酸中没有手性 C 原子。

B：3 种氨基酸的亲水基团都是 1 个氨基和 1 个羧基,苯丙氨酸的疏水基团最大,水溶性最差。

C：氨基酸中的氨基是碱性基团,羧基是酸性基团,氨基酸有两性。

35. B：腺嘌呤和鸟嘌呤中都有大 π 键。

36. B：$N_2O_4(g)$结构与乙烯高度相似,说明是平面分子,中间 N—N 键不能自由旋转。

37. A：分解过程中有 S—O 极性键断裂。

C：分解过程吸热,生成大量气体,熵增。

D：$K_2S_2O_8$ 中阴离子的结构如下

2 个 S 原子都是 sp^3 杂化。

38. B：通常来说,形成大 π 键的结构更稳定。

D：形成碳碳双键的 2 个 C 原子和羰基 C 原子都是 sp^2 杂化 C 原子。

39. C：1 mol $(HCO_3)_2^{2-}$ 中有 $2N_A$ 个氢键。

D：二聚体是通过自组装得到的有序结构,破坏二聚体的过程是熵增过程。

40．BD：糠醛中所有 C 原子都是 sp^2 杂化,所有原子可以处于同一平面。

C：糠醛中有醚键 O 原子和醛基 O 原子,都可以作为氢键的受体,分子中没有氢键的给体,因此不能形成分子内氢键。

41．AB：α-D-吡喃葡萄糖和 β-D-吡喃葡萄糖中的所有 C 原子都是 sp^3 杂化,二者的结构差别仅在于右侧 C 原子上—OH 和—H 的位置相反,互为同分异构体(属于立体异构)。

C：链状葡萄糖中的醛基 C 原子转化为环状葡萄糖结构后是手性 C 原子。

42．ACD：环上 3 个 C 原子和 3 个 N 原子都是 sp^2 杂化,形成与苯环相似的大 π 键,可以表示为 Π_6^6,分子中所有的 C 原子和 N 原子可以处于同一平面。

B：三聚氰胺分子是对称的,环上只有一种碳氮键,一定是等边六元环,不一定是正六元环。

43．A：O_3 是 V 形微粒。

B：相对分子质量越大,沸点越高。

C：带显著负电荷(负电荷未分散)的离子能与 H_2O 形成氢键。

D：两个原子之间只能形成 1 个 σ 键,1 个 CN^- 中有 1 个 σ 键和 2 个 π 键。

44．A：与 N 原子形成三键的 C 原子是 sp 杂化。

C：TCNQ 是非极性分子,根据相似相溶原理,在苯中的溶解度大于在水中溶解度。

D：1 个 TCNQ 分子中有 16 个 σ 键和 12 个 π 键。

45．A：根据分子的对称性,反-偶氮甲烷中极性键的极性可以抵消,因此反-偶氮甲烷是非极性分子,顺-偶氮甲烷是极性分子。

B：甲基中的 C 原子是 sp^3 杂化。

D：顺反异构体在转化的过程中需要破坏 π 键,因此只要温度足够高,偶氮甲烷的顺反异构体就能相互转化。

46．AB：L-多巴和 D-多巴中手性 C 原子的构型不同,属于立体异构,在 H_2O 中的溶解性无差异。

47．A：两种 2,3-环氧丁烷中都有 2 个手性 C 原子。

B：由于 O 原子的存在,两种 2,3-环氧丁烷都是极性分子。

C：沸点越高,分子间作用力越大。

D：含有 O 原子的有机物分子都能与 H_2O 形成分子间氢键。

48．A：维生素 A 分子只有 sp^3 和 sp^2 杂化的 C 原子。

C：维生素 A 分子中有 5 个共轭的碳碳双键,形成 Π_{10}^{10} 大 π 键。

D：维生素 A 中只有 1 个亲水基团,其余均为疏水的烃基,因此难溶于水。

49．B：产物Ⅱ是经典的碳碳三键模型,最多有 4 个 C 原子处于同一直线。

C：产物Ⅱ的相对分子质量更大,含有 2 个羟基,因此沸点产物Ⅱ＞产物Ⅰ。

D：含有羟基的结构均能与丙酮形成氢键。

50．A：樟脑分子中的手性 C 原子在下图中用"＊"标出

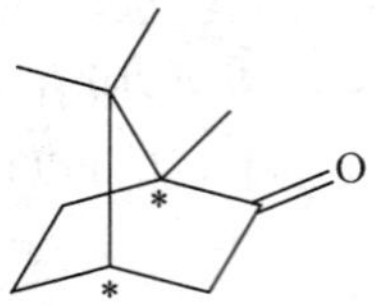

B：樟脑中有羰基的结构，羰基只能作为氢键的受体而不能作为氢键的给体，因此樟脑分子间不能形成氢键。

51．A：酮式结构中有 3 个 sp^2 杂化 C 原子和 3 个 sp^3 杂化 C 原子。判断的方法是分子中形成 4 个单键的 C 原子是 sp^3 杂化，形成 2 个单键和 1 个双键的 C 原子是 sp^2 杂化。

B：烯醇式结构能形成分子间氢键，沸点更高。

C：烯醇式结构中含苯环，有大 π 键；酮式结构中有 3 个 sp^3 杂化的 C 原子，无法形成大 π 键。

52．A：该分子中 N 原子两侧都有羰基，在羰基的诱导下 N 原子采用 sp^2 杂化，以便形成大 π 键，更多说明见第二章第二节"知识拓展：大 π 键诱导的原子杂化方式转变"。

B：该分子是极性分子。

C：水解过程分析如下图

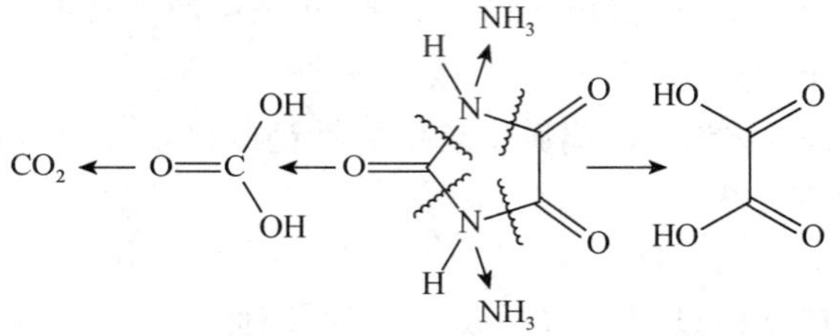

产物为 CO_2，NH_3 和 $H_2C_2O_4$。

53．C：顺式香豆酸既可以形成分子内氢键，又可以形成分子间氢键。

54．B：三种硝基甲苯中都含有氢键的受体——硝基，而无氢键的给体，因此无法形成分子间氢键。

D：只有一个对位，产物占比为 38%；有两个邻位，产物占比为 58%，每个邻位产物占比为 29%。因此对位比邻位更容易发生硝化反应。

55．ABD：槲皮素分子中的所有 C 原子均为 sp^2 杂化，可以共平面，都不是手性 C 原子。

C：苯酚钠的溶解度大于苯酚，类似地，槲皮素在 NaOH 溶液中的溶解度大于在水中的溶解度。

56．A：苯炔中有 4 种不同长度的碳碳键。

B：苯炔中的所有 C 原子都是 sp^2 杂化。

C：苯炔中的碳碳三键中有 2 个 p 轨道不平行，重叠程度小，成键效果差，键长大于乙炔中的碳碳三键。

D：苯炔中的大 π 键与苯中相同，都是 Π_6^6。

57．A：1 个青霉素分子中有 3 个手性 C 原子，在下图中用"＊"标记

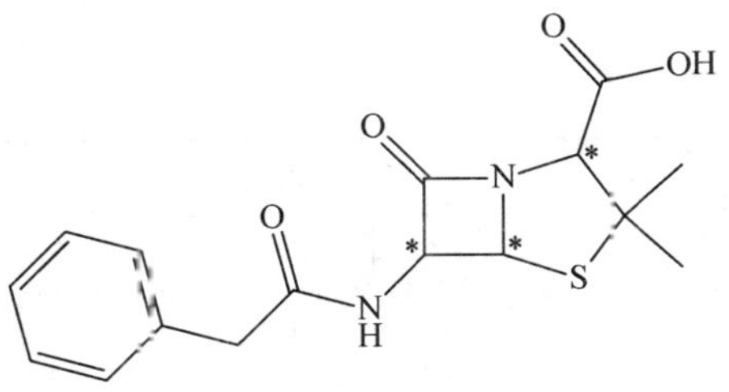

C：S原子形成2个单键,有2对孤电子对,杂化类型是sp³。

D：青霉素中有2个酰胺结构和1个羧基,因此1 mol青霉素最多能与3 mol NaOH反应。

58. A：布洛芬苯环侧链上有sp³杂化的三级C原子(即与3个C原子成键的C原子),因此所有C原子不可能处于同一平面。

B：1个布洛芬分子中有7个sp²杂化的C原子和6个sp³杂化的C原子,数目不相等。

C：布洛芬中羧基可与水形成多个氢键,其结构中疏水的烃基结构远大于亲水的羧基结构,在水中的溶解性较差。

59. A：龙涎呋喃和龙涎醇的不饱和度均为3,相比之下龙涎呋喃比龙涎醇多3个C原子,因此在分子式上相差C_3H_6。

B：二者均难溶于水。

C：龙涎呋喃和龙涎醇中的手性C原子在下图中用"＊"标出

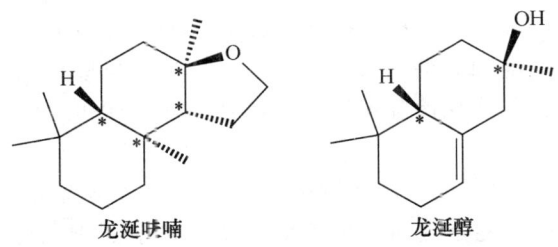

龙涎呋喃　　　　　龙涎醇

龙涎呋喃中有4个手性C原子,龙涎醇中有2个手性C原子。

D：龙涎醇中有11个sp³杂化的C原子。

60. A：睾酮中的碳氧双键与碳碳双键相连,形成Π_4^4的共轭结构。

B：只有sp³杂化的C原子才可能是手性C原子,并且—CH₂—中的C原子都不是手性C原子,因此1个睾酮分子中有6个手性C原子,在下图中用"＊"标出

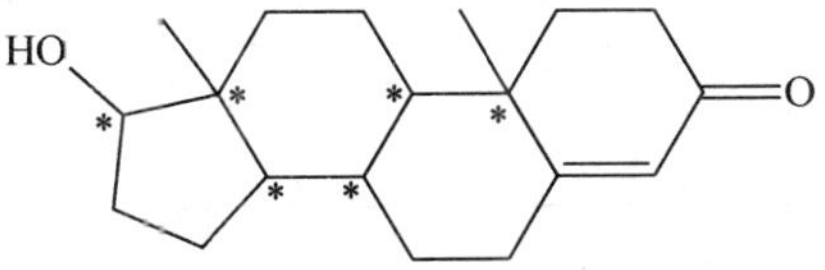

D：睾酮分子的六元环上都是sp³杂化的C原子,无法形成平面六元环。

必练习题 3-1

一、判断题

1	2	3	4	5	6	7	8	9	10
√	×	×	√	√	×	×	×	×	×
11	12	13	14	15	16	17	18	19	20
×	√	√	√	×	√	√	√	√	√
21	22	23	24						
√	×	√	√						

解析（部分）：

1. 不同聚集状态下的分子间距不同，能量不同：$E(s) > E(l) > E(g)$，相互转化时伴随热量变化。

2. 所有微粒一定处于运动状态，晶体中的原子也会在晶格的位置附近振动。

3. 气体微粒虽然间距较大，但仍然存在分子间作用力，作用力大小主要与分子间距相关。比如高压气体中分子间距较小，分子间作用力显著。

7. 晶体的熔点高低与压强大小有关。

8. 晶体与非晶体和其颗粒大小没有必然联系，NaCl 固体无论是颗粒还是粉末都是晶体。

9. 碳有多种同素异形体，金刚石和石墨都是晶体，无定形炭如活性碳等都是非晶体。

10. 水晶球是岩浆里熔融态的 SiO_2 侵入地壳中的空洞形成的，它的外层冷却速度过快，形成无晶体外形的玛瑙，内层冷却速度较慢，形成晶体外形的水晶。

11. 玛瑙没有固定熔点。

13. 聚乙烯是混合物（聚合度不同），没有固定的熔点，不是晶体。

15. 固体表现出各向异性是因为组成固体的微粒在空间中周期性有序排布，因此具有各向异性的固体一定是晶体。如果不限制物质形态为固体，也可能是液晶。

16. 如果微粒是无序排布的，那么在宏观尺度各方向上的排布是无差别的，不可能存在自范性与各向异性。

17. 晶体的自范性是由能量驱动的，规整的几何外形会使晶粒处于能量较低的状态。

21. 晶胞 8 个顶点的微粒分布情况必须完全相同，才能实现无隙并置。

22. 晶胞中的一个面心有微粒，只能说明其对面面心有微粒，因为对面必须是平行且完全相同的。

二、选择题

1	2	3	4	5	6	7	8	9	10
ABC	AC	ABD	ABD	AD	BD	CD	BC	CD	B

解析（部分）：

1. A：晶体原子间距小于液态，因此晶态密度会更大。

B：熔化是吸热过程，因此液态能量更高。

D：基态与激发态是原子中电子能级的状态，与宏观上的固态和液态无关。

2．A：液晶和固态、气态、液态都属于物质的一种聚集状态，是一种介于液态与晶态之间的特殊物质状态。

B：液晶是兼有晶体和液体部分性质的中间态。

C：液晶的澄清点大于其熔点，液晶是介于固液态之间的中间态。

D：棒状液晶、盘状液晶、碗状液晶等是由不同形状的分子构成的，不同形状的分子无法互相转化。

3．B：受水凝固时温度和压强的影响，冰有多种晶型，比如六方冰、立方冰等。

C：液态水中仍存在很多氢键，熔化只破坏部分氢键。

4．C：平行六面体中共 12 条棱，可分为 3 组等长平行棱，因此最多有 3 种棱长。

5．以面心 Cu 原子为例，距离最近的 Cu 为顶点位置的 Cu 以及邻面的面心 Cu 原子，间距为 $\sqrt{2}a/2$，这样的 Cu 原子有 12 个；距离次近的原子为对面的面心 Cu 原子，间距为 a，这样的 Cu 原子有 6 个。

6．A：化学式为 ReO_3；

B：O 在棱心，与其距离最近的 Re 处于该棱的 2 个顶点上。

C：Re 在顶点，与其距离最近的 O 处于该顶点所连的棱心，每个顶点都是 6 条棱的交点，因此最近的 O 原子有 6 个。

D：Re 原子间的最小距离为棱长 a，O 原子间的最小距离为面对角线的一半 $\sqrt{2}a/2$，前者是后者的 $\sqrt{2}$ 倍。

7．A：$AB=CD=EF=AG=\sqrt{2}a/2$。

B：ABCDEF 构成的图形为正八面体，其空隙位于体心位置，为正八面体。

CD：每个原子参与形成 6 个八面体空隙和 8 个四面体空隙，见本节"专题学习十：认识晶胞"。

8．A：该晶胞中 Nb 位于 8 个顶点和 4 个面心，共有 $8×1/8+4×1/2=3$ 个；O 位于 8 个棱心和 1 个体心，共有 $8×1/4+1=3$ 个，化学式为 NbO。

B：分数坐标正确。各位置的坐标特点是：顶点坐标中有 3 个 0，棱上坐标中有 2 个 0，面上坐标中有 1 个 0。

C：每个 Nb 周围距离最近的 O 有 4 个，距离为 $a/2$；每个 O 周围距离最近的 Nb 也有 4 个，距离为 $a/2$。

D：该晶胞中所有 Nb 的化学环境均一致。可以将晶胞进行平移，获得 O 原子位于面心、Nb 原子位于棱心的晶胞（图 3-1-38），Nb 的化学环境一目了然。

9．A：顶点 Ti 周围距离最近的 O 为棱心的 O，共有 6 个，形成八面体空隙。

B：若以 Ca 为顶点，将晶胞平移后 O 原子位于面心。

CD：[TiO_6]八面体通过共用顶点的方式连接形成三维空间立体网状结构，不溶于水。

10．A：①中 4 条平行棱上只有 2 条棱上有同种原子，不是晶胞。

B：晶胞的 8 个顶点上原子分布情况必须完全相同，同有或同无，同有时必须是相同的原子。②中8个顶点的原子分布情况不同。

C：③的对面（顶面和底面）原子分布情况不同，不是晶胞。

D：④的3组棱上的原子分布情况分别相同，是晶胞。

必练习题 3-2

一、判断题

1	2	3	4	5	6	7	8	9	10
×	√	√	√	√	√	√	√	√	√
11	12	13	14	15	16	17	18	19	20
√	×	√	×	√	√	√	×	×	×
21	22	23							
√	√	√							

解析（部分）：

1. 分子间范德华力较弱，分子晶体熔点较低，因此绝大多数室温下为液态的物质在固态时都是分子晶体。离子液体在室温下是液体，在固态时为离子晶体，见第三章第三节。

3. 卤族元素均为非金属元素，其价电子组态为 ns^2np^5，只能通过单键形成 X_2 形式的单质分子，均为分子晶体。

4. 对于可以形成多个共价键的非金属元素，其成键的多样性会使得单质有多种晶体类型，比如 C 元素可以形成金刚石（原子晶体），石墨（混合晶体），C_{60}（分子晶体）。

7. 含有无方向性的金属键、离子键和范德华力的晶体中，原子、离子或分子等微观粒子总是趋向于形成配位数高、空间利用率高、能量低的堆积结构。密堆积方式充分利用了空间，降低了体系的整体势能，是经典的稳定结构。

9. 干冰晶胞中 CO_2 位于顶点和面心位置，其顶点和三个互相相邻的面心的 CO_2 朝向不同。

11. 分子晶体溶于水时可能伴随着电离，比如 CH_3COOH 溶于水时会部分电离为 CH_3COO^- 和 H_3O^+，极性 O—H 键容易断裂。还有一些分子晶体溶于水时会发生化学反应，比如 CO_2、SO_2、$(CH_3CO)_2O$ 等酸酐溶于水时会形成对应的含氧酸，伴随着共价键的断裂和形成。

12. 每分子水形成4个氢键，而每个氢键由2个水分子形成，则冰中水分子数：氢键数=1:2，即 1 mol 冰中氢键数目为 $2N_A$。

14. 如冰这样的分子晶体不易升华。

15. 共价晶体可以看作一个无限大的"大分子"，其中不存在独立的小分子。

16. 共价晶体中可以含有氧族元素，比如 SiO_2 为共价晶体。

17. 稀有气体形成的分子晶体中不存在共价键。

18. 不存在金刚石分子。

19. 金属元素锗（Ge）可以形成共价晶体。

20. 分子晶体熔化时会破坏范德华力及可能存在的氢键。

22. 共价晶体中微粒间作用力是共价键,溶解过程需要破坏共价键,难以发生,因此共价晶体都不溶于水。

二、选择题

1	2	3	4	5	6	7	8	9	10
AC	C	C	A	D	BCD	CD	AD	CD	A
11	12	13	14	15	16				
C	A	BC	D	B	AB				

解析(部分):

1. A:CH_4 的相对分子质量小于 N_2 和 O_2,CH_4 的熔点却显著高于 N_2 和 O_2。在不存在氢键的分子晶体中,相对分子质量并不是影响熔点的唯一因素。

C:分子晶体的熔化过程只破坏部分范德华力和氢键,熔化后液态中也存在范德华力和氢键。

2. A:I_2 分子间存在范德华力,分子内存在 I—I 共价键。

B:I_2 晶体中 I_2 分子位于顶点与面心,属于分子密堆积,每个 I_2 分子的配位数为 12,有 4 个 I_2 与中心 I_2 取向相同,有 8 个 I_2 与中心 I_2 取向不同。

C:面心 I_2 有两种取向,属于平行面的面心 I_2 取向相同。

D:顶点位置的 I_2 取向相同,因为所有顶点的 I_2 共同组成一个完整的 I_2 分子。

3. C:一个晶胞中 C_{60} 分子数为 $8×1/8$(顶点)$+6×1/2$(面心)$=4$,因此一个晶胞中 C 原子数为 $4×60=240$ 个。

D:C_{60} 是非极性分子,根据相似相溶原理,C_{60} 在甲苯中的溶解度大于在水中的溶解度。

4. A:冰是氢键主导的分子晶体,不符合分子密堆积模型,每个 H_2O 周围只有 4 个紧邻的 H_2O。

C:如果水结冰后密度增大,寒冬季节湖泊将从湖底到湖面彻底封冻,鱼类无法生存。

D:长江下游冬季平均气温高于 0℃,不封冻。

5. B:由于二者的熔融状态都是由分子组成的,因此不导电。

C:Be^{2+} 和 Al^{3+} 均会发生水解反应,水溶液显酸性。

D:$BeCl_2$ 中 Be 原子最外层只有 4 个电子。

6. B:Si 晶体中只存在 Si—Si 键,为非极性共价键;SiO_2 晶体中只存在 Si—O 键,为极性共价键。

D:SiO_2 为酸性氧化物,可溶于强碱,$SiO_2+2OH^-==SiO_3^{2-}+H_2O$;Si 单质不溶于水、硝酸和盐酸,溶于氢氟酸和强碱,$Si+2OH^-+H_2O==SiO_3^{2-}+2H_2\uparrow$。

7. B:根据题意,该结构为层状结构,即平面构型,B 为 sp^2 杂化,H_3BO_3 分子中存在 Π_4^6 大 π 键。

C:非金属性:B<C,最高价氧化物对应水化物的酸性 $H_3BO_3<H_2CO_3$。

D:硼酸在溶解过程中会破坏硼酸晶体中的硼酸分子间氢键和水中的水分子间氢键,同时会形成硼酸分子和水分子间的氢键。

8. A：B_{12} 单元中的 B 原子之间的连线是为了描述其正二十面体的结构，并不是 B 原子之间形成的共价键。B 原子最外层只有 3 个电子，不能形成 5 个普通的 B—B 单键。

B：B_{12} 单元中与一个 B 原子紧邻的 5 个 B 原子形成正五边形结构，处于同一平面。一共有 12 个 B 原子，因此这样的正五边形平面有 12 个。

CD：B_{12} 是原子晶体 B 中的结构单元，不是独立的分子。

9. A：PCl_3 的熔点介于 PF_3 和 PBr_3 的熔点之间。

C：PF_5 和 PCl_5 中 P 原子形成了 5 个共价单键，需要 3d 轨道参与杂化形成 sp^3d 杂化。

D：$PCl_3+3H_2O \Longrightarrow H_3PO_3+3HCl$，$PCl_5+4H_2O \Longrightarrow H_3PO_4+5HCl$，其中 HCl 是强酸，$H_3PO_3$ 和 H_3PO_4 是中强酸。

10. A：立方氮化硼是原子晶体，不溶于水。

11. C：对苯醌分子中只有氢键的受体（羰基 O 原子），没有氢键的给体（与 O 原子直接相连的 H 原子），因此对苯醌晶体中不存在氢键。

12. 根据题意，Hg_2Cl_2 晶胞结构如下图所示

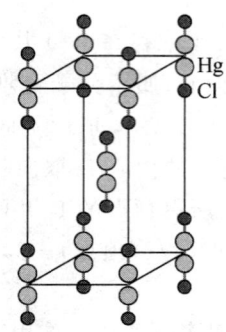

A：1 个 Hg_2Cl_2 分子中有 2 个 Hg—Cl 键是极性键，1 个 Hg—Hg 键是非极性键。

C：只有 1 种取向的直线形分子不能形成立方晶胞。直线形分子 CO_2 形成了立方晶胞，是因为其中的 CO_2 分子有 4 种取向。

13. A：丙烷的熔点低于甲烷和乙烷，因此并不是相对分子质量越大，熔点越高。

BCD：固态中正烷烃分子的排列方式与碳链上 C 原子数的奇偶性相关。在液态中，分子可以自由移动，没有固定的排列方式，沸点主要与范德华力相关，相对分子质量越大，沸点越高。

14. A：由四乙基铅在室温下是无色油状液体可知四乙基铅是分子。

D：四乙基铅结构如下

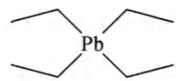

C 和 Pb 的电负性分别为 2.5 和 1.9，相差较小，二者之间可以形成共价键。一个 Pb 原子与 4 个 C 原子形成 4 个单键，因此 Pb 原子为 sp^3 杂化。

15. B：防冻液的凝固点低于水的凝固点，在寒冷的冬季不凝固。

D：如果生成水垢附着在金属器壁上，水垢导热性差，会影响冷却效果，因此需要在防冻

液中添加除垢剂。

16. A：ClF 的熔沸点高于 F_2 有两个原因，一是 ClF 相对分子质量更大，范德华力更大；二是 ClF 为极性分子，F_2 为非极性分子，范德华力更大。

B：ClF_3 和 BrF_3 互为等电子体，中心原子价层有 $7+3=10$ 个电子，5 对电子，包括 3 对成键电子对和 2 对孤电子对，是 sp^3d 杂化。

C：成键情况相似时，中心原子半径越大，成键电子对和孤电子对之间的斥力越小，结构越稳定。

D：IBr 分子是不对称的直线形分子，如 CO_2 和 I_2 等分子一样，可能存在多种空间取向。并不是所有直线形分子都有多种空间取向，如 XeF_2 和 Hg_2Cl_2 中所有分子空间取向相同。

必练习题 3-3

一、判断题

1	2	3	4	5	6	7	8	9	10
√	×	√	√	√	√	√	×	√	×
11	12	13	14	15	16	17	18	19	20
√	√	√	√	√	√	√	×	×	√
21	22	23	24	25	26	27	28	29	
×	√	√	×	√	√	×	×	×	

解析（部分）：

2. 金属晶体整体呈电中性，阳离子所带的正电荷总数与自由电子所带的负电荷总数相等。

8. 一些离子晶体，如 NaOH、KNO_3、NH_4Cl 等，不仅有离子键，还有共价键。

10. 离子间既可能存在引力，也可能存在斥力，具体情况与离子间距等因素相关。

15. NaCl 晶胞中，每个 Na^+ 周围紧邻的 Na^+ 有 12 个，每个 Cl^- 周围紧邻的 Cl^- 有 12 个，单独看 Na^+ 或 Cl^-，都是分子密堆积模型。本质上，分子密堆积模型中会形成正八面体空隙，这些正八面体空隙的空间排布方式也是分子密堆积模型。

16. 每个 Cs^+ 周围距离最近的 Cl^- 有 8 个，围成立方体结构。

18. $CuSO_4·5H_2O$、$KAl(SO_4)_2·12H_2O$ 等离子晶体中含中性分子 H_2O。

19. 根据高中化学知识，$MgSO_4$ 易溶，$CaSO_4$ 微溶，而 $BaSO_4$ 难溶。

21. 离子液体在室温下就是液体，熔点很低。

24. Al_2O_3 是过渡型晶体而不是混合型晶体。

28. 除了这 4 种类型的晶体，还有混合型晶体。

29. 同种金属原子堆积形成的结构，空间利用率越大，密度越大，因此面心立方晶胞形成的晶体密度更大。

二、选择题

1	2	3	4	5	6	7	8	9	10
C	BD	ABD	A	D	B	C	D	BD	AD
11	12	13	14	15	16	17	18	19	20
ABC	C	BD	C	AC	AB	AC	BD	BD	ABD
21	22	23	24	25	26	27	28	29	
CD	BD	B	A	AD	C	C	AB	AC	

解析（部分）：

1. C：胶体不带电，其中的胶粒带电。

2. 该晶胞中有 4 个 Cu，2 个 O，化学式为 Cu_2O。

D：阳离子之间的最小距离为面对角线的一半（DE 是 △ABC 在 BC 边上的中位线，DE=BC/2），阴离子之间的最小距离为体对角线的一半，二者不相等。

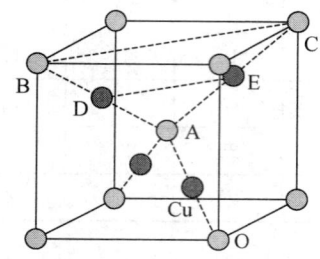

3. B：不管是处于棱心还是体心的 O，周围都有 4 个紧邻的 Nb。

C：Nb 占据了顶点和部分面心，没有形成密堆积模型，每个 Nb 周围距离最近且相等的 Nb 只有 8 个。

4. 晶体结构和晶胞结构是物质微观结构的两种呈现方式，二者表示的所有结构特征相同。

5. D：阴阳离子之间的最小距离为体对角线的一半，即 $\sqrt{3}a/2$。

6. CaO 和 NaCl 的晶体结构是高度相似的。

B：Ca^{2+} 和 O^{2-} 的配位数均为 6。一般来说，阴阳离子数目相等，则配位数也相等。

7. 在 CaF_2 中，F^- 在立方体晶胞中占据 8 个小立方体的体心，坐标为 (0.25，0.25，0.25) 和 (0.75，0.75，0.75)，处于同一条体对角线上，距离为体对角线的一半，即 $\sqrt{3}a/2$。C 选项错误。

8. Li_2O 的结构与 CaF_2 的结构中阴阳离子位置刚好相反。

C：晶胞中 8 个 Li^+ 围成的小立方体的棱长是大立方体棱长的一半，Li^+ 之间的最小距离为小立方体的棱长，即 $a/2$。

D：O^{2-} 占据面心和顶点，O^{2-} 之间的最小距离为面对角线的一半，即 $\sqrt{2}a/2$。

9. 一个晶胞中有 2 个 Mg^{2+} 和 4 个 H^-。Mg^{2+} 的配位数均为 6，H^- 的配位数均为 3。

A：C 球在底面的投影坐标为 D(0.5，0.5，0)，D 点是线段 AB 的中点，即 AB 两点坐标的平均值,得到$(x_A+x_B)/2=0.5$;$(y_A+y_B)/2=0.5$。将 A 球坐标代入后得到 B 球坐标为$(1-m,1-n,0)$。

10. 该晶胞的化学组成为 $La_2Cu_2O_8$。

B:Cu 在顶点和体心,因此坐标为$(0,0,0)$和$(0.5,0.5,0.5)$。

C:每个 Cu 的上下左右前后都有 O,Cu 处于 6 个 O 围成的正八面体空隙中。

11. A:每个 Re 的上下左右前后都有 O,Re 处于 6 个 O 围成的正八面体空隙中。

B:化学式为 ReO_3。

C:如果将 Re 放在晶胞体心,则 O 将出现在面心,此时每个 Re 周围仍然有 6 个 O。

D:Re 之间的最小距离为立方体晶胞的棱长,记为 a;O 之间的最小距离为面对角线的一半,即 $\sqrt{2}a/2$。前者是后者的 $\sqrt{2}$ 倍。

12. C:Xe 原子最外层有 8 个电子,与 2 个 F 成键后每个 F 原子提供 1 个电子,因此 XeF_2 中 Xe 原子价层共有 10 个电子,即 5 个电子对。

13. A:六方石墨和三方石墨是碳元素形成的不同单质,所以是同素异形体的关系。

BD:六方石墨和三方石墨中的石墨层是完全相同的,堆积时层间距也是相等的,因此二者的密度相等,导电性相同。

14. 石墨和石墨型 BN 是互为等电子体的关系,结构高度相似,又有一定的差异。

C:在石墨型 BN 中,大 π 键电子由 N 原子提供,B 原子提供空的 p 轨道。由于 N 原子的电负性大于 B 原子,吸引电子的能力更强,电子无法在大 π 键内自由移动,导电能力差。

15. 影响离子晶体熔点的因素包括离子半径和离子所带电荷数目:离子半径越小,熔点越高;离子所带电荷越多,熔点越高。

C:NaF 的熔点高于 NaCl,应大于 801℃。

D:相比于 MgO,$MgCl_2$ 中阴离子的半径更大,所带电荷数更少,因此 $MgCl_2$ 的熔点低于 MgO。

16. A:钾石墨本身是电中性的,K 原子失去电子形成 K^+,因此石墨层带负电。

B:钾石墨可看作带负电的石墨层和带正电的 K^+ 形成的离子化合物,存在离子键;石墨层内存在共价键。

C:石墨层都带负电,同种电荷相互排斥。

D:钾石墨中所有 C 原子均为 sp^2 杂化。

17. A:晶胞中共有 2 个深色小球和 4 个浅色小球,结合化学式 $AlCr_2$,可知深色小球代表 Al 原子,浅色小球代表 Cr 原子。

B:1 号原子和 2 号原子连线的中点是体心$(0.5,0.5,0.5)$,2 个原子各个维度坐标的平均值是$(0.5,0.5,0.5)$,因此当 1 号原子坐标为$(0.5,0.5,c)$时,2 号原子坐标为$(0.5,0.5,1-c)$。

C:3 号原子和 4 号原子连线的中点为棱心$(0,0,0.5)$,因此当 3 号原子坐标为$(0,0,c)$时,4 号原子坐标为$(0,0,1-c)$。

D:每个 Al 原子周围紧邻的 Cr 原子有 10 个,其中 8 个围成长方体,2 个在长方体的顶面上方和底面下方。这 10 个 Cr 原子与中心 Al 原子的距离不一定相等(根据题目信息无法计算)。

18. ACD：每个 NH_4^+ 中的 4 个 H 都与 F^- 形成氢键，即每个 NH_4^+ 都与 4 个 F^- 形成氢键，每个 F^- 都与 4 个 NH_4^+ 形成氢键。

B：根据氢键键长的定义，NH_4F 中氢键的键长为晶胞体对角线的一半，即 $\sqrt{3}a/2$。

19. B：S 单质中 S 原子通过共价键形成 S_8 结构，因此 S 参与反应时有共价键断裂。

C：$Na_2S_2O_3$ 中阴离子的结构如下，2 个 S 原子的成键环境不同，形成的硫硫键是极性共价键。

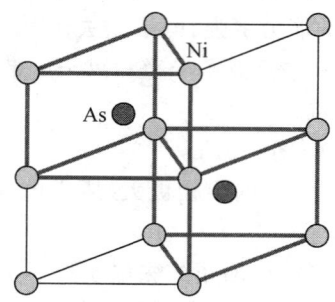

D：$S_2O_3^{2-}$ 与 SO_4^{2-} 互为等电子体，SO_4^{2-} 具有正四面体结构，而 $S_2O_3^{2-}$ 具有变形四面体结构。

20. 正四面体形的离子为 PCl_4^+，正八面体形的离子为 PCl_6^-。

C：PCl_4^+ 中的 P 原子是 sp^3 杂化，而 PCl_6^- 中的 P 原子形成了 6 个 σ 键，是 sp^3d^2 杂化。

D：两种离子分别带 1 个单位正电荷和 1 个单位负电荷，因此数目相等。

21. A：与每个 As 紧邻的 6 个 Ni 围成正三棱柱的结构，如下图粗线勾勒出的三棱柱

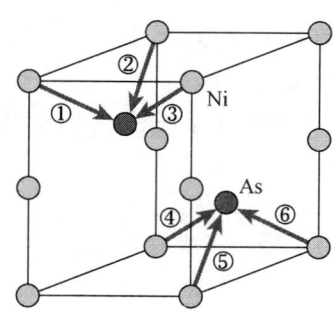

B：8 个顶点合起来是一个 Ni，与这 8 个 Ni 紧邻的 As 共有 6 个，如下图中①～⑥

C：化学式为 NiAs。

D：六方晶胞体积为 $\sqrt{3}a^2c/2$。

22. B：$C_{24}O_6$ 中有 12 个 sp^2 杂化的 C 原子和 12 个 sp 杂化的 C 原子。可以按照分析晶体结构的思路将该分子分解为 3 个或 6 个基本单元后再分析，可参考本节 24 题的解析。

D：sp 杂化的 C 原子成键时理想的键角应为 180°，形成环状结构时会有张力，环越小张力越大，碳[16]环不及碳[20]环稳定。

23. A：左右面心的 O 合起来是 1 个 O，O 周围距离相等且最近的 La 有 4 个。

BC：一个晶胞中有 2 个 La、2 个 O 和 2 个 F，化学式为 LaOF。

D：从顶面观察晶胞，可以发现 O 和 F 的投影是重合的，相邻层的 4 个 O 和 4 个 F 围成长方体空隙，La 占据了一半的长方体空隙。

24. A：石墨炔都是二维平面无限延伸的层状结构，都无固定的分子式，因此不是同分异构体的关系。两种石墨炔都是碳单质，互为同素异形体。

BC：分别取出两种石墨炔的二维晶胞，即可数出其中各种杂化类型 C 原子的数目，如下图

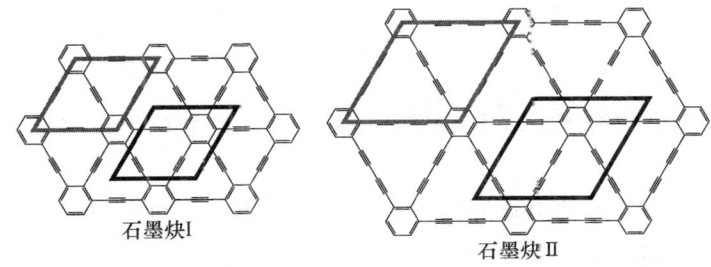

两种结构中浅色平行四边形是常取的二维晶胞，然而这种晶胞需要均摊后才能进行计算。可以将浅色晶胞平移后形成深色晶胞，深色晶胞的边上没有原子（只有共价键），可直接数出各种杂化类型的 C 原子数目。石墨炔 I 的深色晶胞中有 6 个 sp^2 杂化的 C 原子（苯环结构中），有 6 个 sp 杂化的 C 原子（共有 3 个碳碳三键）；石墨炔 II 的深色晶胞中有 6 个 sp^2 杂化的 C 原子（苯环结构中），有 12 个 sp 杂化的 C 原子（共有 6 个碳碳三键）。取合适的结构单元边界可避免复杂的均摊计算。

D：石墨炔的结构与石墨的层状结构类似，其中都存在大 π 键。

25. AC：透视图轮廓是正方形时是正视图。正视图中一种微粒在正方形的顶点，另一种微粒在正方形的中心。

BD：透视图轮廓是矩形时是面对角线视图。原先处于体心的微粒在矩形中心。

26. AB：CaF_2 中 F^- 围成立方体空隙，Ca^{2+} 填入了一半的立方体空隙。

CD：CaF_2 中 Ca^{2+} 围成四面体空隙，F^- 填入了所有的四面体空隙。

28. ABC：两种堆积方式的配位数、空间利用率和密度（同种金属原子）均相等。

D：两种堆积方式中都既有八面体空隙又有四面体空隙，数目均满足小球数：八面体空隙数：四面体空隙数＝1∶1∶2。

29. AB：CaF_2 中阳离子的配位数为 8，阴离子的配位数为 4；CsCl 中阳离子和阴离子的配位数均为 8。

CD：CaF_2 中阳离子按照面心立方形式堆积，阴离子按照简单立方形式堆积；CsCl 中阳离子和阴离子均按照简单立方形式堆积。

必练习题 3-4

一、判断题

1	2	3	4	5	6	7	8	9	10
×	√	√	√	√	√	×	√	√	√
11	12	13	14	15	16	17	18	19	20
×	×	√	√	√	√	√	√	√	√
21	22	23	24	25					
√	√	√	√	√					

解析(部分)：

1. 配位键是一种特殊的共价键。

2. 含 Cu^{2+} 的化合物溶于水时形成 $[Cu(H_2O)_4]^{2+}$，其中 O 原子与 Cu^{2+} 之间形成了配位键。

4. Cu^{2+} 可与 H_2O 形成配合物，也可与 NH_3 形成配合物；Fe^{3+} 可与 CN^- 形成配合物，也可与 SCN^- 形成配合物。

5. 配位键是共价键，具有共价键的特点：饱和性和方向性。

6. 形成配位键的 2 个原子一定不同，一方提供电子对，另一方提供空轨道，这样的共价键一定是极性键。

7. NH_4^+ 中的 4 个共价键虽然有 1 个是配位键，但是这个配位键无法与其他普通的共价键区分，NH_4^+ 是正四面体结构，所有 N—H 键等长。

8. 金属原子或离子的价层轨道数目是确定的，因此配位数也是确定的：Cu^{2+} 通常是 4 配位，Ag^+ 通常是 2 配位，Fe^{3+} 通常是 6 配位。

9. $Na[Al(OH)_4]$ 中阴离子 $[Al(OH)_4]^-$ 的中心离子是 Al^{3+}，3s 和 3 个 3p 轨道都是空的，发生 sp^3 杂化，OH^- 中 O 的孤电子对能填入 Al^{3+} 的 sp^3 杂化轨道中形成配位键。

10. 以 Mg^{2+}（主族金属离子）和 Cu^{2+}（过渡金属离子）为例，配体的孤电子对填入金属离子的空轨道从而形成配位键。因此金属离子吸引孤电子对的能力越强，就越容易形成配位键。以 Cu^{2+} 为代表的过渡金属离子的得电子能力（一定程度上可理解为氧化性）强于以 Mg^{2+} 为代表的主族金属离子。

11. 该过程只有配位键的形成，没有配位键的断裂。

12. 通常把金属离子或原子与某些分子或离子以配位键结合形成的化合物称为配位化合物。NH_4Cl 和 $NaBH_4$ 不是配合物。

13. $N_2H_6^{2+}$ 与 NH_4^+ 相似，1 个 $N_2H_6^{2+}$ 中有 2 个配位键，1 个 NH_4^+ 中有 1 个配位键。需要注意：这些配位键与普通共价键在键长、键能和键角方面无差别。

15. Zn^{2+} 的电子排布为 $[Ar]3d^{10}4s^0$，4s 轨道可与 3 个 4p 轨道发生 sp^3 杂化，4 个 sp^3 杂化轨道中填入 4 个 Cl^- 的孤电子对，形成正四面体结构的离子。

16. CN^- 和 CO 是等电子体，都是 C 原子带负电，二者做配体时都是 C 原子作为配位原子。

19. C_{60} 和 C_{70} 的尺寸大小不同。杯酚是由(取代)苯酚与甲醛缩合得到的杯状分子,杯状结构中苯酚和甲醛的分子数决定了杯酚的空腔大小。因此 C_{60} 和 C_{70} 都可与尺寸匹配的杯酚形成超分子。

20. C_{60} 与杯酚形成超分子：C_{60}＋杯酚 $\rightleftharpoons$ C_{60}@杯酚。C_{60} 与杯酚之间是非共价键的相互作用(如范德华力等),这些相互作用较弱,因此组装过程是可逆的。

22. 通过氢键形成的多聚体都可视为超分子,比如 DNA、蛋白质、$(HCOOH)_2$、$(HF)_2$ 等。

23. 冠醚中 O 原子的电负性较大,吸引电子能力强,呈负电性,可与碱金属离子之间产生静电作用。

二、选择题

1	2	3	4	5	6	7	8	9	10
B	AD	B	AC	C	C	CD	AD	A	C
11	12	13	14	15	16	17	18		
D	B	CD	AD	C	B	C	D		

解析：

1. B：反应前 BF_3 中 B 原子为 sp^2 杂化,反应后 HBF_4 中 B 原子为 sp^3 杂化。

D：HBF_4 的阴离子 BF_4^- 中有 4 个 σ 键,其中有 1 个是配位键。

2. B：配位键也是共价键,一个 $[Cd(NH_3)_4]^{2+}$ 中共有 16 个共价键。

C：游离的 NH_3 中有 3 对成键电子对和 1 对孤电子对;而 $[Cd(NH_3)_4]^{2+}$ 中的 NH_3 只有 4 对成键电子对,不受孤电子对的影响,成键电子对之间键角增大。

D：NH_3 参与形成的配合物(如 $[Ag(NH_3)_2]^+$、$[Cu(NH_3)_4]^{2+}$、$[Cd(NH_3)_4]^{2+}$ 等)在酸性条件下不稳定,因为 $H^+ + NH_3 \rightleftharpoons NH_4^+$。同时,$Cd^{2+}$ 会与 Cl^- 形成新的配合物 $[CdCl_4]^{2-}$。总反应为

$[Cd(NH_3)_4]^{2+} + 4H^+ + 4Cl^- \rightleftharpoons [CdCl_4]^{2-} + 4NH_4^+$。

3. A：产物 $[B(OH)_4]^-$ 中有 1 个配位键,H_3O^+ 中有 1 个配位键。

B：电离前 H_3BO_3 中 B 原子为 sp^2 杂化,$[B(OH)_4]^-$ 中 B 原子为 sp^3 杂化。

C：H_3BO_3 分子中有 3 个—OH,既可以作为氢键的给体,又可以作为氢键的受体,每个 H_3BO_3 分子都可以形成多个分子间氢键。

D：$[B(OH)_4]^-$ 中 B 原子形成 4 个共价单键,O 原子形成 2 个共价单键,所有 B 原子和 O 原子都形成了 8 电子稳定结构。

4. A：第一次生成的沉淀是 AgOH,第二次生成的沉淀是 AgCl。

C：$[Ag(NH_3)_2]^{2+} + 2H^+ + Cl^- \rightleftharpoons AgCl\downarrow + 2NH_4^+$。

5. C：该反应本质上是配体的置换反应,用配位能力强的配体(SCN^-)置换配位能力弱的配体(Cl^-),$[FeCl_4]^- + nSCN^- \rightleftharpoons [Fe(SCN)_n]^{(n-3)-} + 4Cl^-$。

D：SCN^- 是 CO_2 的等电子体,为直线形结构。亦可用 VSEPR 分析,SCN^- 的中心原子

是 C 原子，(4+1−2−3)/2＝0，C 原子没有孤电子对，SCN^- 为直线形结构。

6. A：$K_3[Fe(CN)_6]$ 是离子化合物，阴阳离子之间存在离子键；$[Fe(CN)_6]^{3-}$ 是配离子，Fe^{3+} 与 CN^- 中的 C 原子形成 σ 配位键，CN^- 中的 C 原子与 N 原子形成 σ 键；CN^- 中的 C 原子与 N 原子形成 π 键。

B：Fe^{3+} 与 CN^- 中的 C 原子形成 σ 配位键，1 mol $K_3[Fe(CN)_6]$ 中有 $6N_A$ 个配位键。

C：1 mol $K_3[Fe(CN)_6]$ 中有 $12N_A$ 个 σ 键。

D：$K_3[Fe(CN)_6]$ 溶于水的电离方程式为 $K_3[Fe(CN)_6] = 3K^+ + [Fe(CN)_6]^{3-}$，该过程只破坏离子键而不破坏共价键。

7. A：盐酸羟胺是离子化合物。

B：H_2N-OH 中 N 原子和 O 原子上都有孤电子对，由于 N 原子的电负性较小，吸引电子的能力不及 O 原子，因此 N 原子上的孤电子对更容易与 H^+ 形成配位键，阳离子结构为 $[H_3N-OH]^+$。

C：盐酸羟胺中阳离子 $[H_3N-OH]^+$ 会发生水解，$[H_3N-OH]^+ + H_2O \rightleftharpoons H_2N-OH + H_3O^+$。

D：形成 3 个或 4 个 σ 键的 N 原子是 sp^3 杂化，形成 2 个或 3 个 σ 键的 O 原子是 sp^3 杂化。

8. AB：$Ni(CO)_4$ 中 Ni 原子与 C 原子之间形成 σ 配位键，CO 中 C 原子与 O 原子之间形成 1 个 σ 键和 2 个 π 键，其中一个 π 键是配位键。因此 1 个 $Ni(CO)_4$ 分子中有 8 个 σ 键和 8 个 π 键，有 8 个配位键。

C：根据分子结构∠NiCO＝180°，因此 C 原子采用 sp 杂化。

D：$Ni(CO)_4$ 中所有键都是极性键，由于分子结构高度对称，因此是非极性分子。

9. A：$LiAlH_4$ 中阴阳离子数目相等，而 CaF_2 中阴离子数目是阳离子数目的 2 倍，二者不可能有类似的晶体结构。

B：AlH_4^- 中 Al—H 键都是 Al^{3+} 与 H^- 形成的配位键。

C：$LiAlH_4$ 具有强还原性，可与 H_2O 反应 $LiAlH_4 + 4H_2O = LiAl(OH)_4 + 4H_2\uparrow$

D：根据 VSEPR，AlH_4^- 是正四面体结构，中心 Al 原子为 sp^3 杂化。亦可用等电子原理分析，AlH_4^- 是 SiH_4、CH_4 的等电子体，中心 Al 原子为 sp^3 杂化。

10. C：AgBr 不溶于浓氨水，而 Ag_2S 的溶解性比 AgBr 差，因此浓氨水更无法溶解 Ag_2S。

D：Ag 和 S 的电负性分别为 1.9 和 2.5，电负性差距很小，因此 Ag^+ 与 S^{2-} 之间的离子键有较多共价键成分。

11. B：反应前 $LiBH_4$ 中 B 原子和 NH_4Cl 中 N 原子均为 sp^3 杂化，反应后 H_3BNH_3 中 B 原子和 N 原子均为 sp^3 杂化。

C：H_3BNH_3 的结构可以表示为

可以看出 1 个 H_3BNH_3 中有 7 个 σ 键,其中 1 个是配位键。

D:B 原子的价层有 3 个电子,N 原子的价层有 5 个电子,因此 BN(金刚石型)中每 4 个共价键中有 1 个是配位键。

12. A:$[AlCl_4]^-$ 是 $SiCl_4$ 的等电子体,二者均为正四面体结构。

B:$[Al_2Cl_7]^-$ 中所有共价键都是 Al^{3+} 与 Cl^- 形成的配位键,因此 1 个 $[Al_2Cl_7]^-$ 中有 8 个配位键。

C:$[AlCl_4]^-$ 和 $[Al_2Cl_7]^-$ 中 Al^{3+} 都形成了 4 个单键,都是 sp^3 杂化。

13. A:苯和硼氮苯中都有大 π 键(Π_6^6),苯中大 π 键的电子均匀分布在 6 个 C 原子上,形成环状结构;硼氮苯中大 π 键的电子都由 N 原子提供,由于 N 原子的电负性大于 B 原子,因此电子主要集中在 N 原子上。

C:硼氮苯的结构高度对称,是含极性键的非极性分子。

D:硼氮苯中 B 原子和 N 原子都是 sp^2 杂化,水解产物氨气中 N 原子为 sp^3 杂化,硼酸中 B 原子为 sp^2 杂化。

14. A:BF_3(与 CO_3^{2-}、NO_3^- 互为等电子体)中存在大 π 键(Π_4^6),因此 BF_3 中 B—F 键是介于单键和双键之间的特殊键。

B:反应前后 O 原子都是 sp^3 杂化。

C:产物中配位键为 O 原子的孤电子对填入 B 原子的空轨道,应该表示为 $F_3B \leftarrow O(C_2H_5)_2$,即箭头由提供孤电子对的原子指向提供空轨道的原子。

15. C:1 mol 化合物 Ⅱ 中有 N_A 个配位键。

16. A:化合物 Ⅰ 中有亲水基团—OH,在水中的溶解性更好。

B:18-冠-6 只能与 K^+ 形成稳定的超分子,而 Na^+ 和 Rb^+ 的离子半径与 K^+ 不同,无法与 18-冠-6 形成稳定的超分子。

17. C:索烃中相邻大环分子之间存在范德华力。

18. D:$Al(BH_4)_3$ 是分子晶体。

参考文献

[1] 中华人民共和国教育部. 普通高中化学课程标准(2017年版)[S]. 北京:人民教育出版社,2018.

[2] 普通高中教科书化学选择性必修2 物质结构与性质[M]. 北京:人民教育出版社,2020.

[3] 普通高中课程标准实验教科书:物质结构与性质(选修3)[M]. 北京:人民教育出版社,2008.

[4] 普通高中教科书化学选择性必修3 有机化学基础[M]. 北京:人民教育出版社,2020.

[5] 普通高中课程标准实验教科书:有机化学基础(选修5)[M]. 北京:人民教育出版社,2008.

[6] 普通高中教科书化学选择性必修3 有机化学基础[M]. 济南:山东科学技术出版社,2020.

[7] 周公度,段连运. 结构化学基础(第5版)[M]. 北京:北京大学出版社,2017.

[8] 项斯芬,姚光庆. 中级无机化学[M]. 北京:北京大学出版社,2003.

[9] 麦松威,周公度,李伟基. 高等无机结构化学[M]. 北京:北京大学出版社,2001.

[10] 邢其毅,裴伟伟,徐瑞秋,等. 基础有机化学(第4版)[M]. 北京:北京大学出版社,2018.

[11] 周公度. 化学中的多面体[M]. 北京:北京大学出版社,2009.

[12] 王超文,彭蜀晋. 浅析建国以来的化学高考改革史[J]. 化学教育,2011,32(1):37-41,54.

[13] 单旭峰. 对高考中有机合成考查的分析与思考[J]. 化学教学,2017(10):72-77.

[14] 刘知新. 化学教学中的启发式的再省思[J]. 化学教育,2003(1):6-8,19.

[15] 李梦雪,吴俊明. 化学的空间思维及其教学[J]. 化学教学,2020(4):15-20,27.

[16] 严宣申. 等电子原理[J]. 化学教育,2013,34(2):70-73.

[17] 吴成泰. 大环聚醚化学——化学的新领域——1987年诺贝尔化学奖获得者介绍[J]. 化学通报,1988(7):25-29.

[18] 杨静,陆真. 手性催化开创药物和材料合成的新领域——2001年诺贝尔化学奖简介[J]. 化学教育,2002,23(1):47-49.